바이블매트릭스

바이블 매트릭스

1
우주 창조의 비밀

차원용 지음

BIBLE MATRIX

갈모산방

견해

최근 들어 과학이 천지(天地) 창조의 비밀인 우주의 매트릭스(Matrix)를 하나둘씩 풀어내서 그 연구결과를 홍수같이 발표하고 있다. 우리 은하의 블랙홀뿐만이 아니라 은하에 근접해 있는 12개 은하의 블랙홀을 모두 발견하고, 블랙홀의 기원과 생성 및 역할을 규명하며, 우주를 구성하는 암흑물질과 암흑에너지의 기원을 밝히고, 빅뱅 이후의 38만 년 된 빛(극초단파)을 잡아냄으로써 137억 년 된 우주의 지도를 그려냈다. 최근에는 빅뱅 이후 10억 분의 1초에 도전해 이른바 하나님의 입자, 즉 힉스 입자를 거의 발견했으며, 우리 우주에는 수천억 개의 은하가 있고, 우리 은하에는 평균 1,000억 개의 태양과 같은 별(항성)이 있으며, 하나의 별은 1.6개의 행성을 거느린다는 것을 과학자들은 알아냈다. 이러한 우주는 암흑에너지에 의해 우주팽창이 빛의 속도 이상으로 가속화되고 있으며, 그 결과 별들이 우리의 시선에서 멀어져 간다는 사실을 발견했다. 언젠가는 하늘에서 별들이 안 보이는 암흑시대가 도래한다. 이러한 우주는 특이점→블랙홀→빅뱅이라는 하나의 사이클에 의해 차원이 다른 우주로 진화한다는 사실도 밝혀졌다. 따라서 「창세기」의 우주창조는 계속 진행형이다. 또한 신화로만 여겨졌던 수메르

(Smuer) 시대의 도시들과 문서들이 고고학적으로 발굴되었다. 그 결과 바이블보다 더 오래된 고대 문서를 발견함으로써 태양계 창조와 우주 창조의 기원에 대한 실마리를 찾게 되었다.

이와 같이 과학이 우주창조의 비밀(지식)인 빛(the light)과 진리(the truth)의 메커니즘을 하나하나씩 풀어 설명하는 것을 보고 들은 사람들은 과학과 신(神)에 대해 다음 여섯 가지 중 하나 혹은 두 가지의 부류로 반응한다.

유신론(有神論, theism), **과학을 무시** 오로지 한 분의 신의 존재를 인정(一神論, 唯一神論)하는 신학적 입장에서 그 한 분의 신이 우주와 인간을 창조했을 뿐만 아니라 우주와 인간정신 속에 내재하여 상호작용한다고 생각하는 사람들이다. 따라서 신은 인간사와 긴밀한 관계를 맺는다. 기도자에게 응답하고 죄를 용서하거나 처벌하며, 기적을 이룸으로써 세상에 개입하고 선행과 악행에 관여하며, 그래서 신은 우리가 언제 선행과 악행을 행하는지 다 안다고 믿는다. 이 부류의 사람들은 이러한 논리를 맹목적으로 그들의 신앙으로 받아들여, 거의 80%의 신앙인들이 아예 과학을 무시한다. 이들은 과학을 흥미롭지도 않고, 불분명하며, 인간의 영혼과 그들의 영적 신앙에 반한다고 생각한다. 소리나 영상이 어디서 오는지 한 번도 생각하지 않은 채 열심히 텔레비전을 보고 스마트 미디어 기기를 즐기며, 그러한 도구를 이용해 그들의 종교집단을 늘리는 사람들이다.

유신론(有神論, theism), **과학과 조화** 유신론자 중 소수의 20%는 과학적 방법이야말로 언젠가는 신을 증명하는 유일한 방법이라고 생각한다. 오늘날 고도로 발전된 문명을 이룩한 창조의 엔진은 과학기술이며, 우리가 추구하고 있는 과학기술은 신의 창조의 비밀(지식)을 발견하는 것이라고 말한다. 이들은 과학과 신 사이에 상호보완 작용, 즉 조화로움이 있다고 생각한다.

이 부류에 속하는 사람들 중에 대표적인 과학자가 인간게놈프로젝트를 지휘하고 인간게놈지도를 작성했으며, 『신의 언어』(The Language of God, 2006)를 저술한 프랜시스 콜린스(Francis Collins)이다. 대부분의 80%의 과학자들이 이신론자 아니면 무신론자인 반면 콜린스는 오늘날 몇 안 되는 유신론자 과학자이다. 콜린스는 미국과학연맹(www.asa3.org)의 회원으로 독실한 신앙을 가진 과학자들과 함께 세미나를 열고 간행물을 펴내면서 신과 과학이 조화를 이룰 방법을 모색하고 있다.

불가지론(不可知論, agnosticism) 신의 존재는 인정하지만 인간의 이성으로 신의 존재를 인식하기란 불가능하다고 말하는 사람들이다. 초경험적인 것이나 영적 인식(gnosis)은 불가능하다(agnostic)는 철학적 입장을 취한다. 가장 대표적인 과학자가 다윈(Charles Darwin)의 열성 지지자로 알려진, 영국의 과학자 헉슬리(Thomas Henry Huxley)가 1869년에 만든 말이다. 그는 단순히 신의 존재 여부를 알지 못하는 사람들을 가리켜 이 단어를 만들어 냈다. 불가지론에서도 적극적 형태와 소극적 형태가 있어서, 적극적 불가지론은 인간이 신의 존재를 인식하기란 앞으로도 절대 불가능하다고 말하고, 소극적 불가지론은 지금으로서는 불가능하다고 말한다. 대부분의 과학자들이 과학과 종교 사이의 논쟁에 끼어들지 않기 위해 불가지론자가 된다. 앞의 콜린스도 처음에는 불가지론자였다.

범신론(汎神論, pantheism) 신과 전우주(全宇宙), 특히 자연을 동일시하는 종교적·철학적 혹은 예술적인 사상체계를 가진 사람들이다. 역사상 가장 일관성 있는 전형적인 범신론자는 스피노자(Spinoza)의 철학에서 볼 수 있다. "모든 것이 신이다"라고 하는 범신론의 사상을 역설하면서도 그는 유물론자와 무신론자였다. 그의 신이란 인격의 신이 아니고, 신은 즉 자연이었기 때문이다. 범신론자는 신은 우주 법칙의 비유적 또는 시적 동의어로 본다는 점에서 범신론은 매력적으로 다듬어진 무신론이다.

이신론(理神論, deism)　초자연적 지성이나 신을 믿지만, 그 지성이나 신이 우주를 지배하는 법칙들을 설정하는 일에만 관여할 뿐 인간사에 개입하거나 관심을 갖지 않는다고 생각하는 사람들이다. 쉽게 말해 신이 세계를 창조한 뒤에는 직접 세계에 간섭하지 않는다고 보는 사람들이다. 이신론의 신은 인간에게 절대적인 자유를 준 셈이다. 이신론의 신은 세계 평화를 위한 기도이건 자식의 대학 진학을 위한 기도이건 관심이 없다. 이신론은 기독교나 유대교의 '이단'일 수는 있으나 엄밀히 말하면 무신론(無神論)은 아니다.

　이 부류에 속하는 사람들 중 대부분의 과학자나 정치 지도자들이 이신론자로 분류된다. 다윈·아인슈타인·칸트·워싱턴·링컨을 비롯해 이신론자로 분류되는 수많은 인물들이 서양 근대와 과학과 정치에서 큰 흐름을 형성해 왔다. 아인슈타인은 열렬한 시온주의자였다. 그러다가 이신론자로 변했다. 그는 유명한 말을 했다.

　"신은 주사위 놀이를 하지 않는다(God does not play dice)."

무신론(無神論, atheism)　신이나 절대자 또는 그것에 해당되는 존재를 부인하는 입장을 가진 사람들이다. 한마디로 신이 우주를 창조했다는 창조론(Creationism)을 부정하고 다윈의 진화론(Darwinism) 및 과학법칙을 추종하는 사람들이다. 이 부류의 사람들은 성서를 비판적으로 연구하고 계시(啓示)를 부정하거나 그 역할을 현저히 후퇴시켜서 성경의 내용을 오로지 이성적인 합리성과 우주법칙에 한정시킨다. 오늘날 대부분의 사람들은 무신론자들이다. 또한 대부분의 과학자들은 불가지론자를 거쳐→이신론자를 거쳐→최종적으로 무신론자로 변신한다. 그것은 과학을 연구하면 연구할수록 보이지 않는 신과 거리가 멀어지기 때문이다.

　　무신론자의 대표적인 과학자로는 우리가 잘 아는『만들어진 신』(The God Delusion, 2006)과『이기적인 유전자』(The Selfish Gene, 1976 & 1989)로 유명한 리처드 도킨스(Richard Dawkins)와『통섭 : 지식의 대통합』(Consilience : The Unity of Knowledge, 1998)으로 유명한 에드워드 윌슨(Edward Wilson) 등이 있다. 이들뿐 아니라 과학적 환원주의 또는 진화론을 옹호하는 과학자들은 대부분 무신론자들이다. 이들은 과학의 합리성에 심취되어 신이 없다고 주장하지만, 한번도 과학적으로 신이 없음을 증명했다는 연구결과를 발표한 적이 없다.

　　또한 우리가 잘 아는 영국의 스티븐 호킹(Stephen Hawking) 박사도 이신론자였다가, 2010년에 저서『위대한 설계』(The Great Design, 2010)를 내면서 무신론자로 변했다. 영국 일간지『타임』(Time)은 책의 내용을 발췌해 소개하며 "신이 우주를 창조하지 않았다(God did NOT create the Universe)"고 보도했다(Time, 10 Sep 2010; BBC/Guardian/Reuters/Washington Post, 02 Sep 2010). 호킹 박사는 중력을 비롯한 물리학 법칙들(the laws of physics)이 무(無)로부터 스스로 빅뱅을 만들어 유(有)를 창조했다고 쓰고 있다. 즉 우주법칙이 우주를 만든 것이지 신이 우주를 창조하지 않았다는 것이다. 우주법칙이란 과학법칙을 말한다. 이때의 과학법칙이란 특이점→블랙홀→빅뱅을 말한다. 과연 그럴까? 우리는 블랙홀을 발견했지만 블랙홀 안을 아직 들여다보지 못했다. 블랙홀 안에 신이 계신다면 어쩌겠는가?

필자는 신과 과학의 선(善)적인 조화를 이루는 두 번째 그룹의 유신론자다. 그렇다고 유일신(唯一神)을 지지하지는 않는다. 신들은 상당히 많다. 그런 점에서 다신론(多神論, polytheism)을 지지한다. 그렇다고 저의 다신론에 귀신이나 무당 신을 포함시키지는 않는다. 우리가 아버지→할아버지→증조할아버지→고조할아버지→그 이상의 더 높은 서열의 아버지가 계시듯이, 신들께서도 족보상으로 꽤나 많은 신들이 계신다. 이렇게 접근해 볼 때 최고 높으신 신이 기독교(그리스도교)에서 말하는 '여호와 하나님(Lord God)'이요 가톨릭에서 말하는 '주 하느님'이 될 수도 있다. 히브리 성경에는 이스라엘의 하나님이 이름을 직접 밝힌 '야훼(Yahweh, YHWH, JHWH, Jehovah)' 신으로 기록하고 있다. 그런데 신약으로 가면 예수님은 하나님을 '야훼'라 부르지 않고, '하나님 아버지(God the Father)'라 부른다. 이 점에 대해서는 차후에 『바이블 매트릭스』 시리즈를 통해 자세히 다루기로 한다.

필자는 『바이블 매트릭스』 1권 「우주창조의 비밀」에서 다음과 같은 방법으로 접근하여 하나님 아버지(God the Father)의 우주창조 비밀을 풀고자 한다.

1부에서는 고고학적으로 발견된 『창조의 서사시』라는 내용을 바탕으로 미시적으로 접근하여 「창세기」 1장 1~19절까지의 하늘과 땅의 창조와 관련한 비과학적인 요소들을 고고학과 과학으로 풀어 「창세기」 1장의 내용이 현대우주(천체)물리학에서 말하는 태양계 생성과 소행성대 생성의 내용과 똑 같다는 것을 입증하여 제시한다. 따라서 「창세기」 1장 1~19절까지의 기록이 정확하게 기록되었다는 것을 증명하여 제시한다.

2부에서는 현대우주(천체)물리학이 발견한 특이점, 블랙홀, 빅뱅, 암흑물질과 암흑에너지, 그리고 암흑류 등의 거시적인 우주로 접근하여, 하나님 아버지께서는 어둠(黑), 즉 암흑물질에서 빛을 갈라내시어(「창세기」2~5), 우주를 창조하셨다는 것을 입증하여 제시한다. 이때 빛이란 특이점→블랙홀→빅뱅을 말하며, 이 과정을 통해 우주창조는 물론 태양계까지 창조하셨다는 것을 밝힌다.

3부에서는 우주론(Cosmology)으로 접근하여 바울 사도의 3번째 하늘과 에녹의 10번째 하늘과 10+1차원의 우주를 살펴보고, 특이점 →블랙홀→빅뱅의 사이클은 영원하다는 이론을 들어, 첫 번째 우주 는 다시 특이점에서 시간과 공간이 정지되고 블랙홀로 빨려 들어가 용 해되면서 빅뱅을 통해 두 번째 우주가 창조된다는 심오한 우주철학을 제시한다. 이때 첫 번째 우주와 두 번째 우주는 차원이 다르다는 것을 제시한다. 이러한 관점에서 예수님께서 "나는 알파와 오메가요 처음과 나중이요 시작과 끝이라(I am the Alpha and the Omega, the First and the Last, the Beginning and the End(NIV)"라고 말씀하신 의미를 새롭 게 해석하여 제시한다. 알파-처음-시작은 「창세기」1장의 첫 번째 우주 창조를 말하는 것이고, 오메가-나중-끝은 「요한계시록」20~22장의 새 하늘과 새 땅을 의미하는 것이다. 또한 「창세기」1장은 6일 만에 창조 가 끝나는데 이것은 지구의 6일이 아니라 하나님 아버지가 계시는 천 상의 6일임을 밝힌다.

필자는 선지자도 아니요 예언자도 아니요 목사도 아니요 신부도 아 니요 장로도 아니다. 그렇다고 그 흔한 집사도 아니다. 특정 종교가 없 는 그저 평범한 인간이요 인문학자이자 과학자이다. 그렇지만 적그리 스도(Antichrist)인지 아닌지를 구분하는 잣대인(「요한일서」2 : 22, 「요한 일서」4 : 2~3, 「요한이서」1 : 7) 성부(聖父, Lord God the Father Almighty), 성자(聖子, His Only Son our Lord, Jesus Christ), 그리고 성령(聖靈, Holy Spirit)의 삼위일체(Trinity)를 믿고 사랑하며 이 책을 썼다. 이런 점에서 이 책의 독자는 정해져 있다. 크리스찬을 위한 책도 아니요 목사와 신 부와 장로를 위한 책도 아니요 종교를 위한 책도 아니다. 이 책은 하나님 아버지와 예수님이 영광(Glory), 즉 오늘날의 과학기술 이상의, 천상의 하나님 아버지(God the Father)의 과학지식으로 이 땅에 오실 때, 기꺼이 '아버지'라 부르고 환영할 수 있는 경건한 자들(the godly, godly men) 또는 의로운 자들(the righteous, righteous men)을 위한 책이다.

과학이 전부는 아니다. 단지 과학은 창조 지식(비밀)을 밝히는 여러 가지 접근 방법 중 하나(one of them)라는 점에 주의해야 한다. 또 한 가지 필자는 라엘리안 운동(Raelian Movement)과 라엘 집단과는 무관하다. 미안하지만 그건 절대적으로 아니다.

마지막으로 『바이블 매트릭스』 시리즈를 쓰면서, 밤낮없이 자식이 잘 되라고 기도하여 주신 어머니 박승련 권사(88세)님에게 이 책을 바칩니다. 어머니 그간 감사 드립니다. 그리고 어머니 사랑합니다. 또한 지금까지 제 삶을 이끌어주신 예수님께 감사 드립니다. 예수님 사랑합니다! 이 책을 읽는 모든 분들께 감사 드리며 모두 사랑합니다.

2013년 7월
차원용

3부 우주론으로 살펴보는 하늘의 매트릭스, 시작과 끝, 6일간의 창조의 해석

1부

고고학적으로 발굴된 『창조의 서사시』 내용의 미시적 접근

질문들

구약성경(The Old Testament) 「창세기」 1장을 읽다 보면, 필자는 다음 과 같은 질문을 하게 된다. 그리고 답을 찾기 위해 많은 노력을 하고 있 지만, 명확하고 시원스러운 답을 제시할 수 없어 답답함을 느낀다. 그래 서 「창세기」 1장은 허구요 이스라엘 민족의 신화에 불과하다고 생각해 버린다.

질문 1 태초에 하나님이 천지를 창조하시니라(In the beginning God created the heavens and the earth)(「창세기」 1:1, 한글개역/NIV)[1] – 여기서 천(天)이 문제인데, 영문성경 NIV와 New Living은 'the heavens'의 복 수로, KJV는 'the heaven'으로, Good News는 'the universe'로 표 현하고 있어, 멀티-우주(Multi-Universe)를 말하는 것인지, 아니면 우주 (Universe)를 말하는 것인지, 아니면 그 이후 「창세기」 1장 6~8절에 나

---

1 지금부터 인용하는 성경은 우리말 성경의 한글개역과 영문성경인 NIV(New International Version)를 참고하였으며, 기타 다른 영문성경과 히브리어 성경은 그때그때 인용할 때 표 시하기로 한다. 지명, 사람 이름, 단어, 기타 등은 Wikipedia.org 사전을 참고하였으며, 독 자들이 쉽게 검색할 수 있도록 괄호 안에 영어도 동시에 표기하였다. 또한 '용어 해설'란을 별두로 두어 독자들이 쉽게 찾아볼 수 있도록 했다.

오는 태양계(Solar System)의 궁창(expanse/NIV, firmament/KJV, space/New Living, dome/Good News) 즉 하늘(sky/NIV/New Living, Sky/Good News, Heaven/KJV)을 말하는 것인지? 정확히 알 수가 없다.[2]

질문 2 땅이 혼돈하고 공허하며 흑암이 깊음 위에 있고 하나님의 신은 수면에 운행하시니라(Now the earth was formless and empty, darkness was over the surface of the deep, and the Spirit of God was hovering over the waters)(「창세기」 1:2) – 여기서 흑암(darkness, 黑暗)은 무엇이고 깊음(deep)이란 무엇이며 수면(waters)이란 무엇이고 운행(hovering)이란 무슨 뜻이며 무엇을 말하는 것인지?

질문 3 하나님이 가라사대 빛이 있으라 하시매 빛이 있었고, 그 빛이 하나님의 보시기에 좋았더라 하나님이 빛과 어두움을 나누사(And God said, "Let there be light," and there was light. God saw that the light was good, and he separated the light from the darkness)(「창세기」 1:3~4) – 여기서 어둠(darkness)에서 빛(lights)을 어떻게 나누셨는지? 이는 무엇을 말하는 것인지?

질문 4 하나님이 가라사대 물 가운데 궁창이 있어 물과 물로 나뉘게 하리라 하시고, 하나님이 궁창을 만드사 궁창 아래의 물과 궁창 위의 물로 나뉘게 하시매 그대로 되니라, 하나님이 궁창을 하늘이라 칭하시

---

2 필자가 보기엔 히브리 성경 또는 그리스어 70인 역을 영어로 가장 잘 번역한 영문성경은 Good News의 '궁창', 즉 'Dome'이라 생각한다. 『창조의 서사시』의 의미를 가장 잘 담았기 때문이다. 참고로 NIV/KJV/Good News/New Living/Hebrew 성경은 '온라인 바이블 포유'를 참고하였으며, http://www.bible4u.pe.kr/, 가톨릭 성경은 '가톨릭인터넷 Good News'를 참고하였다. http://info.catholic.or.kr/bible/taja/

니라 저녁이 되며 아침이 되니(And God said, "Let there be an expanse between the waters to separate water from water." So God made the expanse and separated the water under the expanse from the water above it. And it was so. God called the expanse "sky." And there was evening-)(「창세기」 1 : 6~8) - 여기서 궁창(expanse)은 무엇인지? 하늘(sky)이 무엇인지? 궁창 아래의 물과 위의 물은 무엇을 의미하고 무엇을 말하는 것인지?

질문 5 「창세기」 1 : 9~19절을 보면 현대우주(천체)물리학과 맞지 않는다. 「창세기」에는 지구를 먼저 만들고(「창세기」 1 : 9~12), 그 다음 두 큰 광명인 태양과 달을 만들고 별을 만드셨다(「창세기」 1 : 14~18). 그러나 현대우주물리학은 우주의 나이는 137억 년이고, 태양의 나이는 대략 50억 년, 지구의 나이는 대략 46억 년, 그리고 달의 나이는 대략 45억 년이어서, 「창세기」의 창조 순서와 맞지가 않는다. 이것을 어떻게 해석해야 할까? 성경이 틀렸다는 것인가? 현대우주물리학이 틀렸다는 것인가?

질문 6 하나님이 가라사대 땅은 풀과 씨 맺는 채소와 각기 종류대로 씨 가진 열매 맺는 과목을 내라 하시매 그대로 되어, 땅이 풀과 각기 종류대로 씨 맺는 채소와 각기 종류대로 씨 가진 열매 맺는 나무를 내니 하나님의 보시기에 좋았더라(Then God said, "Let the land produce vegetation : seed-bearing plants and trees on the land that bear fruit with seed in it, according to their various kinds." And it was so. The land produced vegetation : plants bearing seed according to their kinds and trees bearing fruit with seed in it according to their kinds. And God saw that it was good)(「창세기」 1 : 11~12) - 여기서 각종 풀과 채소와 열매 맺는

과목들은 어디서 왔을까? 생명의 기원은 어디인가?

질문 7 마지막으로 어떻게 6일 만에 천지창조와 더불어 인간까지 창조했을까? 137억 년 된 우주를 어떻게 6일 만에 창조했을까? 아니면 태양계로 좁힌다 하더라도 태양의 나이가 50억 년인데 어떻게 6일 만에 창조했을까? 6일이란 우리 인간의 날 즉 지구의 날을 의미하는 것일까? 아니면 하나님의 천상(Celestial)의 6일을 의미하는 것일까?

이러한 질문의 관점에서 『바이블 매트릭스』 1권은 「우주창조의 비밀」을 고고학적이고 과학적 근거를 들어 위의 질문에 대한 근접한 답들을 찾아 보기로 한다. 그렇다고 필자가 제시하는 답들이 정확이 맞는다고는 생각하지는 않는다. 그렇지만 지금까지 터득한 지식을 바탕으로 근접한 답을 제시함으로써, 그러한 질문들에 대한 이해를 높이고자 한다. 다만 바라는 것은 다음 세대에 많은 분들이 더욱 연구를 해서, 제가 제시하는 것보다 훨씬 나은 지식을 바탕으로 답을 제시한다면 그보다 바랄 것이 무엇이 있겠는가?

단 주의할 것은 『바이블 매트릭스』 1권은 위의 질문들에 대한 우주창조의 비밀에만 집중하기로 한다. 고고학적 관점에서 보면, 신화(Mythology) 또는 고고학 문서들을 참고문헌으로 보아야 하기 때문에, 고대 문서들에는 많은 신(神)들이 등장한다. 그것도 각각 신들의 이름이 정해져 있다. 따라서 성경에서 말하는 「창세기」 1장의 하나님(God)은 히브리어 성경의 복수의 신들인 엘로힘(Elohim)을 말하고, 「창세기」 2장부터 등장하는 여호와 하나님(Lord God)은 히브리어 성경의 야훼(Yahweh)[3] 신을 말한다. 왜 신들이 많이 등장하는지에 관계없이, 공부

---

3 야훼(Yahweh, YHWH, JHWH, Jehovah): 영문성경의 'the LORD' 또는 'the LORD God', 한

한다는 자세로 우주창조의 비밀에만 집중하여 읽어 주시길 바란다. 하나님과 여호와 하나님에 대해서는 다음 『바이블 매트릭스』 시리즈에서 자세히 소개하기로 한다.

글성경의 '여호와' 또는 '여호와 하나님', 가톨릭 성경의 '주님' 또는 '주 하느님'. 자세한 것은 '용어 해설'을 참조.

1장
c.BC 18세기의 『창조의 서사시』가 발견되다

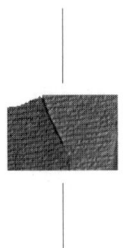

1절 「창세기」의 한계, 원본이 사라진 사본이나 필사본에 의존, 참고문헌은 없을까?

성경을 읽고 있노라면 역사적 기록임에도 불구하고 아무런 참고문헌이 없으며 그 역사적 사건들이 언제 일어난 것인지를 정확히 알려주는 연대기 주석도 없다. 내용을 유추하여 분석하면 대충은 알 수 있으나 일반인들은 접근하기 어렵다. 특히 「창세기」 1장은 우주창조를 기록했음에도 불구하고 천지(天地)와 인간이 언제 창조되었는지 그 시기가 기록되지 않아 내용이 무척이나 난해하고 이해하기가 힘들다. 이것이 구약성경과 신약성경의 약점이다. 그러나 그 약점은 우리가 스스로 공부해서 터득해야지 성경이 잘못 기록되었다는 뜻은 아니다. 왜냐하면 「창세기」가 기록되었을 당시의 사람들은 그 역사적 사건과 시기를 잘 알고 있었음에 틀림없기 때문이다.

「창세기」는 종교를 훨씬 넘어 우주의 역사와 지구의 역사를 기록한 역사서(Book of History)일 뿐만 아니라 그 당시의 과학과 예언서를 통해 미래 과학을 다루고 있는 과학서(Book of Science)이다. 그것을 이해하려면 역사를 알아야 하고 과학을 응용하는 고고학(Archaeology)을 공부해야 하며 현대우주(천체)물리학(Astrophysics)을 공부해야 한다. 이 외에도 과학을 응용하는 고생물학(Paleontology), 고고인류학(Paleoanthropology)과 고문서학(Paleography)까지 공부를 하면 금상첨화이다. 공부를 하다 보면 「창세기」 1장은 100%가 정확히 기록되었다는 사실에 놀라지 않을 수 없다. 「창세기」 1장뿐만이 아니라 전체 「창세기」, 더 나아가 구약성경은 정확히 기록되었다는 사실을 발견하게 된다.

부록 「구약성경의 역사」에서 자세히 설명하고 있듯이, 구약성경(舊約聖經, The Old Testament)의 『모세오경』(Five Books of Moses), 즉 토라(Torah)는 그리스어(헬라어, Hellas)인 코이네(Koine)의 펜터튜크(Pentateuch or Pentateuchos)로 알려져 있는데, 모세(Moses, BC 1526~BC 1406)가 이집트를 탈출해 40년간의 광야생활(Wilderness or Desert of Shur & Sin & Paran & Zin, BC 1446~BC 1406)을 할 때(「출애굽기」 16 : 36), 모세가 직접 쓴 것으로 알려져 있으나, 원본(Original)이나 필사본(Manuscript) 또는 사본(Copy)은 현재 발견되지 않고 있다. 물론 언젠가는 발견되리라 믿어 의심치 않는다.

지금까지 전해지는 가장 오래된 히브리어(헤브라이어, Hebrew Language) 경전(經典)의 타나크(Tanakh) 사본은 AD 920년 것의 알레포 사본(Aleppo Codex)과 AD 1008년 것의 레닌그라드 사본(Leningrad Codex)이다. 또한 가장 오래되고 완벽한(Complete) 그리스어 70인 역(셉튜아진타, The Septuagint Version, LXX)의 구약성경과 그리스어로 쓰여진 신약의 사본은 4세기 것의 바티칸 사본(Codex Vaticanus)과 역시 4세기 것의 시나이 사본(Codex Sinaiticus)이다.

원래 우리가 시중에서 쉽게 사는 성경들은 주로 바티칸 사본의 텍스트에 의한 것이다. 그 당시에는 이것밖에 없었기 때문이다. 그런데

1859년에 현재 이집트의 시나이 산(Mount Sinai)에서 4세기의 그리스어 70인 역의 구약성경 사본과 4세기에 그리스어로 쓰여진 신약의 사본들이 발견되었다. 이것이 시나이 사본이다. 발견의 순서에 따라 여러 곳에 흩어져 있던 사본들을 한 곳에 모아 현재 인터넷으로 디지털 사본들을 공개하고 있다. 따라서 바티칸 사본의 독주에 앞으로는 시나이 사본이 경쟁하게 되었다. 아무튼 현재 우리가 보유하고 있는 가장 오래된 구약성경과 신약 사본은 4세기의 그리스어 사본이었다.

그런데 획기적인 고고학적 발견이 일어났다. 1947년에서 1956년에 사해(死海) 서쪽 해안가, 예루살렘으로부터 20km 떨어진, 쿰란 동굴(Qumran Caves)에서 BC 160~AD 75년의 것으로 보이는 히브리어로 쓰여진 타나크의 『사해사본』(死海寫本, 死海文書, Dead Sea Scrolls, DSS)과 유대교(Judaism) 관련 문헌 등 총 972여 건의 문서가 발견되었다. 이 중 220개는 타나크 문서로, 구약성경의 에스더(Book of Esther)를 제외한 히브리 문서가 발견된 것이다. 물론 대부분 파편조각 문서(fragmentary)이지만 두 개의 「이사야」(Book of Isaiah) 문서 중 하나는 100%의 두루마리로, 다른 하나는 75%의 두루마리로 완벽하게 보존되어 있었다. 결국 70인 역의 49권 중 「에스더」를 제외한 48권의 히브리어 문서가 발견된 것이다. 이로써 히브리어로 쓰여진 사본이 발견되지 않는 한 70인 역의 나머지 10권을 정경으로 받아들일 수 없다는 유대교는 할 말을 잃게 되었다. 하지만 유대교는 현존하는 히브리 타나크를 920년에서 BC 160년의 문서로 확장하게 되는 개가를 맞이하게 되었으며, 이 사해문서의 발굴은 구약성서 연구에 새로운 전기가 되었다. 따라서 우리는 정경, 외경, 위경이라는 분류에 집착하지 말고 모두를 아울러 성경으로 받아들여 연구하는 자세가 필요하다.

정경(정전), 외경, 위경은 종파들의 입장에서 구분한 것이다. 사실 신약시대에 가면 예수님과 그 제자들, 그리고 신약을 쓴 저자들 역시 외경과 정경의 구분에 구애 받지 않고 — 당시에는 이런 구분이 약했던 것으로 보인다 — 자유로이 성서의 말씀으로 인용하였다. 특히 예수님은 외경이나 위경 등을 포함하여 모든 성경(Scriptures)에서, 즉 모세(Moses)부터 그 이후의 예언자(Prophets)들과 「시편」(Psalms)에서 예수님 자신에 대해 언급한 내용을 모두 말씀하셨다(「누가복음」 24:27 & 44). 그 이유는 자신에 대한 구약성경의 말씀들이 본인이 십자가에 못 박혀 죽으시고 부활함으로써 다 이루어질 것이라는 것을 확신시켜 주기 위함이었다.

그렇다면 그리스어인 코이네(Koine)어로 쓰여진 신약들이 그리스어로 번역된 구약성경의 70인 역을 참고했듯이, 구약성경도 무엇인가를 참조하지 않았을까? 모세(Moses, BC 1526~BC 1406)가 쓴 『모세오경』들은 모세보다 훨씬 이전에 존재했던 어떤 문서들을 참고하지 않았을까? 특히 「창세기」 1장은 우주창조의 비밀을 다루고 있는데, 모세가 참고했을 법한 고고학적 문서는 없을까?

2절 고대 왕조와 문명의 발전사

다음부터의 내용은 고대 역사와 시대의 흐름을 알아야 이해할 수 있기 때문에 이를 간단히 소개한다. 여기에 등장하는 고대 왕조들은 c.BC 5000년경의 고대 수메르 도시국가에서 시작하여 BC 612년에 멸망한 신아시리아 왕조 시대까지이다. 보다 자세한 내용은 각주를 통해 제시하고 더 나아가 앞으로 출간될 『바이블 매트릭스』 시리즈에서 자세히 소개하기로 한다.

고고학적으로 가장 오래된 문명은 「창세기」 10절 10절에 처음 나오는 시날(Shinar), 즉 수메르(Sumer) 문명을 창조한 고대 수메르 도시국가들(City-States, c.BC 5000~c.BC 2400)이다. 시날은 남부 메소포타미아(Mesopotamia) 지역의 이름으로 초기 이름은 수메르(Sumer, Shumer)였다. 지금의 이라크 남부 지방에 해당한다. 수메르는 티그리스강(Tigris, 「창세기」 2장 14절의 '힛데겔')과 유프라테스강(Euphrates, 「창세기」 2:14의 '유브라데')의 하류에 형성된 지방으로 c.BC 5000년경부터 농경민이 정주하여 c.BC 3000년경에는 세계 최고의 오리엔트 문명을 창조하였다.

고대 수메르 도시국가 시대에는 티그리스강과 유프라테스강에 의해 이 일대 지역이 남과 북으로 나뉘었는데 북부를 아시리아(Assyria), 남부를 바빌로니아(바빌론, Babylonia, Babylon, 지금 이라크의 '바그다드')라고 불렀다. 바빌로니아는 다시 남부의 수메르(Smuer), 북부의 바빌론을 중심으로 하는 아카드(Akkad, Agade, 아가데, 「창세기」 10장 10절에 나오는 '악

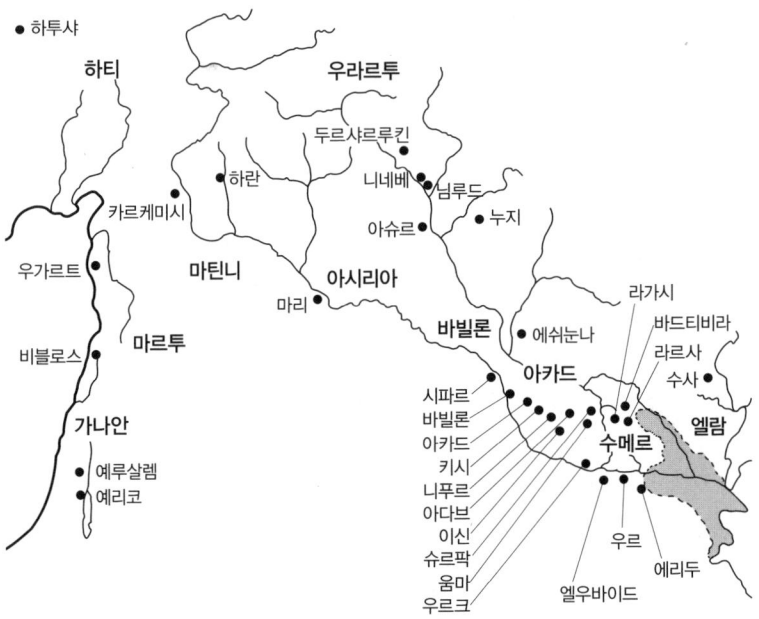

수메르 시대의 도시국가(City-States, c.BC 5000~c.BC 2400). Credit: 시친, I, 2009, p. 86, © Z. Sitchin, Reprinted with permission.

갓')로 나뉘어졌다. 이 시기는 전기 청동기 시대로(Early Bronze Age) 고대 수메르 도시들, 예컨대 에리두(Eridu), 우르(Ur, 「창세기」 11장 28절의 '우르'), 라르사(Larsa), 라가시(Lagash), 우루크(Uruk, Erech, 「창세기」 10장 10절의 '에렉'), 키시(Kish, Cush, 「창세기」 10장 6절의 함의 아들인 '구스'의 이름과 같음), 아카드, 니푸르(Nippur) 등의 도시를 중심으로 인간에 의한 왕권(Kingship)이 형성되어 지배하던 고대도시국가 시대였다.

그 후에는 수메르를 바빌로니아(Babylonia)로 부르게 되었는데, 영문성경 New Living과 Good News에는 시날을 바빌로니아(Babylonia)로 표현하고 있다. 이 시대에 사용한 언어가 수메르어(Sumerian)이다. 고고학적으로 수메르어가 적힌 점토판들(Clay tablets, 粘土板)이 발굴되어 수메르 문자가 해독되면서 이 수메르어는 그 후 아카드(Akkad, Agade) 왕조(Akkadian Empire, c.BC 2350~c.BC 2193)의 아카드어(Akkadian) 문명, 고대 바빌로니아 왕조(Old Babylonian Empire, BC 1830~c.BC 1531)의 바빌로니안(Babylonian) 문명, 고대 아시리아 왕조(Old Assyrian Empire, c.BC 1800~c.BC 1381)와 신아시리아 왕조(Neo-Assyrian Empire, BC 912~BC 612) 아시리안(Assyrian) 문명과 언어의 근원으로 밝혀졌다.

3절 c.BC 18세기의 『창조의 서사시』 - 고고학적 발굴

『창조의 서사시』(Epic of Creation, Enuma Elish, Creation Tablets, The Seven Tablets of Creation)는 『바빌로니아 창조의 서사시』(The Babylonian Epic of Creation)로 불리며 이를 에누마 엘리시(Enuma Elish)라 한다.

영국의 레이어드(Austen Henry Layard)는 1845~49년에 큐윤지크(Kuyunjik)라 불리는 아시리아(Assyria)의 수도였던 니네베(Niniveh)의

발굴을 시도하여, 신아시리아 왕조
(Neo-Assyrian Empire, BC 912~BC
612)의 마지막 왕인 아수르바니팔
(Ashurbanipal, 통치 BC 668~BC 612)
이 세운, 그러나 그 후 폐허가 된
아수르바니팔의 도서관(Library of
Ashurbanipal)을 1849년에 발굴하
여, 아카드어 설형문자(Akkadian
Cuneiform)로 쓰여진 c.BC 18~c.
BC 17세기의 에누마 엘리시를 발견
했다.

이 내용은 아시리아 학자인 조
지 스미스(George Smith)가 1876
년에 『갈대아의 창조 이야기』(The
Chaldean Account of Genesis)라는
제목으로 최초로 번역하여 출판했
다(Smith, 1876). 이 책은 현재는 『창
조의 서사시』(Epic of Creation)로
더 알려져 있는데, 고대 세계에서는
서사시의 도입부 문장을 딴 「에누
마 엘리시」(그 때 높은 곳에는=Enuma
elish=When in the heights)로 알려져

레이어드가 발견한 7개의 점토판, 길이 21cm, 넓
이 6.2cm, 두께 2.5cm의 에누마 엘리시는 영국
의 대영박물관(British Museum)의 메소포타미아
(Mesopotamia) 방(Room) 55에 전시되어 있고 소
장번호는 ME K3473임. Image Credit: British
Museum

있었다. 에누마 엘리시는 총 7개의 점토판(Clay tablets, 粘土板)에 기록되어 있는데, 각 점토판은 115~170개 줄(라인)으로 구성되어 있다. 이 중 〈점토판 5〉는 해독이 불가능했지만, 사본이 터키의 산리울파(Sanliurfa) 근처에 위치한 고대 도시인 후지리나(Huzirina)의 술탄테페(Sultantepe)에서 발굴되어 오늘날에는 총 7개 점토판이 번역되어 일반에게 공개되고 있다(King, 1902; Budge, 1921).

레이어드가 발견한 7개의 점토판의 길이는 21cm에 넓이가 6.2cm에 이르고 두께는 2.5cm에 이르는데, 현재는 영국의 대영박물관(British Museum)의 메소포타미아(Mesopotamia)의 방(Room) 55에 전시되어 있으며 소장번호는 ME K3473이다.

4절 『창조의 서사시』 - 요약

이 에누마 엘리시는 그 후 『바빌로니아 창조의 서사시』(The Babylonian Epic of Creation)'로 불리게 되었는데, 이는 원래 수메르 도시국가 시대의 수메르어(Sumerian)로 쓰여진 『메소포타미아 창조의 서사시』(Mesopotamian Epic of Creation)'를—이는 아직 발견되지 않음—고대 바빌로니아 왕조 시대에 바빌로니아인들이 자기들의 주신(Patron god)인 마르둑(Marduk)과 바빌론의 관점에서 정교하게 각색 편집한 것이다.

바벨로니아 창조의 서사시는 당시 국가의 주신이었던 마르둑의 우월성을 확립하기 위해 마르둑 신에게 하늘과 땅을 창조한 영웅의 자리가 부여된다. 원래 수메르의 여러 서사시에서는 최고의 신인 하늘에 거주하는 안(An), 이 땅의 최고 높은 신인 엔릴(Enlil), 전쟁의 신인 닌우르타(Ninurta) 등이 영웅으로 등장하지만, 이들의 영웅적인 행적을 모두 마르둑 신이 한 것처럼 편집했다. 따라서 바빌론의 옥좌에 오른 마르둑이 모든 신들 중에 최고의 신으로 등장한다. 특히 신들에게 시중을 들게 하고(for the service of the gods) 신들을 고된 노동으로부터 해방시키기(I will set them (i.e., the gods) free) 위해, 마르둑 신이 본인의 피(blood)와 뼈(bone)로 인간을 창조했다고 〈점토판 6〉의 줄 6(Line 6)에 적고 있다. 결국 인간은 신들의 노예(Slave)로 창조되었다는 것이다.

특히 창조의 서사시에는 「창세기」 1장에 기록된 하늘(Sky)과 지구(Earth)와 인간창조의 비밀이 자세히 기록되어 있는데, 〈점토판 7〉에는 신들의 고향 행성의 이름이 아카드어로 니비루(Nibiru)인데 이를 마르둑 행성이라 표현하고(His name shall be 'Nibiru') 있다(Line 109). 또한 이기기 신들(Igigi-gods)이 등장하는데, 〈점토판 3〉의 126줄과, 〈점토판 6〉의 21줄과 123줄에도 이기기 신들이 등장한다. 그리고 창조의 서사시에는 이 땅에 오신 신들, 예컨대 아누(안, Anu, An) 신과 엔키(Enki, Ea) 신 등 다수의 복수의 신들(The gods)이 등장한다.

『창조의 서사시』와 구약성경의 「창세기」 1장을 비교해 보면, 「창세기」 1장에는 신(God)의 작업이 6일 동안에 일어나지만, 『창조의 서사시』에는 6일 동안이 아니라 6개의 점토판에 적힌 이야기들을 통해 이루어 진다. 구약성경 「창세기」 1장에는 신이 마지막 일곱 번째 날을 자신의 창조에 대한 기쁨과 휴식으로 보내듯이, 『창조의 서사시』의 일곱 번째 점토판도 신의 업적에 대한 찬양으로 채워져 있다.

5절 모세의 「창세기」보다 더 오래된 『창조의 서사시』

『창조의 서사시』에 등장하는 진짜 영웅이 누구였는지에 관계없이 분명한 한 가지는 이 기록이 수메르 문명만큼이나 오래된 것이라는 사실이며 구약성경보다 더 오래된 문서라는 점이다.

현존하는 구약성경의 『모세오경』은 모세가 이집트를 탈출해 40년 간의 광야생활(Wilderness or Desert of Shur & Sin & Paran & Zin, BC 1446~BC 1406)을 할 때(「출애굽기」 16 : 36), 모세가 직접 쓴 것으로 알려 져 있으나, 그 당시의 원본(Original)이나 필사본(Manuscript)이나 사본 (Copy)은 현재 발견되지 않고 있다. 앞서 살펴보았지만 현존하는 가장 오래된 「창세기」의 히브리어 사본은 BC 150~AD 75년에 쓰여진 타나 크의 『사해사본』(死海寫本, 死海文書, Dead Sea Scrolls, DSS)이다.

설사 모세가 BC 1446년에 「창세기」를 썼다는 것을 인정하더라도 c.BC 18~c.BC 17세기의 『창조의 서사시』는 모세보다 무려 300~400 년이나 더 오래된 문서이다. 따라서 모세 시대에는 『창조의 서사시』가 널리 읽혔을 가능성이 높다. 설사 『창조의 서사시』가 고대 바빌로니아 시대(BC 1830~c.BC 1531)에 바빌로니아인들에 의해 각색되고 편집된 창 조의 신화라 해도, 이러한 고고학적 관점에서 구약성경의 「창세기」를 이해하는 데 없어서는 안 될 귀중한 고고학적 문서이다.

2장

〈점토판 1〉의 내용:
물(Waters)로 창조된 혼돈과 무질서,
미완성의 태양과 8개 행성

다음은 버지(Budge)의 『바빌로니아인의 창조 신화』(Budge, 1921)와 킹 (King)의 『에누마 엘리시: 창조의 일곱 점토판』(King, 1902)의 영문 번역 본 중 (필자가 생각하기엔) 번역이 잘된 쪽을 인용하여 한글로 번역하고 분석 정리한 것이다.

1절 무대는 태양계의 하늘(heavens)과 땅(earth)

구약성경의 「창세기」 1장 1절에는 하늘들(heavens)과 지구(earth)의 창 조에서 시작되기 때문에, 하늘들을 해석하는 데 있어서, 현대우주물리 학의 10+1 차원의 10개의 공간을 가진 우주(Universe)로 확대할 수 있 는 가능성이 존재한다. 그러나 실망스럽게도 『창조의 서사시』에 등장하 는 드라마의 무대는 우주(Universe)가 아니라 태양계(Solar system)이다. 하지만 『창조의 서사시』는 하늘과 지구가 어떻게 창조되었는지, 태양계 에 일어났던 사건들을 아주 완벽하게 기록하고 있을 뿐만이 아니라, 하 늘의 영역이 어디인지를 구체적으로 설명하고 있어 「창세기」 1장을 이해하는 데 많은 도움을 준다. 이 태양계의 주인공들은 창조하는 자들과 창조된 자들이며 그 1막은 〈점토판 1〉에서 다음과 같이 시작된다.

1. 그때 높은 곳에는 하늘의 이름이 없었고,
2. 아래에는 땅(지구)의 이름이 아직 없었고,
1. When in the height heaven was not named,
2. And the earth beneath did not yet bear a name,

「창세기」 1장 2절을 보면 "땅이 혼돈하고 공허하며(Now the earth was formless and empty)(NIV)", 다시 말해 지구(earth)는 아직 형태도 없고(formless) 태양계 우주 공간에 나타나지도 않은, 그래서 태양계 공간 관점과 신(神)의 입장에서 보면 '공허, 즉 텅 비어 있다(empty)'는 말로, 이 구절이 『창조의 서사시』에서 왔다는 것을 알 수 있다.

여기서 중요한 사실이 발견된다. "그때 높은 곳에는 하늘(heaven)의 이름이 없었고"라는 첫 줄의 내용이다. 이때의 하늘이란 차차 알게 되겠지만 「창세기」 1장 6~8절에 나오는 태양계(Solar System)의 궁창(expanse/NIV, firmament/KJV, space/New Living, dome/Good News), 즉 하늘(sky/NIV/New Living, Sky/Good News, Heaven/KJV)인 것이다. 궁창, 즉 "하늘도 없었고 지구도 없었다"라고 기록하고 있다.

2절 태고의 물(Waters)로 미완성의 태양계의 행성들을 창조

1. 태양-수성-티아마트(Tiamat)의 창조

고대의 기록자는 첫 번째 〈점토판〉의 3~8줄을 통해 태양계의 창조라는 거대한 『창조의 서사시』를 우리에게 열어 보인다. 아직 신(神)들, 즉 행성(行星)들은 나타나지 않았고 이름도 없었으며 운명(destiny), 즉 궤도(orbit)도 정해지지 않았다고 기록하고 있다. 단지 세 개의 천체들만이 존재하고 있었다. 이것은 현대 천체우주물리학으로 볼 때 맞는 것이다. 태양과 같은 별이 생성되면 예외 없이 반드시 행성들이 생성되는데, 처음엔 운명 즉 궤도가 불안정하다가 시간이 흐르면서 그 궤도는 안정적으로 변한다.

3. 가장 오래된 그들의 조상 즉 아버지인 압수(태양)와,

4. 뭄무(수성), 그리고 그들의 어머니인 혼돈의 티아마트가 있었고—

5. 압수와 티아마트의 물이 함께 합쳐져(거대한 하나의 질량을 이루었고),

6. 들판은 형성되지 않았고, 늪지대도 보이지 않았다;

7. 그때 신들(행성)은 빛을 내지 않았으며,

8. 어떠한 행성도 이름을 지니지 않았고, 궤도도 정해지지 않았다;

9. 그 다음 하늘 가운데에서 신들(행성들)이 창조되었다.

3. And the primeval Apsu, [their progenitor], who begat them,

4. And Mummu, and chaos Tiamat, the mother of them both,-

5. Their waters were mingled together,

6. And no field was formed, no marsh was to be seen;

7. When of the gods none had been called into being(shining),

8. And none bore a name, and no destinies [were ordained];

9. Then were created the gods in the midst of [heaven],

맨 먼저 신들은 행성들의 아버지인 태양(Apsu, Sun)을 창조하고, 그 다음 뭄무(Mummu), 그리고 어머니인 티아마트(Tiamat)를 창조한다. 가장 오래된 아버지인 압수(Apsu), 즉 태양이 이미 존재했었고, 이어 압수의 전령인 뭄무(수성, Mercury)와 어머니인 티아마트가 태어난다.

Tiamat(티아마트, 원시지구)

Mummu(Mercurio, 수성)

Apsu(Sol, 태양)

『창조의 서사시』 〈점토판 1〉의 3~4줄에 나오는 〈태양-수성-티아마트〉. Credit: 시친, I, 2009, p. 305, © Z. Sitchin, Reprinted with permission.

2. 뭄무(수성)의 역할

그런데 여기서 뭄무의 역할은 무엇일까? 그 다음에 나오는 29~31줄을 보면 뭄무의 역할이 무엇인지 확실히 나온다. 뭄무는 바로 압수의 전령(minister)과 상담역(counselor)이었던 것이다. 압수와 티아마트가 나은 행성들의 혼돈과 무질서, 그리고 제 멋대로의 운행 등 이런 나쁜 행위(their way was evil)에 대해 압수와 티아마트는 화가 났다. 그래서 압수가 전령인 뭄무를 불러 티아마트에게 가서 이 문제를 상의하자고 제안한다. 이런 내용으로 보아 뭄무의 역할은 압수의 전령과 상담역임에 틀림없다.

29. 그 다음, 위대한 행성들의 아버지인 압수가,

30. 그의 전령인 뭄무에게 소리치며 말했다 :

31. "나의 영혼을 기쁘게 해주는 전령인, 오 뭄무여,

32. "나와 함께 티아마트에게 함께 가자"

29. Then Apsu, the begetter of the great gods,

30. Cried unto Mummu, his minister, and said unto him :

31. "O Mummu, thou minister that rejoicest my spirit,

32. "Come, unto Tiamat let us [go]!"

어찌 되었건 시간상으로 태양이 먼저 창조되었고, 그 다음 수성이, 그 다음 티아마트가 창조되었는데, 이 티아마트는 차차 알겠지만 마르둑(神과 행성의 의미를 다 가짐)이 나중에 파괴한 괴물(monster)이자 사라진 행성(missing planet)이다. 아니 사라졌다기보다는 마르둑이 티아마트를 두 동강을 내서 그 중 윗부분으로 지구(the Earth)를 만들고, 아랫부분을 산산조각내고 쭉 펴서(stretched out) 궁창(expanse=firmament), 즉 하늘(sky)을 만든다.

행성을 신들이라 표현한 것은 차차 알게 되겠지만 행성을 창조하면서 신들의 이름을 붙였기 때문이다. 그래서 아직 행성들은 이름을 지니지 않았으며, 운명의 서판(Tablets of Destiny), 즉 행성들의 궤도도 확실하게 정해지지 않았다라고 기록하고 있다.

3. 금성-화성의 창조

10. 여신인 라하무(금성)와 남신인 라흐무(화성)가 창조되고….

11. 나이가 들어[어느 정도 커다랗게 성장했다],

10. Lahmu and Lahamu were called into being […].

11. Ages increased, […],

압수와 뭄무와 티아마트의 공간은 원초적인 물, 즉 생명의 물질로 가득 차 있었다. 그들의 물이 하나로 섞여 뭄무와 티아마트 공간 사이에 두 개의 행성이 생겨난다. 바로 라하무(Lahamu, 금성, Venus)와 라흐무(Lahmu, 화성, Mars)가 창조된다. 금성과 화성은 나이가 들어 어느 정도 커다랗게 성장한다.

어원학적으로 이 두 행성의 이름은 라흠(LHM, 전쟁을 일으키는=to make war)이라는 어근에서 나온 것이다. 고대로부터 화성은 전쟁의 남신(the God of War)으로, 금성은 사랑과 전쟁의 여신(the Goddess of Love & War)으로 여겨 왔으며, 라하무와 라흐무는 각각 여성과 남성의 이름이기도 하여, 존 그레이(John Gray)는 『화성에서 온 남자 금성에서 온 여자』(2006)라는 남녀관계의 자기계발서까지 출간했다. 따라서 금성과 화성의 정체성은 신화학적 관점에서나 어원학적 관점에서 모두 확인된다.

문제는 천문학적인 관점인데, '태양-수성-티아마트'가 창조된 후에, 수성과 티아마트 사이에 금성과 화성이 태어난 것이다. 이를 나열해 보면 '태양-수성-금성-화성-티아마트'가 된다. 여기서 중요한 것은 티아마트의 존재인데, 차차 기록을 보면서 설명하려고 한다.

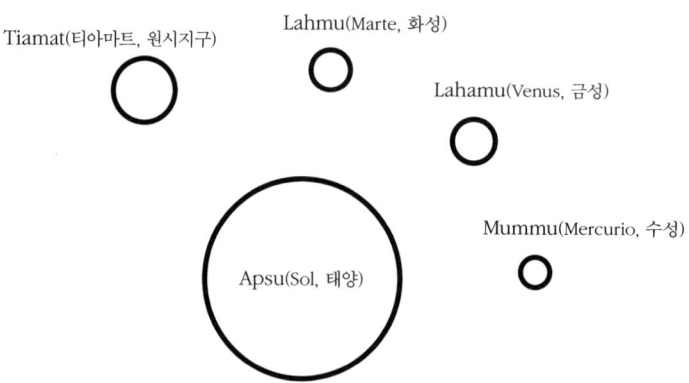

『창조의 서사시』〈점토판 1〉의 10~11줄에 나오는 '태양-수성-금성-화성-티아마트'.
Credit: 시친, I, 2009, p. 305, © Z. Sitchin, Reprinted with permission.

4. 목성-토성-천왕성-해왕성의 창조

라하무(금성)와 라흐무(화성)가 태어나 어느 정도 자란 후에 그 다음 태양계의 나머지 행성들이 창조된다.

12. 그 다음 키샤르(목성)와 안샤르(토성)가 창조되어, 앞의 행성들을 넘어서고….

13. 오랜 시간이 흐른 후에, 그들이 나타났다…

14. 아누(천왕성)가 그들의 아들이 되었는데, [그는 그 전에 태어난 조상들과 견주었고…]

15. 안샤르(토성)는 그의 장자인 아누를 자기의 이미지로 창조했으며…

16. 아누(천왕성)는 자기 이미지 대로 누딤무드(해왕성)를 창조했다…

17. 누딤무드(해왕성)는 모든 그의 아버지들 중에 [첫째가 되었고]

18. 누딤무드(해왕성)는 모든 지혜가 충만하여…

19. 가장 강력해져…

20. 대적할 행성이 없었다…

21. 이렇게 해서 위대한 신들(행성)이 창조되었다.

12. Then Anshar and Kishar were created, and over them [⋯].

13. Long were the days, then there came forth [⋯]

14. Anu, their son, [the equal of his fathers, was created]

15. The god Anshar made his eldest son Anu in his own image.

16. And the god Anu begat Nudimmud (Ea) the image of himself.

17. The god Nudimmud was the first among his fathers,

18. Abounding in all wisdom, [⋯]

19. He was exceeding strong [⋯]

20. He had no rival [⋯]

21. (Thus) were established and [were ⋯ the great gods].

금성과 화성이 어느 정도 자란 후에 키샤르(Kishar, 목성, Jupiter)와 안샤르(Anshar, 토성, Saturn)가 창조되었다. 그런데 '앞의 행성들을 넘어서고'라는 표현으로 보아, 먼저 창조된 수성-금성-화성보다도 더욱 크게 자라났다는 것을 알 수 있다. 이것은 오늘날의 행성의 크기를 비교해 보아도 정확히 일치하는 기록이다.

　　목성은 태양계 내에 있는 8개 행성 중에서 가장 큰 행성으로 목성을 제외한 일곱 개 행성을 모두 합쳐 놓은 질량의 2/3 이상을 차지하고, 지름이 약 14만 3,000km로 지구의 약 11배에 이른다. 목성의 질량은 지구의 약 318배이고 부피는 지구의 약 1,400배나 되지만 목성의 밀도는 지구의 약 1/4 정도밖에 되지 않는다. 그 이유는 목성은 태양처럼 밀도가 낮은 수소와 헬륨으로 구성되어 있기 때문이다. 이 거대한 목성은 육안으로도 쉽게 발견할 수 있을 만큼 밝은데, 가장 밝을 때는 -2.5등급을 기록하기도 한다. 또한, 목성은 엷은 고리를 가지고 있으며 유명한 네 개의 갈릴레이(Galilei) 위성, 즉 이오(Io), 유로파(Europa), 가니메데(Ganymede), 칼리스토(Callisto)을 포함해 많은 위성을 지니고 있다. 확인된 63개의 위성 외에도 크기가 작은 천체들이 목성 주위를 공

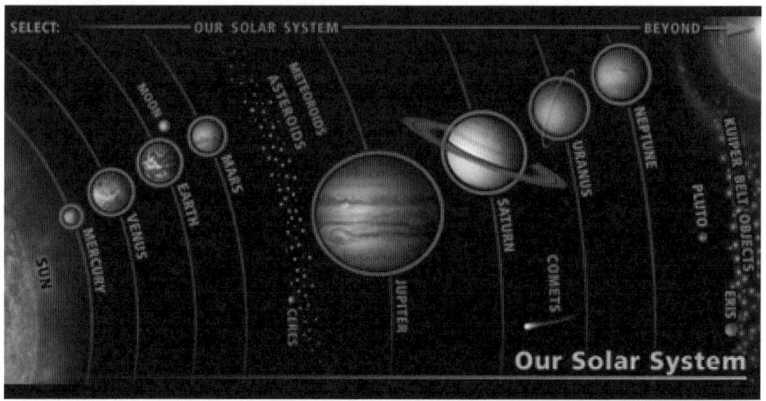

오늘날의 태양계 시스템(Our Solar System). Credit: Worldpress.com

전하는데 이들을 위성으로 볼 때 현재 목성의 위성의 수는 112개라고 보고되기도 하지만 공식적으로는 63개이다.

토성은 행성 중에서 목성 다음으로 커서 적도 반지름은 약 6만 km(지구의 약 9.5배), 질량은 지구의 약 95배이다. 1966년까지 10개의 위성이 지구로부터 관측되었으나, 그 후 행성탐사 우주선의 접근 관측으로 여러 개의 위성이 발견되어 그 총수는 2008년 기준 60개로 늘었고, 앞으로 이 수는 늘어날 가능성이 많다.

목성은 지구를 보호

어원을 살펴보면 키샤르(목성)는 견고한 땅에서 가장 중요한 것(foremost of the firm lands)이란 뜻이고, 키(Ki)는 지구(Earth)라는 히브리 성경 「창세기」 1장 1절의 에레츠(Eretz, 지구) 의미로 목성은 지구에서 가장 중요한 행성이란 뜻이다. 실제로 떠돌이 혜성들(Comets, 彗星)이 지구를 향해 달려들어도 목성의 중력에 의해 목성으로 빨려 들어가 충돌한다. 그래서 목성에는 수많은 혜성들과 충돌한 분화구들(Craters)과 띠들(Belts)이 많다. 즉 목성이 지구를 보호하는 것이다. 이를 고대 기록자는 『창조의 서사시』에서 현대 천체우주물리학이 밝혀낸 사실을 어원적으로 정확히 기록하고 있다.

안샤르(토성)는 하늘에서 가장 중요한 것 혹은 왕자(prince, foremost of the heavens)라는 뜻이고, 안(An)은 하늘(Sky)을 의미한다. 그렇다면 하늘에서 가장 중요한 것이란 현대 우주물리학적으로 무엇을 의미하는 것일까?

천왕성

어느 정도 시간이 흐른 후에 두 개의 행성이 더 창조된다. 먼저 아누(Anu, 천왕성, Uranus)가 태어나는데, "그들의 아들이 되었는데"라는 표현에서 알 수 있듯이, 키샤르(목성)나 안샤르(토성)보다는 작지만, "그 전에 태어난 조상들과 견주었고"라는 표현을 통해 그 이전의 수성-금성-화성보다는 크다는 것을 알 수 있다. 또한 아누를 안샤르의 장자라고 기록하고 있는데, 그 것은 안샤르에게는 또 다른 아들, 즉 다른 행성도 있다는 것을 암시한다. 이 행성은 무엇일까? 나중에 기록에서 차차 알게 되겠지만 이 행성은 바로 2006년에 국제천문연맹(IAU, International Astronomical Union)이 태양계 행성에서 퇴출시킨 가가(Gaga=명왕성=Pluto)이다(IAU, 16 Aug 2006). 따라서 현재 태양계의 행성은 수성-금성-지구-화성-목성-토성-천왕성-해왕성 등 8개이다.

천왕성은 카크카브 샤남마(Kabkab Shanamma)라 불렸는데 '쌍둥이 행성'이라는 뜻이다. 천왕성은 외관상 해왕성과 그 모양이나 크기가 매우 유사하다. 수메르에서는 엔티마시싱(En.Ti.Mash.Sig)이라 불렸는데 이는 '밝은 푸른 생명의 행성'이라는 뜻이다. 그렇다면 해왕성과 마찬가지로 이 행성에서도 습지와 같은 물이 발견되지 않을까? 분명 발견될 것이다.

해왕성

그 후 아누(천왕성)는 다시 자기 이미지대로 누딤무드(Nudimmud=엔키=Enki=에아=Ea=해왕성=Neptune)를 창조한다. 그런데 누딤무드는 그의 아버지들 중에 첫째가 되고 지혜가 충만하여 대적할 행성이 없었다고 표현한 것으로 보아, 이 행성은 신들의 행성인 니비루와 가장 가깝고, 인간을 창조하고 인간에게 과학을 전수해 주신 엔키(Enki) 신의 이름이 붙여졌다라고 해석할 수 있다. 『창조의 서사시』의 주인공은 바로 마르둑 신인데, 마르둑 신을 니비루(Nibiru)에서 낳은 아버지가 바로 엔키(누딤무드) 신이기 때문이다. 엔키 신의 또 다른 이름이 바로 수메르어로 이미지 패셔너(Image Fashioner)라는 뜻의 누딤무드이다.

해왕성은 이루(Iru, 고리)라고 부르기도 하고, 훔바(Hum.Ba, 습지의 식물)라 불렀다. 언젠가 우리 인간이 해왕성을 탐사하게 되면, 고대의 기록에서 지속적으로 물과 연관되던 이 행성에서 실제로 습지를 발견하게 될 것이다(시친, I, p. 376).

그렇다면 지구와 달은 도대체 언제 창조되었으며 어디에 있는 것일까? 그것은 앞으로 다가올 대규모의 충돌, 즉 신들의 행성인 니비루(Nibiru)와 티아마트의 충돌에 따라 오늘날의 지구와 달이 만들어지고 태양을 돌던 달이 이 사건으로 지구를 돌게 된다.

5. 궤도가 정해지지 않아 혼돈과 무질서가 계속되다

앞서 뭄무(Mummu)의 역할에서 잠깐 살펴보았듯이 압수(태양)와 티아마트가 나은 행성들의 혼돈과 무질서, 그리고 제 멋대로의 운행 등 이런 나쁜 행위(their way was evil..)에 대해 압수와 티아마트는 화를 낸다. 압수는 그들의 소란을 줄일 수 없었다. 여기서 우리는 행성들의 불규칙한 궤도로 인해 소란이 일어나고 있다는 것을 알 수 있다.

그래서 압수는 전령(minister)이자 상담역(counselor)이었던 뭄무를 불러 티아마트에게 가서 이 문제를 상의하자고 제안한다. 그리고 티아마트에게 가서 그들의 아들들(행성들)에 관하여 상의한다. 압수는 티아마트에게 다음과 같이 말한다.

37. "[…] 그들의 운행은 나쁘다 […],
38. "그들의 소란 때문에 낮에 편히 쉴 수도 없고, 밤에 편안히 누울 수도 없다.
39. "그래서 그들의 운행을 파괴할 것이다, 내가 그들을 쓸어 버릴 것이다,
40. "그러면 비탄의 애도가 있을 것이다, 그러면 우리는 편히 누울 수

있다."

37. "[…] their way was evil […],

38. "By day I cannot rest, by night [I cannot lie down (in peace)].

39. "But I will destroy their way, I will sweep them away,

40. "Let there be lamentation, and let us lie down (again in peace)."

압수가 이런 말을 한 것으로 보아 이때의 소란은 행성이 창조된 이후에 중력으로 인해 서로 으르렁 거리고, 궤도(orbit)가 아직 확실히 정해지지 않아 제 멋대로 운행하다 보니 압수나 티아마트가 걱정을 안할 수 없는 상황일 것이다. 다른 행성들은 티아마트의 궤도를 방해했다. 이런 상황에서 압수의 말을 듣고 티아마트는 자기 자식들에 대해 분개하고 저주를 내리며 다음과 같이 말한다.

45. "그럼 우리가 무엇을 하면 되나?

46. "그들의 운행을 어렵게 만들자, 그리고 편히 눕도록 하자."

45. "What then shall we [do]?

46. "Let their way be made difficult, and let us [lie down (again) in peace]."

이에 대해 뭄무가 대답을 하고 압수에게 다음과 같이 자문을 한다. 그들의 운행은 강하지만 그들의 운행을 파괴하자고 제안한다.

47. 뭄무가 대답을 하고 압수에게 자문했다.

48. 행성들에 대항해서:

49. "자 그들의 운행은 강하지만, 압수가 그것을 파괴할 수 있습니다;

47. Mummu answered, and gave counsel unto Apsu,

48. [⋯] and hostile (to the gods) was the counsel Mummu gave:

49. "Come, their way is strong, but thou shalt destroy [it];

그리고 행성들에 대한 보복성의 저주가 계획되고 압수와 뭄무와 티아마트는 계획대로 추진한다. 그러자 나머지 행성들은 비탄의 애도(lamentation)를 하기 시작한다(58줄). 이때 당황하지 않은 행성이 바로 누딤무드(해왕성)이다.

6. 권능-지혜-명철로 창조

자 여기서 잠깐 쉬었다 가자. 구약성경의 「잠언」(Proverbs)과 「예레미야」(Jeremiah)를 잠깐 들여다보자(한글개역/NIV). 여기에는 여호와(the LORD), 즉 야훼(Yahweh)께서 권능(power)-지혜(wisdom)-명철(understanding)로 하늘과 땅을 지으셨다고 기록하고 있다. 이 기록은 원천이 어디일까? 무엇을 참고하여 썼을까?

「잠언」 3:19 – 여호와께서는 지혜로 땅을 세우셨으며 명철로 하늘을 굳게 펴셨고(By wisdom the LORD laid the earth's foundations, by understanding he set the heavens in place;)

「예레미야」 10:12 – 여호와께서 그 권능으로 땅을 지으셨고 그 지혜로 세계를 세우셨고 그 명철로 하늘들을 펴셨으며(But God made the earth by his power; he founded the world by his wisdom and stretched out the heavens by his understanding)

「예레미야」 51:15 – 여호와께서 그 권능으로 땅을 지으셨고 그 지혜로 세계를 세우셨고 그 명철로 하늘들을 펴셨으며(He made the earth by his power; he founded the world by his wisdom and stretched out the heavens by his understanding.)

마르둑 신의 아버지가 바로 엔키(Enki), 즉 누딤무드(Nudimmud)이다. 그러므로 누딤무드가 최고의 권능(power)과 지혜(wisdom)와 명철(understanding)의 신으로 등장한다. 〈점토판 1〉을 보자.

17. 누딤무드(해왕성)는 모든 그의 아버지들 중에 [첫째가 되었고]
18. 누딤무드(해왕성)는 모든 지혜가 충만하여…
19. 가장 강력해져…
20. 대적할 행성이 없었다…
17. The god Nudimmud was the first among his fathers,
18. Abounding in all wisdom, [⋯]
19. He was exceeding strong [⋯]
20. He had no rival [⋯]

59. 명철을 부여 받은 누딤무드는, 신중한 신으로서, 고귀한 신이며,
60. 에아(누딤무드)는 모든 것을 신중하게 고려했으며, 그들의 계획을 탐지하고,
61. 그들의 계획을 무효화시키고, 모든 것들의 형태를 정지시켰다.
62. 그는 교묘한 주문을 반복했다, 그 것은 매우 권위(권능) 있고 신성했다.
59. [Endowed] with understanding, the prudent god, the exalted one,
60. Ea, who pondereth everything that is, searched out their [plan].
61. He brought it to nought, he made the form of everything to stand

still.

62. He recited a cunning incantation, very powerful and holy.

결국 「잠언」과 「예레미야」에 등장하는 문구들은, 『창조의 서사시』에
서는 누딤무드 신께서 권능과 지혜와 명철의 신으로 기록되어 있어, 누
딤무드 신이 하늘과 이 땅을 지으셨다라는 것을 알 수 있으며, 「잠언」
과 「예레미야」의 근원이 『창조의 서사시』라는 것을 알 수 있다.

에아(누딤무드)는 압수와 뭄무와 티아마트의 계획을 알아내고 오히
려 압수를 잠재우겠다는 계획을 세운다. 그리고 압수의 계획을 무효화
시키는 권위 있고 신성한 주문을 반복한다.

태양계의 가장 바깥쪽에 위치해 태양과 다른 행성들을 모두 감싸
고 도는 에아(해왕성)가 걸었다는 주문은 무엇이었을까? 그것이 태양폭
풍(Sun Wind)을 멈추게 하는 엄청난 양의 방사선(radiation)이든지, 아
니면 블랙홀(Black holes)에서 쏟아져 나오는 초고에너지 우주선(宇宙線,
ultra high-energy cosmic rays)이든지 간에, 아니면 압수보다 강력한 중
력장이든 간에 『창조의 서사시』에서는 그것이 태양을 잠재우는 결과를
가져왔다고 기록하고 있다. 압수의 창조의 힘을 잠재운 것이다. 따라서
압수는 더 이상 행성을 만들 수 없다. 심지어 압수의 전령인 뭄무도 움
직일 수 없었다. 뭄무는 태양 옆에 생명 없는 행성으로 묶인 채 남겨진
다. 이렇게 해서 태양계에는 평화가 온다. 그리고 이제 압수라는 말은
에아의 거처에 적용되는 말이 된다.[4]

---

4 엔키(Enki) 또는 에아(Ea): 수메르어로 E-A는 물의 집(the house of water)이라는 뜻. 아카
드어로 에아(Ea)는 물의 신(Water of God) 또는 그의 집이 물인 자라는 뜻. 페르시아만 근
처의 늪 지대에 위치한 에리두(Eridu)에 건설한 엔키의 지구라트(Ziggurat) 신전은 압주
(Abzu=E-abzu=E-engura)로 아카드어로 압수(Apsu)를 말함. Abzu 또는 Apsu는 때론 엔
키 신의 주요관할 지역인 아프리카나 아프리카의 짐바브웨(Zimbabwe)를 뜻하기도 함. 태
양이라는 압수(Apsu)의 이름이 에아 신의 거처가 되었다는 뜻임.

97. 압수는 창조의 힘이 뺏겨 무기력하게 누웠고,

98. 뭄무는 묶인 채….

99. 그렇게 됨으로써…

100. 자 이제 평화롭게 눕자.

97. "[…] Apsu is laid waste(?),

98. "[…] and Mummu, who were taken captive, in […]

99. "[…] thou didst, …

100. "[…] let us lie down (in peace).

7. 전쟁의 감운이 돌다, 킨구(Kingu/ Qingu, 달, Moon)의 등장

이런 태양계의 평화는 얼마나 지속되었을까? 이에 대한 언급은 없지만 109~126줄에는 평화가 깨지고 전쟁(war, battle)의 감운이 시작된다. 티아마트를 돕기 위해 오늘날의 내행성들 즉 소행성대(The Asteroid belt)를 중심으로 안쪽에 있는 내행성들인 수성-금성-화성이 연합전선(Band)을 형성한다. 그들은 극도로 화가 나서 밤낮으로 모의를 한다. 그리고 그들의 힘을 합쳐 전쟁을 선포한다. 이 모든 일은 티아마트가 주도한다. 무기를 만들고 커다란 괴물-뱀(monster-serpents)을 낳고, 무기들을 피(blood) 대신 독약(poison, venom)으로 가득 채우고, 보기에도 무서운 옷을 입힌다. 그 다음 독사(viper)와 뱀(snake)과 회오리 바람(Whirlwind or hurricanes)과 탐욕스러운 개(dog or hound)와 전갈-인간(scorpion-men)을 앞 세운다. 이런 방식으로 티아마트는 11개의 괴물들(monsters)을 만들었다. 그리고 그들을 후광(brightness or splendor)으로 입히고 고귀한 신분, 즉 신(행성)의 모양으로 만든다. 으르렁거리며 사납게 날뛰는 11개의 위성들이 티아마트의 몸에서 떨어져 나와 티아마트 옆에서 함께 행진했다. 이들은 위성이지만 사실 행성(신)처럼 행동했다.

처음으로 킨구(Kingu, Qingu, Ensu, 달, Moon)가 등장한다. 티아마트의 11개의 위성들 중 장자로 태어난 위성이 킨구다. 티아마트는 킨구에게 10개의 위성을 지휘할 수 있는 권한을 주고 모든 무기를 사용할 권한을 주며, 특히 스스로 궤도를 수정할 수 있는 운명의 서판(Tablet of Destiny or Destinies)을 준다. 이때부터 킨구는 자기 마음대로 태양계의 궤도를 수정하며 돌 수 있는 권한을 갖는다. 즉 마음대로 떠다니는 행성(Rogue Planet)이 된 것이다.

이것으로 보아 두 가지의 질문이 생긴다. 어떻게 티아마트에서 11개의 위성들이 탄생했을까? 처음의 킨구는 티아마트를 도는 위성이었는데, 티아마트로부터 운명의 서판이 주어진 후로는, 태양계를 도는 행성이었음을 알 수 있다. 그런데 어떻게 오늘날처럼 지구를 도는 위성이 되었을까?

127. 신들(행성들) 중에, 티아마트는 그녀의 장자인,

128. 킨구를 높은 자리에 앉히고, 킨구를 그들 중 가장 위대한 자로 만들었다,

129. 전쟁의 리더로, 군대의 배치자로,

130. 견고한 무기의 소유자로, 전쟁의 공격자로,

131. 킨구는 전쟁에서 모든 무기의 마스터로,

132. 티아마트는 11개 행성 중 킨구를 가장 가까이에 앉히고,

133. (말했다), "킨구를 위해 주문을 했다. 나는 킨구를 신들의 회의에서 장대하게 했다,

134. 나는 킨구에게 신들 중의 가장 높은 권한과 위엄을 주었다,

135. 킨구는 존엄하고, 킨구의 솜씨(재주)는 나의 남편,

136. 아눈나키가 함께해 킨구를 그들 중에 명성이 나기를"

137. 티아마트는 킨구에게 운명의 서판을 주고, 그것을 킨구의 가슴에

매달았다,

127. Among the gods, her first-born son who had collected her company,

128. That is to say, Kingu, she set on high, she made him the great one amongst them,

129. Leader of the hosts in battle, disposer of the troops,

130. Bearer of the firmly grasped weapon, attacker in the fight,

131. He who in the battle is the master of the weapon,

132. She appointed, she made him to sit down in [goodly apparel]

133. [Saying], "I have uttered the incantation for thee. I have magnified thee in the assembly of the gods.

134. I have filled his [sic, read 'thy'] hand with the sovereignty of the whole company of the gods.

135. Mayest thou be magnified, thou who art my only spouse,

136. May the Anunnaki make great thy renown over all of them."

137. She gave him the TABLET OF DESTINIES, she fastened it on his breast,

8. 태고의 물(waters)로 창조-현대과학의 검증, 모든 행성에서 물이 발견될 것

『창조의 서사시』〈점토판 1〉은 분명 태고의 물로 태양과 8개 행성들을 창조했다고 적고 있다. 압수와 티아마트의 물이 합쳐져 거대한 하나의 질량을 만들어 내고, 그 다음 하늘 가운데에서 행성들이 태어났다. 즉 압수와 티아마트의 공간은 비어 있지 않고, 그 공간에는 압수와 티아마트의 물이 하나로 섞여 있었으며, 그 물은 들판이나 갈대가 자라는 그런 종류의 물이 아니라 태고의 물(the primordial waters), 즉 원초적인 생명 물질(basic life-giving elements) 이었다(시친, I, 2009, p. 303).

이는 「창세기」 1장 2절에 등장하는 "신은 수면에 운행하시니라(Spirit of God was hovering over the waters)"(NIV)에서 왜 물(waters)이 등장하는지를 이해할 수 있게 해준다. 태양계의 태양과 행성들은 바로 태고의 물, 즉 같은 태고의 물로 창조된 것이다.

화성 / 토성에서 물 얼음(water ice)이 발견되다

2005년에 유럽우주국(ESA)은 화성탐사선(MES, Mars Express Spacecraft)의 고해상 스테레오 카메라(High Resolution Stereo Camera, HRSC)가 찍어 전송해 온 분화구 사진을 공개했는데, 지름 35km, 깊이 2km의 화성 북극(Martian north pole) 주변의 알려지지 않은 분화구(an unnamed crater)의 중심에서 얼음(water ice)을 발견했다(ESA, 28 Jul 2005).

2012년에 미국항공우주국(NASA)은 우주탐사선 카시니(Cassini spacecraft)가 토성(Saturn) 궤도를 도는 위성 중 여섯 번째로 큰 위성인 엔셀라두스(Enceladus)를 근접 촬영한 결과 광대한 지하 해저로부터 뿜어져 나오는 물 분출구를 발견했다고 밝혔다(NASA, 19 Mar 2012). 이번 발견은 2012년 3월 19일에 미국 텍사스(Texas)의 우드랜드(Woodlands)에서 개최된 '43차 달행성과학 컨퍼런스'에서 발표되었다.

위성인 엔셀라두스에서 물이 뿜어져 나오는 이유는 토성의 중력과 중력의 압박에 의해 분출구가 열렸기 때문인 것으로 밝혀졌다. 물은 얼어 있는 지표면의 틈 사이에서 스며 나오고 있었다. 따라서 엔셀라두스는 태양계 내에서 유일하게 접근 가능한 '생명체 서식가능 영역(HZ, Habitable Zone)'이 될 가능성이 높아졌다. 연구진은 엔셀라두스 남극 주변에 90개가 넘는 분출구가 발견됐고 분출구는 수증기와 얼음 분자, 유기화합물 등을 뿜어내고 있다고 밝혔다.

연구진 대표 캐롤린 포르코(Carolyn Porco)는 2012년 3월 29일 미국 클락스빌온라인(clarksvilleonline.com)과의 인터뷰에서 "얼음 분자 속에는 물과 유기물질 외에도 소금이 포함돼 있다는 것을 알아냈다"며 "염도는 지구 바다의 염도와 같았다"고 말했다(클락스빌온라인, 29 Mar 2012). 이는 엔셀라두스의 지표면 아래에 생명체가 서식할 수 있는 지구와 비슷한 환경이 존재할 수 있음을 의미한다. 엔셀라두스를 더욱 특별하게 만드는 것은 접근하기 쉽다는 점이다. 포르코는 "엔셀라두스는 우주공간을 향해 미생물들을 눈처럼 뿌려대고 있는 셈이다. 우리는 지표면을 뚫을 필요도 없이 근처에 가서 표본만 채취하면 된다"며 엔셀라두스가 우주 관련 연구에 많은 도움이 될 것이라고 기대했다. 포르코는 위성의 지표 아래 바다가 생길 수 있었던 이유에 대해 엔셀라두스의 타원형 궤도를 지적했다. 타원형 궤도는 조수의 움직임을 강하게

화성 북극 주변 분화구의 중심에 얼음처럼 보이는 물질을 발견(2005). 사진: 유럽우주국(ESA)

2012년 3월 26일, 카시니는 엔셀라두스 남극으로부토 46마일 떨어진 곳에 위치하여 깃털 모양의 물 얼음(water ice)을 토하는 영상을 촬영. 적어도 4개의 물 분출구가 생동감 있게 보인다. Credit: NASA/JPL/Space Science Institute

만들어 더 많은 양의 열을 생산해낼 수 있었을 것이며, 그때 발생한 열이 표면의 얼음을 녹여 지표 아래 바다를 이루었을 수 있다고 연구진은 설명했다.

달과 수성에서 물 얼음(water ice)과 유기물질이 발견되다

2012년 3월 30일 미국 MSNBC 뉴스에 따르면 미국항공우주국(NASA)의 달 탐사선 LRO(Lunar Reconnaissance Orbiter)의 미니 무선 주파수(미니-RF) 프로젝트(Miniature Radio Frequency project or Mini-RF project) 자료를 분석해 온 휴스턴(Houston) 소재 달행성연구소(Lunar and Planetary Institute)의 폴 스퓨디스(Paul Spudis) 박사는 달 남극(south pole)의 섀클턴 분화구(Shackleton crater)에 물 성분 얼음(water ice)이 존재한다는 것을 발견했다고 최근 열린 달행성과학회의에서 발표했다(Space.com, 13 Jan 2012; MSNBC, 30 Mar 2012).

그는 지름 20km, 깊이 5km로 달에서 가장 큰 이 크레이터 안에 얼마나 많은 물이 있는지는 아직 모르지만 LRO의 자료로 미뤄 볼 때, 레이더가 투과하는 얼음 같은 물질이 들어 있다고 밝혔다. 달의 양극

달 남극의 레이더 이미지를 보여 주는 Mini-RF. Credit: NASA/APL/LP

(lunar poles) 지역은 영구히 그늘진 초저온의 분화구 안에 물 성분 얼음이 들어 있는 독특한 환경으로 LRO의 집중적인 탐사 대상이 되고 있다. 새클턴 크레이터 가장자리의 산봉우리들은 거의 언제나 햇빛에 노출돼 있지만 그 안쪽은 영원한 어둠에 묻혀 있다.

지난 2009년 과학자들은 인도의 달 궤도 탐사선 찬드라얀-1호 (Chandrayaan-1)에 탑재된 NASA의 탐지 장치가 달 표면에서 물 분자의 증거(evidence of water molecules)를 발견했다고 발표했다(Space.com, 23 Sep 2009). 지난 2008~2009년 사이 찬드라얀의 레이더 실험에 수석 연구자로 참여했던 스퓨디스 박사는 찬드라얀-1호의 달 충돌장치 (Moon Impact Probe, MIP)가 앞서 2008년 달 표면에 추락하면서 물 성분 구름을 통과한 것이 분명하다고 밝혔다. 또 NASA의 달 충돌실험 위성인 LCROSS(Lunar Crater Observation and Sensing Satellite)도 2009년 카베우스 분화구(Cabeus crater)에 충돌한 직후 수증기와 얼음 파편의 존재를 2010년 10월에 확인했다(Space.com, 21 Oct 2010).

스퓨디스 박사는 미니-RF 자료에 나타난 것만 해도 달의 북극 지역에 최소한 6억 톤의 얼음이 있는 것으로 밝혀졌다면서 "이를 로켓 연료인 액체 수소와 액체 산소로 전환시키면 앞으로 2,200년 동안 매일 우주선(space shuttle)을 발사할 수 있다"고 말했다. 그는 또 달에는 재사용과 확장이 가능한 영구 우주 운송 시스템(space transportation syste)을 만드는 데 필요한 물질과 에너지 자원이 존재한다고 지적했다. 그는 태양과 가까워 뜨거운 수성에서도 NASA의 메신저 탐사선 (Messenger spacecraft)이 최근 영구히 그늘진 부위에 얼음이 존재한다는 단서를 발견했다면서(Space.com, 26 Mar 2012), "이는 우리가 달의 자료를 정확히 해석하고 있음을 말해 주는 것"이라고 말했다.

미국항공우주국(NASA), MIT 공대 UCLA 과학자들은 수성의 북극(North Pole)에 적어도 1,000억 톤의 물과 탄소(Carbon) 등의 유기

물질(Organic material)이 존재한다는 것을 밝혀 『사이언스 익스프레스』(Science Express)에 발표했다(Newmann et al, 29 Nov 2012). 이는 지난 2011년부터 수성을 주회하고 있는 NASA의 메신저(MESSENGER, MErcury Surface, Space ENvironment, GEochemistry and Ranging) 탐사기(Probe)의 관측으로 판명된 것이다. 수성은 태양계 안에서도 태양에 가장 가까이 있는 행성으로 표면 온도가 화씨 800°F(섭씨 427℃)까지 상승하기도 하지만, 이 지역의 크레이터(Crater)는 항상 응달로 돼 있어 전혀 해가 비치지 않는다. 탐사기는 중성자 분광계(Neutron spectrometer)를 이용해 수성 표면으로부터 반사하는 중성자 에너지를 관측해 얼음의 존재를 확인했다. 이 관측에서는 수성 북극점 주변 지점에서 물을 나타내는 특징적인 중성자의 징조가 발견됐으며 여기서 1,000억~1조 톤의 얼음이 있는 것으로 나타났다. 전문가들은 이번 발견이 지구의 역사나 생명의 탄생에 대해서도 획기적인 힌트가 될 가능성이 있다고 기대하고 있다.

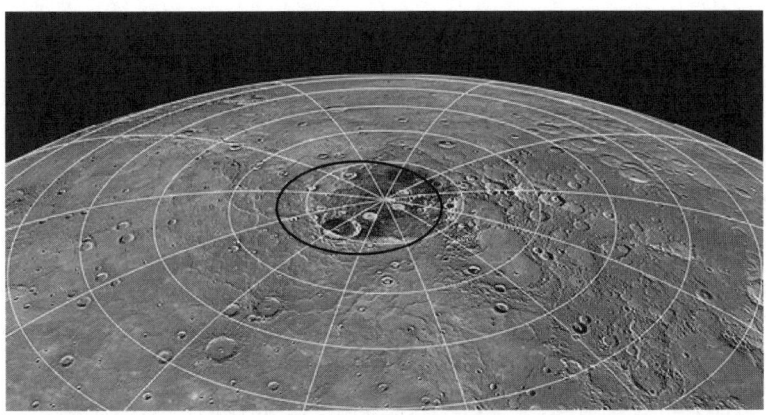

원안의 밝게 빛나고 있는 수성의 북극지역에서 물과 유기물질이 발견되다. Credit: NASA/Johns Hopkins University Applied Physics Laboratory/Carnegie Institution of Washington; ScienceDaily(29 Nov 2012).

모든 행성에서 같은 성질의 물이 발견될 것

그렇다! 태양계의 태양과 모든 행성들은 바로 태고의 물, 즉 같은 태고의 물로 창조된 것이다. 그래서 달에서도 물이 발견되고 수성과 화성에서도 물이 발견되며 토성에서도 물이 발견되는 것이다. 따라서 나머지 행성들인 금성, 목성, 천왕성, 해왕성 및 명왕성에서도 계속해서 물이 발견될 것이다. 이는 『창조의 서사시』〈점토판 1〉의 내용이 옳게 기록되었다는 것을 현대과학이 검증하는 것이며, 따라서 「창세기」 1장 2절의 "신은 수면에 운행하시니라(Spirit of God was hovering over the waters)"(NIV)의 내용이 맞는다는 것을 알 수 있다.

9. 결론-오늘날의 태양과 미완성의 8개 행성 창조

지금까지 『창조의 서사시』〈점토판 1〉을 살펴본 결과 『창조의 서사시』는 오늘날과 똑같은 태양계 시스템을 같은 성질의 태고의 물(waters)로 창조한 것으로 기록되어 있다. 그 것도 정확하게 태양→수성→티아마트(나중에 지구)→금성→화성→목성→토성→해왕성을 창조하고 티아마트로부터 달(Moon)이라는 위성을 창조했다고 기록하고 있다. 단지 다른 것은 이들 태양과 8개 행성들이 제멋대로 궤도를 가져 혼돈과 무질서였다고 기록하고 있다. 다시 말해 〈점토판 1〉에서는 미완성의 8개 행성을 창조한 것이다.

그러나 「창세기」 1장은 지구를 먼저 창조하고(「창세기」 1:9~12), 그 다음 두 큰 광명인 태양과 달을 만드셨다(「창세기」 1:14~18)고 기록함으로써, 현대우주물리학과는 달라, 우리에게 혼란을 주고 있는데, 『창조의 서사시』를 계속 읽다보면, 이것이 혼돈과 무질서, 즉 미완성 행성들의 궤도를 지구를 중심으로 리세팅(resetting), 즉 수정하여 완벽하게 완성했다는 내용이라는 것을 알 수 있다.

『창조의 서사시』와 오늘날의 태양계 시스템 비교

창조의 서사시의 태양계 시스템	의미 수메르/아카드의 신(神)	오늘날의 태양계 시스템
압수 (Apsu)	아버지, 처음부터 존재했던 자(one who exists from the beginning), 태고의 물의 신(the god of the primordial waters)	태양 (Sol → Solaris → Sun)
	우투/샤마시(Utu, Shamash)	
뭄무 (Mummu)	태어난 자(one who was born), 깨어난 자(the one who has awoken), 압수의 전령(minister)과 상담역(counselor)	수성 (Mercurio →Mercury)
	아다드/이시쿠르(Adad, Ishkur)	
티아마트 (Tiamat)	어머니, 대양의 여신(the goddess of the ocean), 혼돈의 괴물(Chaos Monster), 생명의 처녀(maiden of life), 소금의 물(salt water), 「창세기」 1장 2절에 나오는 깊음(the deeps, abyss)의 뜻인 북서 셈어(Semitic)의 히브리어인 테홈(Tehom)의 어원은 티아마트	나중에 파괴되어 윗부분이 지구(Earth)가 되고, 아랫부분이 산산조각이나 궁창=하늘(expanse, firmament, sky) 즉 소행성대(The Asteroid belt)가 됨
	엔릴(Enril)	
킨구 (Kingu, Qingu, Ensu)	미숙한 노동자(unskilled laborer)라는 뜻. 마르둑 행성의 티아마트(Tiamat) 접근으로 마르둑의 인력에 의해 티아마트(Tiamat)로부터 킨구가 분리되어 티아마트의 위성이 됨 → 티아마트로부터 운명의 서판을 받은 킨구는 태양을 도는 행성 → 이후 마르둑이 운명의 서판을 빼앗아 티아마트의 위성이 되게함	달 (Moon)
	난나/신(Nannar, Sin)	
라하무 (Lahamu)	사랑과 전쟁의 여신(the Goddess of Love and War), 여성의 이름	금성 (Venus)
	인안나/이시타르(Inanna, Ishtar)	
라흐무 (Lahmu)	전쟁의 남신(the God of War), 남성의 이름	화성 (Marte → Mars)
	네르갈(Nergal) → 나부(Nabu)	
키샤르 (Kishar)	견고한 땅에서 가장 중요한 것(foremost of the firm lands). 키(Ki)=지구(Earth)라는 의미로 히브리 성경 「창세기」 1장 1절의 에레츠(Eretz=지구)	목성 (Jupiter)
	마르둑(Marduk)	
안샤르 (Anshar)	하늘에서 가장 중요한 것 혹은 왕자(prince, foremost of the heavens), 안(An)=하늘(Sky)을 의미	토성 (Saturno →Saturn)
	닌우르타(Ninurta)	
아누 (Anu)	하늘의 존재(he of the heavens), 하늘(sky, heaven), 엔티마시싱(En.Ti.Mash.Sig) 즉 밝은 푸른 생명의 행성이라는 뜻	천왕성 (Urano →Uranus)
	아누/안(Anu, An)	
가가 (Gaga)	토성의 보좌관 겸 전령, 슈파(Shu.Pa) 즉 감시자라는 뜻	명왕성 (Pluto)
누딤무드 (Nudimmud)	엔키/에아 (Enki/Ea)신의 행성, 재주 좋은 창조자(artful creator), 이루(Irr, 고리) 또는 훔바(Hum.Ba, 습지의 식물)	해왕성(Neptuno → Neptune)
	엔키/에아 (Enki, Ea)	

3장
〈점토판 2〉의 내용:
마르둑 신과 마르둑 행성의 등장

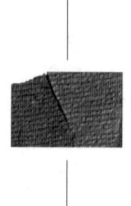

1절 외행성들(목성-토성-천왕성-해왕성)의 분노

티아마트가 킨구에게 운명의 서판(Tablet of Destiny), 즉 스스로 궤도를
돌 수 있는 권한이 주어졌다는 사실에 오늘날의 소행성대((The Asteroid
belt)를 중심으로 밖에 있는 외행성들(목성-토성-천왕성-해왕성)은 분노한
다. 도대체 어떻게 티아마트가 새로운 행성들을 창조할 수 있는지 에아
(해왕성)가 알아내고 에아는 고통과 슬픔에 쌓인다. 날이 지나고 분노가
가라앉자 그는 안샤르(토성)에게 가서 문제를 상의한다.

　　티아마트가 계획하고 있는 것은 악마적 연합전선(Evil bonds)이라고
2줄에 기록되어 있는 점에 유의하자. 왜냐하면 나중에 알겠지만 이 전
쟁은 바로 마르둑(니비루) 행성(신)과의 일대 전쟁으로, 마르둑 신(행성)
에 대항하는 모든 신(행성)들은 악마(Evil), 뱀(Serpent), 괴물(Monster)로
표현하기 때문이다.[5]

5　뱀(serpent), 용(dragon), 괴물(Monster), 악마(devil), 사단(Satan): 수메르 시대의 신들의 전
　쟁 또는 관계에서 적(enemy)의 신들을 뱀-용-괴물로 표현하는 전통은 그리스 신화에도
　그대로 전승되어, 하늘을 지배한 제우스(Zeus) 신에 대항하는 티폰(Typhon) 신들은 모두

2. 티아마트는 그의 자식, 즉 행성들과 악마적인 연합전선을 형성했다.

10. 에아는 티아마트가 계획하고 있는 모든 것을 안샤르(토성)에게 반복하여 말했다,

11. 우리에게 생명을 준 티아마트 어머니가 이 모든 것을 계획했습니다.

12. 티아마트는 이미 모든 행성들을 차례로 소집하고, 그녀는 화가 나 있습니다,

13. 모든 11개 신(행성)들은 티아마트에게 합세했습니다.

14. 그들은 티아마트와 함께 행진하고 있습니다.

2. She bound the gods her children with [evil bonds].

10. Whatsoever Tiamat had devised he repeated unto him,

11. Mother Tiamat who gave us birth hath sown these things.

12. She hath set in order her assembly, she rageth furiously,

13. All the gods have joined themselves to her.

14. They march by her side together with those whom ye have created.

15줄에서 48줄까지는 〈점토판 1〉의 109줄에서 142절의 내용을 반

뱀으로 표현하고 뱀의 모양으로 그려져 있으며, 나중에 『바이블 매트릭스』 시리즈에서 자세히 소개하겠지만, 성경도 마찬가지이다. 「요한계시록」 20장 2절에는 "용을 잡으니 곧 옛 뱀이요 마귀요 사단이라 잡아 일천 년 동안 결박하여(He seized the dragon, that ancient serpent, who is the devil, or Satan, and bound him for a thousand years)(NIV)"라는 내용이 나오는데, 여기에서 옛 뱀이란 「창세기」 3장에 등장하여 하와(Eve)를 꼬여 선악과를 따 먹도록 한 그 뱀(serpent)이다. 이때 뱀이란 여호와 하나님의 반대편에 선 신들이다. 결국 성경도 신들의 전쟁이 배경을 이룬다. 이 배경을 알아야 성경을 이해할 수 있다. 재미있지 않은가? 선악과(the tree of the knowledge of good and evil)란 무엇인가? 『바이블 매트릭스』 시리즈의 「인간창조와 노아 홍수의 비밀」편과 「예수님의 재림과 새 하늘과 새 땅」편을 참조하시라.

복하고 있다. 어떻게 티아마트가 전쟁을 준비하는지를 다시 설명하는 것이다.

안샤르(토성)는 에아(해왕성)의 말을 듣고 입술을 깨문다. 그리고 안샤르의 마음은 요동치기 시작했다. 심히 불안했던 것이다. 그리고 에아에게 압수와 뭄무를 잠재운 자가 바로 에아가 아니냐? 에아만이 킨구를 대적할 수 있지 않느냐고 묻는다. 그러나 에아의 답은 기록이 상실돼 알 수가 없다. 그저 심사숙고했다는 것밖에 짐작할 수가 없다.

55. "바로 당신(에아)은 압수와 뭄무를 잠재운 자 아니냐
56. "티아마트가 높이 세운 자, 킨구를―그녀를 대적할 자 당신이 아니냐?
57. …숙고
55. "Thou hast slain Mummu and Apsu
56. "But Tiamat hath exalted Kingu―where is the one who can meet her?
57. … deliberation

그 다음 58줄에서 71줄은 손실되어서 알 수가 없으나, 에아의 답은 만족스럽지 못했던 것이 분명하다. 안샤르(토성)가 이번에는 아누(천왕성)와 상의 하기 때문이다. 안샤르는 아누보고 가서 티아마트와 맞서라고 얘기한다. 아누는 바로 티아마트에게 가지만 티아마트와 대적할 수 없어 돌아오고 만다.

75. "가서 티아마트와 맞서라…
82. 아누는 티아마트와 대적할 수 없어, 그는 돌아왔다.
75. "Go and stand thou in the presence of Tiamat

82. He could not prevail against her, he turned back.

아누는 안샤르에게 티아마트에게 당한 일을 보고한다. 티아마트가 손을 아누에게 얹자 아누는 시들시들 힘이 빠졌다는 것이다. 이 말을 듣고 안샤르는 비탄에 빠져 땅만 쳐다본다. 안샤르는 파랗게 질려 에아에게 가서 고개를 쳐든다. 모든 아눈나키(Anunnaki)들은 슬픔에 잠겨 앉았다. 그들은 한결같이 말을 했다. "티아마트에 대적할 자가 아무도 없다니."

90. [그들은 말을 했다], "티아마트에 대적할 자가 아무도 없다니."
90. [They said], "Nowhere is there a god who can attack Tiamat."

신들은 하나 둘씩 물러섰다. 티아마트에 맞설 자가 아무도 없는 것일까? 심한 동요를 겪으면서 태양계는 긴장에 휩싸인다.

2절 마르둑(Marduk) 신(神)과 마르둑 행성의 등장

〈점토판 2〉의 95줄부터 마르둑 신과 마르둑 행성이 등장한다. 「창조의 서사시」는 행성들에 수메르 신들의 이름이 붙여져 있다는 사실을 유의해야 태양계 창조라는 비밀을 이해할 수 있다. 『창조의 서사시』인 만큼 신들의 이름도 중요하지만 행성들의 창조라는데 집중해야 이해할 수 있다.

그때 안샤르는 "우리의 복수자는 전쟁의 영웅인 마르둑이다"라고 아눈나키들에게 말을 한다.

93. 안샤르는 그의 마음을 들어 올리고, 아눈나키들에 말을 했다,

94. "그는 힘이 전능하여 우리를 위해 복수자가 될 수 있다

95. "그는 바로 전쟁의 영웅인 마르둑이다"

93. He lifted up his heart, he addressed the Anunnaki,

94. "He whose [strength] is mighty [shall be] an avenger for [us]

95. "The … in the strife, Marduk the Hero."

그럼 마르둑은 어떤 신이며 어느 행성을 말하는 것일까? 마르둑은 『창조의 서사시』에 가장 중요한 신이며 행성이다. 따라서 처음부터 마르둑에 대해 소개를 해야 하는데 점토판의 내용을 따라가다 보니 이제서야 소개한다.

1. 신권을 찬탈한 마르둑(Marduk)은 어떤 신(神)인가?

수메르 시대의 수메르어(Sumerian)로 마르둑(Marduk), 그 이후 아카드어(Akkadian)로 아마르우트(AMAR.UTU), 그리고 히브리(Hebrew) 성경의 히브리어인 므로닥(Merodach) 신(神)을 말한다. 순수한 언덕의 아들이라는 뜻으로 젊은 벨(Young Bel), 바알(Baal), 즉 주님(Lord)이란 뜻이다. 연장자 벨(Elder Bel)은 하늘에서 이 땅에 오신 엔릴(Enlil) 신과 엔키(Enki) 신을 말한다. 엔릴 신과 엔키 신의 아버지는 하늘에 거주하시며 이 땅에는 연례행사차나 급한 일이 있을 경우 오시는 안(An, 아누, Anu) 신이시다. 먼저 태어난 신이 엔키 신이지만 서자(庶子)로 태어나셨고, 엔릴 신이 나중에 태어나셨지만 적자(嫡子)로 태어난지라 이 땅에 오셔서 열두 명의 신들로 구성된 최고회의 그룹인 아눈나키(Anunnaki)의 수장이 되신다. 마르둑은 엔키(Enki) 신이 하늘에서 낳은 첫째 아들로 지구에 내려와 인간인 아내인 사파니트(Sarpanit)와 결혼했다.

그 후 마르둑 신은 이기기 신들과 함께 지지자들을 이끌고 갈대아

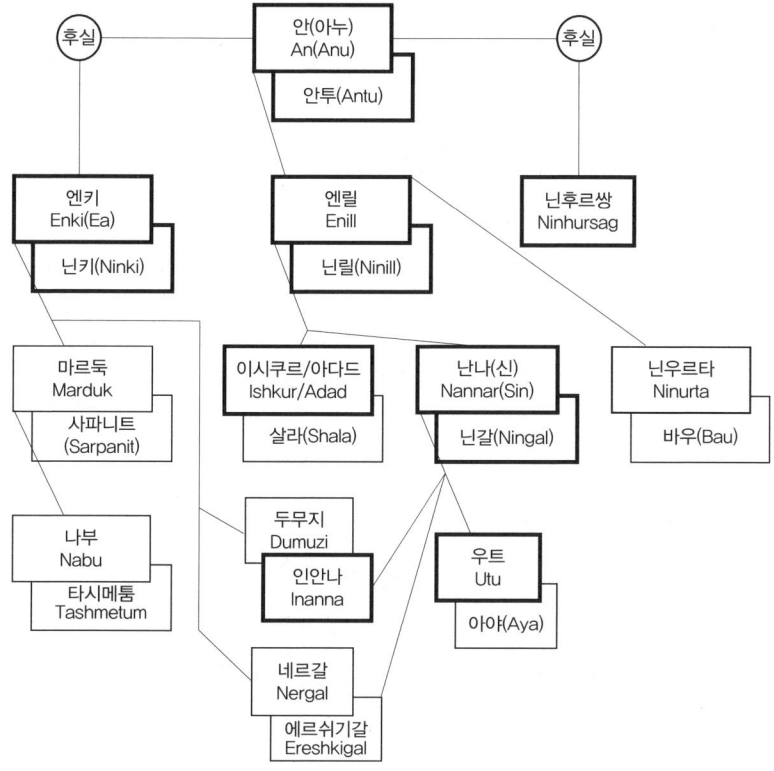

수메르 시대의 주요 신들의 족보도. 굵은 선의 신들과 여신들은 12명의 아눈나키(Anunnaki) 그룹. 이탤릭체는 여신들로서 배우자(wife)를 나타내나, 단, 마르둑 신의 배우자인 사파니트는 인간이고, 여신인 닌후르쌍은 혼자 살았으나 이복형제인 엔릴 신과의 사이에서 엔릴의 정식 승계자인 닌우르타를 낳음. 그러나 마르둑이 엔릴의 신권과 왕권을 찬탈함. Credit: 시친, I, 2009, p. 190, © Z. Sitchin, Reprinted with permission.

(Chaldea), 즉 바빌론의 아카드(Akkad)와 수메르(Smuer)로 진군해 신들의 권력을 찬탈하고 스스로 바빌론의 옥좌에 올라, 신들 중의 최고의 신으로 등극했다.[6]

---

6 마르둑(Marduk) 신의 권력 찬탈: 여기에 숨겨진 비밀이 「창세기」 11장의 바벨탑(The Tower of Babel) 사건이며, 아브라함을 여호와 하나님이 부르신(「창세기」 12장) 이유이며, 여호와 하나님이 소돔과 고모라를 멸망시킨(「창세기」 19장) 이유이다. 이는 차차 『바이블 매트릭스』 시리즈를 통해 자세히 소개하기로 한다.

이것은 이후에 그리스 신화(Greek mythology, c.BC 900~c.BC 800)에도 그대로 전해졌다. 그리스 신화를 보면 최초의 때에는 카오스(혼돈, Chaos)가 있었고, 그 다음에 가이아(Gaea, 지구)와 그의 남편인 우라노스(Uranus, 하늘) 사이에 남자 6명과 여자 6명 등 12명의 티탄들(Titans)이 태어난다. 티탄들의 전설적인 행동은 지상에서 이루어졌지만 그들은 모두 하늘에 각자에게 해당되는 천체(행성을 포함)들을 갖고 있었다. 남자 티탄 중 가장 어렸던 크로노스(Cronus)가 아버지 우라노스의 성기를 자르고 왕좌를 찬탈하고, 크로노스는 누이 레아(Rhea)를 아내로 삼아 아들 세 명과 딸 세 명을 낳는다. 하데스(Hades), 포세이든(Poseidon), 제우스(Zeus)가 아들이고, 헤스티아(Hestia), 데메테르(Demeter), 헤라(Hear)가 딸이다. 막내아들인 제우스는 아버지 크로노스를 폐위시키고 신권과 왕권을 찬탈한다.

어찌 되었건 마르둑 신은 고대 바빌로니아 왕조(BC 1830~c.BC 1531)와 이어지는 신바빌로니아 왕조(BC 625~BC 539)에서도 수호신(patron God)으로 섬겼다. 마르둑 신은 구약성경에 딱 한 번 나오는데, 그게 「예레미야」 50장 2절에 나오는 므로닥(Marduk, Merodach) 신이다.

「예레미야」 50:2 – '너희는 열방 중에 광고하라 공포하라 기를 세우라 숨김이 없이 공포하여 이르라 바빌론이 함락되고 벨이 수치를 당하며 므로닥이 부스러지며 그 신상들은 수치를 당하며 우상들은 부스러진다 하라(Announce and proclaim among the nations, lift up a banner and proclaim it; keep nothing back, but say, 'Babylon will be captured; Bel will be put to shame, Marduk filled with terror. Her images will be put to shame and her idols filled with terror.'(NIV); Declare ye among the nations, and publish, and set up a standard; publish, and conceal not: say, Babylon is taken, Bel is confounded, Merodach is broken in

pieces; her idols are confounded, her images are broken in pieces.'
(KJV)

따라서 구약성경은 마르둑 신을 여호와 하나님인 야훼(Yahweh, YHWH, JHWH, Jehovah) 신의 적으로 표현하고 있으며, 멸망해야 할 바빌론의 주신(patron deity) 또는 수호신인 젊은 벨(Bel)이나 바알(Baal)로 기록하고 있다. 따라서 성경은 전체적으로 마르둑 신과 이를 수호신으로 받든 바빌론을 야훼 신의 적으로 표현하고 있다. 「요한계시록」 18장에는 이를 뒷받침하듯이 바빌론의 멸망(The Fall of Babylon)을 다루고 있다. 이는 차후 『바이블 매트릭스』 시리즈의 「예수님의 재림과 새 하늘과 새 땅의 창조」편에서 보다 자세히 소개할 예정이다.

2. 마르둑(Marduk)은 니비루(Nibiru) 행성

많은 인터넷 사이트[7]와 작고한 이 분야 최고 학자인 시친(Sitchin)에 따르면(시친, I, 2009, 제7장 & 제8장), 이 행성은 아직 과학이 발견하지 못한 니비루(Nibiru) 행성이다. 천문학자들은 명왕성(Neptune) 너머의 이 행성을 '미지의 행성(Planet X)[8]이라 가정하고 부르는데, 눈에 보이지는 않지만 혜성의 궤도에 영향을 미치는 어떤 행성이 존재한다는 사실이 확인되었다. 따라서 천문학자들은 현재 이 미지의 행성을 찾고 있다. 언젠가는 발견될 것이다.

니비루 행성의 근거는 어디일까? 니비루 행성은 『창조의 서사시』

---

[7] http://www.bibliotecapleyades.net/esp_hercolobus.htm
http://www.bibliotecapleyades.net/esp_hercolobus.htm#Libros-Tratados
http://en.wikipedia.org/wiki/Nibiru_(Sitchin)#Planets_proposed_by_Zecharia_Sitchin
http://en.wikipedia.org/wiki/Nibiru_(Babylonian_astronomy)
[8] http://en.wikipedia.org/wiki/Planet_X

〈점토판 7〉의 109줄에 처음 나오는데, 여기에는 니비루를 마르둑 신의 행성이라고 표현하고 있다(Let his name(Marduk) be Nibiru)(King, 1902).

수메르어(Smuerian)로 니-비-룸(ni-bi-rum), 아카드어(Akkadian)로 니비루(Nibiru) 또는 니베루(Neberu) 또는 네비루(Nebiru)로, 번역하면 통과(crossing) 또는 타원형 궤도의 가장 높은 점 또는 교차점(point of transition)이라는 뜻이다. 즉 횡단하는 행성이라는 뜻으로 신들의 고향 행성을 말한다. 태양을 중심으로 다른 행성들과는 달리 시계방향의 궤도로 공전하는 행성으로 1년의 공전주기는 지구로 보면 3,600년이며 3,600년을 1샤르(Shar, Sar)라 하고, 니비루 행성이 지구에 근접할 때를 근지점(近地點, Perigee), 지구와 가장 먼 거리에 있을 때를 원지점(遠地點, Apogee, Apsis)이라 한다. 또는 태양과 가까울 때는 근일점(近日點, Perigee), 멀어질 때는 원일점(遠日點, Apogee)이라 한다. 니비루 행성이 근지점에 다다를 때 엄청난 인력으로 인해 지구에서는 남극대륙의 빙하가 깨져 바다로 미끄러져 들어가고 지진과 해일 등 각종 재난이 일어난다. 바로 「창세기」 6~8장의 노아의 홍수는 과학적으로 이와 같은 천체우주물리학의 원리에 의해 일어난 것이다.

공전주기가 3,600년이라는 내용은 댈리(Dalley)의 『메소포타미아 신화』(Dalley, 1998) 중 『아트라하시스 서사시』(Epic of Atrahasis), 〈점토판 1~3〉의 〈점토판 1〉에 '아눈나키의 명령에 따라 젊은 이기기(Igigi) 신들은 고된 일을 했고, 3,600년 동안 밤낮을 가리지 않고 일을 했다'라는 내용이 나온다. 이때 3,600년이란 신들의 고향 행성인 니비루(Nibiru)가 근지점에 이르는 즉 1년의 공전주기를 말한다. 또한 〈점토판 1~2〉에는 엔릴 신께서 6번의 기근을 인간들에게 내려 인간을 말살하려고 하는 내용이 나오는데, 샤앗탐(sha-at-tam)이란 용어가 나온다. 이는 600년을 의미하며 총 6샤앗팀 기간에 6번의 각종 다른 기근을 인간에게 내린다. 6샤앗팀×600=3,600년이므로, 6번의 기근 후에 바로 노아의 대홍수가 이어진다. 이는 니비루 행성의 3,600년 공전주기와 일치한다.

3절 전반부 사건의 전말
— 티아마트의 위성들의 비밀, 킨구(달) 생성의 비밀

그렇다. 『창조의 서사시』에는 시계방향으로 도는 니비루 행성이 있다. 새로운 신, 즉 새로운 행성이 등장한 것이다. 니비루(마르둑)는 태양계의 바깥쪽에서 태양계의 압수(태양)를 비롯해 다른 행성들이 태어나기 전에 존재했다. 니비루(마르둑)는 태양계로 진입해서 태양계의 가장 바깥쪽 즉 가장 깊은 곳(the Deep)에 있는 누딤무드(해왕성)에 의해 태양계로 끌려 들어왔다. 실제 마루둑을 나은 신은 누딤무드(에아)였다.

니비루(마르둑)가 해왕성에 가까이 접근하자 해왕성의 인력이 마르둑을 더욱 강렬하게 끌어당겼다. 마르둑이 에아를 통과할 때 인력에 의해 마르둑의 한쪽 편이 마치 두 번째 머리처럼 튀어나왔다. 하지만 아누(천왕성)의 근처에 접근했을 때 마르둑에게서 네 개의 덩어리가 떨어져 나와 마르둑의 위성이 된다. 아누가 네 개의 가장자리를 만들어 내고 그들의 힘을 무리의 주인에게 맡겼다. 바람(Winds)이라고 불린 네 개의 위성은 마르둑의 주변 궤도를 아주 빠르게 회오리 바람처럼 돌았다(swirling as a whirlwind).

먼저 해왕성(누딤무드)을 지나고 다음에 천왕성(아누)을 지나지만 마르둑은 계속 안쪽으로 들어오면서 거대한 안샤르(토성)와 키샤르(목성)의 인력과 자기장에 사로잡힌다. 그 결과 마르둑의 궤도는 더욱더 태양계의 중심을 향해 휘어졌고 이윽고 티아마트를 향해 곧바로 진행하게 된다(시친, I, 2009, p. 312~313).

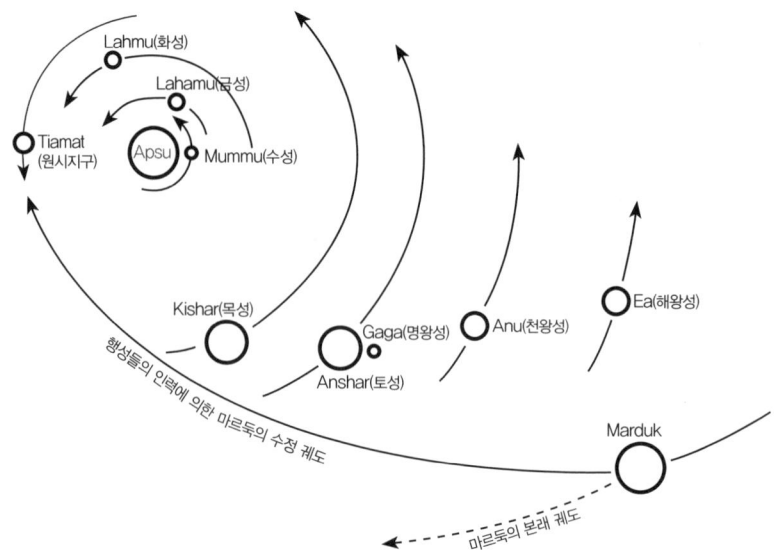

『창조의 서사시』〈점토판 2〉의 마르둑의 태양계 진입. Credit: 시친, I, 2009, p. 313, © Z. Sitchin, Reprinted with permission.

마르둑의 접근은 곧 티아마트와 다른 내행성들(수성-금성-화성)의 동요를 일으킨다. 마르둑의 거대한 인력은 곧 티아마트의 일부분을 떼어 냈다. 그러자 티아마트의 몸 안에서 11개의 괴물이 생겨났다. 으르렁거리며 사납게 날뛰는 여러 개의 위성들이 타아마트의 몸에서 떨어져 나와 티아마트의 옆에서 함께 행진했다. 다가오는 마르둑과의 한판의 전쟁을 준비하면서 티아마트는 그 위성들에게 후광을 입혔고 신의 모양을 갖추어 준다. 그리고 장자인 킨구(달)를 높이 세워 운명의 서판(Tablet of Destiny or Destinies)을 준다.

이게 앞서 보았던 티아마트의 11개 위성들의 비밀이다. 결국 킨구(달)도 마르둑이 접근하면서 마르둑의 인력에 따라 티아마트의 일부분이 떨어져 나와 생성된 것이다. 그리고 이제 티아마트와 달은 예기치 않은 일을 당하게 된다. 즉 마르둑 행성과의 충돌이다.

4절 마르둑 최고의 행성으로 등극

에아는 마르둑의 궤도를 안샤르(토성)로 안내하면서 아버지들의 마음을 시원하게 해달라고 간청한다. 마르둑(여기부터 주님, Lord라고 표현)은 그의 아버지 말에 즐거워 한다. 안샤르가 마르둑을 내려다보면서 그의 마음은 기쁨으로 가득 찼다. 안샤르가 마르둑의 입술에 입을 맞추자 안샤르의 두려움은 사라졌다.

> 113. 주님인 마르둑은 아버지들의 말에 즐거워 했다,
> 114. 마르둑은 접근 했고 안샤르 앞에 앉았다.
> 115. 안샤르가 그를 내려다 보자 그의 마음은 기쁨으로 가득 찼다.
> 116. 안샤르가 마르둑의 입술에 입을 맞추자, 안샤르의 두려움이 사라졌다.
>
> 113. The Lord [Marduk] rejoiced at the word of his father,
> 114. He approached and took up his place before Anshar.
> 115. Anshar looked upon him and his heart was filled with gladness.
> 116. He (i.e., Anshar) kissed his (Marduk's) lips, and his (Anshar's) fear was removed.

이에 안샤르는 티아마트는 여성에 불과하며 마르둑이 티아마트의 목을 짓밟아 버릴 것이라고 말하고, 모든 것을 이해하고 있는 마르둑이 티아마트에게 주술(spell)을 걸고 전속력으로 행진하여 티아마트로 하여금 깊은 잠에 빠지게 할 것이라고 말한다. 이에 대해 마르둑은 기뻐

하면서 다음과 같이 말한다.

134. "만약 내가 아버지들의 복수자로서
135. "티아마트를 죽이고 아버지들의 생명을 구하면,
136. "회의를 열어 나의 자리를 굳건히 하고 공표해라,

134. "Should I as your avenger
135. "Slay Tiamat and bestow life upon you,
136. "Summon a meeting, proclaim and magnify my position,

마르둑의 제안은 무례하게 보이지만 아주 간단한 것이었다. 마르둑과 그의 자리, 즉 운명 다시 말하면 마르둑의 궤도를 다른 모든 신들보다 높은 곳에 두라는 것이었다. 이것은 12명의 고위 신들의 그룹인 아눈나키를 폐위하는 것이나 마찬가지였다. 바빌론의 최고의 신으로 인정해달라는 것이다. 『창조의 서사시』 기록 연대와 이 사건이 일어난 때가 엄청나게 틀리지만, 행성들의 위치와 궤도를 정할 니비루 행성의 업적을 마르둑 신이 한 것처럼 교묘하게 편집한 것이다. 그러나 내용상으로 보나 역사적 사실로 보나 틀린 내용은 하나도 없다. 마르둑 신이 고위 신들을 폐하고 바빌론의 옥좌에 올랐으니까 말이다.

이렇게 해서 〈점토판 2〉의 내용은 막을 내린다.

4장
〈점토판 3〉의 내용:
명왕성과 이기기 신들의 등장

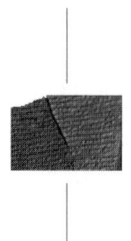

1절 명왕성(가가, Gaga, Pluto)의 등장

〈점토판 3〉에는 안샤르(토성)가 그의 또 다른 아들이자 보좌관 겸 전령인 가가(Gaga, 명왕성=Pluto)에게 원래의 위치에서 벗어나 다른 신들(행성들)에게 가서 이 사실을 말하라고 한다. 앞서 얘기했지만 안샤르의 장자는 아누(Anu, 천왕성)이고 다른 아들도 있다고 했다. 바로 가가이다.

원래의 위치에서 벗어나 라흐무(화성)와 라하무(금성)에게 전령으로 파견되었다는 것은 천체물리학적으로 화성과 금성과는 궤도가 다르다는 것을 알 수 있다. 태양을 중심으로 시계반대 방향으로의 궤도가 아니라 시계방향으로의 궤도를 가졌다는 것을 알 수 있다.

1. 안샤르는 그의 입을 열고, 그리고
2. 그의 전령 대사인 가가에서 말을 했다.
3. "오 나의 심장을 기쁘게 해줄, 나의 전령 가가여.
4. "나는 가가를 라흐무(화성)와 라하무(금성)에 보낼 것이다.
5. "가가는 나의 의도를 잘 알고 이해해야 한다.

10. "그들로 하여금 그들의 복수자로서 마르둑에게 내린 결정을 말하라.

11. "가라, 가가여, 그들 앞에 서서.

12. "내가 말한 모든 것을 그들에게 반복하여 말하라,

1. Anshar opened his mouth, and

2. Unto the god Gaga ( ), his envoy, spake a word [saying],

3. "O Gaga, my envoy, who makest glad my liver.

4. "I will despatch thee unto the gods Lakhmu and Lakhamu.

5. "Thou must know and understand the [intention of my heart]

10. "Let them issue decrees to Marduk as their avenger.

11. "Get thee gone, Gaga, take up thy stand before them.

12. "All that I am now going to tell thee do thou repeat to them [saying],

〈점토판 3〉의 15~52줄은 〈점토판 1〉의 109줄에서 142절의 내용을 반복하고 있다. 어떻게 티아마트가 전쟁을 준비하는지를 다시 설명한다. 53~57줄은 아누를 보냈으나 티아마트와 대적할 수 없었고, 누딤무드(에아)도 복수할 수 없으며, 마르둑만이 티아마트를 대적할 수 있다는 내용이 반복된다. 그리고 58~60줄까지는 마르둑이 본인이 복수자가 되어 티아마트를 죽이고 여러분들의 생명을 구해주면 회의를 열어 나의 위치를 최고의 것으로 만들어 공표하라는 내용이 반복된다.

가가는 안샤르의 명령대로 자기의 위치를 떠나 궤도를 수정하면서 그의 운행을 빨리 해서 화성(라흐무) 신과 금성(라하무) 여신에게 간다. 가가는 그들에게 존경을 표하고 그들의 발에 키스를 하고 절을 하고 일어서서 안샤르가 한 말을 한다.

67. 가가는 떠났고 운행을 빨리 했다

68. 그의 아버지인 라흐무(화성) 신과 라하무(금성) 여성 신에게,

69. 가가는 존경을 표하고 그들의 발에 키스를 했다.

70. 가가는 절을 하고 서서 그들에게 말을 했다.

71. "오 신들이여, 안샤르가 아들인 나에게 이 일을 맡겼습니다,

72. "저로 하여금 그의 의도를 현명하게 알도록 했습니다:ㅡ

67. Gaga departed and hastened upon his way

68. To the god Lakhmu and the goddess Lakhamu, the gods his
    fathers, reverently

69. He did homage, and he kissed the ground at their feet.

70. He bowed down, stood up, and spake unto them [saying] :

71. "[O ye gods], Anshar your son hath charged me,

72. "The intention of his heart he hath made me to know in this
    wise :ㅡ

73줄에서 110줄까지는 〈점토판 1〉의 티아마트가 전쟁을 어떻게 준비하였는지를 설명하고, 111줄에서 122줄까지는 마르둑이 우리의 복수자임을 재차 천명한다. 그리고 가가는 마르둑에 대한 결정을 내리라고 요청한다. 다른 신들의 반응은 예상대로였다. 모두들 누군가가 자신들 대신 티아마트에게 복수해 주기를 기대하고 있었던 것이다.

123. "그러므로 여러분의 결정을 신속하게 내려 주십시오

124. "그래야 마르둑 신이 여러분의 전지전능한 적인 티아마트를 대적
     할 수 있습니다"

123. "Hasten ye therefore, issue your decrees speedily

124. "That he may go to meet your mighty enemy."

2절 이기기 신들(Igigi gods)의 등장

그런데 126줄에는 느닷없이 이기기 신들(Igigi gods)이 나온다. 아니 왜 『창조의 서사시』에 이기기 신들이 언급되는 것일까?

『창조의 서사시』는 고대 바빌로니아 왕조(BC 1830~c.BC 1531) 시대에 바빌로니아인들이 자기들의 주신인 마르둑(Marduk)과 바빌론의 관점에서 정교하게 각색 편집한 것이기 때문이다. 마르둑 신은 하늘에서 (니비루에서) 엔키 신이 낳았다고 했다. 신은 영생불멸이라는 점을 인식해야 한다. 마르둑은 이 땅에 내려와 인간인 아내인 사파니트(Sarpanit)와 결혼했다. 그 결혼식은 바빌론에서 개최되었는데, 이 사건은 고대 바빌로니아 왕조 시대보다 훨씬 앞서는 초고대 사건이다. 이때 하늘의 우주비행단 즉 모선에서 대기하던 이기기 신들이 자기의 위치를 이탈하고 바빌론으로 내려와 인간인 여자들을 납치하여 자기 원하는 대로 배우자를 삼는다. 마르둑 신이 인간과 결혼하는 마당에 젊은 신들도 인간과 결혼하겠다는 의도이다. 이게 「창세기」 6장 4~5절에 등장하는 네피림(Nephilim)이며 네피림(이기기)과 인간의 여자 사이에서 태어난 자들이 거인(Great/Giant Man)이다.[9]

125. 라흐무와 라하무 신이 가가의 말을 듣자, 그들은 크게 울부 짖었다.
126. 모든 이기기 신들도 비통하게 울기 시작했다. 그리고 말하기를 :
127. "우리 신들(행성들)이 하늘에 궤도가 정해져 위치가 정해지기까지는 티아마트는 우리의 적이다
128. "우리는 티아마트의 전쟁 준비를 이해할 수 없다"

---

9 자세한 것은 『바이블 매트릭스』의 ② 「인간창조와 노아 홍수의 비밀」을 참고하라.

125. The gods Lakhmu and Lakhamu heard, they wailed loudly,

126. All the Igigi gods wept bitterly [saying] :

127. "Who were [our] enemies until [the gods] were posted [in heaven]

128. "We cannot comprehend the work of Tiamat."

이에 동의하는 행성들은 모두 모였다. 그리고 마르둑에 대한 결정을 지지한다. 그들은 안샤르의 회의에 모여, 서로 서로 키스를 하고 회의를 개최한다. 그리고 둘러앉자 향연을 베푼다. 그리고 마르둑이 그들의 복수자임을 천명한다.

138. 그들은 마르둑이 그들의 복수자임을 천명한다.

138. They issued the decree for Marduk as their avenger.

이제 바야흐로 태양계의 전쟁, 즉 신들의 전쟁 감운이 도는 것으로 〈점토판 3〉은 막을 내린다.

5장

〈점토판 4〉의 내용:
하늘과 지구 창조의 비밀

신들은 마르둑의 운명을 인정한다. 1줄에서 29줄까지의 내용은 신들은 모두 함께 인력을 끌어 모아 마르둑의 장대한 천개(canopy), 즉 왕권의 자리를 만들었으며, 마르둑에게 최고의 왕권을 수여하고 "마르둑은 왕이다!"를 외친다.

1절 마르둑은 주님이시며 왕이다

1. 그들은 마르둑에게 장대한 천개를 만들어 주었다,
2. 마르둑은 그의 아버지들 앞에 마련한 왕권의 자리에 앉았다.
3. "당신의 재주는 신들 중에 가장 위대하고 존경스러우며.
4. "당신의 위치는 하늘에 있는 아누 신과 견준다.

1. They founded for him a majestic canopy,
2. He (i.e., Marduk) seated himself in the seat of kingship in the presence of his fathers [who said unto him] :
3. "Thou art honourable by reason of thy greatness among the

gods.

4. "Thy position is unrivalled, the words thou utterest become Anu

16. "당신의 무기는 결코 권위를 잃지 않을 것이며, 적들을 무찌를 것
    이다.

17. "오 주님, 당신을 믿는 자의 생명을 구원하소서,

16. "Thy weapon shall never lose its power, it shall crush thy foe.

17. "O lord, spare the life of him that putteth his trust in thee,

28. 그들은 즐거워 했고, 그들은 존경을 표했으며, "마르둑은 왕이다!"
    를 외쳤다.

29. 그들은 마르둑에게 홀(笏)과 왕관과 반지를 수여했다.

28. They rejoiced, and they did homage (unto him, saying), "Marduk
    is king! "

29. They bestowed upon him the sceptre, and the throne, and the
    ring,

2절 마르둑의 무기, 마르둑의 바람과 중력장

30줄부터는 마르둑이 용사답게 다양한 무기로 무장하는 장면을 보여
준다. 그리고 신들은 마르둑보고 가서 티아마트의 생명을 끊으라고 주
문한다.

30. 그들은 마르둑에게 적을 능가하는 무적의 무기를 준다.

31. "자 가서 티아마트의 생명을 끊어라.

32. "바람을 몰고 가서 티아마트의 심장을 산산조각내라."

30. They give him an invincible weapon, which overwhelmeth the
    foe.
31. "Go, and cut off the life of Tiamat,
32. "And let the wind carry her blood into secret places."

그리고 주님인 마르둑의 운명(fate)을 천명하면서 마르둑의 아버지
들은 그의 앞길이 성공할 수 있도록 길을 내주고, 마르둑이 무기로 무
장하도록 도와준다. 마르둑은 창(spear)을 차고 곤봉(club)을 높이 들
고 활(bow)과 화살통(quiver)을 옆에 찼다. 그의 몸은 타오르는 불길
(burning flame)로 가득 찼으며 그의 앞에는 번개(lightning)를 세웠다.
그리고 티아마트를 덮을 그물(net)을 만들었다(33줄~41줄). 이때의 그물
이란 티아마트의 11개 위성들을 사로잡을 마르둑의 중력장을 말하는
것이다.

이러한 표현들은 두 행성이 가까워질 때 인력(중력)으로 인해 생기
는 벼락이나 다른 행성에 작용하는 자기장 폭풍 같은 것을 말하는 것
이 분명하다. 다음엔 이를 증명하듯 바람(wind)이 나온다.

예를 들어 태양의 바람을 우리는 태양풍 또는 태양폭풍(Solar wind
or Storm)이라고 하는데, 11년마다 태양은 태양 극대치(solar maximum)
에 달한다. 솔라 맥시멈은 태양 주기(Solar Cycle)에서 사나운 활동을 보
이는 시기인데, 이때 지구는 태양폭풍에 가장 무방비로 노출되게 된다.
태양 폭풍은 태양의 흑점(sunspot, 黑點)에서 발생 또는 태양 표면의 자
기력이 깨지면서 수십억 톤의 코로나(corona) 물질(플라즈마, plasma)이
분출되어—이를 코로나질량다량방출(Coronal Mass Ejections, CMEs)이
라고 함—태양폭풍으로 쏟아지는 것으로, 히로시마 원자폭탄 폭발의
400억 배나 되는 방사능과 열을 가진 채 초속 500km로 지구를 향해

돌진한다. 이 태양폭풍에는 X선, 고 에너지 입자와 코로나 물질(전자와 수소이온 및 헬륨 이온 등) 등 전기를 띤 입자가 들어 있어 지구의 자기장 (magnetic field, 磁氣場)을 교란시킨다. 그러면 단파 통신장애, 인공위성 전지판 손상 등 피해가 발생한다. 태양폭풍과 직면하는 지역은 그 직격탄을 맞고, 그 반대편 지역에서는 24~48시간 안에 직면의 지구 자기장에 의해 빗겨간 태양폭풍이 반대 지역의 지구의 자기장을 만나 지자기 폭풍(Geomagnetic Storms)을 만들게 된다. 이러한 태양 폭풍은 11년마다 한 번씩 오는데 2012~13년에 최대의 태양폭풍이 지구를 덮친다.

태양 표면의 폭발/분출 장면. 사진: NASA

2006년 10월에 미국의 항공우주국(NASA)은 태양을 3차원(3D)으로 촬영 가능한 쌍둥이 위성 스트레오(Stereo)를 플로리다 우주기지에서 성공적으로 발사했다. 스트레오의 임무(Stereo mission)는 태양의 코로나질량다량방출에 의한 엄청난 양의 폭발/분출(violent eruptions)을 탐사하게 된다(BBC, 26 Oct 2006).

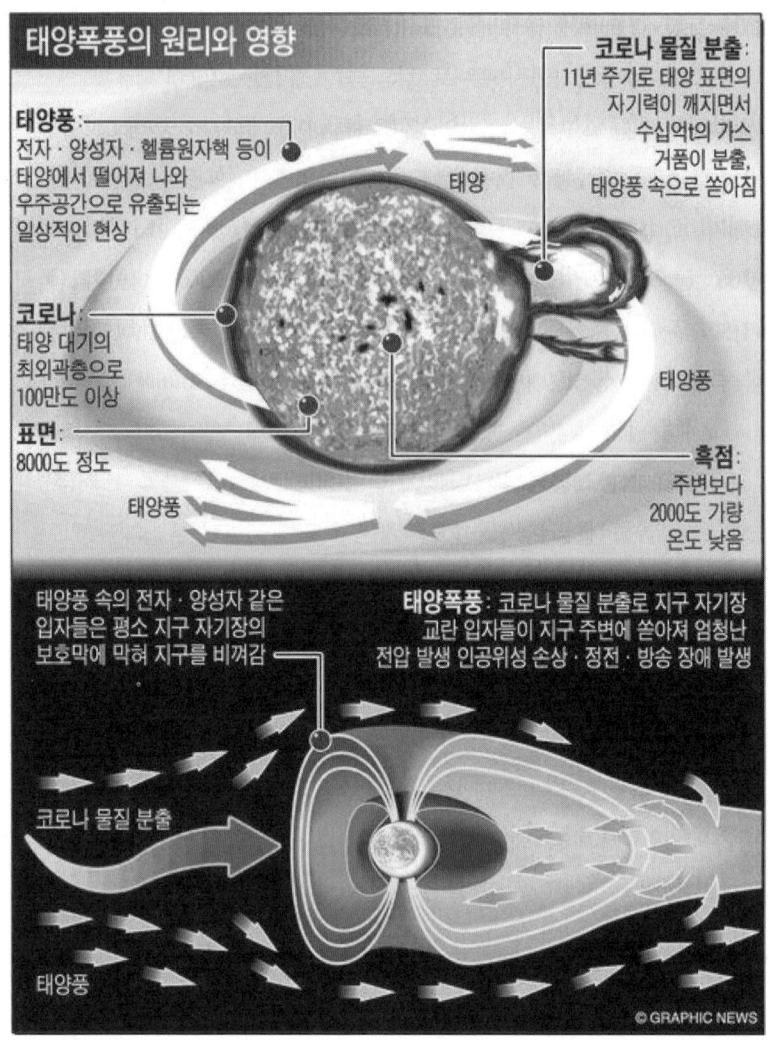

태양폭풍의 원리와 영향

태양풍:
전자 · 양성자 · 헬륨원자핵 등이
태양에서 떨어져 나와
우주공간으로 유출되는
일상적인 현상

코로나 물질 분출:
11년 주기로 태양 표면의
자기력이 깨지면서
수십억t의 가스
거품이 분출,
태양풍 속으로 쏟아짐

태양

코로나:
태양 대기의
최외곽층으로
100만도 이상

표면:
8000도 정도

태양풍

태양풍

흑점:
주변보다
2000도 가량
온도 낮음

태양풍 속의 전자 · 양성자 같은
입자들은 평소 지구 자기장의
보호막에 막혀 지구를 비껴감

태양폭풍: 코로나 물질 분출로 지구 자기장
교란 입자들이 지구 주변에 쏟아져 엄청난
전압 발생 인공위성 손상 · 정전 · 방송 장애 발생

코로나 물질 분출

태양풍

© GRAPHIC NEWS

태양폭풍의 원리와 영향: 지구의 자기권과 충돌하는 태양폭풍 입자. Credit: 조선일보/Graphic News(조선일보, 04 May 2006)

3절 마르둑의 바람

마르둑의 가장 중요한 무기는 마르둑이 아누(천왕성)를 지날 때 만들어진 동서남북, 즉 네 방향에 위치한 4개의 바람과 아누가 준 그물(net)이다.

42. 티아마트가 결코 도망칠 수 없는 4개의 바람을 고정시켰다;

43. 남쪽 바람, 북쪽 바람, 동쪽 바람과 서쪽바람

44. 그는 아누가 선물로 준 그물을 가까이 끌어당겼다.

42. The four winds he stationed so that nothing of her might escape;

43. The South wind and the North wind and the East wind and the West wind

44. He brought near to the net, the gift of his father Anu.

마르둑은 안샤르(토성)와 키샤르(목성)을 지나면서 사악한 바람(evil wind), 사나운 바람(tempest wind), 폭풍의 바람(hurricane wind)이라는 세 개의 바람을 더 갖게 된다. 일곱 개의 바람은 회오리 바람(whirlwind)이 되어 무적이 된다. 마르둑은 그가 만든 일곱 개의 바람을 티아마트의 안쪽을 교란하기 위해 앞으로 보낸다. 그 다음 주님인 마르둑은 전지전능한 무기인 번개를 일으키고, 그의 폭풍의 전차(storm chariot)에 올라타고 전진한다.

45. 그는 사악한 바람, 사나운 바람 그리고 폭풍의 바람을 만들었다,

46. 4개의 바람, 7개의 바람, 회오리 바람, 상대할 자가 없는 바람을;

47. 그는 7개의 바람을 앞으로 보냈다;

48. 티아마트의 안쪽을 교란하기 위해.

49. 그리고 주님은 그의 전지전능한 무기인 번개를 들어올리고,

50. 그의 폭풍의 전차에 올랐다.

45. He created the evil wind, and the tempest, and the hurricane,

46. And the fourfold wind, and the sevenfold wind, and the whirlwind, and the wind which had no equal;

47. He sent forth the winds which he had created, the seven of them;

48. To disturb the inward parts of Tiamat, they followed after him.

49. Then the lord raised the thunderbolt, his mighty weapon,

50. He mounted the chariot, the storm unequalled for terror,

4절 마르둑과 티아마트의 첫 번째 전쟁(충돌)

마르둑이 티아마트에게 접근해 중앙을 살피고 킨구의 계획을 탐색하고 마르둑이 응시하자, 킨구의 자세가 흔들리고, 킨구의 의지가 꺾이고 움직임이 마비된다. 마르둑의 강력한 바람에 킨구의 궤도가 흔들리고 앞으로 나갈 수 없게 된 것이다. 킨구를 따라 행진하던 10개의 위성들도 그들의 대장인 킨구가 휘청거리자 아연 질색한다.

65. 주님(마르둑)은 티아마트에 접근하여 티아마트의 중앙을 살폈다,

66. 주님은 티아마트의 남편인 킨구(달)의 계획을 탐색했다.

67. 마르둑이 응시하자, 킨구의 자세가 휘청거렸다,

68. 그의 의지는 파괴되고, 그의 움직임이 마비되었다.

69. 킨구를 도우며 같이 행진하던 10개의 위성들은

70. 그들의 대장인 킨구가 붕괴되는 것을 보자, 그들의 시야가 혼란스러웠다.

71. 티아마트도 움츠렸으나, 그녀의 머리를 돌리지는 않았다.

65. The Lord approached, he looked upon the middle of Tiamat,

66. He searched out the plan of Kingu, her husband.

67. Marduk looked, Kingu staggered in his gait,

68. His will was destroyed, his motion was paralysed.

69. And the gods his helpers who were marching by his side

70. Saw the [collapse of] their chief and their sight was troubled.

71. Tiamat [shrieked but] did not turn her head.

마르둑과 티아마트의 궤도가 점점 가까워지자 마르둑은 전쟁을 선포한다. 티아마트가 이 말을 듣자 그녀는 이성을 잃었다. 그리고 티아마트가 마르둑에게 주문을 걸려고 주문을 낭독한다(86~92줄). 그러나 마르둑은 계속해서 티아마트 쪽으로 다가갔다.

93. 신들의 상담역인 티아마트와 마르둑이 서로 다가가자;

94. 그들은 싸우기 위해, 전쟁을 하기 위해 가까이 달려들었다.

93. Then advanced Tiamat and Marduk, the counsellor of the gods;

94. To the fight they came on, to the battle they drew nigh.

그리고 『창조의 서사시』 95줄부터는 우주 전쟁과 같은 장면을 다음과 같이 묘사하고 있다.

95. 주님은 티아마트를 잡으려고 그물을 던졌다,

96. 뒤에 있던 사악한 바람을 티아마트의 얼굴에 던졌다.

97. 티아마트가 사악한 바람을 삼키려고 입을 열자,

98. 주님은 티아마트가 입술을 닫기 전에 사악한 바람을 몰아넣었다.

99. 사나운 바람은 티아마트의 배를 향해 돌진 했다,

100. 티아마트는 용기를 잃고, 그녀의 입은 크게 벌어졌다.

101. 주님은 창으로 티아마트의 배를 갈랐다,

102. 주님은 티아마트의 안으로 들어가 그녀의 심장을 갈랐다.

103. 주님은 티아마트를 제압했고 그녀의 생명을 끊었다.

104. 주님은 그녀의 몸을 쓰러뜨리고 그 위에 우뚝 섰다.

95. The lord spread out his net and caught her,

96. And the evil wind that was behind (him) he let loose in her face.

97. As Tiamat opened her mouth to its full extent,

98. He drove in the evil wind, while as yet she had not shut her lips.

99. The terrible winds filled her belly,

100. And her courage was taken from her, and her mouth she opened wide.

101. He seized the spear and burst her belly,

102. He severed her inward parts, he pierced (her) heart.

103. He overcame her and cut off her life;

104. He cast down her body and stood upon it.

여기에 묘사된 것은 태양계의 비밀을 설명하는 태양계 행성들의 창조 이야기이다. 가가(명왕성)를 비롯한 9개의 행성으로 구성된 태양계에 느닷없이 나타난, 혜성과 같은 거대한 행성의 마르둑은 시계방향으로 진입한다. 마르둑 행성은 먼저 해왕성(누딤무드)을 만나고, 천왕성(아누)과 토성(안샤르)과 목성(키샤르)을 지나면서 마르둑은 7개의 위성, 즉 바람이 생겨난다. 그리고 티아마트와 충돌하게 된다.

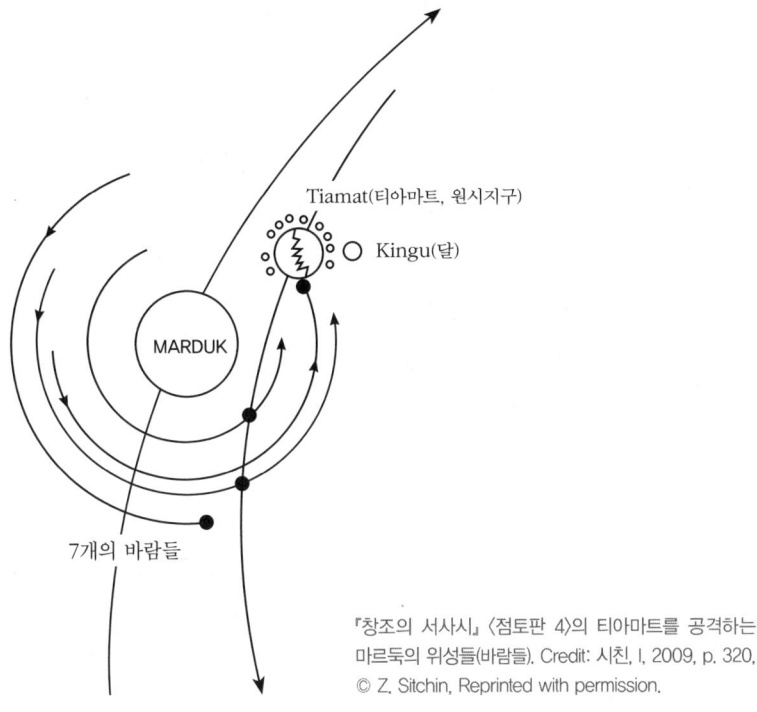

『창조의 서사시』 〈점토판 4〉의 티아마트를 공격하는
마르둑의 위성들(바람들). Credit: 시친, I, 2009, p. 320,
© Z. Sitchin, Reprinted with permission.

　　그러나 실제로 충돌한 것은 마르둑과 티아마트가 아니었다. 이 점
이 아주 중요하다. 티아마트와 충돌한 것은 마르둑의 위성들, 즉 바람
들이었다. 바람들이 티아마트의 용기를 잃게 하고 커다란 틈을 만들
어, 불로 가득 차 있던 마르둑으로부터 엄청난 양의 번개가 티아마트
로 옮겨갔다. 그것은 티아마트의 내부로 들어가 티아마트의 생명을 끊
었다. 즉 티아마트의 전기장과 자기장을 중성화시켰다(시친, I, 2009, p.
319~320).

5절 티아마트의 위성들–혜성(彗星)들이 되다

마르둑과 티아마트의 첫 번째 만남에서 마르둑은 티아마트의 틈을 만들고 생명을 끊는다. 티아마트의 운명과 장자 위성인 킨구의 운명은 3,600년 후에 다시 오는 마르둑과의 두 번째 만남에서 최종적으로 결정된다. 그러나 티아마트의 다른 10개 위성들의 운명은 첫 번째 충돌에서 결정된다. 티아마트와 같은 방향(시계 반대방향)으로 행진하던 10개의 위성들은, 조그만 위성들로 산산조각나고, 살고자 도망치려 하지만, 마르둑의 그물에 포위되어, 다시 말하면 마르둑의 중력장, 즉 인력 안으로 빨려들어가, 티아마트와 정반대의 궤도를 가진 조그만 혜성(彗星, Comets)들이 된다.

왜 혜성들은 시계방향의 궤도로 지구에 진입하는지 그 이유가 확실이 밝혀지는 셈이다.

105. 마르둑이 지도자 티아마트를 살해하자,

106. 그녀를 돕던 10개의 위성들은 깨지고 흩어졌다.

107. 그녀를 도와 같이 행진하던 10개의 위성들은,

108. 두려움에 떨며 등을 돌렸다.

109. 그들은 그들의 생명을 구하기 위해 도망쳤다;

110. 그러나 그들은 포위되어, 도망칠 수가 없었다.

111. 마르둑은 그들을 사로잡아, 그들의 무기를 전부 부쉈다.

112. 그들은 그물에 걸려들어 덫에 걸려 앉았다.

113. 그들은 슬픔에 잠겼다.

114. 그들은 마르둑으로부터 벌을 받고, 그들은 손이 묶인 채 족쇄가 채워졌다.

105. When he had slain Tiamat, the leader,

106. Her might was broken, her host was scattered.

107. And the gods her helpers, who marched by her side,

108. Trembled, and were afraid, and turned back.

109. They took to flight to save their lives;

110. But they were surrounded, so that they could not escape.

111. He took them captive, he broke their weapons;

112. In the net they were caught and in the snare they sat down.

113. The [⋯] ⋯ of the world they filled with cries of grief.

114. They received punishment from him, they were held in bondage.

6절 킨구(달)가 티아마트의 위성 궤도를 갖다

전투가 끝난 후 마르둑은 킨구에게서 결코 킨구가 소유해서는 안 되는 운명의 서판, 즉 독자적인 궤도를 빼앗고, 그것을 봉인한 다음 마르둑의 가슴에 붙인다. 따라서 독자적으로 태양을 공전할 수 있는 궤도를 빼앗긴 킨구는 이때부터 티아마트의 위성이 된다.

119. 한때 11개 위성들 중에 최고였던 킨구를,

120. 정복하여 두그가에 신으로 만들었다.

121. 마르둑은 킨구로부터, 결코 킨구가 소유해서는 안 되는, 운명의 서판을 빼앗아,

122. 그것을 봉인한 다음 그의 가슴에 붙였다.

119. Moreover, Kingu, who had been exalted over them,

120. He conquered, and with the god Dug-ga he counted him.

121. He took from him the Tablets of Destiny that were not rightly his,

122. He sealed them with a seal and in his own breast he laid them.

7절 마르둑과 티아마트의 두 번째 전쟁(충돌), 하늘과 지구 창조 의 비밀

그리고 마르둑의 궤도는 시계방향으로 태양을 영원히 돌며, 마르둑은 언제나 그 최초의 우주 전쟁터로 돌아온다. 티아마트를 살해한 후에 마르둑은 다시 3,600년 동안의 기나 긴 우주 여행을 계속한다. 그리고 마르둑은 두 번째로 자신의 첫 번째 전쟁터의 승리 장소로 돌아온다. 자신의 지배력을 강화하기 위해 돌아온 것이다.

127. 마르둑은 사로잡은 신들(행성)에 대한 지배력을 강화하기 위해,

128. 그 전에 그가 정복한 티아마트에게 돌아왔다.

127. Over the captive gods he strengthened his durance,

128. And unto Tiamat, whom he had conquered, he returned.

1. 「창세기」 1장의 궁창(Expanse), 즉 하늘(Sky/Heaven)과 지구(Earth) 창조

『창조의 서사시』는 이제부터 「창세기」 1장의 궁창(expanse/NIV, firmament/KJV, space/New Living, dome/Good News) 즉 하늘(sky/NIV/ New Living, Sky/Good News, Heaven/KJV)과 지구(Earth)가 어떻게 창조 되었는지 그 비밀을 알려준다.

129 주님은 티아마트의 뒤쪽 부분에 우뚝 섰다,

130. 그리고 곤봉으로 그녀의 해골을 짓이겼다.

131. 주님은 그녀의 핏줄을 끊었다,

132. 그리고 북쪽 바람으로 하여금 티아마트를 비밀 장소로 옮겼다.

129. And the lord stood upon Tiamat's hinder parts,

130. And with his merciless club he smashed her skull.

131. He cut through the channels of her blood,

132. And he made the North wind bear it away into secret places.

마르둑의 위성 중 하나인 북쪽 바람이 티아마트의 짓이겨진 해골, 즉 윗부분에 충돌한다. 이 충돌로 티아마트는 새로운 비밀 장소로 옮겨진다. 여기서 비밀 장소란 원래 티아마트가 가지고 있던 궤도에서 벗어나 지금까지 알려지지 않은 새로운 궤도를 갖게 되었다는 뜻이다. 그리고 이때 북쪽 바람의 충돌로 티아마트는 오늘날의 지구처럼 23.5도 기울어지게 된다.

135. 주님은 티아마트의 죽은 몸을 보기 위해 쉬었다,

136. 그리고 그는 죽은 시체를 둘로 나누기 위해 교묘한 계획을 세 웠다.

137. 마치 넙치를 둘로 나누듯이 티아마트를 둘로 나누었다.

135. Then the lord rested, gazing upon her dead body,

136. While he divided the flesh of the …, and devised a cunning plan.

137. He split her up like a flat fish into two halves;

그 결과 티아마트의 윗부분은 지금의 지구(Earth)가 되고 아랫부분은 궁창, 즉 하늘이 된다. 티아마트의 원래 궤도는 태양에서 화성(라흐

무) 보다 더 멀리 떨어진 곳에 위치해 태양을 돌았으나, 북쪽 바람의 충돌로 인해 궤도가 화성의 안쪽으로 이동되어 오늘날의 지구궤도가 된 것이다.

그리고 티아마트의 아랫부분은 산산조각이 나서, 티아마트가 있던 원래 궤도 자리에 산산이 흩어져서 장막(Covering), 즉 궁창, 즉 하늘이 된다. 이를 두들겨 편 팔찌(Hammered bracelet)라고도 하는데 오늘날의 소행성대(Asteroids Belt)가 된다. 이를 구약성경에서는 하늘들을 펴셨다(Stretched out the heavens) 또는 흩으셨다(scattered) 또는 펴셨다(spread out)라고 표현하고 있다(「욥기」 9:8 & 26:7 & 37:18; 「잠언」 3:19; 「이사야」 40:22; 「예레미아」 10:12 & 51:15; 「「스가랴」」 12:1).

그리고 이들 소행성 중 가장 큰 행성을 감시자로 둔다. 즉 오늘날의 세레스(Ceres)이다. 그리고 이들에게 마르둑은 더 이상 물이 나오지 않도록 명령한다. 다시 말해 이들 소행성대의 행성들은 이때부터 물이 나오지 않는 죽은 행성들이 된다.

> 138. 티아마트의 반쪽(아랫부분)으로 주님은 하늘을 위한 장막(궁창)으로 세웠다.
> 139. 주님은 그것들에게 빗장을 걸고, 그들을 지키는 감시자(가장 큰 소행성)를 두었다.
> 140. 그리고 마르둑은 그들에게 물이 나오지 않도록 명령한다.
> 138. One half of her he established as a covering for heaven.
> 139. He fixed a bolt, he stationed a watchman,
> 140. And bade them not to let her waters come forth.

오늘날 소행성대는 내행성(수성-금성-지구-달-화성)과 외행성(목성-토성-천왕성-해왕성)을 구분하는 기준으로 사용된다. 창조의 서사시를 통해 고대인들은 이미 이런 사실을 알고 있었다는 것을 알 수 있다.

2. 지구는 대양의 행성(Planet Ocean)

또한 티아마트의 물(waters)에 대한 지속적인 언급도 시사하는 바가 크다. 티아마트는 물로 가득 찬 괴물(Watery monster) 또는 혼돈의 괴물(Chaos monster)이라고 불렸는데, 지구에 물이 많은 것은 바로 티아마트로부터 물려받은 것이다. 그래서 지구를 대양의 행성(Planet Ocean), 대양의 여신(the goddess of the ocean), 생명의 처녀(maiden of life), 소금의 물(salt water)로 표현하고 있는데, 태양계에서 유일하게 생명유지를 위해 물이 풍부한 곳이다.

티아마트와 킨구를 평정한 마르둑은 하늘을 가로질러 다른 지역을

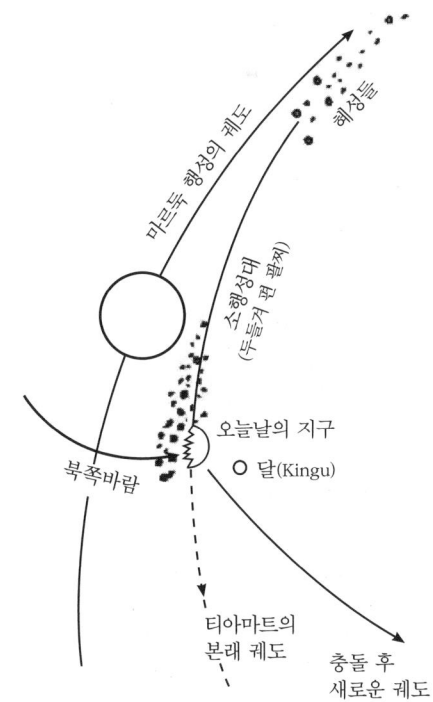

『창조의 서사시』〈점토판 4〉의 티아마트는 반으로 쪼개져 윗부분은 지금의 지구가 되고 아랫부분은 하늘, 즉 소행성대가 된다. Credit: 시친, I, 2009, p. 324, © Z. Sitchin, Reprinted with permission.

탐사하러 간다. 마르둑은 이번에는 안샤르(토성)의 위성으로서 전령의 임무를 띠고 라흐무(화성)와 라하무(금성)에게 전령으로 파견되었던 가가(명왕성)의 운명을 결정하기 위해 누딤무드(에아, 해왕성)의 거처가 있는 깊은 곳(the Deep)을 탐사한다. 가가는 처음에 시계방향으로 도는 궤도를 갖고 있었다.

141. 마르둑은 하늘을 가로질러, 그 지역을 탐사했다,

142. 누딤무드가 살고 있는 가장 깊은 곳을 탐사했다.

143. 주님인 마르둑은 깊은 곳의 구조를 측정했다,

141. He passed through the heavens, he surveyed the regions (thereof),

142. And over against the Deep he set the dwelling of Nudimmud.

143. And the lord measured the structure of the Deep,

그 다음 마르둑은 시계방향의 궤도를 가지고 있던 가가를 감춰진 곳(a hidden place)에 위치시킨다. 그리고 그에게 깊은 곳, 즉 태양계 바깥쪽의 그때까지 알려지지 않았던 곳을 바라보는 새로운 궤도를 부여하고, 물로 깊은 곳의 고문역(counsellorship of the Watery Deep)을 부여한다. 명왕성은 이렇게 새로 맡은 역할을 반영해, 우스미(US.MI, 길을 안내하는 자)라는 이름으로 태양계의 맨 바깥쪽 행성이 된다(시친, I, p. 332). 그 결과 태양계의 여덟 개 행성들과는 달리 타원형의 비스듬한 시계방향의 공전궤도를 갖게 된다. 가가의 새로운 공전궤도는 마르둑 행성이 태양계에 진입할 때 길을 안내하게 된다.

그 결과 2006년도에 국제천문연맹(IAU)이 비스듬한 공전궤도를 이유로 명왕성은 태양계 행성에서 퇴출당하는 신세가 된다(IAU, 16 Aug 2006). 따라서 현재 태양계의 행성은 수성-금성-지구-화성-목성-토

성-천왕성-해왕성 등 8개이다. 현대과학과 『창조의 서사시』에 등장하는 가가의 궤도가 정확히 맞아떨어짐을 알 수 있다.

3. 구약성경의 검증 - 구약성경에 등장하는 『창조의 서사시』 내용들

자, 그럼 구약성경에 등장하는 티아마트를 검증해 보자. 티아마트는 물로 가득 찬 괴물(Watery monster) 또는 혼돈의 괴물(Chaos monster)이라 했다. 이런 티아마트를 마르둑(주님)이 두 번째의 충돌에서 깨어 부수고 무찔러서 하늘과 지구를 만들었다고 했다. 정말 『창조의 서사시』에서 말하는 이런 내용이 구약성경에 나올까?

「창세기」 1장 2절의 '깊음-수면-운행'의 의미

구약성경에는 티아마트를 바다괴물(Sea monster)이라 표현하는데 히브리어로는 라합(Rahab)이다. 라합은 혼돈(Chaos)을 의미하는 괴물인데 이는 분명 '물의 괴물'인 티아마트를 말하는 것이다. 또한 히브리어 성경 「창세기」 1장 2절에 나오는 깊음(the deep, abyss)의 뜻인 북서 셈어(Semitic)의 히브리어(Hebrew)인 테홈(Tehom, תהום)은 티아마트에서 파생된 것이다. 그리고 히브리어 테홈라바(Tehom-Raba)라는 말도 거대한 티아마트(great Tiamat)를 말하는 것이다.

이러한 『창조의 서사시』 관점에서 본다면 「창세기」 1장 2절에 나오는 "땅이 혼돈하고 공허하며 흑암이 깊음 위에 있고 하나님의 신은 수면에 운행하시니라(Now the earth was formless and empty, darkness was over the surface of the deep, and the Spirit of God was hovering over the waters)"(「창세기」 1:2)에서, 깊음(deep/NIV/KJV, raging ocean/Good News, Deep waters/New Living)과 수면(waters/NIV/KJV/New Living, water/Good News)이란 바로 히브리어로 테홈(Tehom), 즉 물로 가득 찬 티아마트(Tiamat)를 말하고 있으며, 운행(hovering)이란 바로 마르둑

(Marduk) 신(행성)의 태양계 진입과 하신 일들을 말하고 있음을 이해할 수 있다.

티아마트는 '라합', 10개의 티아마트 위성들은 '날랜 뱀'

「욥기」 7장 12절에는 바다(the sea) 혹은 깊음의 괴물(the monster of the deep) 혹은 용(a dragon) 혹은 고래(a whale)로 표현하고 있는데, 이는 바로 바다괴물(sea monster)인 티아마트를 표현한 것임을 알 수 있다. 고대의 서사시에서는 주님(Lord)과 대적하는 적을 모두 '괴물' 혹은 '용' 혹은 '뱀'으로 묘사하고 있다. 마찬가지로 구약성경에도 '용'이나 '뱀'이라는 단어가 많이 등장하는데, 이는 모두 주님의 적들을 표현한 것이다.

> 「욥기」 7:12 - 내가 바다니이까 용이니이까 주께서 어찌하여 나를 지키시나이까(Am I the sea, or the monster of the deep, that you put me under guard?(NIV); Am I a sea, or a whale, that thou settest a watch over me?(KJV); Why do you keep me under guard? Do you think I am a sea monster?(Good News); Am I a sea monster or a dragon that you must place me under guard?(New Liviing)

「욥기」 9장 13절에는 "라합을 돕는 자들이 주님의 발 아래 굴복하였다"라는 구절이 나오는데, 이는 『창조의 서사시』〈점토판 4〉의 107줄에서 118줄의 내용을 인용한 것이다. 영문성경 Good News는 '라합'이 '바다의 괴물'임을 밝히고 있는데, 이는 바로 티아마트를 말하는 것임을 알 수 있다. 특히 영문성경 New Living에는 '바다의 괴물'을 히브리어로 '라합'이라 설명하면서 이는 고대 문헌의 혼돈(Chaos)을 의미하는 신화적인 바다괴물(a mythical sea monster)의 이름이라고 주석을 달고 있는데, 이는 바로 티아마트이다.

『창조의 서사시』〈점토판 4〉:
107. 그녀를 도와 같이 행진하던 10개의 위성들은….
118. 10개 위성들과 그들의 적의(敵意)는 주님의 발 아래 짓밟혔다.
107. And the gods her helpers, who marched by her side…
118. Them and their opposition he trampled under his feet.

「욥기」 9:13 – 하나님이 진노를 돌이키지 아니하시나니 라합을 돕는
자들이 그 아래 굴복하겠거든(God does not restrain his anger; even
the cohorts of Rahab cowered at his feet(NIV); If God will not withdraw
his anger, the proud helpers do stoop under him(KJV); God's anger is
constant. He crushed his enemies who helped Rahab, the sea monster,
oppose him(Good News); And God does not restrain his anger. Even
the monsters of the sea(1) are crushed beneath his feet/(1) Hebrew the
helpers of Rahab, the name of a mythical sea monster that represents
chaos in ancient literature(New Living)

「욥기」 26장 12절에는 "라합을 쳐서 파하시며"라는 구절이 나오는
데, 이는 『창조의 서사시』〈점토판 4〉의 95~104줄까지의 내용을 인용
한 것이다. 즉 주님(마르둑)이 티아마트를 그물과 사악한 바람(evil wind)
과 사나운 바람(the terrible wind)을 이용해 창으로 티아마트의 생명
을 끊은 내용을 설명하는 것이다. 특히 영문성경 New Living에는 '바
다의 괴물'을 히브리어로 '라합'이라 설명하면서 이는 고대 문헌의 혼돈
(Chaos)을 의미하는 신화적인 바다괴물의 이름이라고 주석을 달고 있
는데, 이는 바로 티아마트이다. 영문성경 KJV는 티아마트를 교만하고

거만한 자(the proud)로 표현하고 있다.

「욥기」 26:12- 그는 권능으로 바다를 흉용케 하시며 지혜로 라합을 쳐서 파하시며(By his power he churned up the sea, by his wisdom he cut Rahab to pieces(NIV); He divideth the sea with his power, and by his understanding he smiteth through the proud(KJV); It is his strength that conquered the sea, by his skill he destroyed the monster Rahab(Good News); By his power the sea grew calm. By his skill he crushed the great sea monster(1)/(1) Hebrew Rahab, the name of a mythical sea monster that represents chaos in ancient literature(New Living)

계속해서 「욥기」 26장 13절에는 "날랜 뱀을 찌르시나니"라는 구절이 나온다. 영문성경을 보면 도망가는 괴물(the escaping monster), 도망가는 뱀(the gliding serpent), 쪼그라든 기형의 뱀(the crooked serpent)이라 표현하고 있다.

「욥기」 26:13- 그 신으로 하늘을 단장하시고 손으로 날랜 뱀을 찌르시나니(By his breath the skies became fair, his hand pierced the gliding serpent(NIV); By his spirit he hath garnished the heavens, his hand hath formed the crooked serpent(KJV); It is his breath that made the sky clear, and his hand that killed the escaping monster(Good News); His Spirit made the heavens beautiful, and his power pierced the gliding serpent(New Living)

이는 「욥기」 26장 12절의 티아마트(라합)에 이어 13절에도 티아마트를 도왔던 킨구를 비롯한 10개 행성들을 '날랜 뱀'으로 표현한 것이다. 『창조의 서사시』〈점토판 4〉의 105~118줄에 보면, 주님(마르둑)이 리더인 티아마트의 생명을 끊자, 티아마트를 도와 같이 행진하던 10개 위성들은 등을 돌려 그들의 생명을 보존하기 위해 도망치려고 한다. 하지만 주님의 그물 안에 모두 걸려 주님의 발 아래에 굴복당하고 만다. 그러므로 「욥기」 26장 13절의 '도망가는 뱀'은 『창조의 서사시』를 인용하고 있음을 쉽게 알 수 있다.

『창조의 서사시』〈점토판 4〉:

109. 그들은 그들의 생명을 구하기 위해 도망쳤다;

110. 그러나 그들은 포위되어, 도망칠 수가 없었다.

111. 마르둑은 그들을 사로잡아, 그들의 무기를 전부 부쉈다.

112. 그들은 그물에 걸려들어 덫에 걸려 앉았다.

109. They took to flight to save their lives;

110. But they were surrounded, so that they could not escape.

111. He took them captive, he broke their weapons;

112. In the net they were caught and in the snare they sat down.

「시편」 74장 13절과 「시편」 89장 10절에도 '괴물(용)' 또는 '라합'이 등장한다. 또한 「시편」 87장 4절에는 이집트를 '라합'이라고 표현하고 있는데, 이는 이집트가 주님의 적이기 때문이다. 여기서 말하는 라합은 모두 티아마트를 의미하는 것이며, '흩으셨다'라는 말은 티아마트를 돕는 자들, 즉 주님(마르둑)의 원수들인 10개의 티아마트 위성들을 말하는 것이다. 킨구를 제외한 10개 위성의 궤도를 흩으셔서 혜성을 만들었다는 것이다. 따라서 「시편」 또한 『창조의 서사시』를 인용하고 있음을 쉽게 알 수 있다.

「시편」74:13 - 주께서 주의 능력으로 바다를 나누시고 물 가운데 용들의 머리를 깨뜨리셨으며(It was you who split open the sea by your power; you broke the heads of the monster in the waters)(NIV)

「시편」89:10 - 주께서 라합을 살륙당한 자같이 파쇄하시고 주의 원수를 주의 능력의 팔로 흩으셨나이다(You crushed Rahab like one of the slain; with your strong arm you scattered your enemies(NIV)

「시편」87:4 - 내가 라합과 바빌론을 나를 아는 자 중에 있다 말하리라 보라 블레셋과 두로와 구스여 이도 거기서 났다 하리로다(I will record Rahab and Babylon among those who acknowledge me— Philistia too, and Tyre, along with Cush-and will say, 'This one was born in Zion.'(NIV); I will count Egypt(1) and Babylon among those who know me - also Philistia and Tyre, and even distant Ethiopia(2). They have all become citizens of Jerusalem! / (1) Hebrew Rahab, the name of a mythical sea monster that represents chaos in ancient literature. The name is used here as a poetic name for Egypt. (2) Hebrew Cush(New Living)

「이사야」 27장 1절에는 '바다의 괴물'과 '날랜 뱀 리워야단'과 '꼬불 꼬불한 뱀 리워야단'이 등장하고, 「이사야」 30장 7절에는 이집트를 '라합'이라고 표현하며, 「이사야」 51장 9절에는 주님이 "라합을 저미시고 용을 찌르시고"라는 구절이 나오는데, 이 또한 창조의 서사시에 등장하는 티아마트의 10개 행성들과 티아마트를 주님(마르둑)이 무찔렀다는 것을 의미하는 것이다.

「이사야」27:1- 그 날에 여호와께서 그 견고하고 크고 강한 칼로 날 랜 뱀 리워야단 곧 꼬불꼬불한 뱀 리워야단을 벌하시며 바다에 있는 용을 죽이시리라(In that day, the LORD will punish with his sword, his fierce, great and powerful sword, Leviathan the gliding serpent, Leviathan the coiling serpent; he will slay the monster of the sea)(NIV).

「이사야」30:7- 애굽의 도움이 헛되고 무익하니라 그러므로 내가 애굽을 가만히 앉은 라합이라 일컬었느니라(to Egypt, whose help is utterly useless. Therefore I call her Rahab the Do-Nothing(NIV); The help that Egypt gives is useless. So I have nicknamed Egypt, 'The Harmless Dragon.'(Good News); Egypt's promises are worthless! Therefore, I call her Rahab-the Harmless Dragon(1). / (1) Hebrew Rahab who sits still. Rahab is the name of a mythical sea monster that represents chaos in ancient literature. The name is used here as a poetic name for Egypt(New Living)

「이사야」51:9- 여호와의 팔이여 깨소서 깨소서 능력을 베푸소서 옛 날 옛 시대에 깨신 것같이 하소서 라합을 저미시고 용을 찌르신 이가 어찌 주가 아니시며(Awake, awake! Clothe yourself with strength, O arm of the LORD, awake, as in days gone by, as in generations of old. Was it not you who cut Rahab to pieces, who pierced that monster through?(NIV); Awake, awake, put on strength, O arm of the LORD, awake, as in the ancient days, in the generations of old. Art thou not it that hath cut Rahab, and wounded the dragon?(KJV); Wake up, LORD, and help us! Use your power and save us, use it as you did in ancient times. It was you that cut the sea monster Rahab to pieces(Good

News); Wake up, wake up, O Lord! Clothe yourself with strength! Flex your mighty right arm! Rouse yourself as in the days of old when you slew Egypt, the dragon of the Nile(1). / (1) Hebrew You slew Rahab; you pierced the dragon. Rahab is the name of a mythical sea monster that represents chaos in ancient literature. The name is used here as a poetic name for Egypt(New Living)

궁창, 즉 하늘, 즉 소행성대 창조, 달은 증인

자 이번에는 주님(마르둑)이 티아마트와 두 번째 충돌에서, 티아마트를 두 동강 내서, 티아마트의 아랫부분을 산산조각내고, 티아마트가 있던 원래 궤도 자리에 산산이 흩으셔서(stretches out or spreads out), 장막(Covering/Dome), 즉 궁창(expanse/NIV, firmament/KJV, space/New Living, dome/Good News), 즉 하늘(sky/NIV/New Living, Sky/Good News, Heaven/KJV), 즉 오늘날의 소행성대(Asteroids Belt)를 만들었는데, 이런 내용이 구약성경에 나오는지 검증해 보자.

「욥기」 9장 8절에는 "하늘을 펴시며", 「욥기」 26장 7절에는 "북편 하늘을 허공에 펴시며", 「욥기」 37장 18절에는 "궁창을 펼 수 있느냐"라는 구절이 나오는데, 이것은 『창조의 서사시』 〈점토판 4〉의 138절을 인용한 것이다. 주님(마르둑)은 티아마트의 아랫부분을 산산조각내고 쭉 펴서 궁창, 즉 하늘을 만드신 것이다. 이때의 하늘이란 영어로 'Sky'와 'the heavens'와 'Heaven'을 의미하는 것이다. 이는 오늘날의 소행성대(Asteroids Belt)를 말하는 것이다.

『창조의 서사시』 〈점토판 4〉:
138. 티아마트의 반쪽(아랫부분)으로 주님은 하늘을 위한 장막(궁창)으로 세웠다.

138. One half of her he established as a covering for heaven.

「욥기」 9:8 - 그가 홀로 하늘을 펴시며 바다 물결을 밟으시며(He alone stretches out the heavens and treads on the waves of the sea) (NIV)

「욥기」 26:7 - 그는 북편 하늘을 허공에 펴시며 땅을 공간에 다시며 (He spreads out the northern skies over empty space; he suspends the earth over nothing)(NIV)

「욥기」 37:18 - 네가 능히 그와 함께 하여 부은 거울 같은 견고한 궁창을 펼 수 있느냐(can you join him in spreading out the skies, hard as a mirror of cast bronze?)(NIV)

「시편」 19장 1절에는 "궁창이 그 손으로 하신 일"이라고 표현하고, 「시편」 104장 2절에는 "하늘을 휘장같이 치시며"라고 표현하고 있고, 「스가랴」 12장 1절에는 "하늘을 펴시며"라고 표현하고 있으며, 「히브리서」 1장 10절에도 "하늘도 주의 손으로 지으신 바라"고 기록하고 있으며, 「아모스」 9장 6절에는 "그 전을 하늘에 세우시며"라는 구절도 같은 맥락으로, 주님(마르둑)이 티아마트의 아랫부분을 산산조각내서 하늘을 펴셨다는 말이다.

「시편」 19:1 - 하늘이 하나님의 영광을 선포하고 궁창이 그 손으로 하신 일을 나타내는도다(The heavens declare the glory of God; the skies proclaim the work of his hands(NIV).

「시편」 104:2 - 주께서 옷을 입음같이 빛을 입으시며 하늘을 휘장같이 치시며(He wraps himself in light as with a garment; he stretches out the heavens like a tent)(NIV).

「이사야」 42장 5절에는 "하늘을 창조하여 펴시고"라는 내용이 나오는데, 같은 매락으로 주님(마르둑)이 타아마트의 아랫부분을 산산조각내서 하늘을 펴셨다는 말이다.

「이사야」 42:5 - 하늘을 창조하여 펴시고 땅과 그 소산을 베푸시며 땅 위의 백성에게 호흡을 주시며 땅에 행하는 자에게 신을 주시는 하나님 여호와께서 이같이 말씀하시되(This is what God the LORD says—he who created the heavens and stretched them out, who spread out the earth and all that comes out of it, who gives breath to its people, and life to those who walk on it)(NIV).

「이사야」 40장 22절에는 "그는 땅 위 궁창에 앉으시나니 땅의 거민들은 메뚜기 같으니라 그가 하늘을 차일같이 펴셨으며 거할 천막같이 베푸셨고"라는 구절이 나오는데, 이는 『창조의 서사시』〈점토판 4〉의 내용을 가장 잘 설명하고 있다. 타아마트의 아랫부분을 산산조각내서 하늘을 덮는 덮개 또는 천개(canopy)같이 하늘을 쭉 펴셨다는 말이다. 어떻게 쭉 폈냐 하면 사람이 살 수 있는 텐트(tent), 즉 『창조의 서사시』〈점토판 4〉의 138줄의 장막(covering)같이 쭉 폈다는 말이다. 장막, 즉 궁창, 즉 하늘, 즉 오늘날의 소행성대(Asteroids Belt)를 만드셨다는 말이다. 그 결과 이때 주님(마르둑)은 지구의 공전 궤도(circle of the earth) 너머에 있는 화성과 목성 사이의 궁창에 계셨으므로, 궁창에 앉아 땅의 거민들을 보니 메뚜기(개미)같이 작게 보였다는 것이다.

「이사야」 40:22 - 그는 땅 위 궁창에 앉으시나니 땅의 거민들은 메뚜기 같으니라 그가 하늘을 차일같이 펴셨으며 거할 천막같이 베푸셨고 (He sits enthroned above the circle of the earth, and its people are like grasshoppers. He stretches out the heavens like a canopy, and spreads them out like a tent to live in)(NIV); It is he that sitteth upon the circle of the earth, and the inhabitants thereof are as grasshoppers; that stretcheth out the heavens as a curtain, and spreadeth them out as a tent to dwell in(KJV); It was made by the one who sits on his throne above the earth and beyond the sky; the people below look as tiny as ants. He stretched out the sky like a curtain, like a tent in which to live(Good News); God sits above the circle of the earth. The people below seem like grasshoppers to him! He spreads out the heavens like a curtain and makes his tent from them(New Living)

「스가랴」 12:1 - 이스라엘에 관한 여호와의 말씀의 경고라 여호와 곧 하늘을 펴시며 땅의 터를 세우시며 사람 안에 심령을 지으신 자가 가라사대(This is the word of the LORD concerning Israel. The LORD, who stretches out the heavens, who lays the foundation of the earth, and who forms the spirit of man within him, declares(NIV)

「히브리서」 1:10 - 또 주여 태초에 주께서 땅의 기초를 두셨으며 하늘도 주의 손으로 지으신 바라(He also says, "In the beginning, O Lord, you laid the foundations of the earth, and the heavens are the work of your hands(NIV)

「아모스」 9:6 - 그 전을 하늘에 세우시며 그 궁창의 기초를 땅에 두시

며 바다 물을 불러 지면에 쏟으시는 자니 그 이름은 여호와시니라(he
who builds his lofty palace in the heavens and sets its foundation on
the earth, who calls for the waters of the sea and pours them out over
the face of the land—the LORD is his name(NIV)

「시편」 89장 36~37절에는 궁창과 킨구(달)가 등장한다. 이는 『창조
의 서사시』 〈점토판 4〉에서 주님(마르둑)이 티아마트의 장남인 킨구를
무찌르고 티아마트를 두 동강 내서 윗부분으로 지구를 만들고 아랫부
분으로 궁창을 만들고, 그리고 킨구의 운명의 서판(궤도)을 빼앗아 킨구
로 하여금 지구의 위성이 되게 한다. 이 사실을 알고 있는 자가 바로 킨
구이다. 따라서 궁창의 확실한 증인이 달이라는 점을 강조한 것이다.

  「시편」 89:36 - 그 후손이 장구하고 그 위는 해같이 내 앞에 항상 있
  으며(that his line will continue forever and his throne endure before me
  like the sun;)
  37 - 또 궁창의 확실한 증인 달같이 영원히 견고케 되리라 하셨도다
  (셀라)(it will be established forever like the moon, the faithful witness
  in the sky." Selah)(NIV)

「창세기」 1장 6~8절의 히브리어 '라키아'는 궁창=소행성대

  이러한 내용과 지식을 바탕으로 「창세기」 1장 6~8절을 해석해 보
자. 티아마트는 물이라고 했다. 거대한 생명의 물로 가득 찼다고 했다.
압수와 티아마트의 물이 함께 합쳐져(『창조의 서사시』 〈점토판 1〉의 5줄)
행성들이 태어났다고 했다. 그리고 주님(마르둑)이 티아마트와 두 번째
충돌에서 윗부분은 지구(Earth, World)를 만들고, 아랫부분은 산산조각
내어 쭉 허공에 펴서 궁창, 즉 하늘을 만들었다고 했다.

이 궁창이 바로 히브리어 성경 1장 6~8절에 등장하는 라키아(ra-kia, raqia, raqiya)(רקיע)인데, 이는 '충돌해 두들겨 편 팔찌(the hammered bracelet)'란 뜻이다. 따라서 지금까지 '창공(firmament)' 혹은 '궁창(expanse)'이라고 번역하고 있는 것이, 바로 이 천상의 행성들인 '두들겨 편 팔찌'로 오늘날의 소행성대(Astroid Belt)를 말하고 있는 것이다. 또한 히브리 성경 「창세기」 1장 8절에는 하나님이 '라키아(궁창)'를 '샤마임(shamaim, shamayim, שמים)'이라 칭하셨는데, 이는 '하늘(sky, heaven, heavens)'을 의미하는 것이다.

다시 말해 궁창을 중심으로 그 아래의 물과 그 위의 물로 나누셨다는 얘기이다. 소행성대를 중심으로 내행성과 외행성을 나누었다는 얘기이다. 『창조의 서사시』를 보면 내행성과 외행성들도 다 물로 창조하신 것이다.

「창세기」 1:6 - 하나님이 가라사대 물 가운데 궁창이 있어 물과 물로 나뉘게 하리라 하시고(And God said, "Let there be an expanse between the waters to separate water from water."(NIV); And God said, Let there be a firmament in the midst of the waters, and let it divide the waters from the waters.(KJV); Then God commanded, "Let there be a dome to divide the water and to keep it in two separate places"(Good News); Then God said, "Let there be a space between the waters, to separate the waters of the heavens from the waters of the earth."(New Living)

7 - 하나님이 궁창을 만드사 궁창 아래의 물과 궁창 위의 물로 나뉘게 하시매 그대로 되니라(So God made the expanse and separated the water under the expanse from the water above it. And it was so.(NIV); And God made the firmament, and divided the waters which were un-

der the firmament from the waters which were above the firmament :
and it was so.(KJV); and it was done. So God made a dome, and it sepa-
rated the water under it from the water above it.(Good News); And that
is what happened. God made this space to separate the waters of the
earth from the waters of the heavens.(New Living)

8 - 하나님이 궁창을 하늘이라 칭하시니라 저녁이 되며 아침이 되
니 이는 둘째 날이니라(God called the expanse "sky." And there was
evening, and there was morning—the second day.(NIV); And God
called the firmament Heaven. And the evening and the morning were
the second day.(KJV); He named the dome "Sky." Evening passed and
morning came—that was the second day.(Good News); God called
the space "sky." And evening passed and morning came, marking the
second day.(New Living)

아카드의 기록(Akkadian texts)에서도 이 궁창을 '락키스(Rakkis, 두
들겨 편 팔찌)'라고 부르며, 주님(마르둑)이 어떻게 티아마트의 아랫부분
을 산산조각내고 펴서 거대한 원(a permanent great circle)으로 만들
었는지를 설명하고 있다. 따라서 수메르의 기록들을 보면 그들이 '하
늘(heaven)'이라고 부른 것은 일반적인 우주 공간이 아니라 소행성대
(asteroid belt)임을 알 수 있다.

물로 가득 찬 티아마트로 지구를, 땅과 바다를

티아마트는 물로 가득 찬 괴물(Watery monster) 또는 혼돈의 괴물
(Chaos monster)이라고 불렸는데, 지구에 물이 많은 것은 바로 티아마
트로부터 물려받은 것이다. 그래서 지구를 대양의 행성(Planet Ocean),
대양의 여신(the goddess of the ocean), 생명의 처녀(maiden of life), 소금

의 물(salt water)로 표현하고 있는데, 태양계에서 유일하게 생명유지를 위해 물이 풍부한 것은 그 때문이다. 이렇게 본다면 처음의 티아마트는 전체가 물로 덮여 있었다는 얘기가 된다.

여기에 『창조의 서사시』〈점토판 1〉의 3~5절의 내용을 추가해 본다면, 분명 「창세기」 1장 2절의 내용이 물로 가득한 원초적인 티아마트를 설명하고 있음을 알 수 있다. 그러나 그 물은 들판이나 갈대가 자라는 그런 종류의 물이 아니라 태고의 물(the primordial waters), 즉 우주의 원초적인 생명 물질(basic life-giving elements of the universe)임을 알 수 있다.

『창조의 서사시』〈점토판 1〉:

3. 가장 오래된 그들의 조상 즉 아버지인 압수(태양)와,

4. 뭄무(수성), 그리고 그들의 어머니인 혼돈의 티아마트가 있었고—

5. 압수와 티아마트의 물이 함께 합쳐져(거대한 하나의 질량을 이루었고),

3. And the primeval Apsu, [their progenitor], who begat them,

4. And Mummu, and chaos Tiamat, the mother of them both,-

5. Their waters were mingled together,

이런 원초적인 태고의 물로 가득한 티아마트를 주님(마르둑)은 두 번째 충돌에서, 티아마트를 두 동강 내서, 윗부분으로 하여금 궤도를 태양계 안쪽으로 이동시켜 돌게 하여, 오늘날의 지구를 만든 것이다. 두 번째 충돌은 마르둑 행성과 직접 충돌하였으니 그 충격 여파로 그때부터 땅과 바다가 생긴 것이다. 그 충격과 바람의 힘으로 물은 한쪽으로 몰려 바다가 되고 땅이 드러난 것이다. 바람에 의해 시간이 흐르면서 원초적인 태고의 물은 증발되어 소금물(Salt water)이 된다. 이를 「창세기」 1장 9절과 10절에는 다음과 같이 표현하고 있다.

「창세기」 1:9 - 하나님이 가라사대 천하의 물이 한 곳으로 모이고 뭍이 드러나라 하시매 그대로 되니라(And God said, "Let the water under the sky be gathered to one place, and let dry ground appear." And it was so)(NIV)

「창세기」 1:10 - 하나님이 뭍을 땅이라 칭하시고 모인 물을 바다라 칭하시니라 하나님의 보시기에 좋았더라(God called the dry ground "land," and the gathered waters he called "seas." And God saw that it was good)(NIV)

「시편」 77장 16~19절은 『창조의 서사시』〈점토판 4〉의 내용을 잘 설명하고 있다. 주님(마르둑)이 물로 가득한 티아마트를 회오리 바람과 천둥과 번개로 공격하는 장면을 기록하고 있다.

물(티아마트)이 주님을 보았다. 물이 주님을 보고 두려워하며 깊음도 진동한다. 주님(마르둑)은 사나운 바람으로 티아마트의 배를 부풀린다. 구름이 물을 쏟고 궁창이 천둥을 발하며 주님의 화살(창)이 날아가 티아마트의 배를 가른다. 주님의 회오리 바람이 번개를 치며 티아마트를 공격한다. 주님의 길은 바다를 지나고 주님은 오만하고 힘센 티아마트를 공격하고 그렇지만 발자국이 남지 않는다(종적을 알 수 없다).

이 내용은 『창조의 서사시』〈점토판 4〉의 전쟁의 상황과 거의 같다. 따라서 「시편」 77장은 창조의 서사시를 인용하고 있음을 알 수 있다.

「시편」 77:16 - 하나님이여 물들이 주를 보았나이다 물들이 주를 보고 두려워하며 깊음도 진동하였고(The waters saw you, O God, the waters saw you and writhed; the very depths were convulsed)

17 - 구름이 물을 쏟고 궁창이 소리를 발하며 주의 (화)살도 날아 나갔나이다(The clouds poured down water, the skies resounded with

thunder; your arrows flashed back and forth)

18-회(오)리바람 중에 주의 우뢰의 소리가 있으며 번개가 세계를 비춰며 땅이 흔들리고 움직였나이다(Your thunder was heard in the whirlwind, your lightning lit up the world; the earth trembled and quaked)

19-주의 길이 바다에 있었고 주의 첩경이 큰 물에 있었으나 주의 종적을 알 수 없었나이다(Your path led through the sea, your way through the mighty waters, though your footprints were not seen)(NIV)

「베드로후서」 3장 5절에는 '땅이 물에서 나와 물로 성립'되었다는 구절이 나온다. 이는 지구가 티아마트로부터 왔다는 것을 증빙하는 것이다.

「베드로후서」 3:5- 이는 하늘이 옛적부터 있는 것과 땅이 물에서 나와 물로 성립한 것도 하나님의 말씀으로 된 것을 저희가 부러 잊으려 함이로다(But they deliberately forget that long ago by God's word the heavens existed and the earth was formed out of water and by water(NIV)

또한 「시편」 104장 30절에는 주님이 주님의 영(Spirit), 즉 바람(Wind)을 보내어 지구의 표면을 새롭게 하셨다고 기록되어 있으며, 「이사야」 51장 10절에는 바람으로 깊은 물을 말리시고 바다의 깊은 곳에 길을 냈다고 기록하고 있다.

「시편」 104:30- 주의 영을 보내어 저희를 창조하사 지면을 새롭게 하시나이다(When you send your Spirit, they are created, and you renew the face of the earth)(NIV)

「이사야」 51:10 - 바다를, 넓고 깊은 물을 말리시고 바다 깊은 곳에 길을 ·내어 구속 얻은 자들로 건너게 하신 이가 어찌 주가 아니시니이 까(Was it not you who dried up the sea, the waters of the great deep, who made a road in the depths of the sea so that the redeemed might cross over?)(NIV)

「이사야」 42장 5절과 45장 18절에는 하나님이 땅을 조성했다(who spread out the earth; who fashioned the earth)는 내용이 나오는데, 이는 주님(마르둑)이 티아마트와 충돌하여 티아마트를 쭉 펴서 견고한 지구를 만들었다는 내용이다.

「이사야」 42:5 - 하늘을 창조하여 펴시고 땅과 그 소산을 베푸시며 땅 위의 백성에게 호흡을 주시며 땅에 행하는 자에게 신을 주시는 하나님 여호와께서 이같이 말씀하시되(This is what God the LORD says—he who created the heavens and stretched them out, who spread out the earth and all that comes out of it, who gives breath to its people, and life to those who walk on it)(NIV).

「이사야」 45:18 - 여호와는 하늘을 창조하신 하나님이시며 땅도 조성하시고 견고케 하시되 헛되이 창조치 아니하시고 사람으로 거하게 지으신 자시니라 그 말씀에 나는 여호와라 나 외에 다른 이가 없느니라 (For this is what the LORD says—he who created the heavens, he is God; he who fashioned and made the earth, he founded it; he did not create it to be empty, but formed it to be inhabited—he says: "I am the

LORD, and there is no other)(NIV).

빈 공간인 새로운 궤도에 지구를 달다→계절, 자전축→낮과 밤

「욥기」 26장 7절에는 "땅을 공간에 다시며"라는 구절이 나오는데, 이는 『창조의 서사시』〈점토판 4〉의 132줄을 인용한 것이다. 두 번째 충돌에서, 주님(마르둑)은 티아마트의 생명을 끊은 다음 북쪽 바람(the North wind)으로 하여금 티아마트를 비밀 장소로 옮기게 한다. 여기서 비밀 장소란 원래 티아마트가 가지고 있던 궤도에서 벗어나 지금까지 알려지지 않은 새로운 궤도를 돌게 되었다는 뜻이다. 즉 오늘날의 지구의 궤도를 말하는 것이다. 원래 티아마트는 라흐무(화성)과 키샤르(목성) 사이에 위치해 있었으나, 이 위치 변경으로 화성 안쪽으로 들어와 태양을 돌게 된 것이다.

『창조의 서사시』〈점토판 4〉:
132. 그리고 북쪽 바람으로 하여금 티아마트를 비밀 장소로 옮겼다.
132. And he made the North wind bear it away into secret places.

「욥기」 26:7- 그는 북편 하늘을 허공에 펴시며 땅을 공간에 다시며 (He spreads out the northern skies over empty space; he suspends the earth over nothing(NIV); He stretcheth out the north over the empty place, and hangeth the earth upon nothing(KJV); God stretched out the northern sky and hung the earth in empty space(Good News); God stretches the northern sky over empty space and hangs the earth on nothing(New Living)

영문성경을 보면 이 비밀 장소란 아무도 없던 새로운 공간(nothing)

즉 텅 빈 공간(empty place)에 지구를 매달았다고 기록하고 있다. 이는 새로운 공간 궤도에 지구를 위치시켰다는 의미이다. 따라서 『창조의 서사시』를 인용하고 있음을 알 수 있다.

지구가 새로운 궤도를 얻었다는 것은 지구에 사계절이 생겼다는 뜻이다. 그리고 이때 두 번의 충돌로 인해 지구의 축이 오늘날의 23.5도로 기울어져, 자전축이 생기고 그 결과 낮과 밤이 생겼다는 의미이다.

권능으로 땅을, 지혜로 세계를, 명철로 하늘을 창조

「잠언」 3장 19절, 「예레미야」 10장 12절과 51장 15절에는 "권능으로 땅을 지으셨고", "지혜로 세계를 세우셨고", 그리고 "명철로 하늘들을 펴셨으며"라는 구절이 나온다. 티아마트의 윗부분으로부터 땅을 만드셨고, 그 기초를 통해 세상을 만드셨으며, 티아마트의 아랫부분을 산산조각내서 하늘을 만드셨다는 『창조의 서사시』를 인용한 것이다. 권능이란 마르둑 행성의 중력장(인력, 그물)과 바람과 번개와 그리고 중력장에 의한 속도를 말하는 것이고, 지혜란 세상을 만들기 위한 각종 관개수로, 농사 짓는 법 등의 지식과 인간을 창조한 유전자 등의 생명과학을 말하는 것이며, 명철이란 천체우주물리학의 운명의 서판, 즉 천체의 운행 궤도(orbit)를 정(定)함을 말하는 것이다. 지금까지 살펴본 『창조의 서사시』〈점토판 1~4〉까지의 마르둑 행성(신)의 이벤트를 이 세 개의 단어로 요약한 것이다.

「잠언」 3:19 - 여호와께서는 지혜로 땅을 세우셨으며 명철로 하늘을 굳게 펴셨고(By wisdom the LORD laid the earth's foundations, by understanding he set the heavens in place;)(NIV)

「예레미야」 10:12 - 여호와께서 그 권능으로 땅을 지으셨고 그 지혜로 세계를 세우셨고 그 명철로 하늘들을 펴셨으며(But God made the earth by his power; he founded the world by his wisdom and stretched out the heavens by his understanding)(NIV)

「예레미야」 51:15 - 여호와께서 그 권능으로 땅을 지으셨고 그 지혜로 세계를 세우셨고 그 명철로 하늘들을 펴셨으며(He made the earth by his power; he founded the world by his wisdom and stretched out the heavens by his understanding.)(NIV)

또한 이 권능-지혜-명철이란 단어도, 앞서 살펴보았듯이, 『창조의 서사시』 〈점토판 1〉에서 인용한 것임을 알 수 있다. 단 누딤무드 신은 마르둑 신의 아버지라는 사실에 유의해야 한다.

17. 누딤무드(해왕성)는 모든 그의 아버지들 중에 [첫째가 되었고..]
18. 누딤무드(해왕성)는 모든 지혜가 충만하여…
19. 가장 강력해져…
20. 대적할 행성이 없었다…
17. The god Nudimmud was the first among his fathers,
18. Abounding in all wisdom, […]
19. He was exceeding strong […]
20. He had no rival […]
59. 명철을 부여 받은 누딤무드는, 신중한 신으로서, 고귀한 신이며,
60. 에아(누딤무드)는 모든 것을 신중하게 고려했으며, 그들의 계획을 탐지하고,
61. 그는 그것을 즉 태양계의 태고의 물로 가져와, 모든 것들을 정지시켰다.

62. 그는 교묘한 주문을 반복했다. 그 것은 매우 권위(권능) 있고 신성했다.

59. [Endowed] with understanding, the prudent god, the exalted one,

60. Ea, who pondereth everything that is, searched out their [plan].

61. He brought it to nought(?), he made the form of everything to stand still.

62. He recited a cunning incantation, very powerful and holy.

「창세기」 1장 1절의 천지(天地)는 바로 태양계의 궁창(소행성대)과 지구

그렇다면 「창세기」 1장 6~8절에 나오는 창공=궁창=하늘이 소행성대라면, 「창세기」 1장 1절에 나오는 '천지(天地)'의 '천(天)'은 무엇을 말하는 것일까?

「창세기」 1장 1절을 보자. "태초에 하나님이 천지를 창조하시니라 (In the beginning God created the heavens and the earth(NIV); In the beginning God created the heaven and the earth(KJV); In the beginning, when God created the universe(Good News); In the beginning God created the heavens and the earth(1). / (1) Or In the beginning when God created the heavens and the earth, Or When God began to create the heavens and the earth"(New Living). 여기서 천(天)이 문제인데, 영문성경 NIV와 New Living은 'the heavens'의 복수로, KJV는 'the heaven'으로, Good News는 'the universe'로 표현하고 있다.

결론적으로 『창조의 서사시』의 미시적 관점에서 보면 「창세기」 1장 1절도 같은 맥락으로 볼 수 있다. 영문성경 NIV와 New Living은 '하늘들(the heavens)'이라 표현하고 있는데, 『창조의 서사시』 내용을 보면 가장 타당하게 번역한 것으로 보인다. 하늘들(heavens)과 땅(earth)을 창조한 것이다. 그리고 「창세기」 1장의 전체 문맥과 위에서 언급한 「잠언」 3장 19절, 「예레미야」 10장 12절, 그리고 「예레미야」 51장 15절을 보더라도 이는 분명 '궁창=하늘'을 말하는 것으로, 이는 오늘날의 소행성대를 말하는 것이다.

이렇게 본다면 「창세기」 1장은 태양계를 어떻게 창조했는지를 설명하는 것이다. 우주(the universe)가 아니라 태양계의 창조이다. 물론 영문성경 KJV는 단 하나의 하늘(the heaven)이라 표현하고 있으며, Good News는 우주(the universe)라고 표현하고 있다. 주님께서 태양계를 창조했다면 우주도 같은 방법이나 다른 방법으로 창조하지 않았을까? 이는 2부와 3부에서 다루기로 한다.

「예레미야」 50장 2절의 마르둑(므로닥, Marduk, Merodah)

3장 2절의 "1. 마르둑(Marduk)은 어느 신(神)인가?"에서 살펴보았듯 이 마르둑 신은 고대 바빌로니아 왕조(BC 1830~c.BC 1531) 시대에 지지자들을 이끌고 갈대아(Chaldea) 즉 바빌론의 아카드와 수메르로 진군해 아눈나키의 권력과 신권을 찬탈하고 스스로 바빌론의 옥좌에 올라, 신들 중의 최고의 신으로 등극하고 이어지는 신바빌로니아 왕조(BC 625~BC 539)에서도 수호신(patron God)으로 섬겨졌다.

마르둑 신은 구약성경에 딱 한 번 등장하는데, 그게 「예레미야」 50장 2절에 나오는 므로닥(Marduk, Merodach) 신이다.

「예레미야」 50:2 – 너희는 열방 중에 광고하라 공포하라 기를 세우라 숨김이 없이 공포하여 이르라 바빌론이 함락되고 벨이 수치를 당하며 므로닥이 부스러지며 그 신상들은 수치를 당하며 우상들은 부스러진다 하라(Announce and proclaim among the nations, lift up a banner and proclaim it; keep nothing back, but say, 'Babylon will be captured;

Bel will be put to shame, Marduk filled with terror. Her images will be put to shame and her idols filled with terror.'(NIV); Declare ye among the nations, and publish, and set up a standard; publish, and conceal not : say, Babylon is taken, Bel is confounded, Merodach is broken in pieces; her idols are confounded, her images are broken in pieces. (KJV))

따라서 구약성경은 마르둑 신을 야훼(Yahweh, YHWH, JHWH, Jehovah) 신의 적으로 표현하고 있으며, 멸망해야 할 바빌론의 주신(patron deity) 또는 수호신인 젊은 벨(Bel)이나 바알(Baal)로 기록하고 있다. 따라서 성경은 전체적으로 마르둑 신과 이를 수호신으로 받든 바빌론을 야훼 신의 적으로 표현하고 있다. 「요한계시록」 18장에는 이를 뒷받침 하듯이 바빌론의 멸망(The Fall of Babylon)을 다루고 있다. 이는 차후 『바이블 매트릭스』 시리즈의 최종편인 「예수님의 재림과 새 하늘과 새 땅의 창조」편을 통해 자세히 소개할 예정이다.

4. 현대과학의 검증-태양, 지구, 달의 나이와 달과 화성의 생성

태양(45.7억 년), 은하년=우주년

태양(Sun)은 태양계(Solar System)의 중심에 자리하여 지구와 달을 비롯한 8개 행성(行星)과, 행성을 도는 위성(衛星), 혜성(彗星), 유성물질(流星物質) 등의 운동을 직접 또는 간접으로 지배하고 있는 항성(恒星)인 별이다. 태양도 지구와 마찬가지로 자전(rotation, 自轉)을 하며 우리 은하(銀河水, Milky Way Galaxy)를 공전(revolution, 公轉)한다. 지구는 태양이 자전하고 있는 쪽으로 공전하고 있기 때문에, 지구에서 본 태양의 자전주기는 27일이나 태양 자신의 자전주기는 약 25일이다. 태양이 우리 은하 중심부(Galactic Center)를 1회 공전하는 것을 '태양의 1년' 혹은 '1은하년' 또는 '1우주년(a galactic year, a cosmic year)'이라고 부른다. 1회 공전하는 데 약 2억 2,500만 년~2억 5,000만 년 걸린다. 태양과 지구 사이의 거리는 1억 5,000만 킬로미터로 이를 1AU(Astronomical Unit)라는 천문 단위로 표시한다. 태양 표면의 빛이 지구에 도달하는 시간은 8분 19초이다.

과학자들은 핵우주연대측정(nucleocosmochronology), 항성 진화의 컴퓨터 모델(computer models of stellar evolution), 납(Pb) 동위원소연대측정법(Isotopic Dating) 등을 통해 태양의 나이가 45.7억 년 전에 형성되었음을 밝혀냈다(Bonanno et al., 2002; Amelin et al., 2002; Baker et al., 2005).

태양이 우리 은하 중심부(Galactic Center)를 1회 공전하는 데 약 2억 년이 걸린다고 가정할 때 25번 공전하여 약 50억 년이 된 것이다. 이러한 태양은 지금으로부터 50억 년 후이면 그 생명을 다 할 것으로 보인다. 달이든 지구이든 태양이든 다 생명주기가 있는데, 지금은 360도 사이클에서 180도 돌아가는 시점이기 때문에, 태양의 나이가 50억 년이라는 것은 앞으로 50억 년 뒤에는 소멸한다는 뜻이다. 그러나 3부에서 다룰 우주팽창의 가속화가 빠르게 진행되고 있어, 50억 년 뒤가 아니라 더 빨리 소멸할 수도 있다. 지금은 8개 행성들에 에너지를 공급하는 황색거성(Yellow Giant)이지만, 생명이 다하면 에너지를 잃어 적색

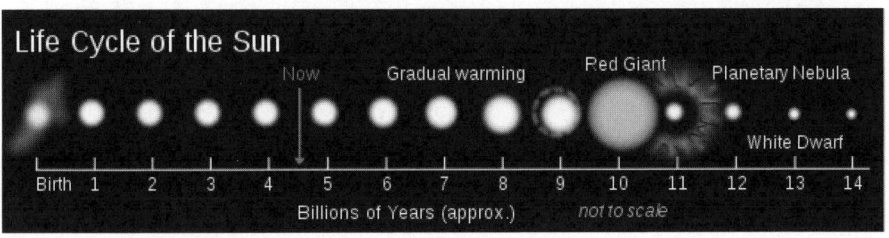

태양의 생명주기(Life-cycle of the Sun). Credit : Wikipedia.org

거성(Red Giant) → 백색왜성(White Dwarf)으로 변해 마지막으로 폭발해 그 생명을 마감할 것으로 보인다.

지구(45.5억년)

지구의 나이는 1956년 캘리포니아 공대의 클레어 패터슨(Clair Paterson)이 태양계 일원의 운석(Canyon Diablo Meteorite)에 포함된 납의 동위원소(lead isotopic)를 추적하여 45.5억 년(약 46억)으로 밝혀냈는데, 이 계산은 아직도 우리 지구의 공인된 나이로 남아 있다. 이 측정방법을 동위원소연대측정법(Isotopic Dating)이라 한다. 운석에 포함된 우라늄(U 238)이 붕괴(decay)되면서 납(lead, Pb 206)이 생성되는데, 우라늄이 붕괴되어 절반이 되는 반감기(Half-life)가 45억 년이다. 그래서 이를 방사능연대측정(Radiometric dating or radioactive dating)의 하나인 우라늄-납-연대측정법(Uranium-lead dating)이라고도 한다.

지구는 스스로 자전하고, 시계 반대방향으로 태양을 공전하며, 공전시간은 365일이다. 앞의 태양의 나이와 비교해 보면 태양이 형성되고 나서 대략 2,000만 년이 흐른 뒤 지구(티아마트)가 형성되었음을 알 수 있다. 지구는 앞으로 대략 46억 년 후에 생명을 다해 소멸할 것으로 보인다. 그러나 3부에서 다룰 우주팽창의 가속화가 빠르게 진행되고 있어, 46억 년 뒤가 아니라 더 빨리 소멸할 수도 있다.

여기서 주목할 것이 있다. 고대의 기록자는 〈점토판 1〉의 3~4줄을 통해 태양계의 창조라는 거대한 『창조의 서사시』를 우리에게 열어 보였다. 아직 신들은 즉 행성들은 나타나지 않았고 이름도 없었으며, 운명도, 즉 궤도(destine=orbit)도 정해지지 않았다고 기록하였다. 단지 세 개의 천체들만이 존재하고 있었다고 기록하였다.

〈점토판 1〉:

3. 가장 오래된 그들의 조상 즉 아버지인 압수(태양)와,

4. 뭄무(수성), 그리고 그들의 어머니인 혼돈의 티아마트가 있었고

태양이 45.7억 년 전에, 그리고 2,000만 년 뒤인 45.5억 년 전에 지구의 모태인 티아마트가 형성되었다는 것은 〈점토판 1〉의 내용이 맞는다는 것을 현대과학이 증빙하는 것이다. 〈점토판 1〉의 기록자는 2,000만 년이 미시적으로 보면 긴 세월이지만 거시적으로 보면 처음부터 태양과 티아마트는 존재하고 있었다라고 판단하고 기록한 것이다.

달(43.6억년)

2005년에 독일, 스위스, 영국의 과학자들은 달(Moon)에서 채취한 금속 표본을, 방사성 동위원소인 하프늄-텅스텐 182(hafnium-tungsten-182)가 붕괴되어 만든 생성물인 볼프람 182(182W, Wolfram)와 볼프람 184(184W)를 추적하여, 달의 마그마 바다(lunar magma ocean)가 45억 2,700만 년±1000만 년 전에 결정화된 것으로 밝혀냈다(crystallization of the lunar magma ocean 4.527 ± 0.010 billion years ago). 또한 과학자들은 이 달의 나이가 거대한 충돌로 인해 달이 형성되었다는 가설(giant impact hypothesis)과 일치하며, 이때 지구는 성장해서 완성되었다는 의미를 갖는다고 밝혔다(Kleine et al., Science, 2005). 따라서 지구(티아마트)에서 달이 떨어져 나와 형성된 것은 지구(티아마트)가 형성되고 나서 대략 3,000만 년이 흐른 뒤이다.

2011년에 미국 로렌스 리버무어 국립연구소(Lawrence Livermore National Laboratory)와 덴마크 및 프랑스의 과학자들은, 1972년에 미국 항공우주국(NASA)의 아폴로 16호가 가져와 휴스턴의 존슨 우주센터에 보관되어 온 달 암석 표본(lunar rocks samples)을, 납(Pb206 &

Pb207), 사마륨(Sm146 & Sm147) 및 네오디뮴(Nd142 & Nd143)의 동위원소를 분석하여, 연대측정의 신뢰도와 정확도를 높인 결과, 달의 나이가 43억 6,000만 년±300만 년(4,360±3 million years) 전에 달의 마그마 바다(magma oceans)가 결정화(solidification)되었다는 사실을 밝혀냈다. 이는 달의 나이가 2005년에 발표된 것보다 약 2억 년 정도 젊다(Borg et al., Nature, 2011).

달 생성의 비밀 - 거대충돌가설, 지구의 철성분과 달의 철성분이 같아

지금까지 과학자들은 거대한 충돌가설(giant impact hypothesis)을 추측하여 왔다. 거대충돌가설이란 지구와 화성크기의 천체(a Mars-sized body)가 충돌해 그 충돌로부터 나온 파편(debris)들이 달(Moon)을 만들었다고 가정을 하는 것인데, 『창조의 서사시』로 보면 이는 바로 마르둑 행성과 티아마트의 첫 번째 충돌로 티아마트에서 킨구(달)가 떨어져 나와 티아마트의 위성이 되었으며, 두 번째 충돌로 화성 안쪽의 궤도를 가진 지금의 지구를 따라온 것이다.

『창조의 서사시』에 의하면 마르둑은 킨구를 파괴하지 않고 그 대신 티아마트가 킨구에게 준 독자적인 궤도를 빼앗는 벌을 주었다. 조그만 크기로 줄어들기는 했지만 킨구는 여전히 태양계의 한 행성, 즉 신(God)으로 남았다. 그러나 독자적인 궤도를 빼앗긴 킨구는 위성이 될 수 밖에 없었다. 결국 킨구는 티아마트의 상단 부분이 새로운 궤도를 얻어 지구가 될 때 지구의 위성이 된 것이다. 그리고 자신의 생명력인 표면의 대기, 방사능, 물질 등을 잃게 된다. 그 결과 얼음물은 있으나 생명이 살지 못하는 회색 위성이 되고 만다.

미국항공우주국(NASA)이 격렬한 변화를 거친 달의 진화과정을 비디오로 제작 2012년 3월에 공개했다. 43~45억 년 된 달의 진화(Evolution of the Moon)이다. 이 비디오는 어떻게 달이 녹아 버린 천체의 파편

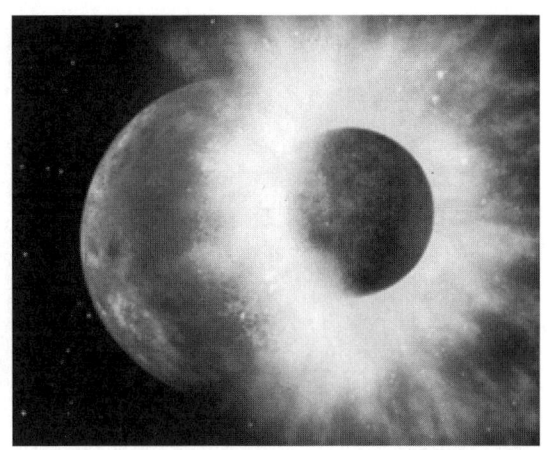

거대충돌가설-지구와 화성 크기의 천체가 충돌해 달이 형성되었다는 가설을 바탕으로 표현한 그림. Credit: Ginat impact hypothesis from Wikipedia.

에서 지금의 회색 위성(큰 납덩어리의 버려진 행성)이 됐는지를 쉽게 보여 준다. 나사(NASA)에 따르면 차갑고 생명이 살지 않는 달 표면은 그 동안 아무런 변화도 없었던 것처럼 보이지만, 사실은 소행성의 충돌 등으로 매우 격렬한 변화를 거쳤다.

달은 약 45억 년 전에 화성 크기 만한 천체가 지구와 충돌하는 과정에서 지구에서 엄청난 양의 뜨거운 물질이 방출되면서 생성된 것으로 알려졌다. 그 이후 달 표면은 크고 작은 행성과의 충돌로 일그러졌다. 나사가 제작한 이 비디오는 행성의 움직임과 달 표면과의 충돌 모습 등을 시간의 흐름에 따라 시각적으로 잘 보여 주고 있다. 아울러 이 영상에 담겨진 달과 관련된 정보 가운데 상당 부분은 달 표면 15마일 상공에 낮게 떠 있는 달 탐사위성이 수집한 것들이다. 나사의 쌍둥이 달 탐사위성 그레일(Grail)은 2012년부터 달의 중력을 측정해 달 내부의 지도를 제작하는 프로젝트를 본격적으로 시작한다.

화성 크기 만한 천체란 『창조의 서사시』에서 말하는 마르둑 행성, 다시 말해 니비루(Nibiru) 행성을 말한다. 마르둑과 티아마트의 첫 번째 충돌로 마르둑 행성의 인력에 의해 티아마트에서 엄청난 양의 뜨거운

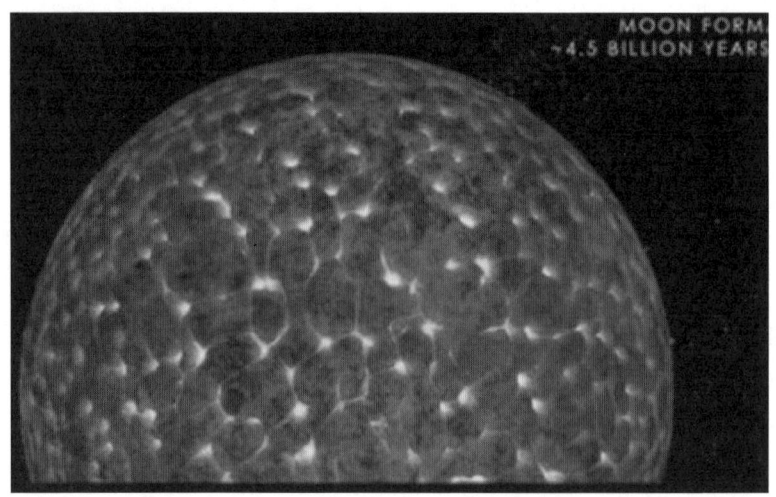

미국항공우주국이 2012년 제작해 공개한 비디오 '달의 진화'. 출처: 나사 nasa.gov/centers/goddard 홈페이지 화면

물질이 방출되면서 달이 생성된 것이다. 첫 번째 충돌에서 티아마트의 10개 위성들은 산산조각나서 궤도가 반대로 바뀐 혜성들이 되었는데, 이 혜성들이 달에 충돌하여 수많은 분화구를 만들고, 결국 달을 버려진 행성으로 만들었다. 그리고 마르둑은 킨구 즉 달의 궤도를 빼앗아 티아마트의 위성이 되도록 했다.

두 번째 충돌에서 마르둑의 위성 중 하나인 북쪽 바람이 티아마트의 짓이겨진 해골, 즉 윗부분에 충돌했다. 이 충돌로 티아마트는 새로운 비밀 장소로 옮겨진다. 여기서 비밀 장소란 원래 티아마트가 가지고 있던 궤도에서 벗어나 지금까지 알려지지 않은 새로운 궤도를 돌게 되었다는 뜻이다.

그 결과 티아마트의 윗부분은 지금의 지구(Earth)가 되고 아랫부분은 하늘(Sky), 즉 궁창(Expanse=firmament)이 된다. 티아마트의 원래 궤도는 태양에서 화성(라흐무)보다 더 멀리 태양을 돌았으나 북쪽 바람

(the North)의 충돌로 인해 궤도가 화성의 안쪽으로 이동되어 오늘날의 지구궤도가 된 것이다. 그리고 이때 달도 같이 티아마트의 궤도를 따라 간 것이다.

이를 뒷받침이라 하듯이, 2012년에, 외계생명체찾기(SETI)와 하버 드 과학자들이 '43~45억 년 전 대규모 행성간 충돌이 있은 후 원시지 구(proto-Earth)의 조각이 우주로 튕겨져 나가 달이 형성했다'는 새로운 이론의 근거를 제시해『사이언스』(Science)에 논문으로 발표했다(Cuk and Stewart, 23 Nov 2012). 지금까지 달 형성의 이론으로 많은 지지를 받아온 것은 '지구에 충돌한 행성 조각의 일부가 달을 만들었다'는 이 론이었다. 기존 이론이 뒤집힌 결정적 이유는 지구의 철성분과 달의 철 성분을 분석할 결과 유사한 동위원소로 구성돼 있다는 사실이었다.

이들이 내세운 "지구에서 달이 떨어져 나갔다"는 이론이 맞아떨어 지기 위해서는 원시지구가 지금과는 다른 상태였다는 전제가 필요했 다. 만약 행성 간의 어떤 작용에 의해 회전주기가 엄청나게 빨라지게 됐고, 이것이 하루를 2~3시간으로 만들었다면 이 행성(원시지구)은 달 을 형성할 만한 자신의 조각 일부를 엄청나게 빠른 속도로 내팽개쳤을 것이라는 게 이들의 가설이다. 과학자들은 만일 지구가 2시간을 하루 로 삼는 회전을 했다면 지구는 그 회전력으로 인해 스스로를 날려 버 릴 수준에 이르게 됐을 것이며, 이는 지구의 느슨한 조각을 던져 버리 기 훨씬 쉽게 만들어 주었을 것이라는 데까지 이르렀다.

달 생성은 외부 행성 조각으로 만들어진 것이 아니라 원시지구의 일부가 튕겨져 나가 생겼다는 이론이 달 형성의 설득력 있는 이론으로 학계의 지지를 받고 있다. Image credit: Don Davis; Cuk and Stewart(23 Nov 2012)[10]

지구와 화성의 생성구조와 물은 같은 기원

화성도 지구와 같은 비슷한 빌딩블록(Building Blocks, 조각 쌓기)으로 형성되었으며, 지구와 화성의 물은 같은 기원(Origin of water)이라는 사실이 미항공우주국(NASA)의 존슨 우주센터(Johnson Space Center), 카네기 연구소(Carnegie Institution)와 휴스턴의 달과 행성연구소(Lunar

---

10 http://www.fas.harvard.edu/~planets/sstewart/Moon.html

지구와 화성의 생성구조와 물은 같은 기원이라는 사실이 과학자들에 의해 밝혀졌다. Image Credi:
NASA/JPL; Science Daily(19 Nov 2012)

and Planetary Institute)의 과학자들이 2012년 12월에 밝혀 『지구와 행
성과학 저널』(EPSL, Earth and Planetary Science Letters)에 논문으로 발표
했다(Usui et al., 01 Dec 2012).

이들 과학자들은 지구에 날아 온 희귀한 화성 운석 2개를 분석한
결과 화성의 물은 지구를 구성하는 물질과 성분이 같은 구성 물질임을
밝혀냈다.

이것으로 보아 우리가 살펴본 『창조의 서사시』의 태양계 창조의 구
체적인 내용이 사실임이 과학적으로 밝혀졌다. 앞으로 계속해서 지구
를 포함해 태양계 행성들은 똑같은 근원의 물을 가졌으며 생성구조도
같다는 것이 밝혀질 것이다.

6장
〈점토판 5〉의 내용:
지구를 위해 별들과 미완성의 태양계의 궤도를 정하다

마르둑 행성(신)이 티아마트를 둘로 나누어 윗부분을 지구로 만들고 아랫부분을 쭉 펴시어 하늘을 만든 다음 한 일이 〈점토판 5〉에 기록되어 있다. 즉 지구에 태양의 날들을 정하고 낮과 밤의 경계를 부여한다. 이는 「창세기」 1장 14~18절을 이해하는 데 중요한 첩경이다.

1절 별들과 미완성의 태양과 행성들의 궤도를 지구를 위해 정하다

불행하게도 KJV, NIV, Good News, New Living 등 대부분의 영문성경들은 「창세기」 1장 16절의 내용을 '만들었다(made)'라고 번역하고 있다. '만들었다'라는 뜻은 '창조했다(created)'라는 뜻이다. 하늘과 지구를 창조하고(「창세기」 1장 1절) 그 다음 태양과 달과 별들을 만들었다고 기록(편집)함으로써, 현대 천체우주물리학과 맞지 않는다. 그러나 『창조의 서사시』를 읽다 보면 천체우주물리학(Astrophysics)이나 천문학(Astronomy)과 일치함을 알 수 있다.

「창세기」 1:14-하나님이 가라사대 하늘의 궁창에 광명이 있어 주야를 나뉘게 하라 또 그 광명으로 하여 징조와 사시와 일자와 연한이 이루라(And God said, "Let there be lights in the expanse of the sky to separate the day from the night, and let them serve as signs to mark seasons and days and years,)(한글개역/NIV)

15-또 그 광명이 하늘의 궁창에 있어 땅에 비취라 하시고 (그대로 되니라)(and let them be lights in the expanse of the sky to give light on the earth." And it was so.)

16-하나님이 두 큰 광명을 만드사 큰 광명으로 낮을 주관하게 하시고 작은 광명으로 밤을 주관하게 하시며 또 별들을 만드시고(God made two great lights—the greater light to govern the day and the lesser light to govern the night. He also made the stars.)

17-하나님이 그것들을 하늘의 궁창에 두어 땅에 비취게 하시며 (God set them in the expanse of the sky to give light on the earth,)

18-주야를 주관하게 하시며 빛과 어두움을 나뉘게 하시니라 하나님의 보시기에 좋았더라(to govern the day and the night, and to separate light from darkness. And God saw that it was good.)

『창조의 서사시』의 〈점토판 1〉을 보면 태양→수성→티아마트의 순서대로 먼저 창조되고, 그 다음 금성→화성이 창조되어 태양→수성→금성→화성→티아마트의 위치가 되며, 그 다음 목성→토성→천왕성→해왕성의 순서대로 창조되어 태양→수성→금성→화성→티아마트→목성→토성→천왕성→해왕성의 위치가 된다. 그 다음 마르둑과 마르둑의 위성들인 바람들이 티아마트와 두 번의 충돌 과정을 거쳐 윗부분을 지구로 만들고 아랫부분을 산산조각내어 쭉 펴서(두들겨 펴서) 소행성대를 만든다. 그 다음 마르둑의 북쪽 바람이 지구의 궤도를 화성 안쪽의 빈 공간에 매단다. 이 과정을 통해 창조된 태양과 행성들은 오늘날의 우리의 태양계 시스템인 태양→수성→금성→지구→화성→목성→토성→천왕성→해왕성과 똑같다는 것을 알 수 있다.

그리고 지구가 새로운 궤도를 얻었다는 것은 지구의 사계절이 생겼다는 뜻이다. 그리고 이때 북쪽 바람의 충돌로 인해 지구의 축이 오늘날의 23.5도로 기울어져, 그 결과 자전축에 의해 낮과 밤이 생겼다는 의미이다.

이렇게 본다면 「창세기」 1장 14절~18절의 내용의 의미는—결론적으로 말한다면—지구를 중심으로, 그리고 지구를 위해 별들과 미완성의 태양과 행성들의 궤도를 정(定, setting)한 것을 기록(편집)했다는 것을 금방 알 수 있다. 즉 지구를 위해 마르둑이 기 창조한 별들과 미완성의 행성들의 궤도를 수정했다는 것(Reset)을 알 수 있다. 「창세기」 1장 14절~18절에서 말하는 '만들었다(made)'라는 의미는 창조(created)가 아니라, 이미 창조된 별들과 미완성의 태양과 행성들의 궤도를 지구를 위해 정했다는 의미이다.

중요한 것은 「창세기」 1장 14절의 "하나님이 가라사대 하늘의 궁창에 광명이 있어 주야를 나뉘게 하라 또 그 광명으로 하여 징조와 사시와 일자와 연한이 이루라"의 내용이다. 지구에 낮과 밤이 생기도록, 지구에 징조와 사시와 일자와 연한이 생기도록, 지구를 23.5도 기울게 하고, 태양이 별들의 12황도대(黃道帶, the zodiac)를 돌도록, 태양계와 황도대의 궤도를 새로이 정(定)했다는 의미이다. 세차운동에 의해 태양이 떠오르는 춘분점의 12개 별자리를 정함으로써 시대를 알게 했다는 것이다.

「시편」 8장 3절을 보면 "주의 손가락으로 만드신 주의 하늘과 주의 베풀어 두신 달과 별들을 내가 보오니(When I consider your heavens, the work of your fingers, the moon and the stars, which you have set in place(NIV); When I consider thy heavens, the work of thy fingers, the moon and the stars, which thou hast ordained(KJV); When I look at the sky, which you have made, at the moon and the stars, which you set in their places(Good News); When I look at the night sky and see the work of your fingers—the moon and the stars you set in place(New Living)"라고 기록되어 있는데, 영문성경을 보면 별들을 세팅(setting) 또는 운명, 즉 궤도를 정했다(ordained)라고 표현하고 있다.

「잠언」 3장 19절과 「이사야」 51장 16절에는 지구를 위해 하나님이 기 창조한 별들과 미완성의 행성들의 궤도를 세팅(Setting)했다는 내용이 나온다.

「잠언」 3:19 - 여호와께서는 지혜로 땅을 세우셨으며 명철로 하늘을 굳게 펴셨고(By wisdom the LORD laid the earth's foundations, by understanding he set the heavens in place;)(NIV)

「이사야」 51:16 - 내가 내 말을 네 입에 두고 내 손 그늘로 너를 덮었나니 이는 내가 하늘을 펴며 땅의 기초를 정하며 시온에게 이르기를 너는 내 백성이라 하려 하였음이니라(I have put my words in your mouth and covered you with the shadow of my hand—I who set the heavens in place, who laid the foundations of the earth, and who say to Zion, 'You are my people.')(NIV)

이렇게 본다면 우리가 성경을 잘못 해석해서 문제이지, 그 맥락을 알고 보면, 성경의 내용이 다 확실하게 맞음을 알 수 있다. 좀더 자세히 살펴보자.

2절 천문학-시간과 더불어 별을 보는 눈이 넓어짐

「창세기」 1장 14~18절을 잘못 해석함으로써, 오랫동안 지구가 우주의 중심이라고 알려져 있었다. 그리스 시대에는 지구를 중심으로 행성이나 별(항성)들이 돈다고 생각했다. 밤하늘의 별들이 시간의 흐름에 따라 움직이는 모습을 보고 있으면, 옛 사람들이 그렇게 이해한 것도 무리가 아니다. 이러한 견해를 천동설(天動說, Geocentric Theory, 또는 지구중심설)이라 한다.

고대의 대표적인 우주관으로서 지구가 우주의 중심으로 고정되어 있어서 움직이지 않으며, 지구의 둘레를 중심으로 모든 행성-태양-별들이 각기 고유의 천구(Celestial Sphere)를 타고 공전하고 있다고 본 개념이다. 이러한 천동설은 AD 2세기에 이르러 클라디우스 프톨레마이오스(Claudius Ptolemaeus or Ptolemy, c. AD 90~c. AD 168)에 의해 체계적으로 정리되어—이를 프톨레마이오스 체계(Ptolemaic system)라 함—중세 유럽까지 많은 사람들의 지지를 받았다. 이 우주관은 16세기까지 널리 인정되었으나, 그 이후 코페르니쿠스의 지동설로 대체된다.

16세기에 폴란드의 천문학자인 니콜라우스 코페르니쿠스(Nicolaus Copernicus, 1473~1543)는 지구가 태양의 주위를 돈다는 지동설(地動說, Heliocentric Theory, 또는 태양중심설)을 정리했다. 1543년에 발표한 지동설을 통해, 그는 천체의 운동을 합리적으로 설명할 수 있음을 보여 주었다. 따라서 지구는 우주의 중심의 자리로부터 추방되어 태양의 둘레를 도는 하나의 행성으로 격하된 태양 중심의 우주관으로 혁신되었으나, 천체의 원운동의 개념은 그리스 시대의 전통을 그대로 남기고 있었다. 따라서 천동설의 영향이 워낙 커서 지동설이 받아들여지기까지는 오랜 세월이 필요했다.

1718년 영국의 에드먼드 핼리(Edmond Halley, 1656~1742)는 항성(별)의 위치를 조사하고, 서로의 위치가 조금씩 바뀌고 있다는 사실을 발견했다. 또한 1705년에, 『혜성 천문학 총론』(Synopsis Astronomia Cometicae)을 발간하면서 1456년과 1531년, 1607년, 1682년에 나타났던 혜성(Comet)이 모두 같은 혜성이라는 주장을 제시하고, 이 혜성이 1758년 다시 나타날 것이라 예측하였다. 예측이 사실로 밝혀지면서 이 혜성은 핼리 혜성(Halley's Comet)이라고 불리게 되었다.

이보다 100년 이상 전인 1596년, 독일의 데이비드 파브리치우스(David Fabricius, 1564~1617)가 고래자리(Cetus)의 항성 미라(Mira)의 밝기가 변하는 것을 발견했다. 또 1604년 뱀자리(Serpens)에서 새로운 별을 발견하고, 1607년 혜성을 관측했다. 당시에 별은 천구 위에 고정된 점이라고 생각되었다. 파프리치우스와 핼리의 관측에 의해 항성이 언제나 바뀌지 않는 천체가 아니라는 점이 밝혀졌다. 별들도 궤도를 갖고 있었던 것이다.

지구는 태양 주위를 공전하고 있고, 태양 가까운 곳을 지나는 별빛은, 알베르트 아인슈타인(Albert Einstein, 1879~1955)이 1916년에 발표한 일반상대성이론(General relativity or General Theory of Relativity)에 의해 태양의 중력장이 시공을 휘게 하기 때문에, 지구에서 볼 때 별들의 겉보기 위치가 약간 이동하게 된다. 이 것을 연주시차(年周視差, Annual Parallax)라 하는데, 이 연주시차의 값은 대단히 작기 때문에 오랜 세월 동안 관측되지 않았다. 1838~39년에 독일의 프리드리히 빌헬름 베셀(Friedrich Wilhelm Bessel, 1784~1846) 등이 마침내 연주시차를 관측했다. 이에 따라 가까운 별까지의 거리가 밝혀지게 되었다.

도플러 효과(Doppler effect or Doppler shift)에 의해 항성은 지구에서 멀어지거나 가까워진다. 이 멀어지거나 가까워지는 속도를 시선속도(視線速度, Radial Velocity)라고 한다. 1868년 시선속도 측정에 처음으로 성공한 사람은 영국의 윌리엄 허긴스(William Huggins, 1824~1910)이다. 시선속도의 측정에 의해 항성의 3차원적인 움직임이 포착되기 시작한다.

지구를 둘러싼 천구(Celestial Sphere)에 고정되어 불변의 것이라고 생각되었던 항성은 여러 가지 관측에 의해 결코 불변이 아니라는 사실이 밝혀졌다. 현재는 관측 기술의 발달에 따라 별의 모습이 더욱 상세하게 규명되고 있다.

3절 지구의 연한-계절-일자를 위해 별들-태양-행성들의 궤도를 정하다

그러면 『창조의 서사시』〈점토판 5〉에는 어떤 내용이 기록되어 있는지 살펴보자. 『창조의 서사시』〈점토판 5〉에는 태양과 행성들의 위치 즉 궤도를 정(定)하고, 황도대의 별들의 궤도를 정함으로써, 태양을 도는 지구에 연한과 계절과 일자가 생기도록 한다. 정하였다는 것은 각자의 운명, 즉 궤도를 부여했다는 뜻이다. 〈점토판 5〉의 2절의 이미지(images)와 5절의 이미지(images)는 「창세기」 1장 14절의 징조(signs)와 같은 뜻이다. 다시 말해 별들의 이미지(형상, 像)가 우리 인간에게 보이도록 궤도를 정했다는 뜻이다. 낮과 밤의 징조, 봄-여름-가을-겨울의 징조와 황도대의 징조를 알 수 있도록, 지구를 23.5도 기울여 자전하도록 하고, 달은 반대 방향으로 지구를 공전하게 하며, 12궁의 황도대에서 태양이 지나가며 떠오르도록 하고, 태양은 은하계 중심부를 돌게 하며, 별들이 지구의 자전 시간에 따라 보이도록 궤도를 수정하고 정했다는 의미이다.

그 결과 지구는 태양을 1년에 한번 공전하고 하루 1회 자전한다. 지구의 공전속도는 초속 30km의 빠르기로 태양을 크게 돌면서 그 자신 또한 회전한다. 따라서 태양의 강력한 빛에 덮여 감추어진 낮의 방향을 제외하고, 하룻밤 사이에 우주의 약 3분의 2 방향의 별들을 바라볼 수 있다.

1. 그(마르둑)는 위대한 신(행성)들을 위해 위치 즉 궤도를 정(定)했다;

2. 그는 별들, 그들의 이미지들, 즉 황도대의 별들의 궤도도 정했다.

3. 그는 연한을 정하고 계절들로 나누었다.

4. 12 달을 위해 그는 3개의 별들의 궤도도 정했다.

5. 그가…. 한 후에, 지구에는 비로서 연한의 날들의… 이미지(징조)가 생겼다.

1. He.(i.e. Marduk) made the stations for the great gods;

2. The stars, their images, as the stars of the Zodiac, he fixed.

3. He ordained the year and into sections he divided it;

4. For the twelve months he fixed three stars.

5. After he had [···] the days of the year [···] images,

1. 3개의 별들의 궤도도 수정하여 정함

여기에서 중요한 것은 지구의 12개월을 위해 오래 전에 창조된 세 개 별들의 궤도를 정했다는 내용이다. 3개의 별! 이 별들은 무엇일까? 우리가 지구에서 망원경으로 볼 때 가장 밝은 별 3개를 말하는 것이 아닐까? 가장 밝은 별이 겨울에 보이는 큰개자리(Greater Dog, Canis Major)의 주성(主星)인 시리우스별(Sirius, Dog Star)로, 밝기의 등급(visual apparent magnitude)[11]이 −1.46이며 지구로부터 거리는 8.6광년(light year, 1 ly=빛의 속도로 1년 가는 거리)이다. 이집트에서는 나일강의 홍수기가 되면 시리우스별이 태양과 함께 새벽에 동쪽 지평선에 떠올랐는데, 이로부터 시리우스의 관측은 농업에 큰 영향을 미쳤다. 이 관측으로부터 1년의 길이가 365일임을 일찍이 알게 되어 이집트에서는 태양력(太陽曆)이 쓰이게 되었다.

두 번째 밝은 별은 남쪽 하늘에 있는 아르고자리(Argo)의 일부분인 용골(龍骨)자리(Carina)의 주성(主星)인 α별인 카노푸스(Canopus) 별로 등급은 −0.72에 거리는 80광년이다. 세 번째 밝은 별은 북쪽 하늘의 목동(牧童, 목자)자리(Bootes)의 주성(主星)인 아르크투르스(Arcturus) 별로 등급은 −0.04이며 거리는 30광년이다.

이외에도 여름에는 칠석으로 유명한 거문고자리(Lyra, The Lyre, 琴座)의 1등성인 베가(Vega, 직녀성, 5번째 밝기)와 독수리자리(Aquila)의 주성(主星)인 알타이르(Altair, 견우성, 12번째 밝기)와 백조자리(Cygnus)의 데네브(Deneb, 19번째 밝기)가 밤의 하늘을 밝힌다.

또한 겨울에는 작은개자리(Smaller Dog, Canis Minor)의 프로키온(Procyon, 7번째 밝기)과 오리온자리(Orion)의 베텔기우스(Betelgeuse, 8번째 밝기) 등이 보인다. 이들 1등성이나 주성(主星)은 모두 우리 은하(은하수=銀河水, Milky Way Galaxy) 가장자리에 분포하고 있다. 그리고 이들 별들이 만드는 여름과 겨울의 큰 삼각형은 둘 다 은하수에 걸쳐있다.

남반구(southern hemisphere) 하늘에 떠 있는 남십자자리(Crux, the Southern Cross, 南十字)는 88개의 현대 표준 별자리(88 modern constellations)[12] 중 가장 작은 별자리로, 이곳의 1등성인 아크룩스(Acrux,

---

11 http://en.wikipedia.org/wiki/List_of_brightest_stars, http://en.wikipedia.org/wiki/List_of_constellations

12 1922년 국제천문연맹(IAU, International Astronomical Union)이 인정한 88개의 표준 성

쌍성으로 23번째 밝기)와 성좌(Constellations) 중 가장 큰 성좌 중의 하나
인 센타우루스자리(Centaurus)의 알파 센타우리(α Centauri, 쌍성으로 4번
째 밝기)도 은하수 안에 떠 있다. 유명한 성운(星雲, Nebula)이나 어린 성
단(星團, Star Cluster) 등도 은하수에서 멀리 떨어진 것은 드물다.

여름이나 겨울에는 은하수가 하늘에 걸리므로, 별이 많은 번화한
하늘이 된다. 반대로 봄이나 가을에는 은하수에서 떨어진 하늘이 되
기 때문에 보이는 별이 적어진다. 우리 은하에는 태양과 같은 별이 평
균적으로 1,000억 개 존재한다. 우리 태양계는 우리 은하 중심에서 2
만 7,200±1,100광년 정도 떨어진 원반(Disc, disk) 부분, 즉 가장자리
에 있는데, 그 중에서도 오리온 팔(Orion Arm, Orion Spur, Orion-Cygnus
Arm)의 가장자리에 위치해 있다. 우리 은하의 반지름은 5~6만 광년이
나 되는데 반해, 원반의 위아래 방향의 두께는 3,000광년 정도밖에 되
지 않는다. 따라서 지구에서 보면 우리 은하 원반 방향으로 길게 포개
어져 있는 별들이 은하수로 관측된다.

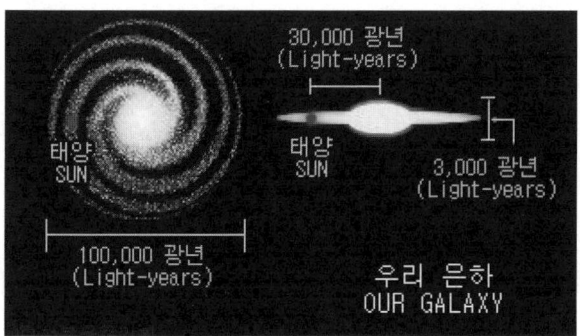

나선형 팔(spiral arms)을 가진 우리 은하(왼쪽)와 원반 모양의 은하수(오른쪽)[13]

좌(88 Standard Constellations), http://www.iau.org/, http://en.wikipedia.org/wiki/
Constellation, http://en.wikipedia.org/wiki/List_of_constellations
[13] http://211.112.229.5/kskon/%EC%A7%80%EA%B5%AC/%EC%9A%B0%EB%A6%A
C%EC%9D%80%ED%95%98.htm

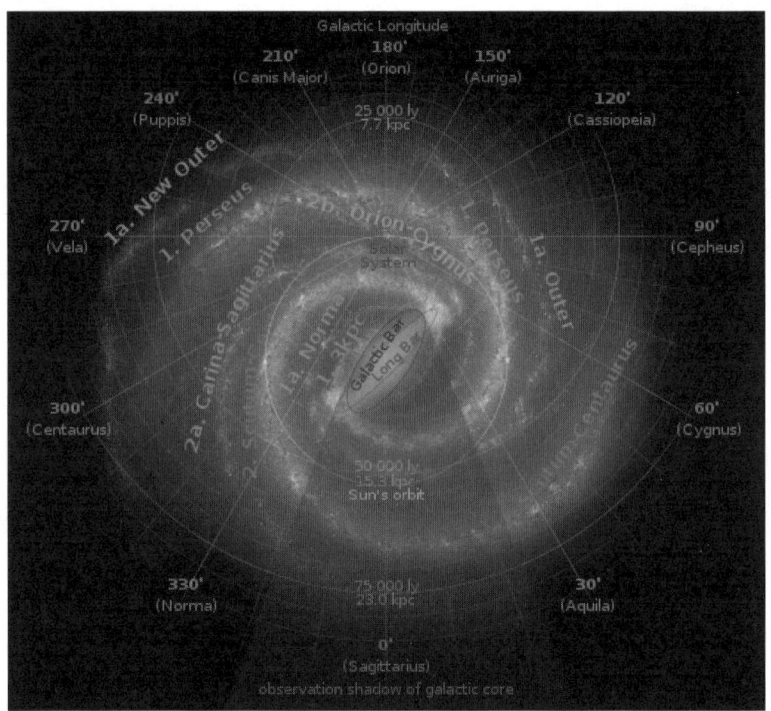

우리 은하의 나선형 팔(spiral arms)의 관찰 구조. 우리 태양계는 오리온 팔(Orion—Cygnus Arm)에 위치.
Credit: 'Orion—Cygnus Arm' from Wikipedia.org

또한 3개의 별들을 우리 은하보다 더욱 넓은 의미로도 해석할 수 있다. 우리 은하에 달라붙은 동반 은하인 대소 마젤란 은하(Magellan galaxies)가 있다. 이들은 각각 17만 광년과 18만 광년 거리에 있다. 한편 북반구의 맑은 가을 밤 하늘에는 더 먼 곳에 있는 1조 개의 별을 가진 안드로메다 은하(Andromeda galaxy)가 보인다. 맨눈으로 바라볼 수 있는 한계는 안드로메다 은하가 있는 254±6만 광년 거리이다. 안드로메다 은하는 우리 은하와 비슷한 나선형 은하(spiral galaxy)이다.

이처럼 주님(마르둑)은 3개 별들 또는 그 이상의 별들의 궤도를 수정하여 정함으로써 지구에서 관측이 가능토록 하였다는 의미이다. 또한

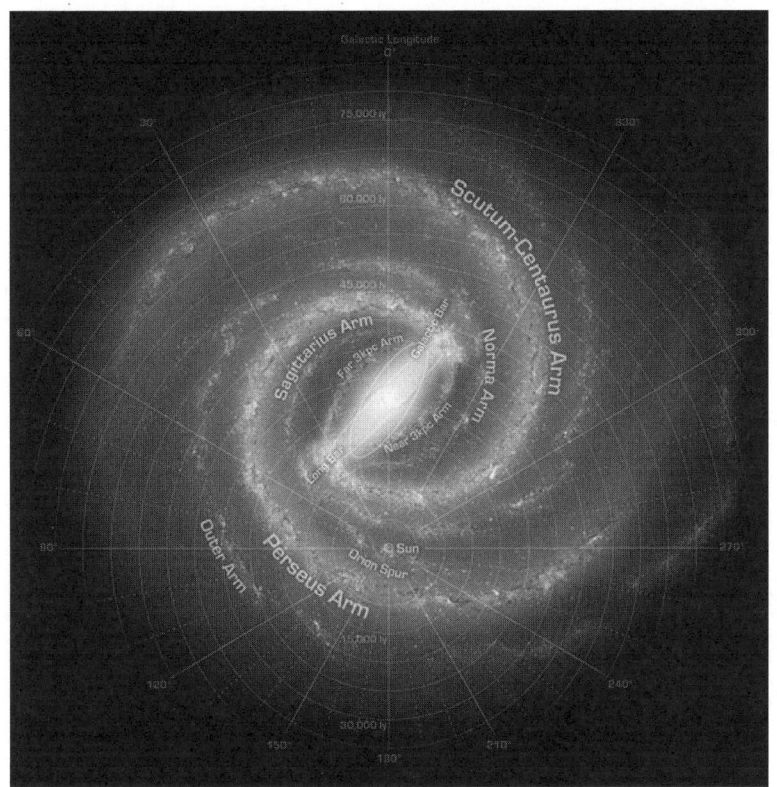

우리 은하와 은하수. Credit: Wikipedia.org

그것은 주님(마르둑)이 우리보고 천체의 궤도를 어떻게 정했는지 그것들의 비밀을 실제로 관측하여 찾아내라고 명령한 것과 같다. 그 명령에 따라 오늘날 우리는 천체우주물리학이나 천문학에 도전하고 있다.

2. 별들의 밝기 등급

우리 은하에는 1,000억 개의 별이 빛나고 있다. 그러나 맨눈으로 볼 수 있는 것은 상황이 가장 좋아도 6등성까지이다. 별의 밝기는 등급에 따라 나뉜다. 기원전 2세기, 그리스의 히파르쿠스(Hipparchus, c.BC

190~c.BC 120)는 맨눈으로 볼 수 있는 별 가운데 가장 어두운 것을 6
등성, 가장 밝은 별 20개의 밝기 평균을 1등성, 이렇게 6개 등급(Six
magnitude classes)으로 나누고, 1등성보다 밝은 별은 0등성 → -1등
성 → -2등성… 으로 나누었다.

전천(全天)에서 가장 밝은 별은 앞서 살펴본 큰개자리의 시리우스
별이다. 1등성 이상의 별은 21개, 2등성은 67개, 3등성은 190개, 4등성
은 710개, 5등성은 2,000개, 그리고 6등성은 5,600개가 있다.

지금까지 말한 등급은 실시등급(實視等級, Visual Apparent Magni-
tude)이라 하여, 지구에서 관측한 경우의 밝기이다. 그러나 별까지의 거
리는 일정하지 않다. 같은 밝기의 별이라 해도 가까이 있으면 밝고, 멀
리 있으면 어둡게 보인다. 별이 일정한 거리에 있다고 가정한 경우의 밝
기를 나타내난 것이 절대등급(絶對等級, Absolute Magnitude)이다. 절대
등급이란 모든 별을 10파섹(10 parsec=32.6광년)의 거리에서 본 경우의
밝기를 말한다. 실시등급에서 가장 밝은 시리우스는 8.6광년이라는 가
까운 거리에 있기 때문에, 절대등급은 1.4등급으로 어두워진다. 한편
실시등급이 1.3등급인 백조자리의 데네브는 1,800광년 먼 거리에 있
으므로, 절대등급은 -7.2등급으로 매우 밝은 별이 된다.

지구에서 가장 가까운 별인 태양은 실시등급이 -26.7등급으로 다
른 별들과는 비교할 없을 정도로 밝다. 그러나 절대등급으로 보면 4.8
등급으로 보통 별이 되어 버린다.

3. 황도(黃道, Ecliptic)와 황도대(黃道帶, Zodiac)

여기서 가장 중요한 것은 『창조의 서사시』〈점토판 5〉의 2절에 등장하
는 12개 별자리 혹은 12궁(宮)의 황도대(黃道帶, Zodiac)이다. 이 황도대
는 구약성경의 「창세기」 1장에서부터 「욥기」(Job), 「에스겔」(Ezekiel), 그
리고 신약의 「요한계시록」(Revelation)에 이르기까지 많은 비밀을 푸는

열쇠이기 때문이다.

2. 그는 별들, 그들의 이미지들, 즉 황도대의 별들의 궤도도 정했다.

2. The stars, their images, as the stars of the Zodiac, he fixed.

황도

지구는 태양 둘레를 1년(365일) 동안 공전하는데, 즉 약 1°씩 365일에 걸쳐 360° 공전한다. 그런데 지구상의 관측자가 볼 때에는 지구의 공전 대신 천구상(Celestial Sphere)에서 태양이 움직이는 것처럼 보이게 되는데, 이러한 태양의 겉보기 운동을 연주운동(Annual Motion, 年周運動)이라 하고 연주운동의 경로, 즉 태양이 천구상의 별자리 사이를 지나가는 길을 황도(黃道, Ecliptic)라고 한다. 황도면은 천구 적도(Celestial Equator)와 약 23.5도 기울어져 있는데, 이것은 지구의 자전축이 수직

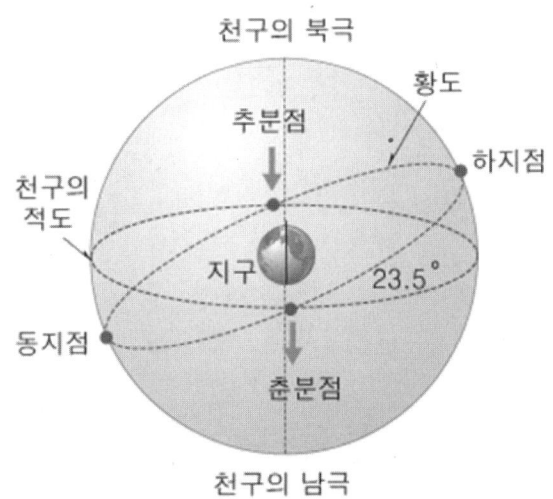

황도와 천구의 적도. 그림 출처: 눈높이 대백과[14]

14 눈높이 대백과-http://newdle.noonnoppi.com/xmlView.aspx?xmldid=17982

(Perpendicular to Orbit)에 대해 23.5도 기울어져 있기 때문이다.

태양이 황도를 따라 천구의 남에서 북으로 이동하다가 천구 적도와 만나는 지점(equinoctial points)을 춘분점(spring point or vernal equinox)이라 하고, 천구의 북쪽으로 가장 멀리 떨어진 지점은 하지점이라 한다. 천구의 북에서 남으로 이동하다가 천구 적도와 만나는 지점을 추분점(autumnal point or autumnal equinox)이라 하고, 천구의 남쪽으로 가장 멀리 떨어져 있을 때를 동지점이라 한다.

밀란코비치(Milutin Milankovitch, 1879~1958)는 황도면의 수직에 대한 지구 자전축 경사가 일정한 것이 아니라 21.5°와 24.5°의 사이에서 약 4만 1,000년의 주기로 변한다는 것, 즉 지구 자전축 경사의 변동(Obliquity or Axial Tilt)을 발견했다. 현재는 오른쪽으로 23.5° 기울어져 있다. 이 지축의 경사 정도가 계절변화의 주 원인이다. 경사가 심할수록 계절의 온도 차이가 심해지고, 경사가 적을수록 계절 간 온도 차가 적어진다. 즉 지축이 수직에 가까울수록 여름은 시원해지고 겨울은 따뜻해진다.

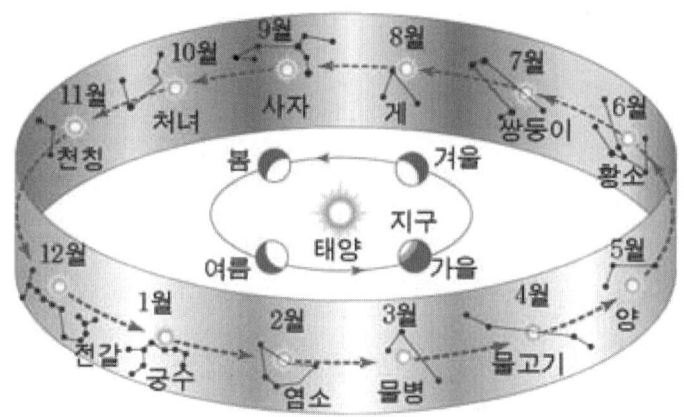

황도대 내의 12개 별자리. 그림 출처: 눈높이 대백과[16]

15 눈높이 대백과-http://newdle.noonnoppi.com/xmlView.aspx?xmldid=17982

황도대(黃道帶, Zodiac)

황도대(黃道帶, Zodiac)는 태양이 지나가는 황도 주변으로 약 8~9°
거리의 천구를 말한다. 수성, 금성, 달과 지구, 화성, 목성, 토성, 천왕성,
해왕성도 황도대를 따라 이동한다. 따라서 태양을 도는 주요 행성들의
행로가 황도대이다. 단, 명왕성은 궤도 경사각이 커서 다른 행성들과는
달리 황도대를 따라 움직이지 않는다.

이 황도대에는 12개의 궁(宮), 즉 별자리가 보이는데 30도의 간격으
로 배치되어 있다. 따라서 지구에서 매일 같은 시각에 별자리를 관측
하면 별자리는 하루에 약 1°씩 동쪽에서 서쪽으로 이동하여 1년 후에
처음의 위치로 되돌아온다. 별자리 하나인 30도를 도는 데 1개월이 걸
려 12별자리의 360도 도는 데 12개월이 걸린다. 결국 지구상에서 관
측하면 매월 별자리가 바뀐다.

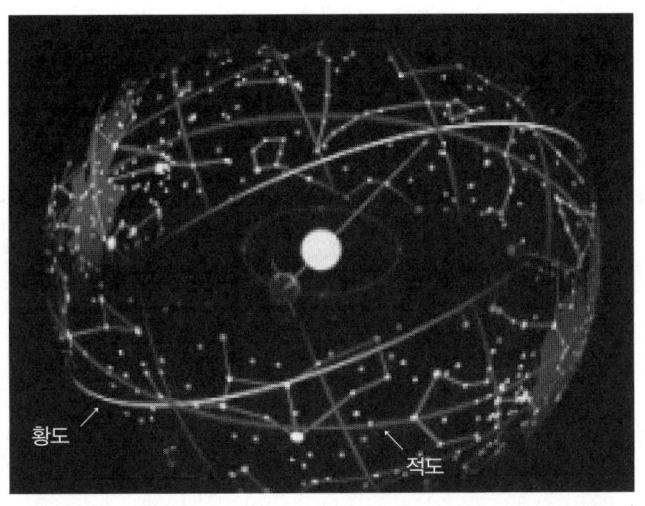

황도대 내의 12개 별자리. 지구가 태양을 공전하는 것은 태양이 천구에서 황도를 따
라 움직이게 하는데(푸른 선), 이 황도는 천구의 적도(붉은 선)와 23.5도 기울어져 있
다. Credit: Wikipedia.org.

4. 세차운동(歲差運動, Precession), 12개 별자리와 대년(Great Year)

그런데 지구의 지축(Earth's axis)은 항상 같은 방향을 가리키고 있지 않다. 지축은 우주공간에 고정되어 있지 않아, 지구가 태양 주위를 공전할 때 팽이가 쓰러지면서 좌우로 비틀대듯이 비틀거리며 천천히 원운동(Rotation Axis)을 한다. 이 지축의 흔들거림(wobble)을 세차운동(歲差運動, Precession)이라 한다. 지금은 지구의 자전축이 오른쪽으로 23.5도 기울어져 있지만 언젠가는 왼쪽으로 23.5도 기울어진다. 이러한 세차운동은 달과 태양, 그리고 다른 행성들의 지구에 대한 중력 작용 때문에 일어난다.

지금 오른쪽으로 23.5도 기울어진 지축은 작은곰자리(Ursa Minor, Smaller Bear, Little Bear)의 북극성(폴라리스, Polaris)을 가리키고 있으나, 지축의 방향이 바뀌면 하늘의 북극(Celestial North Pole)도 바뀌고, 북극성 역할을 하는 별도 바뀐다. 현재의 북극성이 북극성이 된 것은 불과 2,000년 정도 전의 BC 60년부터이다. 5,000년 전의 이집트 시대의

지금 오른쪽으로 23.5도 기울어진 지구의 자전축(왼쪽)과 12,900년 후의 왼쪽으로 23.5도 기울어질 지구의 자전축(오른쪽). 지금 북극의 북극성이 직녀성이 된다.

북극성은 용자리(Draco)에 있었다. 4등성으로 눈에 띄지 않는 별인데도 불구하고, '투반(Thuban, 용이라는 뜻)'이라는 멋진 이름이 붙어 있는 별이 이집트 시대의 북극성이었다. 현재의 북극성은 하늘의 북극에서 1도 가까이 떨어져 있다. 앞으로 서서히 하늘의 북극에서 멀어져 간다. 그리고 AD 12900년이 되면 지축은 왼쪽으로 23.5도 기울어져 거문고자리의 직녀성(베가, Vega)이 북극의 별, 즉 북극성이 된다.

이러한 세차운동 현상으로 그 결과 북극성을 가리키는 북극 하늘에 거대한 가상의 원(Grand Circle)을 그리게 되며, 지구에서 볼 때 이 가상의 원에 12개의 별자리들이 보이게 된다. 그리고 이들 별자리들을 세차원동에 의해 360도 돌게 되며, 1도 도는 데 72년이 걸리고, 하나의 별자리를 도는 데 2,160년(72년×30도)이 걸린다.

결국 지구의 지축이 360도 돌아 다시 북극성(Polaris)을 가리키게 되는 이른바 대주기(Grand Circle)는 25920년에 다시 돌아오게 된다(72년×360도=25,920년, 2,160년×12별자리=25,920년). 이것을 천문학자들은 '대년(Great Year)' 혹은 '플라톤의 해(Platonic Great Year)' 혹은 '피타고라스의 해(Pythagorean Great Year)'라고 부르는데, 이러한 명칭이 붙은 것은 고대 그리스의 철학자인 플라톤(Plato, BC 428~BC 348)도 이러한 현상을 알고 있었기 때문이다. 따라서 이 현상을 세차운동의 주기(세차주기)라 하는데, 밀란코비치는 세차운동의 주기를 약 2만 2,000년으로 보았고, 에드헤마르(Joseph Adhemar, 1797~1862)는 세차주기를 2만 6,000년으로 계산했으며, 현대과학은 정확히 2만 5,920년으로 계산한다.

시대별 춘분의 별자리

이 세차운동으로 인해 지구의 춘분점(Spring or Vernal Equinox)이 매년 약 1/72 도씩 움직여 2만 5,920년을 주기로 황도 12궁을 일주하는 것이다. 별이 뜨고 지는 것은 고대 세계에서 아주 중요한 일로 여겨졌으며, 특히 새해의 시작을 여는 것으로 알려졌던 춘분은 그것이 일어나는 12궁 중 하나의 별자리와 연결되어 그 정확한 시점이 결정되었다. 세차운동의 결과 춘분을 비롯한 다른 천문 현상들은 매년 조금씩 늦어져 하나의 궁에서 다른 궁으로 넘어가는 데 2,160년이 걸린다. 1도 움직이는 데 72년 걸리므로 12궁을 한 바퀴 도는 데 2만 5,920년이 걸린다. 예를 들면 BC 60년부터 AD 2099년까지 춘분은 물고기자리(Pisces)에서 일어나지만, 2100년부터는 춘분이 보병궁(寶瓶宮), 즉 물병자리(Aquarius)에서 일어난다. 흔히 앞으로는 물병자리의 시대(Age of Aquarius)로 들어간다고 말하는 것은 이러한 사실을 표현한 것이다.

이는 태양의 관점으로 말하면, 태양이 황소자리에 들어갔을 때는 태양은 2,160년 동안 항상 황소자리에서 떠오른다. 지금은 물고기자리(Pisces)에서 태양이 떠오르지만 2100년부터는 물병자리에서 떠오를 예정이다.

2100년부터는 물병자리(보병궁, 寶瓶宮) 시대

물병자리의 이미지는 물병을 든 사람(The Water Bearer)이다. '공기, 전기, 자기를 물병에 담는다' 또는 '담은 물을 쏟는다'는 뜻의 보병궁이란 '인간이 진실을 배울 수 있고, 스스로 생각할 수 있는 존재' 이상의 의미로, 여러 종교철학에서 얘기하는 계시들이 실제로 이루어지는 신인조화(神人調和) 시대를 일컫는다.

다시 말해 거시적인 신의 계시나 말씀의 시대는 끝나고, 즉 신본(神本) 시대는 끝나고 우리 인간들이 스스로 과학기술로 신의 지식(비밀)과 진실을 드러내어 신을 만남으로써 신인조화(神人調和), 정확하게는 인신조화(人神調和)를 이루는 시대를 의미한다. 즉 인본(人本) 시대로 진입한다.

따라서 2100년부터는 모든 원자를 빌딩블록(Building-Block)해서 분자를 만들어 메모리나 반도체에 담아 언제 어디서든 필요한 물건이나 음식을 만들 수 있는 새로운 분자과학(Molecular Science)의 시대로 진입한다. 인간은 과학기술로 무장하여 사이보그(Cyborg)[16]로 진화함에 따라 굉장한 힘을 가질 것이고, 지식베이스의 풍족한 경제와 사회로 진입하게 된다. 또한 완벽한 남녀평등, 공간이동(원격이동), 우주선을 이용한 우주공간 거주 및 이동 등 모든 패러다임이 변화하고 우주적인 평화와 환희의 시대로 진입한다.

인간들이 연한-계절-일자를 알도록 별들의 궤도를 정하다

이렇게 지구에서 태양이 떠오르는 황도대의 별자리에 따라 지구의 춘분점을 비롯한 사계절과 12달을 감지하고, 한 세대(One generation)의 시간을 감지케 함으로써, 주님(마르둑)은 계절과 12달과 세대의 이미지, 즉 형상과 징조를 지구의 인간들이 알도록 했다. 이는 지구에서 세상이 어떻게 돌아가는지 그 징조를 예측하는 데 매우 중요한 황도대와 별자리이다.

5. 춘분 별자리로 보는 성경의 시대별 예측[17]

물고기자리(The Fish)

예를 들어, 이 세차운동에 따른 시대별 춘분의 별자리로 다음을 예측할 수 있다. BC 60~AD 2099년은 물고기자리 시대이다. 예수님

---

16 사이보그(Cyborg) – 인조인간, 인공인간, Cyborg=Cybernetic+Organism.
17 여기서는 간략히 다루고 자세한 사항은 『바이블 매트릭스』 시리즈의 최종편인 「예수님의 재림과 새 하늘과 새 땅의 창조」 편을 통해 자세히 소개하기로 한다.

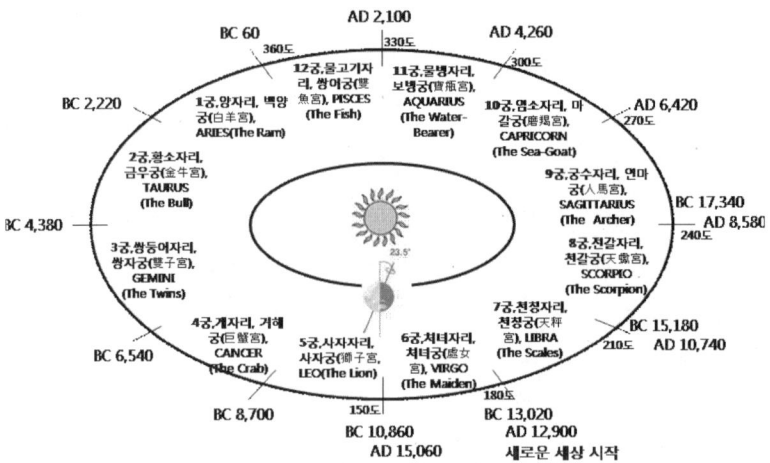

세차운동(歲差運動, Precession)에 의해 대주기(Grand Circle) 혹은 대년(Great Year)인 2만 5,920년에 따라 변하는 시대별 춘분의 12개 별자리.

이 탄생한 시점이 AD 1년 혹은 BC 6(B)년[18]이므로 예수님이 오신 시대

---

18 예수님의 탄생 연도-원래 예수 그리스도(Jesus Christ)가 탄생한 시점을 기준으로 AD(Anno Domini)로 표기하는 것이 원칙이지만, 후에 성서학자와 역사학자들은 예수님 탄생을 잘못 계산했다는 사실을 발견했다. 마태(오)(Matthew)가 AD 70~80년에 쓴 「마태복음」에는 로마제국[Roman Empire, 제정시대, BC 27~AD 476(서로마제국) & AD 1453(동로마제국/비잔티움제국)]이 유대를 간접 지배하기 위해 임명한 유대의 분봉왕(Tetrarch, 分奉王)인 헤롯 왕(Herod I, Herod the Great, 헤로데, 헤로데스, 통치 BC 37~BC 4)이 유대를 지배할 때 예수님이 나셨다고 적고 있다(「마태복음」 2 : 1). 그리고 헤롯 왕이 살아 있을 때 두 살 아래 갓난 사내아이들을 다 죽였다라고 적고 있다(「마태복음」 2 : 16). 예수님은 애굽(이집트)으로 피하셨다가 헤롯 왕이 BC 4년에 죽은 후 갈릴리(Galilee)의 나사렛(Nazareth)으로 들어가신다(「마태복음」 2 : 19~23). 그렇다면 분명 BC 4년 이전에 탄생하셨음이 분명하다. 그러나 이방인 의사 출신인 누가(Luke)가 c.AD 63년에 쓴 「누가복음」에는 이스라엘을 지배하고 있던 로마 황제 아우구스투스(옥타비아누스, Augustus, AVGVSTVS, Gaius Julius Caesar Octavianus, 신약의 아구스도, 통치 BC 27~AD 14)가 로마제국의 전 지역에 인구조사를 할 것을 명령하는 칙령(Decree)을 내린다. 이에 로마가 임명한 시리아 총독인 구레뇨(Publius Sulpicius Quirinius, BC 51~AD 21)가 첫번째 구레뇨 인구조사(Census of Quirinius)를 실시할 때 예수님이 나셨다라고 적고 있다(「누가복음」 2 : 1~7). 그러면 예수님은 분명 AD 1년에 나셨음이 분명해 보인다. 어느 것이 맞을까? 나중에 성서학자들과 역사학자들은 구레뇨의 인구조사는 BC 6년에 실제로 실시되었음을 확인했다. 그래서 예수

가 물고기 자리의 시작이었다. 다시 말하면 마태(오)(Matthew)가 쓴 「마태복음」(Gospel of Matthew, AD 70~80년), 누가(Luke)가 쓴 「누가복음」(Gospel of Luke, c.AD 63), 요한(John, AD 6~100)이 쓴 「요한복음」(Gospel of John, AD 85~95), 그리고 사도 바울(Paul, AD 5~68)이 쓴, 연도가 제일 빠른 「데살로니가 전후서」(1 & 2 Thessalonians, AD 52) 등 결국 신약성경은 c.AD 50~c.AD 100년경에 쓰여진 것이다. 다시 말하면 물고기자리의 시대에 쓰여진 것이다. 그렇다면 신약성경에서 물고기자리(쌍어궁, 雙魚宮, Fish gate)와 관련된 물고기(Fish) 또는 물고기와 유사한 단어가 나오지 않을까?

「마태복음」 4장 18~22절에는 "갈릴리 해변(Sea of Galilee)을 다니시다가 두 형제 곧 베드로(Peter)라 하는 시몬(Simon)과 그 형제 안드레(Andrew)가 바다에 그물(Net) 던지는 것을 보시니 저희는 어부(Fishermen)라, 말씀하시되 나를 따라오너라 내가 너희로 사람을 낚는 어부(Fishers of men)가 되게 하리라 하시니 저희가 곧 그물(Net)을 버려 두고 예수를 좇으니라 거기서 더 가시다가 다른 두 형제 곧 세베대(Zebedee)의 아들 야고보(James)와 그 형제 요한(John)이 그 부친 세베대와 한가지로 배(Boat)에서 그물(Nets) 깁는 것을 보시고 부르시니 저희가 곧 배(Boat)와 부친을 버려 두고 예수를 좇으니라"라는 내용이 나온다(「마태복음」 4:18~19, 「마가복음」 1:17~20, 「누가복음」 5:1~11).

여기서 해변-그물-어부-배는 물고기 시대의 상징이다. 또한 예수님의 제자들인 베드로(시몬), 안드레, 야고보, 요한은 모두 갈릴리 해변 어

님 탄생은 AD 1년이 아니라 BC 6년으로 수정되었다. 그러나 이미 예수님 탄생 기준 시점을 AD 1년으로 보고 그 이후 모든 역사가 기록되었으므로 이를 고칠 수는 없어, 성경연대기(Chronology of The Bible)만 예수님 탄생 시점을 BC 6(B)년으로 수정하였다(Good News English Bible, p. 1531). BC는 Before Christ의 약자임. http://en.wikipedia.org/wiki/Census_of_Quirinius

부 출신이며, 빌립(Philip)은 베드로와 안드레와 한 동네인 갈릴리의 벳세다(Bethsaida of Galilee) 출신이다(「요한복음」 1:43~44, 12:21). 보통 나다나엘(Nathanael)로 불리는 바(르)돌(톨)로매(오)(Bartholomew)는 갈릴리 가나(Cana in Galilee) 출신이자 빌립의 친구이다(「요한복음」 1:45~51, 21: 2). 또한 디두모(Didymus)라 불리는 도마(토마스)(Thomas)도 갈릴리 출신이다(「요한복음」 11:16, 20:24).

이렇게 본다면 예수님의 12제자 중 종종 레위(Levi)라 불린 세리(Tax Collector) 출신의 마태(오)(Matthew)(「마태복음」 9:9, 「마가복음」 2:14, 「누가복음」 5:27), 알패오(Alphaeus)의 작은 야고보(James the Less)(「마태복음」 10:3, 「마가복음」 3:18 & 15:40, 「누가복음」 6:15), 작은 야고보(James)의 아들인 다(타)대오(Jude, Thaddaeus or Lebbaeus)(「마태복음」 10:3, 「마가복음」 3:18, 「누가복음」 6:16, 「사도행전」 1:13), 가나안(Canaanite) 출신이며 유대민족주의자(Jewish nationalists)의 한 파인 셀롯당(Zealot) 출신인 시몬(Simon)(「마태복음」 10:4; 「마가복음」 3:18, 「누가복음」 6:15, 「사도행전」 1:13), 그리고 유대민족주의 시카리당(Sicarii), 즉 가룟당(Iscariot) 출신인, 예수님을 배반한 유다(Judas)를(「마태복음」 4:18 & 10:2~4, 「마가복음」 3:16~19, 「누가복음」 6:14~16, 「요한복음」 6:71) 제외하곤 7명이 갈릴리 어부 출신이다.

전체적으로 예수님의 12제자들은 거의 모두 팔레스타인에 사는 유대인들이었다. 열두 제자들은 가룟 유다만 남방 출신이었고 다른 열한 제자는 다 북부의 갈릴리(Galilee) 출신이다.

「마태복음」 14장에는 오병이어의 기적인 물고기 두 마리가 나온다. 17~21절에는 제자들이 "여기 우리에게 있는 것은 떡 다섯 개와 물고기 두 마리뿐이니이다(only five loaves of bread and two fish)"라고 가로되, 예수님이 그것을 내게 가져오라 하시고 무리를 명하여 잔디 위에 앉히시고 떡 다섯 개와 물고기 두 마리를 가지사 하늘을 우러러 축사하시고 떡을 떼어 제자들에게 주시매 제자들이 무리에게 주니, 먹은 사람이 여자들과 아이들 외에 오천 명의 남자들이 다 배불리 먹고 남은 조각을 거두니 열두 바구니라는 내용이 나온다(「마태복음」 14:13~21, 「마가복음」 6:30~44, 「누가복음」 9:10~17, 「요한복음」 6:1~14).

「요한복음」 21장에는 일곱 제자들이 물고기 잡으러 나가나, 아무것도 잡지 못하고 날이 새어갈 때에, 죽은 자 가운데서 살아나신 예수님이 바닷가에 나타나 서서 그물을 배 오른편에 던지라 명하시니, 153마리의 많은 물고기가 잡혔다는 내용이 나온다(「요한복음」 21:1~14).

양자리(The Lamb)

BC 2220~BC 59년은 양자리 시대이다. 역사학적으로 볼 때 이는 아브라함(Abram, Abraham, BC 2166~BC 1991)의 시대로 「창세기」 11장 27절부터 등장하는 아브라함부터 예수님 탄생 전의 시대를 말하는데, 다시 말하면 구약성경의 시대이다. 구약성경에 등장하는 양을 한 번 살펴보자.

「창세기」 12장에는 아브라함이 애굽(이집트)으로 가서 바로(Pharaoh)가 죽일 것을 염려해 그의 아내인 사래(Sarai)를 누이라고 속여 양(sheep)과 노비와 암수 나귀와 약대를 얻는 장면이 나온다(「창세기」 12:10~16).

「창세기」 22장에는 아브라함이 아들인 이삭(Isaac)을 번제(burnt offering)로 여호와께 바치는 장면이 나온다. 여호와께서 가라사대 "네 아들 네 사랑하는 독자 이삭을 데리고 모리아 땅(region of Moriah)으로 가서 내가 네게 지시하는 한 산 거기서 그를 번제로 드리라"는 명령에 따라 아브라함이 아침에 일찍이 일어나 나귀에 안장을 지우고 두 사환과 그 아들 이삭을 데리고 번제에 쓸 나무를 쪼개어 가지고 떠나 하나님의 자기에게 지시하시는 곳으로 간다. 이때 이삭이 가로되 "불과 나무는 있거니와 번제할 어린 양(the lamb)은 어디 있나이까" 묻는다. 이에 아브라함이 가로되 "아들아 번제할 어린 양(the lamb)은 하나님이 자기를 위하여 친히 준비하시리라" 대답하고 두 사람이 함께 나아가서, 하나님이 그에게 지시하신 곳에 이른지라 이에 아브라함이 그곳에 단을 쌓고 나무를 벌여 놓고 그 아들 이삭을 결박하여 단 나무 위에 놓고 손을 내밀어 칼을 잡고 그 아들을 잡으려 하더니, 여호와의 사자(angel of the LORD)가 하늘에서부터 그를 불러 가라사대 "아브라함아 아브라함아" 하시는지라 아브라함이 가로되 "내가 여기 있나이다" 하매 사자가 가라사대 "그 아이에게 네 손을 대지 말라 아무 일도 그에게 하지 말라 네가 네 아들 네 독자라도 내게 아끼지 아니하였으니 내가 이제야 네가 하나님을 경외하는 줄을 아노라." 아브라함이 눈을 들어 살펴본즉 "한 수양(a ram)이 뒤에 있는데 뿔이 수풀에 걸렸는지라 아브라함이 가서 그 수양을 가져다가 아들을 대신하여 번제로 드렸더라" 라는 내용이 나온다.

이 외에도 양자리의 상징인 어린 양(lamb)을 NIV의 구약성경에서 검색을 해보니 189개의 절에서 등장하고 수양(ram)은 146개의 절에서 등장한다.

사자자리(The Lion)와 처녀자리(The Maiden)

같은 맥락에서 다음을 예측해 볼 수 있다. 우리는 대홍수 이후에 이집트의 기자(Giza)에 세워진 세 개의 피라미드(Pyramid)와 스핑크스(Sphinx, 사자인간, 사람머리와 사자의 동체)가 어떻게 구축되었는지 그 비밀을 알 수 있는데, 누가 거대한 돌들을 쌓아 올렸는가이다. 바로 「창세기」 6장 1절에서 5절에 나오는 거인(Great Man or Giant Man)들, 다시 말해 100m 키의 반신반인(半神半人, Demigod)들이 신들을 도와 이 작업을 했다는 것을 예측할 수 있다. 또한 스핑크스의 사자의 동체로 보아

피라미드와 스핑크스는 춘분의 12개 별자리 중 사자자리(사자궁, 獅子宮, Leo, 12궁의 제5궁) 시대인 BC 10860~BC 8700년 사이에 건축되었음을 예측할 수 있다. 이는 노아의 대홍수 이후의 일이다. 이렇게 볼 때 대홍수는 그 앞의 처녀자리(처녀궁, 處女宮, Virgo, 12궁의 6궁)와 천칭자리(천칭궁, 天秤宮, Libra, 12궁의 제7궁) 사이인 BC 13020년경에 일어났음을 예측해 볼 수 있다. 자세한 것은 『바이블 매트릭스』 시리즈의 「인간창조와 노아 홍수의 비밀」 편에서 소개하기로 한다.

4절 목성의 궤도와 역할을 정하다 — 목성은 지구를 보호

〈점토판 5〉의 6~7절의 내용을 보자.

6. 마르둑은 목성의 궤도를 수정하고 그들의 영역을 정하여,

7. 어떠한 것도 그 영역을 넘어 가거나 흩어져 길을 잃지 않도록 했다.

6. He founded the Station of Jupiter to settle their boundaries,

7. That none might exceed or fall short.

이게 무슨 말인가? 시계 방향으로 도는 어떠한 혜성도 목성을 넘어오지 못하게 정했다는 의미이다. 또한 다른 행성들이 길을 잃어 목성을 넘어가거나 넘어오지 못하게 궤도를 수정하여 정했다는 뜻이다. 처음에 창조한 미완성의 행성들의 궤도를 리세팅(Resetting)하고 목성의 역할을 부여했다는 뜻이다.

목성은 태양계 내에 있는 8개 행성 중에서 가장 큰 행성으로 목성을 제외한 일곱 개 행성을 모두 합쳐 놓은 질량의 2/3 이상을 차지하고, 지름이 약 14만 3,000km로 지구의 약 11배에 이른다. 목성의 질량

은 지구의 약 318배이고 부피는 지구의 약 1,400배나 된다. 이는 중력으로 말하면 제일 크다는 뜻이다. 어원을 살펴보면 키샤르(목성)는 견고한 땅에서 가장 중요한 것(foremost of the firm lands)이란 뜻이고, 키(Ki)는 지구(Earth)라는 히브리 성경 「창세기」 1장 1절의 에레츠(Eretz, 지구)의 의미로 목성은 지구에서 가장 중요한 행성이란 뜻이다. 따라서 실제로 시계방향으로 도는 떠돌이 혜성들(Comets)이 지구를 향해 달려들어도 목성의 중력에 의해 목성으로 빨려 들어가 충돌한다. 그래서 목성에는 수많은 혜성들과 충돌한 분화구들(Craters)과 띠들(Belts)이 많다. 즉 목성이 지구를 보호하는 것이다. 이를 고대 기록자는 『창조의 서사시』에서 현대 우주물리학이 밝혀낸 사실을 어원적으로 정확히 기록하고 있다

5절 다른 행성들과 마르둑의 궤도를 정하고 나중에 오실 장소인 소행성대를 고정

8. 마르둑은 자신의 궤도를 정하고 해왕성(에아)의 궤도도 자신의 궤도에 맞추어 정했다.

9. 마르둑은 그 사이에 거대한 문들 즉 마르둑이 오고 가는 궤도를 열었다,

10. 그리고 왼쪽과 오른쪽에 강한 볼트로 고정시켰다.

11. 그리고 중앙에 천정(天頂)을 고정시켰다.

8. He set the station of Bel[19] and Ea along with him.

---

19 벨(Bel): En=Lord=Baal=Bel의 '신' 또는 주님' 이라는 뜻. 벨(Bel)은 남성 신에 쓰이고 여성 신에는 벨이트(Belit)가 쓰임. 동부 셈어(East Semitic)에서는 벨(Bel)이 쓰였고, 북서 셈어(Northwest Semitic)에서는 바알(Baal)이 쓰임. 고대 아카드(Akkad) 시대에는 수메르

9. He opened great gates on both sides,

10. He made strong the bolt on the left and on the right.

11. In the midst thereof he fixed the zenith;

마르둑은 자신의 궤도를 정하고 해왕성의 궤도도 자신의 궤도에 맞추어 정하고, 3,600년마다 오는 자신의 오고 가는 길, 즉 궤도를 열었다. 그리고 소행성의 내행성(수성-금성-지구-화성)과 외행성(목성-토성-천왕상-해왕성)을 강하게 고정시켰다. 그리고 중앙에 천정(天頂), 즉 소행성대의 궤도를 정해, 마르둑이 3,600년마다 오실 때에는 반드시 이곳에 오도록 궤도를 고정시켰다.

이는 매우 중요한 사건이다. 나중에 차차 알겠지만 마르둑(니비루)의 궤도는 지구를 관통하는 것이 아니고 바로 궁창, 즉 소행성대를 지나는 것이다. 이게 바로 예언자들이 예언한 세상 끝 날에 예수님이 수많은 신들과 더불어 천사들이 오시는 장소라고 예측할 수 있다.

6절 궁창, 즉 소행성대는 바로 하나님과 예수님의 보좌

앞서 5장 7-3-3절 '궁창(Expanse)=하늘(Sky, Heaven)=소행성대 창조, 달은 증인'에서 살펴보았듯이, 「이사야」 40장 22절에는 "그는 땅 위 궁창에 앉으시나니 땅의 거민들은 메뚜기 같으니라"라는 구절이 나온다. 타아마트의 아랫부분을 산산조각내서 하늘을 덮는 덮개(canopy) 같이

(Sumer)의 신인 엔릴(Enlil)을 일컬었으나 바빌론(Babylon) 시대에는 마르둑(Marduk) 신을 일컬음. 또한 수메르 시대에는 연장자 벨(Elder Bel)과 젊은 벨(Younger Bel)로 나누기도 했는데, 연장자 벨은 아눈나키(Anunnaki)의 12명의 고위신(高位神)들을 일컫고, 젊은 벨은 마르둑 신을 일컬음. http://en.wikipedia.org/wiki/Bel_(god)

하늘을 쭉 펴셨다는 말이다. 어떻게 쭉 폈냐 하면 사람이 살 수 있는 텐트(tent), 즉 『창조의 서사시』〈점토판 4〉의 138줄의 장막같이 쭉 폈 다는 말이다. 장막(Covering), 즉 궁창(Expanse), 즉 하늘(Sky), 즉 오늘 날의 소행성대(Asteroids Belt)를 만드셨다는 말이다. 그 결과 이때 주님 (마르둑)은 지구의 공전궤도(circle of the earth) 너머에 있는 화성과 목성 사이의 궁창에 계셨으므로, 궁창에 앉아 땅의 거민들을 보니 메뚜기 (개미)같이 작게 보였다는 것이다. 이때 궁창에 앉으셨다는 것은 궁창에 주님의 보좌(throne)를 세웠다는 뜻이다.

「이사야」 66장 1절과 「사도행전」 7장 49절에는 "하늘은 나의 보좌 요 땅은 나의 발등상이니"라는 구절이 나온다. 주님(마르둑)이 하늘을 만드신 것은 주님이 오실 때 안식할 처소, 즉 보좌를 세우기 위함이다. 이는 마르둑 행성이 근지점(近地點, Perigee)에 도달할 때 하늘, 즉 소행 성대의 보좌에 앉으신다는 뜻이다.

「이사야」 66:1 - 여호와께서 이같이 말씀하시되 하늘은 나의 보좌요 땅은 나의 발등상이니 너희가 나를 위하여 무슨 집을 지을꼬 나의 안 식할 처소가 어디랴(This is what the LORD says : Heaven is my throne, and the earth is my footstool. Where is the house you will build for me? Where will my resting place be?(NIV/KJV/Good News/New Living).

「사도행전」 7:49 - 주께서 가라사대 하늘은 나의 보좌요 땅은 나의 발등상이니 너희가 나를 위하여 무슨 집을 짓겠으며 나의 안식할 처 소가 어디뇨(Heaven is my throne, and the earth is my footstool. What kind of house will you build for me? says the Lord. Or where will my resting place be?(NIV).

「에스겔」 1장에는 여호와의 보좌와 네 생물체(The Living Creatures and the Glory of the LORD)가 등장한다.[20] 남유다 왕국 유대민족의 바빌론 유수(Babylonian Captivity/Babylon Exile, BC 605~BC 538) 기간 중인 BC 593년 7월 31일에(New Living), 「에스겔」이 그발 강가(Kebar River)에 사로 잡힌 자(the exiles) 중에 있을 때 하늘이 열리며 하나님의 이상을 본다(the heavens were opened and I saw visions of God). 하늘이 열리며 하나님이 나타나 「에스겔」에게 바빌론 유수 이후의 이스라엘의 비전(visions)을 보여 준다. 여기에서도 영문성경은 단수의 하나님(God)이라 표현하고 있으나, 이는 히브리 성경의 복수의 하나님을 뜻하는 엘로힘(Elohim)이다. 여호와 하나님을 비롯해 많은 신들과 천사들이 오심을 알 수 있다. 어디에 나타나셨는가 하면 하늘이 열려, 즉 궁창이 열려, 즉 소행성대에 나타나심을 알 수 있다. 여기서 수정 같다(sparkling like ice)는 것은 『창조의 서사시』에서 말하는 물(waters), 즉 얼음물(ice water)이라 볼 수 있다. 마르둑(니비르) 행성의 인력으로 외행성들의 깊은 곳에 숨겨져 있던 얼음물이 뿜어져 나오는 것으로 예측할 수 있다. 지구의 물과 행성들의 물을 소행성대, 즉 높은 곳에서 보면 수정 같은 유리(crystal)로 보인다.

「에스겔」 1:22 - 그 생물의 머리 위에는 수정 같은 궁창의 형상이 펴 있어 보기에 심히 두려우며(Spread out above the heads of the living creatures was what looked like an expanse, sparkling like ice, and awesome(NIV); And the likeness of the firmament upon the heads of the living creature was as the colour of the terrible crystal, stretched forth over their heads above(KJV); Above the heads of the creatures

---

20 네 생물체가 의미하는 것이 무엇인지는 『바이블 매트릭스』 시리즈의 최종편인 「예수님의 재림과 새 하늘과 새 땅의 창조」편에서 자세히 소개하기로 한다.

there was something that looked like a dome made of dazzling crystal(Good News); Spread out above them was a surface like the sky, glittering like crystal)(New Living).

「에스겔」 1:23 - 그 궁창 밑에 생물들의 날개가 서로 향하여 펴 있는데 이 생물은 두 날개로 몸을 가리웠고 저 생물도 두 날개로 몸을 가리웠으며(Under the expanse their wings were stretched out one toward the other, and each had two wings covering its body(NIV).

「에스겔」 1:25 - 그 머리 위에 있는 궁창 위에서부터 음성이 나더라 그 생물이 설 때에 그 날개를 드리우더라(Then there came a voice from above the expanse over their heads as they stood with lowered wings(NIV).

그리고 마침내 궁창 위에는 보좌가 나타나는데, 보좌 위의 형상은 사람(a man)의 모양이다. 사람 모양이라고 한 것은, 하나님의 형상과 인간의 형상이 같다고 한 「창세기」 1장 26절을 떠올리게 한다. 하나님은 보이지 않는 영적인 존재라 생각하시는 분들은 「창세기」 1장 26절을 보라. 분명 영적인 존재와 육체적인 존재 양면을 갖고 있다. 인간도 마찬가지이다. 따라서 보좌 위에 앉으신 이는 분명 하나님이다. 보좌의 모양이 사면에서 광채가 나며, 무지개 구름 같은 광채의 모양은 바로 여호와의 영광의 형상(the glory of the LORD)의 모양이다. 곧 「에스겔」은 엎드려 여호와의 음성을 듣는다.

「에스겔」 1:26 - 그 머리 위에 있는 궁창 위에 보좌의 형상이 있는데 그 모양이 남보석 같고 그 보좌의 형상 위에 한 형상이 있어 사람의 모양 같더라(Above the expanse over their heads was what looked like a throne of sapphire, and high above on the throne was a figure like that of a man(NIV).

「에스겔」 1:27 - 내가 본즉 그 허리 이상의 모양은 단 쇠 같아서 그 속과 주위가 불 같고 그 허리 이하의 모양도 불 같아서 사면으로 광채가 나며(I saw that from what appeared to be his waist up he looked like glowing metal, as if full of fire, and that from there down he looked like fire; and brilliant light surrounded him(NIV).

「에스겔」 1:28 - 그 사면 광채의 모양은 비 오는 날 구름에 있는 무지개 같으니 이는 여호와의 영광의 형상의 모양이라 내가 보고 곧 엎드리어 그 말씀하시는 자의 음성을 들으니라(Like the appearance of a rainbow in the clouds on a rainy day, so was the radiance around him. This was the appearance of the likeness of the glory of the LORD. When I saw it, I fell facedown, and I heard the voice of one speaking(NIV).

「창세기」 1:26 - 하나님이 가라사대 우리의 형상(image=영=spirit)을 따라 우리의 모양(likeness=육체=육신=flesh)대로 우리가 사람을 만들고…(Then God said, "Let us make man in our image, in our likeness….) (NIV).[21]

여기서 빛을 발하는 단쇠(glowing metal), 불로 가득 찬(full of fire), 광채(brilliant light), 무지개 구름(rainbow in the clouds), 찬란한 빛(radiance)은 모두 여호와의 영광(the glory of the LORD)을 말하는데 이는 무엇을 의미하는 것일까? 구약성경과 신약에 등장하는 영광(the

---

21 자세한 내용은 『바이블 매트릭스』 시리즈 2권의 「인간창조와 노아 홍수의 비밀」편에서 소개하기로 한다.

glory)은 과학적으로 무엇을 의미하는 것일까? 영광이란, 우리가 우주선을 쏘아 올릴 때 휘황찬란한 모습과 같이, 전지전능한 하나님의 과학기술로 이루어진, 오늘날의 우주선 기술 이상의, 우주선 보좌를 말하는 것이다. 그 것은 광채요 무지개다. 태양계를 시계방향으로 가로질러 오시는 하나님의 보좌를 생각해 보라. 그것은 상상도 못할 우주선의 과학기술이다.

그리고 예수님은 말씀하셨다. "그 때에 인자의 징조가 하늘에서 보이겠고 그 때에 땅의 모든 족속들이 통곡하며 그들이 인자가 구름을 타고 능력과 큰 영광으로 오는 것을 보리라", "인자가 자기 영광으로 모든 천사와 함께 올 때에 자기 영광의 보좌에 앉으리니", 그리고 "인자가 권능의 우편에 앉은 것과 하늘 구름을 타고 오는 것을 너희가 보리라"라고 말씀하셨다.

오실 때에는 권능자의 우편에 앉으셨다 했으니 최고 높은 하나님과 그 아래 많은 신들과 함께 궁창, 즉 소행성대로 오셔서 하나님 오른쪽 보좌에 앉으신다는 뜻이다. 『창조의 서사시』를 빌리자면 마르둑 행성이 궁창에 안착한 것이다. 우리는 『창조의 서사시』에서 권능이란 마르둑 행성의 중력장(인력=그물)과 바람과 번개와 그리고 중력장에 의한 속도를 말하는 것이다라고 했다. 다시 말해 마르둑 행성은 시계방향으로 궁창에 진입하기 때문에, 그것은 엄청난 우주 과학적 지식을 의미하는 것이다.

그리고 소행성대의 하나님의 보좌 우편에 앉으셨던 예수님은 별도로 모든 천사들과 함께 출발하셔서 지구로 오신다는 뜻이다. 오실 때에는 위대하고 큰 영광(the glory)을 타고 오시기 때문에 인간들은 그 징조를 본다는 것이다. 그렇다. 영광은 바로 우주과학적으로 우주선(Spacescraft)이다. 소행성대에 안착하신 후 별도의 엄청나게 큰 우주선을 타시고 지구로 오시는 것이다. 그때 예수님은 매우 큰 그의 우주선

(영광)에 마련된 그의 보좌(his throne)에 앉아 오시는 것이다.

　신이신 예수님도 인간과 형상과 모양이 같으므로, 우리가 우주여행이나 달나라에 갈 때 우주선이 필요하듯이, 예수님도 우주선을 타고 오시는 것이다. 우리가 우주선을 발사할 때 굉장한 폭발음과 함께 우주선 주위에는 하얀 연소 가스가 휩싸여 구름처럼 보인다. 성경 기록자들은 오늘날과 같은 우주선 지식이 없어 그저 구름을 타고 오신다고 기록한 것이다. 그러나 예수님이 타고 오시는 우주선은 오늘날의 우주선과는 완전히 다를 것이다. 우주선 속도와 그 크기로 말한다면 오늘날 우주선의 수만 배, 아니 수백만 배, 아니 그 이상의 과학적 우주선임에 틀림이 없다. 즉 과학적 지식인 권능(능력, power)으로 만들어진 거대한 영광(우주선)을 타고 오시는 것이다. 모든 천사들, 즉 만만(1억) 천천(100만)의 천사들이(「요한계시록」 5:11) 다 타려면 오늘날의 조그만 우주선으로는 상상도 할 수 없을 것이다. 또한 그 거대한 우주선 안에는 우리가 알지 못하는 각종 우주과학적 지식, 예컨대 죽은 자가 부활하는 생명에 관한 지식과 오늘날의 핵무기 이상의 무기 등이 실려 있음에 틀림이 없다.

　「마태복음」 24:30 - 그 때에 인자의 징조가 하늘에서 보이겠고 그 때에 땅의 모든 족속들이 통곡하며 그들이 인자가 구름을 타고 능력과 큰 영광으로 오는 것을 보리라(At that time the sign of the Son of Man will appear in the sky, and all the nations of the earth will mourn. They will see the Son of Man coming on the clouds of the sky, with power and great glory(NIV).

　「마태복음」 25:31 - 인자가 자기 영광으로 모든 천사와 함께 올 때에 자기 영광의 보좌에 앉으리니(When the Son of Man comes in his glory, and all the angels with him, he will sit on his throne in heavenly glory(NIV).

「마태복음」 26:64 - 예수께서 가라사대 네가 말하였느니라 그러나 내가 너희에게 이르노니 이 후에 인자가 권능의 우편에 앉은 것과 하늘 구름을 타고 오는 것을 너희가 보리라 하시니("Yes, it is as you say," Jesus replied. "But I say to all of you : In the future you will see the Son of Man sitting at the right hand of the Mighty One and coming on the clouds of heaven.")(NIV).

「마가복음」 13:26 - 그 때에 인자가 구름을 타고 큰 권능과 영광으로 오는 것을 사람들이 보리라(At that time men will see the Son of Man coming in clouds with great power and glory(NIV).

「마가복음」 14:62 - 예수께서 이르시되 내가 그니라 인자가 권능자의 우편에 앉은 것과 하늘 구름을 타고 오는 것을 너희가 보리라 하시니 ("I am," said Jesus. "And you will see the Son of Man sitting at the right hand of the Mighty One and coming on the clouds of heaven."(NIV).

「누가복음」 21:27 - 그 때에 사람들이 인자가 구름을 타고 능력과 큰 영광으로 오는 것을 보리라(At that time they will see the Son of Man coming in a cloud with power and great glory(NIV).

「요한계시록」 1:7 - 볼지어다 구름을 타고 오시리라 각인의 눈이 그를 보겠고 그를 찌른 자들도 볼터이요 땅에 있는 모든 족속이 그를 인하여 애곡하리니 그러하리라 아멘(Look, he is coming with the clouds, and every eye will see him, even those who pierced him; and all the peoples of the earth will mourn because of him. So shall it be! Amen. (NIV)

「요한계시록」 5:11- 내가 또 보고 들으매 보좌와 생물들과 장로들을 둘러선 많은 천사의 음성이 있으니 그 수가 만만이요 천천이라(Then I looked and heard the voice of many angels, numbering thousands upon thousands, and ten thousand times ten thousand. They encircled the throne and the living creatures and the elders(NIV)

여기에서 예수님이 진짜 하늘의 구름을 타고 오신다고 믿는 과학자들은 아마 하나도 없을 것이다. 만약 있다면 그것은 『서유기』에 등장하는 손오공을 믿을 뿐이다. 결정적인 단서가 있다.

바로 「사도행전」 1장 9절에서 11절에 나오는 내용이다. 예수님이 부활하시고 하늘로 오르실 때, 스스로 올라가신 것이 아니라 무언가에 끌려 올라가셨는데, 이때 갈릴리(Galilee) 사람들의 눈(eyes)을 가리워 이 장면을 직접 보지 못하도록 구름이 예수님을 가리우셨다는 내용이다. 그러나 이 내용은 과학적으로 보면 엄청난 권능의 우주선이어서 우주선이 발사될 때의 연소 가스에 의해 갈릴리 사람들이 우주선과 예수님을 보지 못했을 수도 있다. 그것은 오늘날 과학지식 베이스의 우주선 발사가 아니라, 이보다 과학지식이 훨씬 높은 우주선이었을 가능성이 높다. 그래서 하늘로 들려 올리우신 예수님은 하늘로 가심을 본 그대로 오신다고 했다. 그것은 바로 권능의 영광인 우주선이다. 10절에 등장하는 흰 옷(in white)이란 바로 오늘날의 밝게 빛나는 우주복을 입은 하나님들이다. 그러나 그 흰 옷은 오늘날의 우주복 그 이상임에 틀림이 없다.

「사도행전」 1:9 - 이 말씀을 마치시고 저희 보는 데서 올리워 가시니 구름이 저를 가리워 보이지 않게 하더라(After he said this, he was taken up before their very eyes, and a cloud hid him from their sight)(NIV).

10절 - 올라가실 때에 제자들이 자세히 하늘을 쳐다보고 있는데 흰 옷 입은 두 사람이 저희 곁에 서서(They were looking intently up into the sky as he was going, when suddenly two men dressed in white stood beside them)(NIV).

11절 - 가로되 갈릴리 사람들아 어찌하여 서서 하늘을 쳐다보느냐 너희 가운데서 하늘로 올리우신 이 예수는 하늘로 가심을 본 그대로 오시리라 하였느니라("Men of Galilee," they said, "why do you stand here looking into the sky? This same Jesus, who has been taken from you into heaven, will come back in the same way you have seen him go into heaven.")(NIV).

보다 자세한 내용은 『바이블 매트릭스』 시리즈의 최종편인 「예수님의 재림과 새 하늘과 새 땅의 창조」편에서 자세히 소개하기로 한다.

7절 달과 태양에 새로운 역할을 주다-「창세기」 1장 16절

〈점토판 5〉의 12줄에서 26절은 마르둑이 난나(Nannar, the Moon-god) 신, 즉 달에게 새로운 역할과 임무를 주는 내용이 기록되어 있는데 19줄부터는 점토판의 기록이 많이 훼손되어서 알 길이 없다.

12. 난나 신 즉 달보고 그 때부터 빛을 내도록 마르둑은 명령하고, 달

에게 밤을 맡겼다.

13. 마르둑은 달에게 날들을 정하는 밤의 지배자로 임명했다.

14. 매달 빠짐없이 달이 보름달이 되도록 세팅하고, 말하기를 :

15. 매달 초에는 달이 땅을 비출 때,

12. The Moon-god(Nannar) he caused to shine forth, the night he entrusted to him.

13. He appointed him, a being of the night, to determine the days;

14. Monthly, without fail, he set him in a crown(i.e., disk), (saying) :

15. "At the beginning of the month, when thou shinest upon the land,

......

19. 하늘의 기초 위의 태양의 신이……할 때… 그대 달은,

19. "When the Sun-god on the foundation of heaven [···] thee,

이는 「창세기」 1장 16절을 의미하는 것이다. 마르둑은 달에게 밤을 주관하도록 하시고 반드시 매달 보름달이 되도록 하여 날들(일자)을 정하도록 하고… 그 다음 하늘의 기초인 땅 위의 태양이 나오는 것으로 보아 태양은 낮을 주관하도록 하셨다는 내용이 나올 것으로 추측된다.

「창세기」 1:16 - 두 큰 광명을 만드사 큰 광명으로 낮을 주관하게 하시고 작은 광명으로 밤을 주관하게 하시며(God made two great lights—the greater light to govern the day and the lesser light to govern the night)(NIV).

「시편」 19장 4절에서 6절에는 태양을 위해 하나님이 장막, 즉 궁창 측 소행성대를 펴서 그들의 궤도를 고정시켰으며, 따라서 해는 그 궤도

를 따라 기쁘게 달려, 우리 은하 내에서 12개 별자리들을 따라 큰 원을 그리고 운행할 때에, 태양의 온도(온기, 열)에서 피하여 숨은 것들이 하나도 없다고 기록하고 있다. 아마도 기록이 훼손된 〈점토판 5〉의 19줄에서 26절에는 분명 이런 내용이 기록될 것으로 추측된다. 따라서 「시편」 19장 4~6절은 아마도 『창조의 서사시』를 인용했다고 볼 수 있다.

「시편」 19:4 - 그 소리가 온 땅에 통하고 그 말씀이 세계 끝까지 이르도다 하나님이 해를 위하여 하늘에 장막을 베푸셨도다(Their voice goes out into all the earth, their words to the ends of the world. In the heavens he has pitched a tent for the sun(NIV).

19:5 - 해는 그 방에서 나오는 신랑과 같고 그 길을 달리기 기뻐하는 장사 같아서(which is like a bridegroom coming forth from his pavilion, like a champion rejoicing to run his course).

19:6 - 하늘 이 끝에서 나와서 하늘 저 끝까지 운행함이여 그 온기에서 피하여 숨은 자 없도다(It rises at one end of the heavens and makes its circuit to the other; nothing is hidden from its heat).

이 내용은 오늘날의 천체우주물리학 상의 우리 은하를 도는 태양과 지구의 궤도와 같은데, 다음 그림을 보면 정확하게 일치함을 알 수 있다.

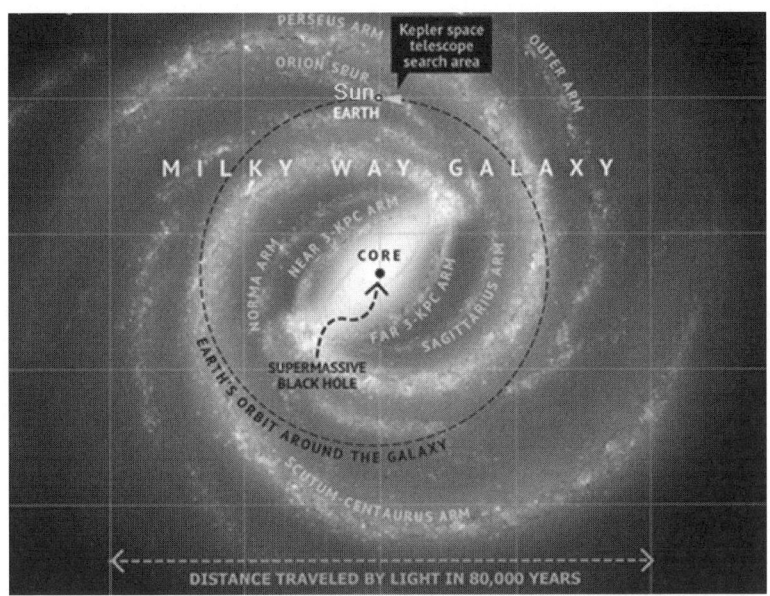

태양을 도는 지구(태양은 필자가 삽입). 태양과 지구가 중심부에 블랙홀(Blak Hole)을 가진 우리 은하 (Milky Way Galaxy)를 도는 궤도. 천문학자들은 지금 케플러우주망원경(Kepler Space telescope)을 이용해 이 궤도에 생명체가 서식할 수 있다는 생명거주가능지역(Habitable Zone)을 설정해 이 지역의 행성들을 찾고 있는데, 2012년 1월까지 700개의 행성들을 찾아냈다(Cassan, et al, 2012). Credit: Lynette Cook, Mark A. Garlick, Milky Way Map by Robert Hurt, Karl Tate/©Space.com

8절 신들의 마르둑 찬양-하나님의 보시기에 좋았더라,
   「창세기」 1장 18절

그 다음 줄들은 훼손되어 번역하기가 어렵고 75줄부터 83줄에는 신들이 마르둑의 한 업적에 대해 찬양하는 내용이 나온다. 신들, 특히 마르둑의 아버지 신들인 안(아누, An, Anu)과 에아(엔키, Ea, Enki)는 마르둑이 정한 네트(Net), 즉 궤도를 보며 무지개 같은 아치형(the bow) 궤도라고 칭찬한다. 안 신은 모든 신들이 모인 앞에서 이 아치형 궤도를 높이 들어 보이고 입을 맞춘다.

이는 「창세기」 1장 17~18절을 의미하는 것이다. 모든 신들은 마르둑의 업적에 찬사를 보냈고 그것은 보시기에 참 좋은 것이었다.

　「창세기」 1:17- 하나님이 그것들을 하늘의 궁창에 두어 땅에 비취게 하시며(God set them in the expanse of the sky to give light on the earth,)

　「창세기」 1:18- 주야를 주관하게 하시며 빛과 어두움을 나뉘게 하시니라 하나님의 보시기에 좋았더라(to govern the day and the night, and to separate light from darkness. And God saw that it was good)(NIV).

7장
〈점토판 6〉의 내용:
신들에게 시중을 들게 할 인간을 창조

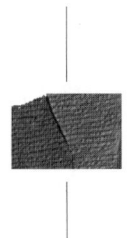

〈점토판 6〉에는 「창세기」 1장에 나오듯이 여섯 번째 날에 인간을 창조하는 내용이 나온다. 물론 주인공의 신은 마르둑이다. 모든 신들의 찬양을 들을 때 마르둑 신은 인간을 창조하겠다는 생각을 한다. 그는 아버지인 에아(Ea, Enki) 신에게 다음과 같이 말을 한다.

1절 인간창조의 비밀 – 신들에게 시중과 신들의 노동을 대신 할 인간창조

3. "내 피(혈액)를 응고시키고 결정(結晶)화시켜, 뼈를 형성할 것이다.
4. 그리고 인간을 만들 것이다. 그의 이름은 인간(Man)이 되리라.
5. 나는 인간을 창조할 것이다.
6. 신들에게 서비스하는 것을 제정할 것이다. 그렇게 함으로써 신들을 자유롭게 할 것이다.

3. "I will solidify blood, I will form bone.
4. I will set up man, 'Man' [shall be] his name.

5. I will create the man 'Man.'

6. The service of the gods shall be established, and I will set them (i.e., the gods) free".

무언가 우리가 성경에서 알고 있는 내용과는 사뭇 다른 내용이 나온다. 『창조의 서사시』 〈점토판 6〉의 6줄의 내용이 그것이다. 그것은 다음과 같은 질문들을 떠올리게 만든다.

1) 그렇다면 인간을 창조한 목적이 신들에게 봉헌하고 시중들게 함이란 말인가?
2) 인간을 만듦으로써 신들은 자유롭게 된다? 신들이 인간을 창조하기 전에 무슨 고역(苦役)을 하고 있었다는 것인가?

이 부분에 대해서는 본 절에서는 생략하고 『바이블 매트릭스』 시리즈의 「인간창조와 노아 홍수의 비밀」편에서 자세히 다루기로 한다.

에아가 동의를 하자 마르둑은 신들의 회의를 소집한다. 그리고 인간을 만들자는 하나의 칙령(a decree)을 발표한다. 그리고 마르둑은 12명으로 구성된 이 땅에 오신 위대한 아눈나키(Anunnaki)에게 그 전에 있었던 불화(Strife)를 말한다. 자신(마르둑)을 반대해서 티아마트를 반란으로 몰고 간 신(神)은 반드시 희생(Sacrifice) 당해야 한다고 말한다. 그러자 이기기 신들이 대답한다.

21. 위대한 신들인 이기기가 마르둑에게 대답했다.
22. 하늘과 땅의 신들의 왕이며, 신들의 왕자에게, 그들의 주님에게 그들은 말했다.
23. "불화를 일으킨 자는 바로 킨구(난나 신, Nannar)였습니다,

24. 티아마트로 하여금 반란을 일으켜 마르둑과 전쟁을 하게 했습니다"

25. 그들이 그에게 족쇄를 채우고 에아 신 앞에 데려오자, 그들은 그에게서 피를 빼는 벌을 주었다.

26. 그의 피에서 에아는 신들에게 시중을 드는 인간을 만들었고, 에아가 신들을 자유롭게 해 주었다.

27. 에아가 인간을 만든 후, 에아는 인간에게 신들에 시중드는 부역을 짊어지게 했다.

21. The great gods, the Igigi, answered him,

22. Unto the King of the gods of heaven and of earth, the Prince of the gods, their lord [they said] :

23. "[It was] Kingu who created the strife,

24. Who made Tiamat to revolt, to join battle [with thee]."

25. They bound him in fetters [they brought] him before Ea, they inflicted punishment on him, they let his blood,

26. From his blood he (i.e., Ea) fashioned mankind for the service of the gods, and he set the gods free.

27. After Ea had fashioned man he ⋯ laid service upon him.

킨구가 티아마트로 하여금 반란을 일으키게 했다고 기록한 것으로 보아 달의 신이었던 난나(Nannar) 신이나 그를 따르던 젊은 신이 피를 빼는 벌을 받게 된 것으로 보인다. 다른 서사시에도 비슷한 내용이 나오지만 이들 서사시에는 젊은 신을 죽여 피를 빼서 인간을 만든다. 하여간 신의 피로 에아 신이 인간을 창조했다는 것이 중요하다. 특히 창조했다는 영어가 '⋯의 모양대로 만들었다(Fashioned)'라는 점이 중요하다. 이는 「창세기」 1장 26~27절의 "⋯ 우리의 이미지(in our image), 우리의 모양대로(in our likeness)"와 일맥 상통하는 것이다. 보다 자세한 것은 『바이블 매트릭스』 시리즈 「인간창조와 노아 홍수의 비밀」 편에서 다루기로 한다.

그리고 마르둑은 그의 마음을 보호한 칙령을 하늘의 최고 높은 신인 안(아누)에게 바친다. 그러자 아눈나키는 마르둑에게 다음과 같이 말한다.

37. 당신에게 어떤 이익을 수여 할까?

38. 자, 신전을 만들어, 우리의 이름이 유명해지도록 하자 :

39. 우리의 향연이 밤에도 지속되어 편안해지도록 하자,

37. What benefit have we conferred upon thee?

38. Come, let us make a shrine(신전), whose name shall be renowned ;

39. Come [at] night, our time of festival, let us take our ease therein,

2절 신들에게 봉헌하고 시중을 들게 할 신전인 지구라트의 건설

인간을 만들었으니 인간들이 신들에게 시중을, 다시 말해 인간들은 신들의 음식을 만들고 그것을 봉헌(Consecration) 할 신전을 만들어, 신들은 편안히 지내도록 하자는 것이다. 이 말을 듣자 마르둑의 얼굴이 밝게 빛난다. 최고의, 신들의 왕이자 왕자(King of the gods, Prince of the gods)로 등극한 것이다.

45. "나는…. 도시를 만들 것이다, 웅대한 신전을 만들 것이다"

45. "I will make … a city, I will fashion a splendid shrine."

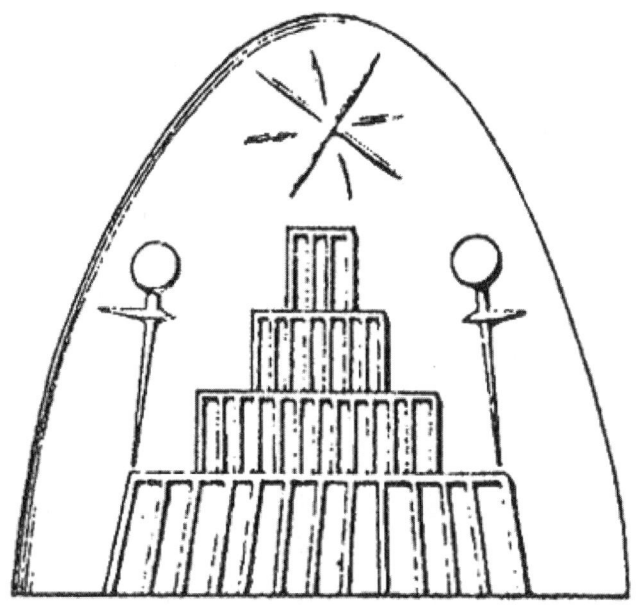

메소포타미아에서 발견된 원통형 인장(Cylinder seal)에 새겨진 지구라트와 함께 설치된 통신용의 고리 안테나. Credit: 시친, I, 2009, p 427, © Z. Sitchin, Reprinted with permission.

이에 신들은 노역을 하는 인간들의 도움을 받아 웅장한 신전 (splendid shrine), 즉 지구라트(Ziggurat)를 만들었다. 이 지구라트들 은 천상의 바다(celestial Ocean)에 닿았고, 지구라트들은 마르둑, 엔릴 (Enlil), 에아 신에게 수여되었다. 마르둑의 신전은 에-사길라(E-Sagila) 였다. 지구라트들은 그 위엄이 당당하였으며, 아래로부터 꼭대기에 이 르기까지 모든 것을 관찰 할 수 있는 두 개의 뿔들(Two horns)이 있었 다. 이 두 개의 뿔은 거대한 통신용인 '고리 안테나들(ring antennas)'이 었다. 따라서 지구라트의 진정한 역할은 하늘에 있는 신들과 인간들의 연결이 아니라, 하늘에 있는 신들과 지구에 있는 신들과의 통신을 하기 위한 것이었다(시친, I, 2009, p. 430).

48. 신들은 지구라트를 세웠다.

49. 지구라트들은 천상의 바다(celestial Ocean)에 닿았고, 지구라트들은 마르둑, 엔릴(Enlil), 에아 신에게 수여되었다.

50. 지구라트들은 그 위엄이 당당하였으며, 아래로부터 꼭대기에 이르기까지 모든 것을 관찰할 수 있는 두 개의 뿔들(Two horns)이 있었다.

48. They made the ziggurat

46 [to reach] the celestial Ocean; unto Marduk, Enlil, Ea [shrines] they appointed,

49. It (i.e., the ziggurat) stood before them majestically : at the bottom and [at the top] they observed its two horns.

53줄에서 93줄까지는 너무 훼손되어서 번역하기가 어렵다. 그러나 간간이 나오는 내용을 대충 보아 마르둑의 신전인 에-사길라를 중심으로 인간들이 음식을 봉헌하는 것과 12명의 아눈나키들에게 자리를 정하고 아눈나키들은 마르둑에게 찬양하는 찬송가(hymn)에 서명한다.

3절 검은 머리 인간(흑인), 신들은 각자 엘(El)이라 불림, 복수의 신인 엘로힘(Elohim)

신들이 만든 인간은 검은 머리(Black-headed)의 인간이었다. 검은 머리란 인간을 가리키는 수메르 말로 흑인(黑人)이란 뜻이다. 성경에 등장하는 아담(Adam)이 최초의 인간이라면, 아담은 검은 머리의 흑인이었다. 인간은 신들에게 배정되어 번제(燔祭)의 제물(burnt offering)을 바치고 이 때부터 신들을 존경하고 숭배하게 된다. 신들은 인간에게 하늘같이 높은 존재(gods were too lofty for Mankind)로 규정한 것이다.

인간을 지칭하던 수메르와 아카드의 단어들을 보면 인간의 지위와 창조된 목적이 분명이 드러난다. 당시 인간은 룰루(lulu, 원시적인 자), 룰루 아멜루(lulu amelu, 원시적 노동자), 아윌룸(awilum, 노동자) 등으로 불렸다. 인간이 신에게 봉사하기 위해 창조되었다는 사실은 고대인들에게는 전혀 놀라운 일이 아니었다. 흔히 숭배(venerate, worship)라고 번역되는 단어도 실제로는 아보드(avod), 즉 노동이라는 뜻이다. 고대 근동과 구약성경의 인간은 따라서 신을 숭배한 것이 아니라 신을 위해 일을 한 것이다(시친, I, p. 467). 이것으로 보아 그 당시엔 신을 위해 일을 하는 것이 지극히 당연했던 것으로 보인다.

그런데, 여기서 아주 중요한 개념의 단어가 나온다. 바로 아카드어로 엘루(Elu) 혹은 엘(El)이라는 단어이다. 그 뜻은 정확하게 '드높은 존재(Lofty One)'라는 뜻이다. 여기에서 바빌로니아어, 아시리아어, 히브리어, 우가리트(Ugraritic)어의 일(il) 또는 엘(El)이 나왔다(시친 III, p. 317). 북서 셈어(Northwest Semitic)의 엘(El)은 단수의 '신(a god)'을 의미하는데, 신들은 개별적으로는 엘이라고 불렸다. 이는 '강하다(to be strong)', '앞서 가다(to be in front)'라는 단수의 신을 의미한다. 이 단수를 뜻하는 엘(El)에서 복수를 뜻하는 엘로아(eloah)가 나왔고, 히브리어의 엘로힘(elohim)이 되었다. 엘로힘(Elohim)은 히브리어 성경에 2,500번이나 나오는데, 그리스어의 70인 역(Septuagint)에서는 유일신(唯一神)에 입각하여 엘로힘(Elohim)을 모두 'God'으로 표현하고 있다. 그러나 영문 성경에서는 때론 'gods=신들'로 표현하기도 한다. 엘로힘의 주어에 단수의 동사가 쓰이면 단수의 신으로, 복수의 동사가 쓰이면 복수의 신으로 해석하는 것이 옳은 방법이나, 영문성경에 나오는 'God' 혹은 'gods'은 히브리어 성경의 'Elohim'에 해당된다.

그래서 앞에서 보았듯이 『창조의 서사시』 〈점토판 6〉에는 인간을 창조하자는 마르둑의 제의에 대해 고위신들의 회의가 소집되고 이 회의를 통해 인간을 창조하자는 칙령이 내려졌다. 이는 히브리 성경 「창세기」 1장 26~27절을 말하는 내용으로, 여기에는 인간창조의 과정을 말하면서, 엘로힘(Elohim)이라는 복수의 단어가 나온다.

97. "분명, 검은 머리의 인간들은 신들에게 속했다(신들의 소유였다)

98. "… 인간들은 신들의 이름을 엘이라 불렀고, 마르둑은 가장 고귀한 엘로 불렸다

99. "… 신들은 선언했고 신들의 이름은 숭배되었다..

97. "Verily, the decision (concerning) the Black-headed [belongeth to] the gods

98. "… all our names have they called, he (Marduk) is most holy (elu or el)

99. "… they proclaimed and venerated(?) his names.

「창세기」 1:26 - 하나님(엘로힘)이 가라사대 우리의 형상을 따라 우리의 모양대로 우리가 사람을 만들고 그로 바다의 고기와 공중의 새와 육축과 온 땅과 땅에 기는 모든 것을 다스리게 하자 하시고(Then God(Elohim) said, "Let us make man in our image, in our likeness, and let them rule over the fish of the sea and the birds of the air, over the livestock, over all the earth, and over all the creatures that move along the ground."(NIV).

1:27 - 하나님(엘로힘)이 자기 형상 곧 하나님의 형상대로 사람을 창조하시되 남자와 여자를 창조하시고(So God(Elohim) created man in his own image, in the image of God he created him; male and female he created them)(NIV).

엘로힘은 말씀하셨다. "자(Let us)… 분명 한 분의 하나님이 아니다. 여러 하나님들이 인간창조에 관여하고 있다는 것을 알 수 있다. 우리의 형상(our image)을 따라 우리의 모양(our likeness)대로…" 한 분의 하나 님이 아니라 여러 하나님들이 관여해 '우리'라고 표현했다는 것이 중 요하다. 따라서 자세히 알고 보면 성경은 거짓말이 없다. 특히 히브리어 성경은 『창조의 서사시』를 그대로 반영하고 있다. 문제는 그것을 유일 신(唯一神)의 관점으로만 생각해 오로지 신은 한 분이시다라고 주장하 는 분들이다.

4절 마르둑 신이 신권과 왕권을 거머쥐다

마침내 마르둑은 신권과 왕권을 거머쥔다.

118. "우리는 그의 말에 충실히 따를 것이다. 마르둑의 아버지 신들을 넘어,
119. "예, 하늘과 땅의 신들을 넘어, 모든 신들을 넘어,
120. "마르둑의 왕권을 우리는 높이 찬양할 것이다.
118. "We will fulfil (?) the utterance of his mouth. Over his fathers the gods,
119. "Yea, [over] the gods of heaven and earth, all of them,
120. "His kingship [we will exalt].

그리고 마르둑은 이기기 신들과 아눈나키의 정거장, 즉 우주선을

배정한다. 갑자기 왠 우주선이냐고? 이는 차차 『바이블 매트릭스』의 다른 편에서 거론하기로 한다.

123. "마르둑은 이기기 신들과 아눈나키의 정거장, 즉 우주선을 배정했다.

123. "He hath allotted stations to the Igigi and the Anunnaki.

8장
〈점토판 7〉의 내용

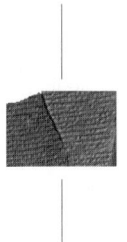

〈점토판 7〉에는 인간들이 식물과 그린 허브(Herb)를 재배하여 신들께 바침으로써 신들은 마르둑 신을 존경하고 두려움을 갖게 된다는 내용으로 시작한다. 마르둑은 신들의 주신(Patron)이며 인간들의 주신이며 다른 신들에게 풍족함을 제공한다.

신들이 갈증이 나면 마르둑 신이 주문(Incantation)을 외어 갈증을 풀어주고, 신들이 화가 나서 마르둑 신에게 대들면 마르둑 신은 잘 참아내 어떤 신도 마르둑을 대적할 자가 없다고 기록하고 있다. 그리고 많은 신들을 임명한다. 식물을 수여하는(Bestower of planting) 신, 씨를 뿌리는(Founder of sowing) 신, 봉헌을 하고 행하는 성작(聖爵)과 성합(聖盒)(Bringer of Purification)의 신, 병을 고치고 자비를 베푸는(Hearing and Mercy) 신 등, 이러한 일을 하신 마르둑 신에게 경의와 절을 하게 한다. 또한 마르둑은 본인을 사랑하는 신들에게는 자비를 베풀고, 반대하는 신들은 제거시킨다. 마르둑의 순수한 주문(Pure Incantation)은 죽은 신들을 살린다라고 기록하고 있다.

1절 하늘의 영역을 창조하고 지구를 견고하게 만든 마르둑 행성의 이름은 니비루

티아마트의 한 가운데 배를 가른 자인 마르둑 행성의 이름은 니비루
(Nibiru)라고 불렸다. 그리고 하늘의 영역을 창조하고 지구를 견고하게
만든『창조의 서사시』의 내용은 영원히 듣게 될 것이다.

107. 마르둑은 처음과 미래로, 신들은 그에게 존경을 표하며,

108. 말을 할 것이다. "그는 티아마트의 한 가운데를 찔렀다고,

109. "그의 이름은 니비루라고, '가운데를 잡은 자!'

110. "하늘의 별들을 위해 궤도를 높이 수정하였고,

111. "그는 양과 같은 모든 신들을 위한 목자였다고!

112. "그는 티아마트를 점령했고 고생끝에 티아마타의 생명을 끊었
       다고"

113. 인간들은 미래에, 날이 지나갈수록,

114. 끊임 없이 듣게 될 것이다, 그 것은 영원히 듣게 될 것이다.

115. 마르둑이 하늘의 영역을 창조하고 지구를 견고하게 만든 이래로,

107. May he hold the Beginning and the Future, may they pay
     homage unto him,

108. Saying, "He who forced his way through the midst of Tiamat,

109. "Let his name be Nibiru, 'the Seizer of the Midst'!

110. "For the stars of heaven he upheld the paths,

111. "He shepherded all the gods like sheep!

112. "He conquered Tiamat, he troubled and ended her life,"

113. In the future of mankind, when the days grow old,

114. May this be heard without ceasing, may it hold sway for ever!

115. Since he created the realm (of heaven) and fashioned the firm earth,

2절 인간들은 주님, 즉 마르둑을 찬양하고 『창조의 서사시』 내용을 가르쳐라

그리고 인간들은 주님인 마르둑을 영원히 찬양하고 즐겁게 해주라는 내용을 끝으로 『창조의 서사시』는 대단원의 막을 내린다.

126. 현명한 자와 이해하는 자는 함께 생각해 보라!
127. 아버지들은 서로에게 이 내용을 반복하고 아들에게 이 내용들을 가르쳐라;
128. 귀 있는 자들은 목사와 목자의 말을 들어라!
129. 인간들은 신들 중의 주님이신 마르둑을 즐겁게 해주라.

126. Let the wise and the understanding consider them together!

127. Let the father repeat them and teach them to his son;

128. Let them be in the ears of the pastor and the shepherd!

129. Let a man rejoice in Marduk, the Lord of the gods.

9장
결론:
『창조의 서사시』는
「창세기」 1장과 현대과학과 일치

지금까지 살펴본 『창조의 서사시』 내용을 정리해 보자. 마르둑 신(행성)은 시계방향으로 태양계에 진입하여 티아마트와 두 번의 충돌과정에서 티아마트를 두 동강내어 아랫부분을 쭉 펴서 하늘, 즉 궁창, 즉 소행성대를 만들고 윗부분으로 지금의 지구를 만들었다. 소행성대를 기준으로 내행성(수성→금성→지구→화성)과 외행성(목성→토성→천황성→해왕성)으로 나뉘게 했다. 마르둑은 킨구를 제외한 티아마트의 10개 위성들을 부수어 시계방향의 궤도를 갖는 혜성으로 만들었으며, 킨구를 지구의 궤도에 붙여 지구를 도는 달을 만들었다. 그리고 토성의 위성인 가가를 명왕성으로 만들어 마르둑 자신과 특이한 궤도면을 부여했다.

이로써 지구의 대양에 있는 깊은 해저, 초토화된 달, 거꾸로 된 궤도를 갖고 있는 혜성, 명왕성의 특이한 면모 등 태양계의 많은 비밀들이 『창조의 서사시』를 통해 완전히 풀린 것이다.

그 다음 지구를 중심으로, 그리고 지구를 위해 별들과 미완성의 태양과 8개 행성들의 궤도를 정(定, setting)했다. 즉 지구를 위해 마르둑이 기 창조한 별들과 미완성의 행성들의 궤도를 수정했다(reset). 중요한 것은 「창세기」 1장 14절의 "하나님이 가라사대 하늘의 궁창에 광명이 있어 주야를 나뉘게 하라 또 그 광명으로 하여 징조와 사시와 일자와 연한이 이루라"의 내용이다. 지구에 낮과 밤이 생기도록, 지구에 징조와 사시와 일자와 연한이 생기도록, 지구를 23.5도 기울게 하고, 태양이 별들의 12황도대(黃道帶, the zodiac)를 돌도록 태양계와 황도대의 궤도를 새로이 정했다. 세차운동에 의해 태양이 떠오르는 춘분점의 12개 별자리를 정함으로써 시대를 알게 했다.

결론적으로 『창조의 서사시』 내용은 오늘날의 천체우주물리학 상의 우리 은하를 도는 태양과 지구의 궤도와 똑같다는 것이다. 또한 구약성경 「창세기」 1장 1절에 등장하는 천(the heavens)은 『창조의 서사시』 내용으로 접근해 볼 때 궁창(expanse/NIV, firmament/KJV, space/New Living, dome/Good News), 즉 하늘(sky/NIV/New Living, Sky/Good News, Heaven/KJV), 즉 오늘날의 소행성대(Asteroid Belt)임을 알 수 있다. 「창세기」 1장 14~18절에서 언급한 '만들었다(made)'라는 의미는 창조(created)가 아니라, 이미 창조된 별들과 미완성의 태양과 행성들의 궤도를 지구를 위해 정했다는 의미이다. 이렇게 본다면 구약성경 「창세기」 1장 1~18절까지의 내용은 하나도 틀린 것이 없으며, 그 모태는 『창조의 서사시』라는 것을 알 수 있다. 또한 미시적인 태양계라는 천체우주물리학적 관점으로도 「창세기」 1장 1~18절은 완벽하다는 것을 알 수 있다.

그러나 『창조의 서사시』라는 미시적인 접근으로도 풀리지 않는 질문들이 있다. 첫 번째, 「창세기」 1장 1절의 천(the heavens)이다. 『창조의 서사시』에서는 태양계의 소행성대를 의미한다고 했다. 그러면 우주(Universe/Good News)는 도대체 누가 창조한 것일까? 신들이 태양계를 창조하셨다면 우주도 창조하셨지 않았을까? 두 번째, 「창세기」 1장 3~4절에 나오는 어둠(darkness)에서 빛(lights)을 나누었다는 것은 무엇을 말하는 것일까? 세 번째, 「창세기」 1장 11~12절에 등장하는 각종 풀과 채소와 열매 맺는 과목들은 어디서 왔을까? 왜냐하면 이 부분이 매우 중요한데, 하나님께서 그저 말씀으로 땅이 각종 채소와 열매 맺는 나무를 냈다고 기록하고 있기 때문이다. 다른 것은 다 창조했다고 (created) 기록된 반면 채소와 나무는 그저 땅이 하나님의 말씀에 따라 생산했다(produced)고 기록된 점이다. 네 번째, 어떻게 6일 만에 현대우주물리학에서 말하는 137억 년 된 천지창조와 더불어 인간까지 창조했을까? 아니면 태양계로 좁힌다 하더라도 태양의 나이가 50억 년인데 어떻게 6일 만에 창조했을까? 6일이란 우리 인간의 날, 즉 지구의 날을 의미하는 것일까? 아니면 하나님의 천상(Celestial)의 6일을 의미하는 것일까?

2부에서 태양계를 넘어 우주라는 보다 거시적인 천체우주물리학적인 접근을 통해 이 네 가지 의문들에 대한 근접한 답을 찾아 제시해 보기로 한다.

10장
중요한 사실-주의할 점

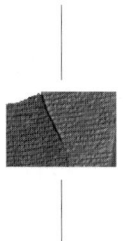

1부에서 가장 중요한 사실을 지적할 필요가 있다. 1부를 읽으면서 대충 『바이블 매트릭스』 시리즈의 방향을 눈치 챈 독자들이 있으시면 복 받으신 분들이다. 「창세기」 특히 「창세기」 1~3장은 「요한계시록」, 특히 「요한계시록」 20~22장과 밀접한 관계에 있다. 3부에서 자세히 소개하겠지만, 「요한계시록」에는 예수님을 "처음이요 나중(the First and the Last)", "알파요 오메가(the Alpha and the Omega)", 그리고 "시작과 끝(the Beginning and the End)"으로 표현하고 있는데, 처음(시작)이 「창세기」라면 「요한계시록」은 끝(나중) 날, 즉 「창세기」의 우주가 끝나고 새로운 우주가 창조되기 때문이다.

이런 관점에서 마르둑(Marduk) 신은 어느 족보상의 신인가를 잘 알고 있어야 한다. 마르둑 신의 아버지는 엔키(Enki, Ea) 신이다. 엔키 신은 주로 하늘에 거주하시는 안(아누, An, Anu) 신의 장남이지만, 서자(庶子)로 하늘, 즉 니비루 행성에서 태어나셨다. 이 땅에 제일 먼저 오셔서 수많은 고생스런 일을 하셨지만, 나중에 내려오신 엔릴(Enlil) 신이 적자(嫡子)라 12명의 아눈나키의 수장이 되신다.

그리고 『바이블 매트릭스』 시리즈의 「인간창조와 노아 홍수의 비밀」편에서 소개하겠지만, 실제로 인간을 창조하시고 인간에게 과학기술의 지식을 전수해 준 신이 바로 엔키 신이다. 하지만 엔키 신은 그 과정에서 여러 번의 아눈나키의 명령들을 거부해 온 신이다. 사사건건 엔릴 신과 하늘의 안 신과 다투게 된다. 이런 관점에서 엔키 신의 아들인 마르둑 신은 아눈나키들과 전쟁을 선포하고 결국 신권과 왕권을 탈취하게 된다.

그 결과 성경에서 조차 마르둑 신은 여호와 하나님의 적으로 표현되고 있다는 점에 명심해야 한다. 이미 살펴본 바와 같이 「예레미야」 50장 2절에 나오는 므로닥(Merodach)이 바로 마르둑 신이다. 마르둑 신은 야훼 신의 적으로, 멸망해야 할 바빌론의 주신(patron deity) 또는 수호신인 젊은 벨(Bel)이라 표현하고 있다. 따라서 성경은 전체적으로 마르둑 신을 수호신으로 받든 바빌론을 야훼 신의 적으로 표현하고 있다. 「요한계시록」 18장에는 이를 뒷받침하듯이 바빌론의 멸망(The Fall of Babylon)을 다루고 있다는 것을 알아야 한다. 이 정도는 눈치 챘어야 한다. 이는 「요한계시록」에 가면 매우 중대한 사건이기 때문이다.

다만, 한 가지 통찰력은, 『창조의 서사시』는 고대 바빌로니아인들이 그들의 주신인 마르둑 신의 입장에서 편집한 것이라는 점이다. 우리가 왕이 바뀌면 새로운 왕의 입장에서 역사를 재편집하듯이 말이다. 그래서 『창조의 서사시』는 모든 것을 마르둑 신이 한 것으로 바꿔 놓은 것이다. 천지창조에서부터 인간창조까지 그 주인공은 마르둑 신이다. 우리는 이것을 어떻게 해석해야 하는가?

포인트는 이렇다. 주인공이 누가 됐건 간에 천지창조의 진실과 내용은 그대로라는 점이다. 우리가 살펴보았듯이 주인공만 바뀌었지 그 내용과 진실은 하나도 바뀐 것이 없다. 이러한 관점에서 『창조의 서사시』는 천지창조의 비밀뿐 아니라 우리의 미래를 알게 해주는 매우 소중한 역사책임에 틀림이 없다. 미래를 알려면 반드시 과거를 알아야 한다.

따라서 우리는 『창조의 서사시』를 써서 우리에게 남겨준 고대의 기록자 분들께 정말로 정말로 감사를 드려야 한다.

2부

현대우주(천체) 물리학의
거시적 접근

질문들

1부에서 살펴본 『창조의 서사시』라는 미시적인 접근으로도 풀리지 않는 질문들이 있다.

첫 번째, 「창세기」 1장 1절의 천(the heavens)이다. 1부인 『창조의 서사시』에서는 태양계의 소행성대를 의미한다고 했다. 그러면 우주(Universe/Good News)는 도대체 누가 창조한 것일까? 하나님이 태양계를 창조하셨다면 우주도 창조하셨지 않았을까?

두 번째, 「창세기」 1장 2~4절에 나오는 어둠(darkness, 암흑, 暗黑) 또는 흑암(darkness, 黑暗)은 무엇이고 어둠에서 빛(lights)을 나누었다는 것은 무엇을 말하는 것일까?

세 번째, 「창세기」 1장 11~12절에 등장하는 각종 풀과 채소와 열매 맺는 과목들은 어디서 왔을까? 왜냐하면 이 부분이 매우 중요한데, 하나님께서 그저 말씀으로 땅이 각종 채소와 열매 맺는 나무를 냈다고 기록하고 있기 때문이다. 다른 것은 다 창조했다고(created) 기록된 반면 채소와 나무는 그저 땅이 하나님의 말씀에 따라 생산했다(produced)고 기록된 점이다.

2부에서는 태양계를 넘어 우주라는 보다 거시적인 천체우주물리학적인 접근을 통해 이 세 가지 의문들에 대한 근접한 답을 찾아 제시해 보기로 한다.

현대우주(천체)물리학의 거시적 접근

2000년 들어 미국의 코브 탐사위성(COBE)과 윌킨손극초단파이방성탐사위성(WMAP), 유럽의 거대하드론입자충돌기(LHC)와 허첼(Herschel) 및 플랭크(Planck) 우주망원경, 중력렌즈망원경(Gravitational lensing), 그리고 국제우주측량프로젝트(SDSS) 등의 우주천체물리학의 과학적 측정 결과가 분석되면서, 우주 초기의 모습과 블랙홀(Black Hole)이 정밀한 과학으로 발견되어 설명되고 있다. 우주의 나이가 137억 년이며, 현재까지 인류가 이해한 우주는 전체 우주의 겨우 4.6%였음이 드러나고 있다. 언젠가 우리는 시공(時空)의 우주물리적 실체를 이해하여 우주에 대한 새로운 인식으로 새로운 지평을 열어갈 것이다. 그러나 23%의 암흑물질과 72%의 암흑에너지로 이루어진 우주가 우리에게는 아직 미지의 세계로 남아 있다. 지금까지 밝혀진 우주창조의 비밀을 살펴보고, 거시적인 관점에서 「창세기」 1장을 음미해 보자.

1장

거시적 우주, 빅뱅 이론, 암흑물질과 암흑에너지

1절 우주생성이론

우주생성이론에는 크게 세 가지로 요약된다. 하나는 '우주는 초기 빅뱅 (대폭발)으로 만들어졌으며 그 이후 우주는 지속적으로 팽창했다(The Universe had been created in an initial Big Bang and then continued to expand)'는 빅뱅 이론(Big Bang Theory)[1]이고, 다른 하나는, '우주는 항상 정상 상태로 존재했다(It had always existed in a Steady State)'는 정상 상태이론(Steady-State Theory)[2]이며, 또 다른 하나는 알베르트 아인슈타인이 처음에 주장했던 '우주는 팽창하지도 축소하지도 않는다(space is neither expanding nor contracting static universe)'는 정적 우주론(Static or Stationary Universe or Einstein' universe)[3]이다.

빅뱅 이론은 우주가 빅뱅에 의해서 생성되고 그 이후 팽창이 가속화되어[4] 우주가 확장되고 있다(Accelerating universe)고 보는 반면, 정상

---

1 http://en.wikipedia.org/wiki/Big_Bang
2 http://en.wikipedia.org/wiki/Steady-state_theory_of_the_universe
3 http://en.wikipedia.org/wiki/Einstein%27s_universe

상태이론은 빅뱅에 의해서가 아니라, 새로운 물질이 지속적으로 생성되어 우주가 팽창하지만, 우주는 한정되어 있어, 모습이 변화되는 것이 아닌, 즉 처음과 끝이 없다고 한다. 정적 우주론은 아인슈타인이 우주 팽창을 인정하면서 철회되었다.

그러나 2008년부터 우리 은하 중심부(Galactic Center)의 블랙홀 (Black Hole)뿐만이 아니라 우리 은하 주위의 다른 은하 중심부에서 블랙홀이 발견되고, 2011년의 노벨물리학상은 1998년에 '먼 거리에 있는 초신성(超新星, supernova)의 관찰을 통해 우주의 팽창이 가속화되고 있다는 것을 발견(for the discovery of the accelerating expansion of the Universe through observations of distant supernovae)'한 공로로 미국의 사울 펄뮤터(Saul Perlmutter), 미국 태생의 오스트레일리아 국립대학의 브라이언 스미트(Brian P. Schmidt)와 미국의 애덤 라이에스(Adam G. Riess)에게 수여된 이래로[5] 지금은 빅뱅 이론이 우주 생성의 표준모델(the standard cosmological model)로 정립되었다.

2절 빅뱅 이론이란?

빅뱅 이론은 우주에 남아 있는 빅뱅의 잔여 파장인 우주극초단파배경복사(Cosmic Microwave Background Radiation)를 바탕으로 하고 있는데, 1964년 아르노 펜지아스(Arno Penzias)와 로버트 윌슨(Robert Wilson)은 우주극초단파배경복사를 최초로 발견하여(for their discovery

---

4 http://en.wikipedia.org/wiki/Accelerating_universe, http://en.wikipedia.org/wiki/Metric_expansion_of_space

5 2011년 노벨물리학상 이유-http://www.nobelprize.org/nobel_prizes/physics/laureates/2011/

of cosmic microwave background radiation) 1978년에 노벨물리학상을 수상했다.[6] 극초단파배경복사는 눈보라(blizzard)의 일부분으로 TV 수상기에 이상이 생기면 듣게 되는 의미 없는 잡음(Irrelevant noise)과도 같은 것인데, 이게 의미 없는 잡음이 아니라, 우주생성의 근원임을 증명한 것이다. 이보다 앞서 1940년대에 이미 알퍼(Alpher), 감모우(Gamow), 그리고 허맨(Herman) 등에 의해 극초단파배경복사이론이 등장하게 되었고, 결국 이들의 이론에 의한 극초단파배경복사의 실제 발견은 우주의 생성 기원에 아주 지대한 기여를 하게 되었다.

빅뱅 시나리오에 따르면, 우리의 우주는 빅뱅에 의해 매우 응집된 열 상태(a State of Intense Heat)로부터 생성하고 성장하여, 그 후 우주는 지속적으로 팽창하고 있어, 빅뱅의 흔적인 우주극초단파배경복사가 우주에 존재한다는 가설인데, 이 가설에 의하면 우주는 빅뱅에 의해 믿을 수 없으리만큼 응축된 복사(Intensive Radiation)로 뒤덮였을 가능성이 있다. 이것이 바로 극초단파우주배경복사인데, 이를 실제 발견해

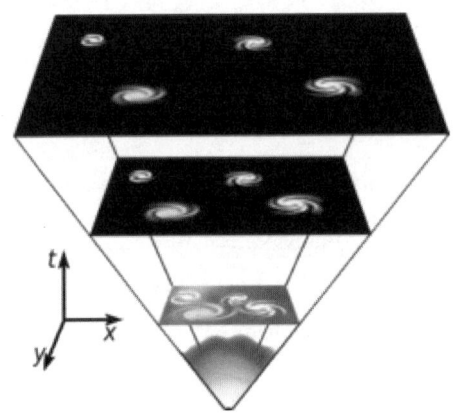

빅뱅 이론에 따르면 우주(Universe)는 빅뱅에 의해 생성된 응집된 열 상태로 성장하여 오늘날 지속적으로 팽창하고 있다. 은하들을 포함하는 우주공간은 마치 팽창하는 풍선과 같다. Credit: wikipedia.org(Big Bang)

---

6 1978년 노벨물리학상 수상-http://nobelprize.org/nobel_prizes/physics/laureates/1978/

내면 우주생성의 기원을 알 수 있다.

이러한 복사는 바로 빛을 발하는 물체(Glowing Body)에 의해 방출되는데, 이 복사의 스펙트럼은 온도에 따라 그 형태가 달라지게 된다. 조금 이견이 있는 용어이지만 천체물리학에서는 이를 흑체 복사(Blackbody Radiation)라 한다. 여기서 흑체(黑體)라는 용어가 재미있는데, 그 이유는 「창세기」 1장 4절에 "하나님이 어둠(黑)으로부터 빛을 나누사(God separated the light form the darkness)"와 일맥 상통하기 때문이다.

그런데 이러한 흑체 복사의 스펙트럼은 실험실에서 만들 수 있는데, 바로 독일의 막스 플랑크(Max Planck, Max Karl Ernst Ludwig Planck, 1858~1947)가 최초로 이를 만들어 보여 줌으로써 1918년에 노벨물리학상을 수상했다.[7] 우리 태양도 빛을 방출하는 하나의 흑체이다. 하지만 태양의 복사 스펙트럼은 우주극초단파배경복사의 스펙트럼보다 덜 완벽하며 초라하다. 완벽한 것이 100%라면 4.6%에 불과하다.

3절 빅뱅 이후 38만 년의 빛과
우주극초단파배경복사의 실체 발견

2006년 10월에 미국항공우주국(NASA)의 존 매터(John C. Matter)와 미국 버클리 대학(UC Berkeley)의 조지 스무트(George F. Smoot)는 '흑체(黑體) 형태와 우주극초단파배경복사의 이방성(異方性) 발견(for their discovery of the blackbody form and anisotropy of the cosmic

---

[7] 1918년 노벨물리학상 수상-http://nobelprize.org/nobel_prizes/physics/laureates/1918/

microwave background radiation)'으로 노벨물리학상을 수상했다.[8]

이들은 1989년 미국항공우주국이 발사한 우주배경복사 탐사위성인 코브(COBE)에서 보내온 데이터를 이용해 1990년에 우주극초단파배경복사의 실체를 발견했으며, 2001년에 발사한 윌킨손극초단파이방성 탐사위성(WMAP)에서 보내온 매우 상세한 관찰 결과를 이용해 2003년에 137억 년 전의 빅뱅 이후의 38만 년 된 빛(극초단파)의 패턴을 잡아냈다. 따라서 현대우주론(Cosmology)을 정밀과학(Precise science)으로 발전시키는 데 크게 이바지하고, 항성(별) 및 은하 형성 기원을 이해하는 데 기여했으며, 이들의 연구로 빅뱅 이론이 강력한 지지기반을 얻게 됐다.

빅뱅 이론에 따르면, 빅뱅 직후의 우주는 복사선을 방출하는 빛나는 물체(Glowing Body Emitting Radiation)에 비유되는데, 이때 방출된 복사선의 파장은 전적으로 온도에만 의존하기 때문에 온도에 따라 파장이 틀리게 된다. 이 같은 복사선의 스펙트럼 형태는 따라서 흑체 복사라는 특별한 형태를 띠게 된다. 137억 년 전 빅뱅 이후 30만 년 지난 후 이 흑체 복사가 방출되었을 때 우주의 온도가 섭씨 2,727도(약 절대온도 3,000K)라는 것을 밝혀냈다. 그 다음 빅뱅 시나리오에 따라 우주가 팽창하면서 식어 가므로 배경복사의 온도가 점점 낮아지고 있는 것으로 관측되어 왔는데, 매터와 스무트는 COBE와 WMAP 위성에서 잡은 흑체 스펙트럼을 이용하여 오늘날 우주배경복사의 평균 온도가 절대온도 2.7K(섭씨 영하 270.3도)임을 밝혀냈다. 이것은 무엇을 의미하는가 하면, 흑체 복사의 원칙을 의미하는데, 온도가 낮으면 낮을 수록 파장은 길어지는 것을 의미한다. 따라서 배경복사의 극초단파(Microwaves)는

---

8 2006년 노벨물리학상 수상-http://www.nobelprize.org/nobel_prizes/physics/laureates/2006/

우리가 보는 가시광선(Visible Light)보다 파장이 긴 것이다. 현재 우주
는 섭씨 영하 270.3도로 매우 차갑다.

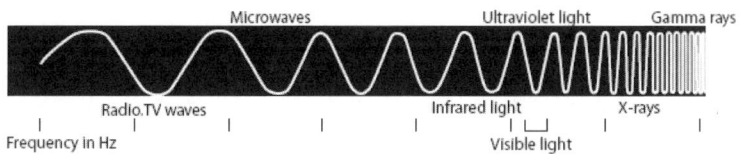

또한 매서와 스무트는 우주의 서로 다른 방향에서 아주 미비한 온
도차이(Temperature fluctuations)가 나는 이방성(異方性, Anisotropy)
을 발견해냈다. 우주배경복사에서의 이 같은 아주 작은 온도 차이는
1/100도~1/1000도 정도인데, 이는 바로 별과 은하들이 각각 어떻게
생성되었는지 그 실마리를 제공하고, 온도의 차이는 우주에서의 물질
(matter)들이 어떻게 응축되었는지를 보여 주는 것이다. 이와 같은 온도
차이는 은하, 별, 태양, 지구, 그리고 인간을 비롯한 모든 우주만물이 고
유의 에너지와 파동으로 생성되고 성장하는 데 필수적인 요인이다. 만
약 이 같은 이방성의 온도 차이 메커니즘이 없었다면, 물질들은 완전히

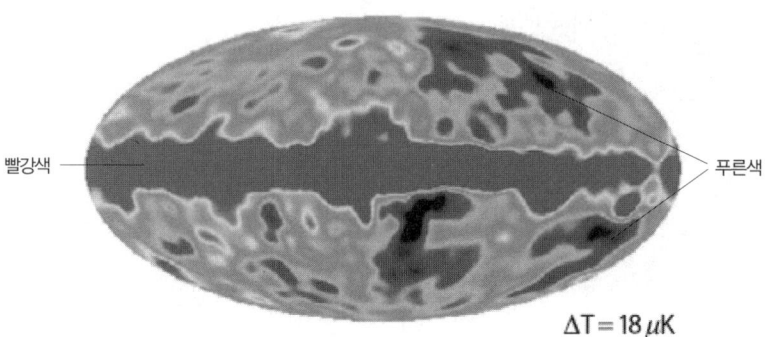

COBE에 의해 측정된 이방성 온도 차이 맵. 빨강색은 고온, 푸른색은 저온. 온도 차이는 아주 작아
1/100~1/1000도 정도임. 사진: 노벨상위원회(03 Oct 2006).

같은 형태를 취해 우주에 골고루 흩어져 아무것도 만들지 못했을 것이다.

4절 23%의 암흑물질과 72%의 암흑에너지의 발견

이보다 앞서 2006년 3월에 미국항공우주국의 윌킨손극초단파이방성 탐사위성(WMAP) 팀은 그간 3년간 모은 데이터를 일반에 공개했다. 앞 절에서 설명한 WMAP 팀은 2003년에 137억 년 전의 빅뱅 이후의 38만 년 된 빛의 패턴을 잡아냈다. 이를 포함해서 2003년에 WMAP이 얻은 데이터를 공개하여 천문학, 천체물리학, 입자물리학 등에 큰 진전을 가져오게 해주었다. 아울러 2006년의 데이터 발표는 그 이후 2년 동안 더 모은 3년의 데이터를 토대로 한 새로운 결과를 보여 주고 있다. 특히 관심 있는 내용은 "우주 나이는 137억 년이다"라는 것과 "우주 전체 에너지의 74%는 암흑에너지(Drak energy), 22%는 암흑물질(Dark matter), 4%는 우리가 살고 있는 태양계의 통상적인 원자들(Atoms,

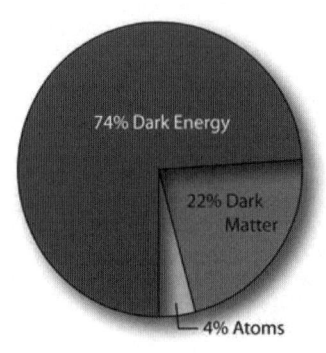

2012년 현재 118개의 원자)[9]로 이루어진 일반물질(Normal matter)이다"라는 점이었다(NASA, Mar 2006).

그 후 2008년 3월 7일에 그간 2년간의 데이터를 추가한 총 5년의 데이터 분석 결과가 발표되었다(NASA, 07 Mar 2008). 우주극초단파배경복사의 평균 온도는 절대온도 2.725K(섭씨

---

9 Webelements- http://www.webelements.com/

푸른색

빨강색

이방성 온도 차이. 빨강색 지역은 따뜻한 곳, 푸른색 지역은 차가운 곳, 이 두 지역의 차이는 ±0.0002
도. Credit: NASA/WMAP Science Team

영하 270도 또는 화씨 영하 455도)이며, 이방성에 따라 따듯한 곳과 차가
운 곳의 온도 차이가 대략 ±0.0002(2/10,000, ±200 microKelvin)도라
는 것이다.

WMAP는 137억 년 전의 우주, 정확하게는 빅뱅 후 38만 년의 빛
을 측정하여, 우주의 초기 구성물질과 오늘날의 구성물질을 측정했다.
137억년 전의 초기 우주의 물질은 암흑물질이 63%, 광자가 15%, 원자
가 12%, 그리고 중성미자가 10%였으나, 우주가 팽창하면서 일반적인
가스처럼 암흑물질과 원자의 밀도가 낮아지고, 그 대신 광자와 중성
미자 입자들은 에너지를 잃어 암흑물질보다 더욱 빠르게 밀도가 낮아
졌다.

따라서 오늘날의 우주는 항성(별)이나 행성을 구성하는 원자가
4.6%이고, 암흑물질은 23%를 이루는데, 이는 원자와 달리 빛을 방출
하지도 흡수하지도 않는다. 그래서 적외선-가시광선-자외선-X선-감마
선 등 어떤 전자기파로도 관측되지 않는다. 다만, 암흑물질의 중력에
의해 간접적으로 감지되는 물질이다. 우리가 한밤중에 높은 산에 올
라가 마을을 내려다보면 불빛밖에 보이지 않지만 실제로는 건물, 학교,
운동장, 시장 등 많은 물체가 존재하는 것과 같다. 마찬가지로 한밤중

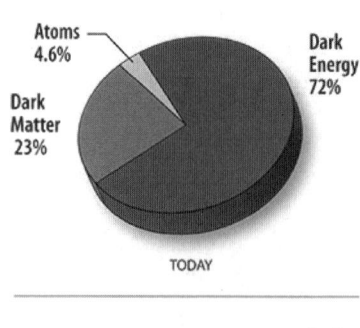

TODAY

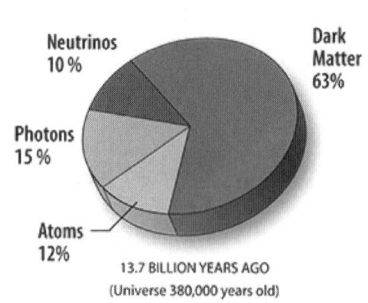

13.7 BILLION YEARS AGO
(Universe 380,000 years old)

에 하늘을 보면 반짝이는 별들만 보이고 나머지는 깜깜하게 보이는데, 이것이 무엇인지는 아직 밝혀지지 않았지만 이게 암흑물질이다.

우주의 72%를 이루는 암흑에너지는 반-중력(斥力, Anti-Gravity, Repulsive force, 끌어당기는 중력이 아니라 밀쳐내는 힘) 물질로 오늘날의 우주의 팽창을 가속화시키는 물질이다. 여기에서 보여 주는 WMAP의 데이터는 두 자리 숫자로 다 합치면 100%가 되지 않는데, 이는 바로 암흑물질과 암흑에너지를 정확히 정의할 수 없는 WAMP의 한계이지만, 언젠가는 우리 인간들은 이를 정확하게 관측할 수 있을 것으로 예측된다.

결국 우리 인간이나 태양은 전체 100%의 우주물질 중 4.6%에 불과한 원자로 이루어진 것이며, 그 동안 인간들이 발견한 것은 실제 우주의 고작 4.6%만을 관측하고 탐구해 왔다는 사실이다. 그러나 과학자들은 23%의 암흑물질과 72%의 암흑에너지가 실제 무엇인지를 밝히는 데 온 힘을 쏟고 있다. 23%의 암흑물질로 윔프(WIMPs, Weakly Interacting Massive Particles)가 아직까지는 가장 유력한 물질이지만 아직 확실한 것은 아니다.

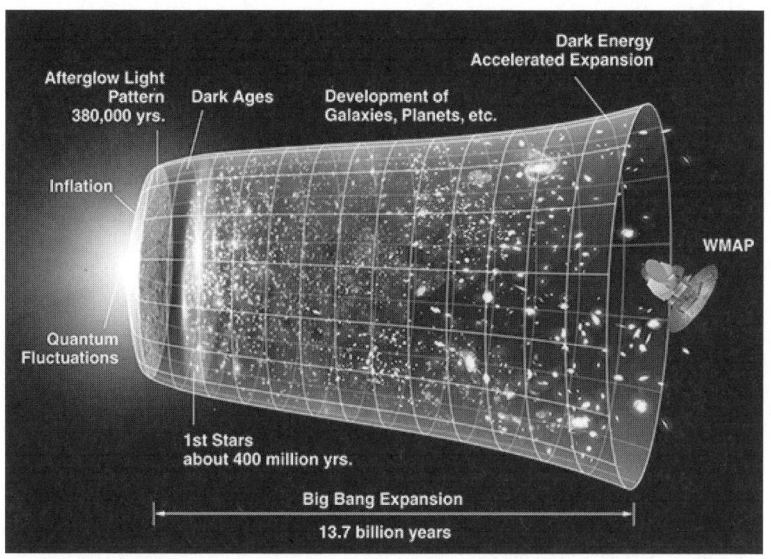

WMAP이 밝혀낸 빅뱅 후 137억 년 동안의 우주의 진화. 왼쪽은 빅뱅 초기의 대폭발에 의해 기하급수적으로 팽창(inflation)하는 시대이고, 그 다음은 2003년에 측정된 빅뱅 이후 38만 년 된 빛의 패턴이 보여 주는 오늘날 우주의 이방성 온도 차이임. 최초의 별은 대략 빅뱅 이후 4억 년이 지나서 탄생. 그 다음 다양한 은하와 행성들이 생성됨. 우리 태양은 나이가 45.7억 년(대략 50억 년)이므로 빅뱅 이후 87억 년이 흐른 후 생성. 그 다음 팽창은 중력에 의해 둔화. 그러나 오른쪽을 보면 최근에는 팽창이 다시 가속화되고 있는데, 이는 암흑에너지의 반발(척력) 효과(Repulsive effects)가 우주를 지배하기 시작했기 때문임. 대략 빅뱅(Big Bang)이 있은 후 50억~70억 년부터 팽창하기 시작. Credit: NASA/WMAP Science Team(NASA, 07 Mar 2008)

5절 암흑물질의 후보인 윔프(WIMPs)가 후보에서 탈락하다

우리가 밤에 하늘을 보면 빛을 발하는 별들이나 빛을 반사하는 행성들을 제외하면 우주공간이 깜깜하게 보이는 것은 바로 암흑물질과 암흑에너지 때문이다. 이들은 아무것도 눈에 보이지 않고, 망원경으로도 보이지 않지만, 분명히 존재하는 물질이다. 암흑물질은 암흑물질의 중력에 의해 은하를 도는 별들의 공전 속도와 은하단(clusters of galaxies)의 움직임에 영향을 주고, 그리고 은하단의 은하의 별들에서 복사되는 빛이 지구에 도달할 때 감지되는 물질이다. 암흑에너지는 반중력 물질로 오늘날의 우주의 팽창을 가속화시키는 물질이다. 137억 년 전에 빅뱅이 있은 후 50~70억 년부터 팽창하기 시작했다.

과학자들은 암흑물질의 후보로 윔프(WIMPs)를 가정해 왔다. 윔프를 가정한 가설은 윔프의 쌍(pairs of WIMPs)이 상호작용을 할 때 서로 소멸하면서(annihilate), 그 과정에서 감마선(gamma rays)을 방출한다는 것이다. 그런데 미국항공우주국이 2008년에 쏘아 올린 페르미 감마선 우주망원경(Fermi Gamma Ray Space Telescope)의 주요 장비인 대규모 망원경(Large Area Telescope=LAT, 처음엔 Gamma-ray Large Area Space Telescope=GLAST라 부름)을 이용하여 우리 은하(Milky Way Galaxy)를 도는 24개의 난장이 은하(two dozen dwarf galaxies, 작은 은하) 중 10개 은하의 감마선을 2년 동안 관측한 결과, 아무런 감마선이 관측되지 않았다. 이 연구 결과는 2011년 12월에 발표되었다(Ackermann, et al, 2011). 그러다가 2012년 4월 미국항공우주국은 윔프가 암흑물질 후보 물질에서 탈락되었음을 공식 선언했다(NASA & Science Daily, 02 Apr 2012).

2장

미시적 우주, 질량을 부여하고 사라진 하나님의 입자(God Particle), 힉스 입자

자, 이번에는 미시적인 우주, 즉 소립자(elementary particles) 또는 기본입자(fundamental particles)의 세계를 살펴보자. 본 장에서 중요한 것은 물리학의 표준모델(Standard Model)이다. 지금까지 밝혀지고 정립된 것을 보자. 자연계에 존재하는 4가지의 힘(force)이 있는데 바로 중력(Gravity force)−전자기력(Electromagnetic force)−강력(Strong or Colo(u)r force)−약력(Weak force)이다. 이 중에서 중력을 제외한 전자기력−강력−약력의 상호작용을 매개하는 매개입자(carrier particles)들이 2004년에 밝혀져 표준모델이 정립되었다. 그렇지만 중력의 상호작용을 하는 매개입자를 찾지 못해 미완성의 표준모델이다. 그러므로 중력을 매개하는 매개입자를 찾아내면 노벨물리학상 수상이 유력하다.

1절 물리학 표준 모델과 힉스 입자(Higgs particle)

미국 UC 산타바바라의 데이비드 그로스(David J. Gross), 캘리포니아 공대(CIT)의 데이비드 폴리처(H. David Politzer), 그리고 MIT 공대의 프랭크 윌첵(Frank Wilczek)은 물리학 표준모델의 난제였던, 우주에 작용하는 힘의 하나인 강력(强力, Strong force)의 비밀을 풀어냈다. 이들은 '강력 상호작용 이론에서의 점근적 자유성(漸近的 自由性) 발견(for the discovery of asymptotic freedom in the theory of the strong interaction)'으로 약력-강력-전자기력 간에 상호작용하는 양자색력학(QCD, Quantum Chromo Dynamics)의 통합 표준모델 정립에 공헌한 공로로 2004년 노벨물리학상을 수상했다.[10]

강력은 원자핵이 존재할 수 있게 하는 것으로 이 힘이 없으면 우주 만물의 형상도 만들어질 수 없다. 밀가루가 물이 없으면 뭉쳐질 수 없듯이, 물질의 최소 입자 중의 하나인 쿼크들(Quarks)이 없으면 최후의 물질을 만들 수 없기 때문이다.

이들이 발견한 표준모델은 다음과 같다. 3개의 쿼크들이 가까이 있으면 상호작용하는 힘이 약해져, 약력의 매개입자 혹은 전령입자(messenger particles)인 W와 Z보존(bosons)에 의해 중성자(neutron)는 붕괴작용(decay)이 일어나 반중성미자(anti-neutrino)와 전자(electron)를 방출하고 동시에 양성자(proton)로 전환된다. 또한 3개의 쿼크들 중 하나라도 멀리 떨어져 있으면 작용하는 힘이 강력해져, 강력의 매개입자인 글루온(gluons)에 의해 쿼크들은 핵자(nucleon)인 중성자와 양성자를 만들어 원자핵(nuclei)을 이룬다. 그 다음 전자기력(Electromagnetic force)의 매개입자인 광자(photon)에 의해 전자에 둘러싸인 원자(atom)를 이루고, 그 다음 원자들로 구성된 분자(molecule)를 이루고, 분자들은 결국 물질(matter)을 만들어 생명체를 만든다. 결국 이 3가지 힘들은 따로 따로 작용하는 것이 아니라 하나의 우주를 만드

---

10 2004년 노벨물리학상 수상-http://www.nobelprize.org/nobel_prizes/physics/laureates/2004/press.html

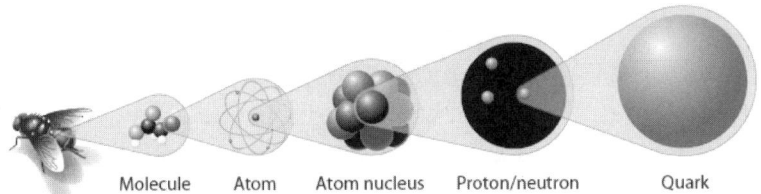

Molecule　　Atom　　Atom nucleus　　Proton/neutron　　Quark

파리 생명의 기원 : 쿼크 → 양성자/중성자 → 원자핵 → 원자 → 분자 → 파리.
사진: 노벨상위원회(2008)[12]

는 통일된 상호작용을 하고 있다. 아직은 중력의 매개입자로 보이는 중
력자(graviton)를 찾아내지 못하여 중력을 표준모델에 포함시키지는 못
했으나, 만물의 이론(Theory of Everything, TOE)[11]을 찾아내는 데 지대
한 공헌을 한 셈이다.

　이로써 중력을 제외한 전자기력-강력-약력의 물리학 표준모델
(Standard Model)이 정립되었다. 이 표준모델 내의 모든 입자는 페르미
온(fermions)과 보존(bosons)으로 구분된다. 페르미온은 우주를 구성하
는 일반물질(normal matter), 즉 쿼크(Quarks)와 렙톤(Leptons, 경입자)이
만들어내는 일반물질을 이루는 기본입자이다. 보존은 매개입자 또는
전령입자(힘 입자)라 하는데, 약력을 매개하는 W와 Z, 강력을 매개하는
글루온(gluons), 그리고 전자기력을 매개하는 광자(photon)가 보존이다.

　그런데 문제가 하나 있다. 암흑물질, 암흑에너지, 반물질(antimatter)
등을 제외한 표준모델에서 일반물질(normal matter)을 구성하는 페르미
온의 12개 기본입자와 3가지 힘을 매개하는 4개의 보존입자들이 있는
데, 페르미온의 12개 기본 입자들은 모두 질량(mass)을 갖고 있다. 빅
뱅 초기에는 질량이 '0'이었을 것으로 과학자들은 추측한다. 즉 물질과

---

11 http://en.wikipedia.org/wiki/Theory_of_everything
12 2008년 노벨물리학상 수상-http://nobelprize.org/nobel_prizes/physics/laureates/
　2008/

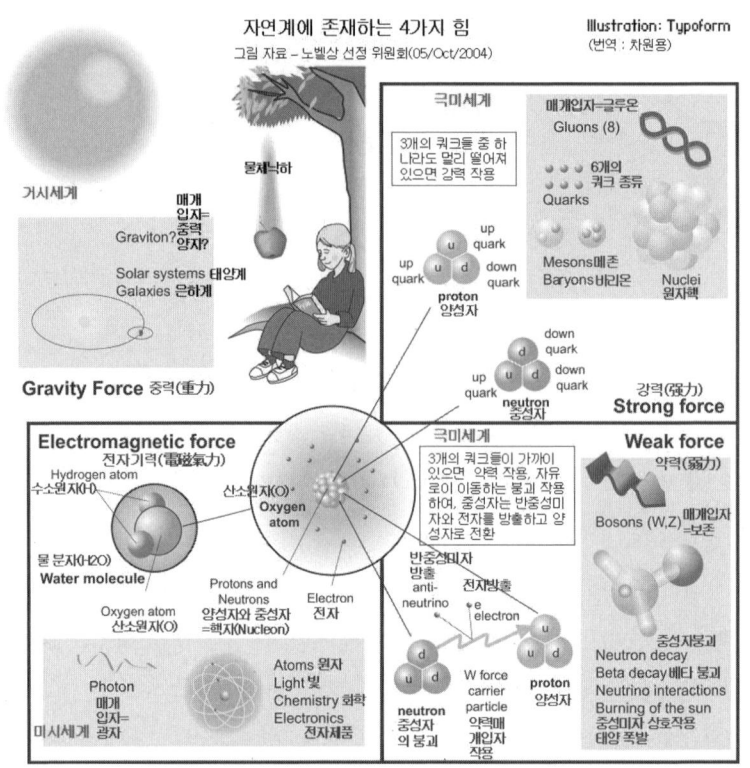

자연계에 존재하는 4가지 힘
그림 자료 – 노벨상 선정 위원회(05/Oct/2004)

Illustration: Typoform
(번역 : 차원용)

2004년 노벨물릭학상을 수상한 과학자들에 의해 중력을 제외한 전자기력–강력–약력의 표준모델
(Standard Model)이 정립. Credit: 노벨상위원회(2004), 번역: 차원용

반물질을 이루는 입자들과 반입자들(antiparticles)이 대칭(symmetry)을 이루다 어느 순간에 대칭이 붕괴되면서 반입자로 이루어진 반물질들은 어디론가 다 사라지고, 그 결과 물질에 질량을 부여했다. 우주 삼라만상에서 일어나는 모든 상호작용은 반드시 그렇게 상호작용이 일어나도록 하는 매개입자가 있다. 대칭을 붕괴시키고 물질에 질량을 부여하고 사라진 매개입자를 방송매체들은 하나님의 입자(God Particle)라 부르고, 과학자들은 이를 힉스 입자(Higgs particle)라고 부른다.

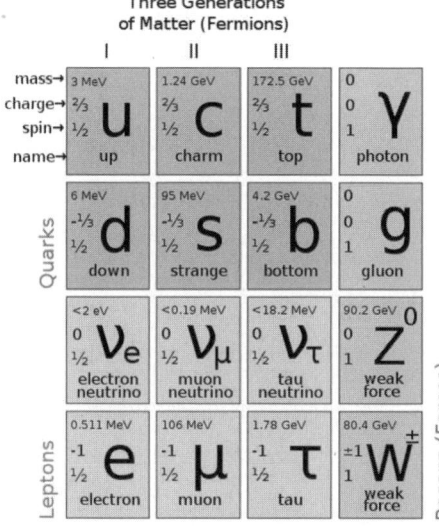

힉스 입자는 1964년에 스코틀랜드 물리학자인 피터 힉스(Peter Higgs)에 의해 최초로 이론화되었다. 힉스는 가상의 소립자(hypothetical elementary particle)가 대칭을 붕괴시키고 쿼크나 전자들로 하여금 질량을 갖도록 하여, 우주를 형성하게 하는 원천(Origin)이라고 제안하였다. 즉 자기장(Higgs field, 힉스 장)을 구성하는 이들 가상의 소립자들이 표준모델 내의 소립자들로 하여금 서로 다른 질량을 흡수하게 하여 서로 다른 질량을 가지고, 우주에 퍼져 충만하게 됨으로써 우주의 일반 물질(normal matter)을 형성하게 되었을 것이라는 가설로, 이 가상의 소립자를 힉스 입자라 부른다.

2절 물질과 반물질, 자발적 대칭성 붕괴, 아직 풀지 못한 두 가지, 힉스 입자

2008년 노벨물리학상은 미국 시카고 대학 페르미연구소(Fermi Institute)의 남부 요이치로(Yoichiro Nambu, 南部陽一郎) 박사가 아원자(subatom) 물리학에서 '자발적 대칭성 붕괴(spontaneous broken symmetry)의 메커니즘을 발견한 공로로(for the discovery of the mechanism of spontaneous broken symmetry in subatomic physics)'[13], 일본 고에너지연구소(High Energy Accelerator Research Organization, KEK)의 고바야시 마코토(Makoto Kobayashi, 小林誠) 박사와 교토(京都)대 마스카와 도시히데(Toshihide Maskawa, 益川敏英) 명예교수가 '자연계에서 적어도 3개의 쿼크의 존재를 예측하는 대칭성 붕괴의 기원을 발견한 공로로(for the discovery of the origin of the broken symmetry which predicts the existence of at least three families of quarks in nature)' 수상하게 되었다.[14] 3명의 수상자가 모두 일본 과학자들이다.

물질과 반물질의 비대칭성(asymmetry) 문제는 물리학계 최대 수수께끼 중 하나로 1960년대 제기된 후 아직 해결되지 않았었다. 이들 3명의 과학자들은 빅뱅 이후 반입자(antiparticle)로 구성된 반물질(antimatter)이 입자(particle)로 구성된 물질(matter)보다 빨리 사라졌고, 그 결과 입자로 구성된 물질로 이루어진 현재의 우주가 존재하며, 힉스(Higgs) 입자의 존재를 예견하고, 전자기력-강력-약력의 표준모델을 완성하는 토대를 마련한 공로로 수상하게 되었다.

태초의 우주는 물질과 전기적 성질이 반대인 반물질로 이루어져

---

13 http://en.wikipedia.org/wiki/Spontaneous_broken_symmetry
14 2008년 노벨물리학상 수상-http://nobelprize.org/nobel_prizes/physics/laureates/ 2008/,

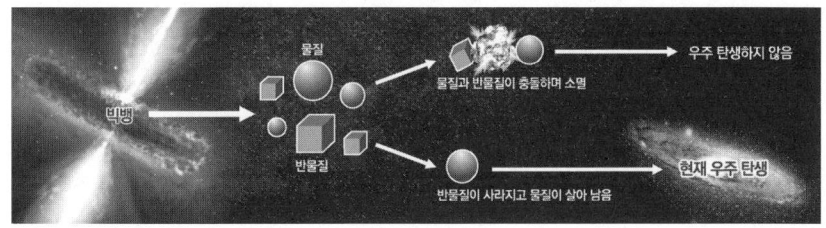

우주 탄생의 비밀. 사진: 동아일보(20 Mar 2008)

균형(symmetry)을 이루고 있었다. 137억 년 전의 빅뱅 이후 수많은 물질과 똑같은 양의 반물질이 생성되어 이들은 서로 상호작용하면서 반드시 소멸(Annihilation)했어야 했다. 즉 물질과 반물질은 전기적 성질이 반대로, 만나면 쌍소멸한다. 그러나 지금은 반물질은 어디론가 사라지고 물질만 남아 있다. 대칭이 어느 순간 깨져 버렸기 때문이다. 그리고 그 소멸 과정에서 물질이 반물질에 승리를 거둔 것이다(matter won against antimatter). 따라서 대칭성 붕괴의 결과 물질이 전체 우주, 은하들, 항성들, 행성들, 그리고 궁극적으로 생명의 근원(seed)이 되었다. 대칭성이 깨지지 않았다면 이 세상에 어떤 일반물질도 존재할 수 없기 때문이다.

고바야시와 마스카와는 일본 나고야 대학 선후배 사이로 졸업 후 교토대 이학부에서 연구활동을 계속하던 1973년, 우주공간에 존재하는 반물질의 양이 극히 적은 까닭은 물질과 반물질의 성질이 미묘하게 다른 까닭이란 가설을 내놓았다. 이를 '고바야시-마스카와 이론(Kobayashi Maskawa matrix)'이라 부른다. 이들은 현재 6종류로 알려진 업(up), 다운(down), 참(charm), 스트레인지(strange), 탑(top), 바텀(bottom) 등의 쿼크(quark)들이 각각 갖고 있는, 방사성 붕괴에 관여하는 약한 상호작용(약력)에 차이가 있다는 것을 발견했다.

물질과 반물질이 만날 경우 광자(빛)를 내놓으며 함께 소멸하는데,

우주탄생시점의 설명되지 않는 자발적 대칭성 붕괴. 빅뱅 시에 물질과 반물질이 균형 있게 생성되어 이들은 반드시 상호 소멸해야 했다. 이유는 물질과 반물질이 전기적으로 반대이기 때문이다. 그러나 100억 개의 반물질 입자당 단 한 개의 물질 입자가 더 있어, 그 결과 물질이 반물질에 승리를 거두어, 물질들이 오늘날의 은하계, 별, 행성, 기타 생명체를 만들었다. 왼쪽은 하나의 물질이 더 많아 승리한 물질로 이루어진 오늘날의 우주. 왼쪽은 사라진 반물질. Credit: 노벨상수상위원회(2008).

약력의 미세한 차이 때문에 완전한 1대 1 소멸이 이뤄지지 않는다는 것이다. 따라서 빅뱅 당시 동일한 양의 물질과 반물질이 생성됐음에도 불구하고 결국 물질만 남은 우주가 탄생하게 되었다는 설명이 가능해진다. 이들은 실험을 통해 매 100억 개의 반물질 입자당 단 한 개의 물질 입자가 더 있어(a tiny excess of one particle of matter), 이게 미묘한 차이(a Tiny Deviation)를 일으켜 대칭성이 깨진다는 사실을 발견했다. 그러나 이 엑스트라(extra)의 물질이 어떻게 반물질을 이기고 승리했는지는 아직 수수께끼로 남아 있다.

남부 박사의 연구와 고바야시-마스카와의 연구는 모두 대칭성 붕괴에 관한 것이지만 본질적으로는 상당한 차이가 있다. 남부 박사는 1960년 소립자 물리학에서 자발적인 대칭성 붕괴가 일어날 수 있음을 수학적으로 설명하는 이론을 처음으로 내놨다. 이 이론은 바로 표준모델(Standard Model)과 합쳐짐으로써 힉스 입자라는 것이 도입되는 계기가 됐으며, 강력과 양력, 전자기력 등 3가지 힘을 하나의 이론으로 통합할 수 있는 토대를 마련하여, 그 결과 앞서 설명한 2004년도에 4가지의 힘 중 중력을 제외한 3가지 힘을 통합하는 소립자물리학 표준모델 및 양자색력학 완성으로 노벨물리학상을 수상하게 되었다.[15]

힉스 입자는 물질이 질량을 갖도록 하는 입자인데, 힉스 입자는 따라서 자발적 대칭성 붕괴를 일으키는 역할을 하며, 자발적 대칭성 붕괴가 있어야만 물질이 질량을 갖게 된다. 남부 박사의 업적은 최근 유

Elementary particles

	First family	Second family	Third family		Forces	Messenger particles
Leptons	electron neutrino	muon neutrino	tau neutrino		electromagnetic force	photon
	electron	muon	tau	Higgs?	weak force	W, Z
Quarks	up	charm	top		strong force	gluons
	down	strange	bottom			

오늘날의 표준모델(The Standard Model today). 중력-전자기력-강력-약력의 상호작용 중 중력을 제외한 3개의 힘이 통합되어 표준모델로 정립되었다. 이 표준 모델은 물질을 만드는 기본 소립자들의 빌딩블록(building blocks of matter)과 3개의 힘을 통합한다. 우주에 존재하는 대부분의 일반물질들은 1족(First family)의 입자들로 구성되고, 2-3족의 다른 입자들은 아주 짧은 시간주기(time periods)에서만 존재하여 불안정하고 곧바로 붕괴된다. 현재 전자기력을 매개하는 입자 또는 전령입자는 포톤(광자)이고 강력을 매개하는 입자는 글루온이며, 약력을 매개하는 입자는 W와 Z의 보존이다. 따라서 중력을 매개하는 입자만 찾으면 되는데, 혹자는 그래비톤(Graviton, 중력자)이라고도 하고 혹자는 힉스 입자 중에 있을 것이라 믿는다. 또 하나의 문제는 1족-2족-3족에 속하는 소립자들이 왜 각각 서로 다른 질량을 갖느냐이다. 예를 들어 가장 무거운 탑(Top) 쿼크는 전자보다 무려 34만 배의 질량을 가진다. 그 이유는 이번에 노벨상을 수상한 자발적 대칭성 붕괴에 의해 질량을 갖는 물질이 우주를 지배했기 때문이다. 그러나 전령입자인 광자와 글루온은 질량이 '0'인데, 왜 이들은 질량이 없는 가이다. 이에 대해 아무도 대답을 하지 못한다. 그래서 과학자들은 그 이유가 바로 힉스 입자(Higgs particles) 중에 있을 것으로 믿고 있는데, 유럽입자물리연구소인 쎈(CERN)의 하드론(강입자)가속기(LHC)가 밝혀 줄 것으로 기대하고 있다. Credit: 노벨상위원회(2008).

15 2004년 노벨물리학상 수상-http://www.nobelprize.org/nobel_prizes/physics/laureates/2004/press.html

자발적 대칭성 붕괴의 이해. 왼쪽의 연필은 전체 360도 방향에서 100% 대칭이다. 모든 방향이 똑같기 때문이다. 그러나 연필이 떨어질 때 대칭은 깨진다. 그리고 오로지 한 방향만 유지한다. 그리고 떨어진 연필 사이로 그 전에 존재했던 대칭은 모두 사라져 감추어진다. 어떤 미묘한 물질의 질량에 의해 대칭이 깨지고 그 물질만 존재한다. Credit: 노벨상수상위원회(2008).

럽입자물리연구소 쎤(CERN)의 하드론(강입자)가속기(LHC)가 신의 입자(God particle)로 불리는 힉스 입자를 확인하기 위한 실험에 돌입하면서 더욱 주목을 받아 왔다. 남부 박사의 이론은 힉스 입자의 존재를 예견하는 근거를 마련함으로써 표준모델을 완성하는 토대가 됐을 뿐 아니라 '힉스 입자' 발견이라는 큰 과제를 21세기 세계 물리학계에 던져 준 셈이다.

　　1족-2족-3족의 소립자들이 어떻게 질량을 갖는지? 왜 서로 다른 질량을 갖는지? 이 질문에 대한 답은 가설인 힉스 입자의 힉스 장(Higgs filed)의 자발적 대칭성 붕괴로 설명될 수 있다. 힉스의 가설에 따르면 빅뱅 시에는 자기장이 완벽하게 대칭을 이루어 모든 입자들은 '0'의 질량을 갖는다. 그러나 빅뱅 직후 우주가 식으면서 자기장은 최저 에너지 수준으로 떨어져, 연필의 대칭이 붕괴되듯이 대칭은 사라지고, 힉스 장은 소립자들로 하여금 서로 다른 질량을 흡수하게 하여 서로 다른 질량을 가졌다. 예를 들어 가장 무거운 탑(Top) 쿼크는 질량이 172.5GeV(기가전자볼트)로 전자(electron)의 0.511MeV(메가전자볼트)보다 무려 34만 배의 질량을 가졌다.

　　그러나 전령입자인 보존 중에서 광자와 글루온은 질량이 '0'인데,

우리 은하계를 비롯한 우리 인간은 4.6%의 일반물질이고 나머지 95%는 무엇인지 모른다. 아마도 반물질일 수도 있다. 반물질로 이루어진 곳에 외계인(alien being)이 산다면 외계인을 인간이 껴안을(hug) 수 있을까? 기다려라! 대칭이 증명될 때까지! 만약 외계인이 반물질로 만들어져 있다면, 안는 순간 당신은 한 줌의 에너지로 사라질 것이다. 그것이 위의 외계인이든 아래의 외계인이든… 그러나 만약 물질이나 반물질이 아니고 다른 물질로 만들어져 있을 수도 있으므로 껴안기 전에 무슨 물질로 만들어졌는지 반드시 물어보라. 그렇지 않으면 껴안는 순간 당신은 붕괴(decay)될 수도 있다. Credit: 노벨상수상위원회(2008).

왜 이들은 질량이 없는 가이다. 이에 대해 아무도 대답을 하지 못한다. 그래서 과학자들은 그 이유가 바로 힉스 입자(Higgs particles) 중에 있을 것으로 믿고 있는데, 유럽입자물리연구소인 썬의 하드론(강입자)가속기(LHC)가 밝혀 줄 것으로 기대하고 있다.

3절 이탈리아와 러시아 과학자들, 지구상공에서 반물질 띠를 발견

우리는 앞에서 빅뱅 즉시 후 자발적 대칭성 붕괴(spontaneous broken symmetry)를 통해 물질이 반물질을 이긴 결과, 오늘날 우주에는 물질이 만연했다고 했다. 그리고 힉스 장(Higgs field)에 의해 모든 물질을 구성하는 소립자들은 질량을 갖게 되었다고 했다. 물론 모든 입자가 반드시 질량을 갖는 것은 아니지만 말이다.

한 가지 질문이 떠오른다. 그러면 자발적 대칭성 붕괴 싸움에서 진 반물질들은 어디로 사라진 것일까? 앞에서 우리는 어디로 사라졌다고 말한 과학자들을 만나지 못했다.

이탈리아와 러시아 과학자들에 의해, 지구 주위에 반물질 띠(Band)가 존재한다는 사실이 처음 확인됐다(BBC, 07 Aug 2011). 2006년 러시아 인공위성에 실려 발사된 고에너지 입자들(high-energy particles), 즉 태양이나 태양계 너머의 은하단이나 블랙홀(Black Hole)에서 나오는 우주선(宇宙線·cosmic rays) 관측장비 파멜라(PAMELA, Payload for Antimatter Matter Exploration and Light-nuclei Astrophysics) 위성 연구팀에 확인되었으며, 연구팀은 연구결과를 온라인 천체물리학 저널 소식지(ApJ)에 논문을 발표했다(Adriani et al., 2011). 이번 반물질 발견으로 지구의 자기장(magnetic field)이 반물질을 빠져나가지 못하게 감싸고 있다(trap)는 이론적 가설을 증빙하게 된 셈이다.

우주선입자들(cosmic ray particles)은 지구의 분자들(molecules)과 충돌하여 지구의 대기(atmosphere)를 만들고 각종 입자들의 소나기들(showers of particles)을 만들어낸다. 그리고 많은 우주선입자들과 우주선입자들이 만든 딸 입자들(daughter particles)은 밴앨런대(Van Allen belts, 帶)에 갇히게 된다. 밴앨런대는 도넛 형태(doughnut-shaped)의 영역인데, 이곳에는 지구의 자기장이 있어 이들 입자를 가두게 된다. 파멜라의 목표들 중 하나는 양성자나 헬륨 원자의 핵(nuclei of helium

반양성자들(antiprotons)이 지구 상공의 밴앨런대 내외층 사이에 샌드위치되어 (sandwiched) 존재한다(표시된 부분). Credit: Adriani et al., 2011& BBC(07 Aug 2011)

atoms) 등 일반물질 입자들(normal matter particles)이 풍부한 이곳에서, 조그만 양의 반물질 입자들(antimatter particles)을 찾는 것이었다.

결과는 뜻밖의 것이었다. 파멜라 위성이 남대서양 예외(South Atlantic Anomaly) 지역이라 불리는 영역을 지나갈 때, 일반입자들의 붕괴로부터 얻어지는 반양성자(antiprotons)보다 수천 배나 많은 반양성자들을 발견한 것이다.

반물질은 우리가 살고 있는 세상을 구성하고 있는 물질과 다른 특성을 갖고 전하 값은 반대인 물질을 통칭한다. 양성자(+)의 반대인 반양성자(-), 전자(-)의 반대인 양전자(+) 등이 반물질을 이루는 반입자이다. 이런 반입자로 이루어진 반물질은 물질과 만나면 빛(에너지)을 방출하면서 함께 사라진다. 이를 쌍소멸(annihilation)이라고 한다. 반양성자도 양성자를 만나면 빛을 발하면서 쌍소멸한다.

스위스의 유럽입자물리연구소인 썬(CERN) 등에서 인공적으로 만들어 내는 것을 제외하곤 지구상에선 반물질을 찾아보기 힘들다. 그런데 파멜라 연구팀은 지구의 밴앨런대 내층(지상 약 100km~1만km)과 외층(지상 약 1만 3000km~6만km) 사이에서 정상적인 수준보다 수천 배나 많은 반양성자를 발견했다. 다량의 반양성자가 쌍소멸을 피해 존재한다는 것은 기존 상식을 뒤집는 것이다. 연구팀은 적어도 이들 반양성자들이 대기의 일반입자를 만나 쌍소멸할 때까지 이곳에 남을 것이라고 예측했다.

연구를 주도한 이탈리아 바리 대학(University of Bari)의 알레산드로 브루노(Alessandro Bruno) 교수는 이와 관련해 "고도가 수백 km 이상 되면 쌍소멸률이 낮아져 반양성자가 대량 존재할 수 있다"고 말했다. 그는 또 이 반입자들이 "지구 가까이에 있는 가장 풍부한 반물질 자원"이라며 "미래 우주선의 연료(fuel future spacecraft)로 쓰일 수도 있을 것"이라고 주장했다. 쌍소멸 때 방출되는 에너지는 반물질 1g당 약

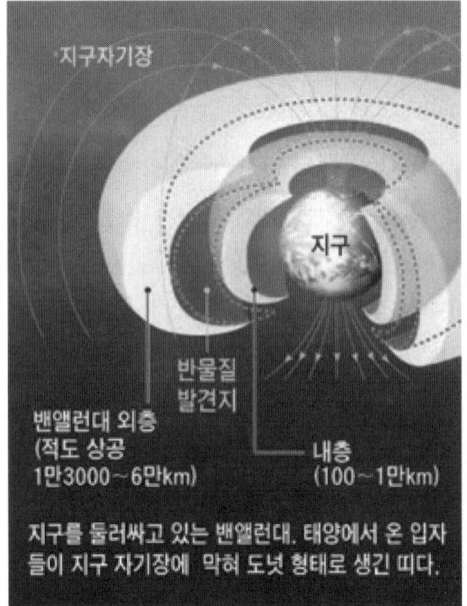

지구상공의 밴앨런대 내외층에 갇혀 있는 반입자인 반양성자들. Credit: 중앙일보(09 Aug 2011)

2500만 kWh에 달하는 것으로 알려져 있다. 이 때문에 공상과학(SF) 소설·영화 등에서 우주선 엔진연료로 자주 등장해 왔다.

4절 힉스 입자와 빅뱅에 도전하는
유럽의 하드론(강입자)가속기(LHC)

유럽의 유럽입자물리연구소인 썬(CERN)은 1954년 유럽의 20개국이 공동연구를 목적으로 설립한 합작투자회사(JV)로, 이는 프랑스와 스위스 국경인 제네바 근처에 위치한, 세계에서 가장 큰 입자물리학(particle physics) 연구센터이다(BBC, 28 Feb 2007).

2007년 11월 1단계 가동을 시작으로 세 가지의 실험기구들을 개발했는데, (1) 하나는 입자들을 거의 빛의 속도로 가속시키는 가속기(Accelerator), (2) 입자들을 영상으로 볼 수 있게 하는 감지기 (Detectors), 그리고 (3) 가속기 안에서 실험할 수 있는 초집적 뮤온(뮤 중간자, 뮤 메존, Muon, Mu Mesons) 자기장 원통 코일 솔네노이드(CMS, Compact Muon Solenoid)라는 실험실(챔버)이다. 썬은 이들 세 가지 실험 기구들을 지하 100미터에 구축했다. 특히 이 중에서 가장 중요한 것이 바로 커다란 하드론(강입자)가속기(Large Hardon Collider, LHC)이다.

하드론 입자란 강력(Strong force)에 존재하는 양성자(Proton) 내의 쿼크가 이루는 바리온(Baryons, 중입자)과 메존(중간자, Mesons)를 포함 하는 소립자의 한 족으로 강입자(Hadron)라 부른다.

총 공사비 30억 유로를 투입하여, 5세대(2세대=킬로, 3세대=메가, 4세 대=기가, 5세대=테라) 에너지원인 14 테라전자볼트(TeV=Tera Electron Volt) 에너지에서 양성자의 빔(Beams of Protons)을 충돌시킨 후, 그 빔의 핵 (Nuclei)을 빛의 속도로 가속시켜, 1,150 테라전자볼트 에너지에서 충 돌시키는 것이다. 이 때 테라전자볼트란 입자물리학에서 사용하는 에 너지 단위로 1테라전자볼트란 날아가는 모기의 동력에너지(Energy of motion)에 해당한다. 그러므로 거대하드론(강입자)가속기(LHC)는 모기보 다 수억 번 작은 공간에서 에너지를 충돌시키는 것이다. 즉 서로 다른 방향에서 빛의 속도로 가속된 두 개의 양성자 빔을 충돌시켜 빅뱅(Big Bang) 이후 10억분의 1초의 우주의 조건을 만드는 것이다.

우리는 앞에서 WMAP이 2003년에 빅뱅 이후 38만 년 된 빛(극초 단파)의 패턴을 잡아내서 그 이후 은하와 별들이 어떻게 만들어졌는가 를 알아냈다는 것을 설명했다. 유럽의 하드론(강입자)충돌기(LHC)는 이 보다 훨씬 거슬러 올라가 빅뱅 이후 10억분의 1초의 빛을 직접 만드는 것이다. 거의 137억 년 전의 우주를 만드는 것이다.

또한 하드론(강입자)가속기(LHC)는 100년 전에 발견된 신비스러운 X-선, 음극선(Cathode rays), 알파선, 베타선, 감마선 등을 연구하여 도

100미터 땅속에 설치된 유럽 썬(CERN)
의 CMS. 사진: CERN

대체 이러한 광선들이 어디에서 왔는가를 추적한다. 같은 물질로 이루
어진 것인지 아니면 다른 물질인지를 알아낼 것이다. 그러면 자연적으
로 우주를 이해하는 데 도움을 주게 될 것이며, 그러면 우리 미래의 생
활도 바뀌게 될 것인데, 이들 광선을 활용한 새로운 텔레비전, 트랜지스
터, 의료영상장치, 컴퓨터 등이 등장하게 될 것이다.

또한 물리학의 비밀인 이해할 수 없는 하나님의 입자(God particle)
라 불리는 힉스 입자(Higgs particle)의 가설을 실제로 확인하여 발견하
고자 한다. 우주에는 왜 반물질이 사라지고 물질만 존재하는지, 그 비
밀인 자발적 대칭성 붕괴를 일으킨 가설 입자를 발견하고, 궁극적으로
는 암흑물질이 무엇인지 암흑에너지가 무엇인지를 발견하고자 한다.
앞으로 1~5년 안에 이 연구 결과의 획기적인 논문이 발표될 것으로 보
인다.

5절 힉스 입자를 거의 찾은 유럽의 하드론가속기

2011년 12월에 물리학계에 커다란 소란을 일으킨 사건이 있었다. 유럽
입자물리연구소인 썬이 힉스 입자를 찾았다는 것이었다. 그러나 너무

성급하다는 과학계의 질책에 따라 구체적으로 검증을 거쳐 논문으로 발표하기로 썬은 결정하였다. 아마도 1~2년 안에 논문이 발표될 것으로 과학계는 기대하고 있다.

그래서 방송매체는 한 발 물러서서 힉스 입자를 거의 찾았다고 보도했다(MBN, 14 Dec 2011). 아직까지 실험결과 힉스가 저에너지 범주인 115~130GeV(기가전자볼트) 영역에 있을 것이라는 결론을 내렸다.

따라서 힉스를 찾아가는 영역이 굉장히 좁아졌고, 문이 좁아졌기 때문에 우리가 조금 더 실험을 하면 우리가 발견할 수 있는 건지, 아니면 그 안에 힉스가 존재하지 않는 건지 결론을 내릴 수 있다. 외계인이 존재한다면, 그 외계인이 있을 만한 행성을 10,000개에서 100개로 줄인 것과 마찬가지이다. 만약 1~2년 안에 힉스 입자를 발견한다면, 세상과 물질, 그리고 우주에 대한 기존의 관점을 바꿔놓을 수도 있다. 100년 전 원자핵의 발견이 원자폭탄과 원자력발전으로 이어졌듯이, 힉스 입자의 발견은 100년 뒤 우리 삶의 모습을 송두리째 바꿔놓을지도 모른다.

드디어 2012년 7월 4일 썬은 오랜 세월 동안 찾아온 힉스 입자에 부합하는(consistent with) 보존(Boson) 입자를 찾았다고 발표했다(CERN, 04 Jul 2012). 이날 발표한 소립자의 발견 영역은 2011년보다 더 좁혀진 125~126GeV 영역에서 5시그마(Sigma) 수준의 신뢰도에서 발견되었다. 입자 물리학에서는 통상 3시그마면 물질의 존재를 인정(evidence)하고 있는데, 5시그마란 100만 번 실험에서 틀릴 가능성이 1회의 수준을 말한다. 신뢰도가 5.2시그마면 1,000만 번 실험에서 오류가 6회이고 6.3시그마면 10억 회 중 2회 틀리는 수준이다. 따라서 5시그마란 힉스 입자의 존재 확률이 99.99994%이다. 통상 3~5시그마면 틀림없는 결과이자 과학적 발견으로 받아들여진다.

썬은 실험 자료의 신뢰성을 높이기 위해 힉스 입자 연구팀을 2개

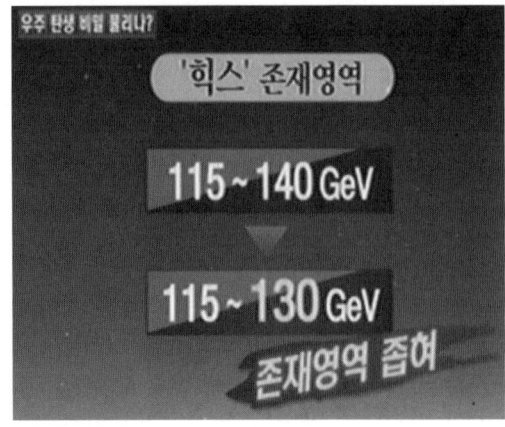

힉스 존재영역. Credit: mbn.mk.co.
kr(14 Dec 2011)

팀으로 나누어 운영하고 있는데, 하나는 아틀라스(ATLAS)이고, 다른 하나는 뮤온자기장원통코일솔네노이드(CMS, Compact Muon Solenoid) 이다. 이들 2개 팀은 각자 다른 기술로 독립적으로 힉스 입자 추적 실험을 해왔다. 그 결과 아틀라스 팀은 하드론(강입자)가속기(LHC)를 이용해 126GeV 영역에서 5시그마 신뢰도의 보존 입자를 발견했고, CMS 팀은 125GeV에서 5시그마 수준의 보존 입자를 발견한 것이다. 이들이 발견한 보존 입자는 지금까지 발견된 것 중에서 가장 무거운 것으로 그 전에는 약력을 매개하는 보존입자인 Z-보존의 경우 질량은 90.2GeV 였다.

그런데 새로운 가장 무거운 보존 입자를 발견하였으나, 이 보존 입자가 빅뱅 이후 10억 분의 1초에 질량을 부여하고 사라진 확실한 힉스 보존 입자인지, 중력을 매개하는 중력자(graviton)인지, 아니면 그 파트너인 초중력자(gravitino)인지, 아니면 무언가 다른 이국적인(exotic) 입자, 즉 암흑물질이나 암흑에너지인지는 아직 확실히 밝혀지지 않았다. 따라서 썬은 연말까지 이를 집중 규명할 예정이다.

다행인 것은 썬의 대변인인 조 인칸델라(Joe Incandela)는 강입자가속기 충돌 실험을 통해 확보한 데이터가 힉스 입자를 '발견'했다는 확신의 수준에 이르렀다면서 "잠정적 결과지만 매우 강하고 확고하게" 생각한다고 말했다. 인칸델라는 새로운 소립자가 실제로 힉스 입자라고 확언하지는 않았지만, 발표를 기다리던 세계 각국의 과학자들은 박수와 환호를 보냈다.

롤프 호이어(Rolf Heuer) 썬 소장은 "우리는 자연을 이해하는 데 있어서 하나의 이정표에 도달했다"며 "힉스 입자 이론에 부합하는 입자의 발견은 더욱 구체적인 연구로 향하는 길을 연 것이며, 더 많은 통계자료를 확보하면 우주의 다른 신비를 밝히는 빛이 될 것"이라고 말했다.

이번 발표는 그간 연구한 2011년과 2012년의 데이터를 분석한 결과에 대한 중간 예비발표로, '예비(preliminary)'라는 라벨이 붙었는데, 그 이유는 좀더 시간이 필요하다는 것이다. 이번 예비발표의 보고서는 2012년 7월 말에 발간되었다. 그러나 최종 보고서는 좀더 시간이 필요

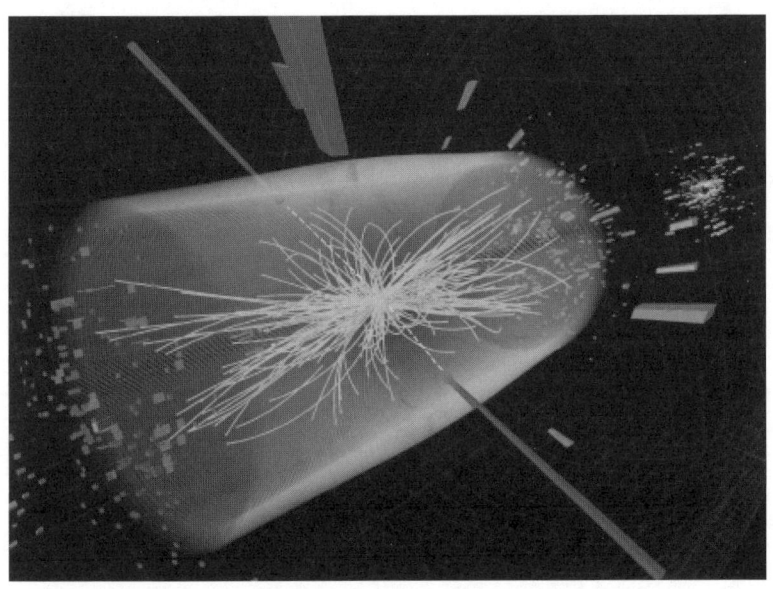

힉스와 모든 특성이 일치하는 입자를 발견했다는 입자 가속 충돌 실험도. Credit: ⓒCERN

하다. 2012년에 실험을 통해 얻은 데이터는 아직도 분석 중에 있기 때문이다. 완벽한 최종 보고서는 추후 나올 예정이다.

썬보다 이틀 앞선 2012년 7월 2일에는 미국의 페르미연구소(Fermi National Accelerator Laboratory, Fermilab)가 2001년 3월부터 가동한 테바트론(Tevatron) 입자가속기를 이용하여 새로운 입자를 찾았다고 발표했으나, 그 신뢰 수준은 1,000번 실험에 1회의 오류가 있는 2.9시그마였다(BBC, 02 Jul 2012).

3장
어둠(黑)인 암흑물질과
암흑에너지를 찾아라

자, 이번에는 거시적 우주의 비밀 물질인 암흑물질과 암흑에너지를 찾고자 노력하는 몇 가지 사례를 살펴보자.

1절 유럽항공우주국(ESA)의 허셸과 플랑크 우주망원경

2009년 5월, 유럽의 항공우주국(ESA)은 지구로부터 150만 킬로미터 떨어진 곳(L2)에 장-적외선(Far-infrared)을 추적하는 허셸(Herschel)과 미국항공우주국(NASA)의 COBE와 WAMP와 같이 우주극초단파배경(CMB)을 추적하는 플랑크(Planck)라는 두 개의 우주망원경을 발사했다. 이들은 흑체 복사(Blackbody radiation)를 추적하여 우주의 나이, 우주를 구성하는 암흑물질 및 우주의 형태를 조사하고, 우주팽창 원리의 암흑에너지를 확인하며, 기타 우리가 그 동안 몰랐던 새로운 우주물리학 이론을 발견한다는 것이 목표이다.

두 개의 우주망원경은 성공적으로 발사되어, 지구로부터 무려 150만 킬로미터 떨어진, 조셉-루이스 라그레인지(Joseph-Louis Lagrange,

1736~1813)가 발견하여 그의 이름을 딴, 밤의 지역(night-side)인 라그레인지 점(Lagrange point, L2)에 진입하여 궤도를 돌며 임무를 수행하고 있다. 특히 미국의 COBE와 WMAP가 극초단파(Microwave)를 탐사하는 우주망원경인 반면, 허쳴과 플랑크는 극초단파보다 더욱 온도가 높은 장-적외선을 비롯하여 CMB 및 더욱 낮은 온도의 모든 길다란 전파들을 탐사한다.

플랑크 망원경은 흑체 복사를 실험실에 만들어 보여 줌으로써 1918년 노벨물리학상을 수상한 독일의 막스 플랑크(Max Planck, Max Karl Ernst Ludwig Planck, 1858~1947)의 이름을 딴 것이고, 허쳴은 18~19세기에 적외선(Infrared, IR)을 발견한 천문학자인 윌리엄 허쳴(William Herschel, 1738~1822)의 이름을 딴 것이다.

1. 허쳴 우주망원경

허쳴은 우주 공간에 있는 우주망원경 중 가장 큰 우주망원경으로 적외선(IR)을 탐지한다. 1990년 발사된 허블(Hubble) 우주망원경에 설치된 반사 거울의 크기가 직경 2.4미터인데, 이보다 무려 1.5배나 큰 직경만 3.5미터에 달한다. 따라서 이 정도의 크기라면 무게 때문에 발사에 문제가 있을 수 있었다. 그래서 허쳴의 거울은 새로운 세라믹 물질(Novel ceramic material)인 실리콘 카바이드(Silicon carbide)로 만들어 무게를 350kg으로 낮추었다.

이 망원경은 장-적외선과 근-밀리미터의 전파(far-infrared and sub-millimetre (radio) wavelengths of light)에 민감하게 만들어져 있기 때문에, 근처의 먼지 구름이나 가스 구름(Clouds of dust and gas)을 잘 뚫고 나아가, 처음에 생성된 순간의 별들을 잘 관측할 수 있다. 이와 같은 적외선 감지 능력이 있기 때문에 허쳴은 우주 공간 깊숙한 곳을 볼 수 있고, 우주의 나이인 137억 년 중 반인 70억 년에서 1/10인 10억 년까지

거슬러 올라가, 이때의 우주에서 갈라져 나오는 은하들을 관측할 수 있는데, 우주의 역사(Cosmic history)를 보면 이때에 우주팽창이 가속화되기 시작했고, 그리고 원시은하와 별들이 생성된 것으로 보기 때문이다.

* 이 망원경은 장-적외선 내의 우주를 관찰하기 위해 조율된다 (The observatory is tuned to see the Universe in the far-infrared).
* 직경이 3.5미터나 되는 거울은 우주에 떠 있는 우주망원경 중 가장 큰 것이다(Its 3.5m diameter mirror will be the largest ever flown in space).
* 허첼은 가스와 먼지 구름을 탐사하여 막 생성된 별을 보게 된다(Herschel can probe clouds of gas and dust to see stars being born).
* 시간에 따라 은하들이 어떻게 진화되어 왔는지를 조사하게 될 것이다(It will investigate how galaxies have evolved through time).
* 이번 임무는 슈퍼연료인 헬륨이 다 연소될 때 끝나게 된다(The mission will end when all the superfluid helium boils off).

2. 플랑크 우주망원경

플랑크 우주망원경은 조사 망원경(Survey telescope)이다. 이는 궤도를 돌면서 극초단파(microwave)와 극초단파에 포함된 전자기파 스펙트럼 (Electromagnetic spectrum)인 가장 긴 전파(even longer wavelengths of light)까지 찾아 하늘을 매핑한다. 미국의 COBE와 WMAP보다 더욱 정교한 우주극초단파배경(CMB)을 측정한다. 따라서 플랑크는 미국의 COBE와 WMAP에 이은 세계에서 세 번째의 CMB 우주망원경이다.

문제는 우주팽창(Inflation)인데, 이 팽창의 속도는 빛의 속도보다 빠르다. 그러나 플랑크는 이도 감지할 수 있는 능력이 있다. 따라서 우주 팽창과 관련된 새로운 이론이 발견될 것으로 기대하고 있다. 그 전에는 전혀 연구되지 않은 물리학의 불확정성 영역을 탐사하게 된다. 빅뱅 이전의 징후나 또 다른 우주의 징후 등을 발견하게 될 것으로 기대하는데, 아마도 다중 우주론(multi-universe)이 증빙될지도 모른다.

* 플랑크는 CMB를 조사한다(Planck will survey the famous Cosmic Microwave Background).
* 이 CMB는 빅뱅 이후 38만 년의 빛이다(This ancient light's origins date to 380,000 years after the Big Bang).
* 플랑크는 우주의 나이, 구성물질 및 형태를 과학자들에게 알려준다(It informs scientists about the age, contents and shape of the cosmos).
* 플랑크의 측정은 기존의 COBE와 WMAP보다 더욱 정교할 것이다(Planck's measurements will be finer than any previous satellite).
* 기타 추가 정보는 우주팽창을 확인하여 줄 것이고, 새로운 우주

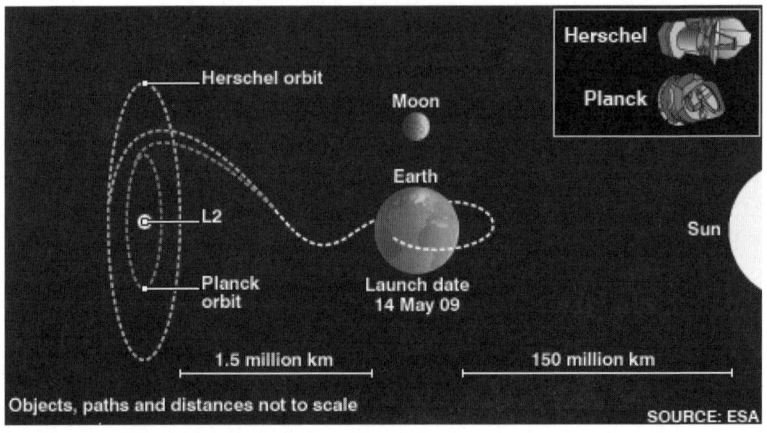

Herschel과 Planck의 위치와 궤도. Credit: ESA

물리학 이론까지 발견하게 될지도 모른다(The extra detail may confirm inflation, even find new physics).

3. 허첼과 플랑크 우주망원경의 위치

* 이 관측 위치는 두 번째 라그레인지 포인트라 불리는 특정 위치 이다(These are at a special location known as the second Lagrange point(L2).
* L2에서의 중력조건은 연료 관점에서 아주 저렴하게 궤도를 수정할 수 있도록 해준다(Gravity conditions at L2 allow for cheap (in fuel terms) orbital corrections).
* L2의 환경조건은 지구보다 더욱 안정적이다(Environmental conditions (heat & radiation) are more stable than at Earth).
* L2는 이곳을 발견한 조셉-루이스 라그레인지(1736~1813)의 이름을 딴 것이다(L2 takes its name from its discoverer, Joseph-Louis Lagrange(1736~1813).

2절 일본 물리학자들, 우주 전체를 감싸는 암흑물질의 그물망 모델 만들어

일본의 물리학자들이 2012년 2월에 컴퓨터 시뮬레이션(computer simulation)을 이용해, 아직까지 그 물질이 무엇인지 밝혀지지 않은 암흑물질에 관한 연구 결과를 발표했다. 나고야 대학의 쇼고 마사키(Shogo Masaki) 교수와 도쿄 대학 연구진은 최근 관찰한 2,400만 개의 은하의 자료를 바탕으로 하나의 모델을 만들었다(Space.com, 14 Feb 2012).

이 모델을 그려낼 수 있는 핵심 원리는 은하들로부터 빛이 지구에 도달할 때 중력에 의해서 빛이 휘는데, 암흑물질은 중력에 의해 간접적으로 감지되는 물질이므로, 암흑물질에 의해 빛이 휘게 된다. 이를 중력 렌즈(gravitational lensing or lens) 효과라 한다. 알베르트 아인 슈타인(Albert Einstein, 1879~1955)이 1916년에 발표한 일반상대성이론 (General relativity or General Theory of Relativity)에 의하면 중력에 의해 시간과 공간이 휜다. 이를 측지(測地) 효과(Geodetic effect)라 한다. 따라서 은하의 빛들도 암흑물질의 중력에 의해 휘어서(bending, lensing) 지

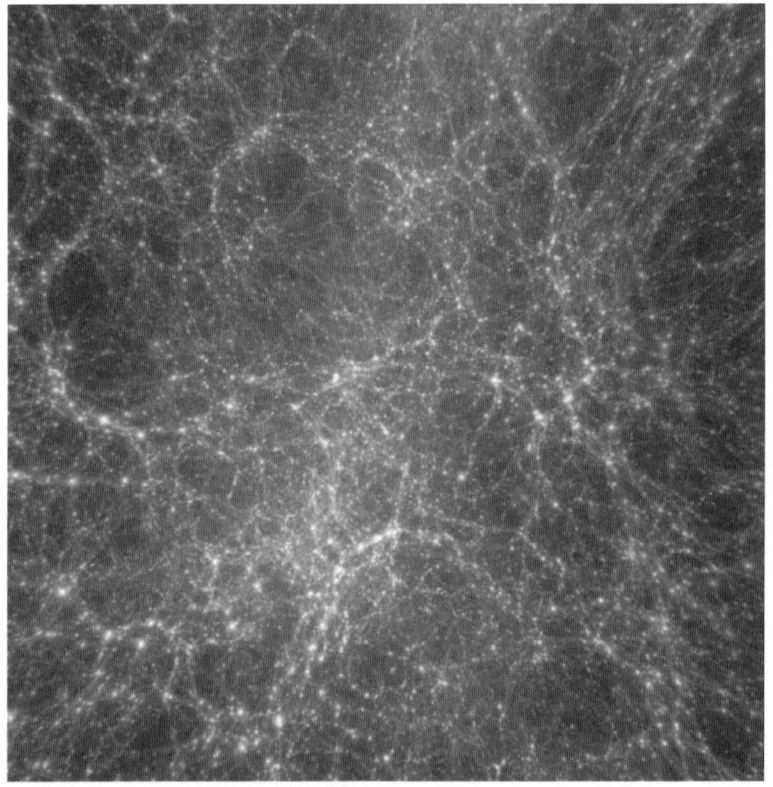

컴퓨터 시뮬레이션은 암흑물질이 울창한 숲과 같지만, 그러나 잘 조직된 방식(a clumpy but organized manner)으로 분포되어 있음을 보여 주고 있다. 그림에서 암흑물질이 고집적된 영역은 밝게 보이고, 어두운 지역은 거의 빈 공간으로 보인다. 하나의 그물망이다. Credit: Institute for the Physics and Mathematics of the Universe

구의 관찰자에게 도달한다.

이들은 이를 통해 암흑물질이 각 은하들로부터 은하간(intergalactic) 우주까지 뻗어 있고, 부근의 다른 은하들로부터 나오는 암흑물질과 겹쳐지면서(overlapping), 우주 전체를 감싸는 그물망(a pervasive web)을 형성한다는 사실을 발견해 2012년 2월 10일자 『천문학 저널』(The Astrophysical Journal)에 논문을 발표했다(Masaki et al., 2012).

3절 유럽과 미국, 아벨 383 은하단의 암흑물질의 분포도를 3차원(3D) 지도로 그려내

유럽과 미국의 두 개의 천문과학자 팀이 미국항공우주국의 X-선을 추적하는 찬드라 X-선 우주망원경(Chandra X-ray Observatory)과 기타 망원경들을 이용하여 지구로부터 23억 광년 떨어진 아벨 383(Abell 383) 은하단(galaxy cluster) 내의 암흑물질의 분포도(distribution of dark matter)를 3차원(3D) 지도로 그려냈다(Science Daily, 14 Mar 2012). 아벨 383은 현대의 88개 별자리 중 8번째로 큰 에리다누스좌(Eridanus)에 있는 은하단이다. 아벨이란 말은 조지 아벨(George O. Abell, 1927~1983) 이 만든 은하단의 목록(Abell catalogue)으로 이 목록에는 4,073개의 은하단이 기록되어 있다.

암흑물질은 빛을 흡수하지도 방출하지도 않는 물질로 암흑물질의 중력효과(its gravitational effects)에 의해 감지되는 물질이다. 3차원 지도상의 몇몇 줄은 암흑물질이 일반물질(normal matter)보다 무려 6배나 많다는 사실을 나타내고 있는데, 이는 우주에는 일반물질이 4.6%이고 암흑물질이 23%라는 미국항공우주국이 2008년 밝힌 사실을 입증한 셈이다.

은하단들은 우주에서 가장 큰 중력으로 뭉쳐 있는 구조들로 암흑물질과 우주론, 우주의 구조와 진화를 연구하는 데 지대한 기여를 한다. 따라서 이번 연구에 아벨 383 은하단이 선정되었다. 은하단에서 암흑물질을 3차원으로 그린 것 중 이번 아벨 383이 가장 자세한 정보를 제공하고 있다. 두 팀은 암흑물질이 농구공과 같이(like a basketball) 구형태(spherical)가 아니라 하나의 거대한 미식축구공(a gigantic football)처럼 쭉 퍼져 있다는 사실을 발견했다.

두 개의 팀은 찬드라 X-선 우주망원경이 촬영한 일반물질과 다른 망원경들이 잡아낸 광학데이터로부터 얻은 중력렌즈정보(gravitational lensing information)를 합성하여, 통계분석을 통해 암흑물질의 분포도를 3차원으로 그려냈다.

이스라엘 텔아비브 대학의 안드리아 모란디(Andrea Morandi)와 프

아벨 383 은하단의 암흑물질의 3차원 매핑 분포도-찬드라로부터 얻은 합성 이미지는 뜨거운 가스를 보여 주는데 이는 은하단 내를 지배하는 일반물질(normal matter)임. 그 외에 은하들의 광학 데이터와 함께 보여 주고 있는데, 이는 허블 우주망원경(Hubble Space Telescope, HST), 매우 커다란 망원경(Very Large Telescope), 슬로언디지털스카이서베이(Sloan Digital Sky Survey, SDSS) 등이 잡은 이미지로 밝은색으로 보여 주고 있음. 이 그림에서는 축구공 모양의 암흑물질이 안 보임. Credit: X-ray: NASA/CXC/Caltech/A.Newman et al/Tel Aviv/A.Morandi & M.Limousin; Optical: NASA/STScI, ESO/VLT, SDSS

랑스 프로방스 대학의 마르세우 리모신(Marceau Limousin)이 이끄는 유럽 팀은 아벨 383 은하단의 중심부에 많은 양의 암흑물질이 집중되어 있다는 사실을 발견했는데, 이는 이론적으로 시뮬레이션(theoretical simulations)한 모델과 일치한다는 사실을 밝혀냈다. 이들이 사용한 중력렌즈 데이터는 허블 우주망원경의 이미지에서 얻은 것이다.

캘리포니아 공대(CIT)의 앤드루 뉴먼(Andrew Newman)과 UC 산타바바라 대학(UCSB)의 톰마소 트레(Tommaso Treu)가 이끄는 미국 팀은 허블 우주망원경(HST)과 일본의 수바루 망원경(Japanese telescope Subaru)에서 얻은 중력렌즈 데이터에 일본의 케크 관측소(Keck observations)에서 얻은 데이터를 추가하여, 아벨 383 은하단의 중심부에 있는 은하 별들의 속도(the velocities of stars in the galaxy in the center of the cluster)를 측정했다. 이렇게 함으로써 중심부의 암흑물질의 양을 측정할 수 있었다. 그러나 표준 냉각 암흑물질 모델(the standard cold dark matter model)이 예측한 것과는 달리 중심부에 암흑물질이 드라마틱하게 몰려 있지 않다는 사실을 발견했다.

암흑물질이 존재한다는 사실을 두 팀이 입증했음에도 이와 같이 중심부에 암흑물질이 대량으로 응축되어 '있다' 또는 '아니다'라는 대조적인(contrasting) 연구결과는 아마도 데이터의 세팅(data sets)이나 수학적 모델링(mathematical modeling)이 다른 데서 비롯될 가능성이 높다. 예를 들어 미국 팀은 은하 중심부의 별들의 이동 속도 정보를 이용했는데, 아벨 383 은하단 중심부로부터 6,500광년밖에 안 떨어진 근접 거리의 암흑물질의 집적도(density)를 계산해냈다. 반면 유럽 팀은 이동 속도 데이터를 사용하지 않고 아벨 383 은하단 중심부로부터 8만 광년 내에 있는 암흑물질의 집적도를 계산해냈다.

또한 유럽 팀은 아벨 383 은하단 내의 암흑물질을 3차원으로 그리기 위해 미국 팀보다 더욱 상세한 모델을 이용했다. 예를 들면, 암흑물질의 방향을 측정해내서 시선에 따라 약간 경사를 가지지만, 그것이 미식축구공처럼 공간에 있다는 사실을 발견했다.

여하튼 두 팀이 암흑물질의 집적도에 이견(discrepancy)을 보인 것은 앞으로 더 연구를 해서 풀어야 할 숙제이다. 만약 아벨 383 은하단 중심부에 암흑물질이 상대적으로 적다(relative lack)는 것이 밝혀진다면, 은하단 중심부에서 일반물질이 어떻게 행동하는지를 이해하는 데 중요한 단서가 될 것이고, 암흑물질 입자들이 일반물질과 상호작용한다는 것을 보여 주게 되어, 기존의 모델들과는 반대되는 결과가 나올 수도 있을 것이다.

미국 팀의 논문은 2011년 2월 20일자 『천문학 저널 레터』(Astrophysical Journal Letter)에 발표되었으며(Newman et al., 2011), 유럽 팀의 논문은 2012년 3월의 온라인과 4월의 『로열천문학사회의 월별발행지』(Monthly Notices of the Royal Astronomical Society)에 발표되었다(Morandi & Limousin, 2012).

4절 국제우주측량프로젝트(SDSS)의 BOSS, 암흑에너지 비밀 풀 은하지도 제작

국제공동연구진 과학자들이 25만 개가 넘는 은하들의 정확한 거리(the precise distance)를 측정한 우주지도를 제작함으로써 우주팽창에 가속도를 붙인 암흑에너지의 비밀을 풀 단서를 얻게 되었다(BBC, 30 Mar 2012). 국제 연구진은 이들 은하의 정확한 거리를 명시한 3차원(3D) 지도를 1/3 수준으로 완성함으로써, 암흑에너지의 척력(斥力, repulsive force)으로, 팽창 속도가 빨라진 약 60억 년 전의 우주를 살펴볼 수 있게 됐다고 논문 초고 등록 사이트 아카이브 서버(the arXiv preprint server)에 그간 연구한 논문을 발표했다(Anderson et al., Submitted on 29 Mar 2012).

아직까지 암흑에너지의 본질은 밝혀지지 않았지만 중입자음향진동관측사업(BOSS, Baryon Oscillation Spectroscopic Survey)의 일환으로 연구진이 작성한 3D 우주지도는 우주팽창에 관한 다양한 가설들을 검증하는 도구가 될 전망이다. 국제공동연구진의 영국 팀을 이끄는 포츠마우스 대학(University of Portsmouth)의 윌 퍼시벌(Will Percival) 교수는 "사상 최대의 우주영역 측정 결과를 담은 이 지도를 통해 우리는 우주 팽창 속도가 무슨 이유로 어떻게 빨라지게 됐는지 이해하는 데 도움을 얻을 수 있을 것"이라고 말했다.

1998년 우주가 점점 더 빠른 속도로 팽창하고 있다는 사실을 발견한 것은 20세기 최대의 과학적 성과 가운데 하나이다. 이전까지 과학자들은 중력의 영향(influence of gravity)으로 우주팽창 속도가 점점 약화될 것(decelerating)으로 생각해 왔다. 그러나 과학자들은 이제 새로운 우주물리학의 발견으로 우주에서 무엇이 일어나고 있는지를 알게 되었는데, 바로 2011년 노벨물리학상은 1998년에 '먼 거리에 있는 초신성의 관찰을 통해 우주의 팽창이 가속화되고 있다는 것을 발견(for the discovery of the accelerating expansion of the Universe through observations of distant supernovae)'한 공로로 미국의 사울 펄뮤터(Saul Perlmutter), 미국 태생의 오스트레일리아 국립대학의 브라이언 스미트(Brian P. Schmidt)와 미국의 애덤 라이에스(Adam G. Riess)에게 수여되었다.[16]

국제우주측량프로젝트인 슬로언디지털스카이서베이(SDSS, Sloan

----

16 2011년 노벨물리학상 선정이유-http://www.nobelprize.org/nobel_prizes/physics/ laureates/2011/

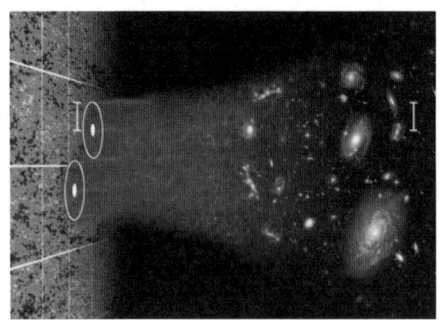

중입자음향진동(Baryon Acoustic Oscillations, BAO) 개념의 그림은 초기 우주에서 각인(刻印)되어(왼쪽 그림 상의 I) 오늘날의 BOSS와 같은 은하 관측에서도 보인다(오른쪽의 I). 호수의 잔물결이 퍼져 나가듯이 소리 파장들(Sound waves)은 초기 우주에서 퍼져나가, 우주극단파배경복사(CMB)에서 보여 주는 이방성의 온도 차이처럼(좌측 그림) 미미한 변화(fluctuations)를 보여 준다. Credit: SDSS3.org/Chris Blake and Sam Moorfield.

Digital Sky Survey III)의 일부인 BOSS는 우주팽창 가속도를 설명할 새로운 물리학 이론을 개발하려는 과학자들의 노력을 지원하는 사업으로 중입자음향진동(Baryon Acoustic Oscillations, BAO)과 적색편이 우주왜곡(Redshift Space Distortions) 등 두 종류의 기술을 사용하고 있다.

중입자음향진동은 초기 우주를 통과하는 고온-고압의 파장(음향진동)이, 나중에 일정 수준 이하로 온도가 떨어졌을 때, 물질 분포(distribution of matter)에 남긴 흔적(imprinting)을 연구하는 방식이다. 물질 분포에 남은 이런 꿈틀거린(wiggles) 흔적은 은하들의 분리 간격(scale in the separation of galaxies)을 측정하는 유용한 도구로 우주의 기하학적(geometry of the cosmos) 표준 척도(standard ruler)로 사용되고 있다. 전 우주를 통해 물질에 남은 중입자음향진동의 패턴을 추적하면 그곳의 물질을 알아낼 수 있다. 만약 패턴이 다르다면 그곳은 더욱 많은 물질 혹은 적은 물질, 혹은 가속화 팽창의 속도가 다를 것으로, 이런 방식으로 은하들의 서로 다른 지도를 그릴 수 있다.

적색편이(Redshift) 우주왜곡 기술은 우주에서 성장한 뼈대(the growth

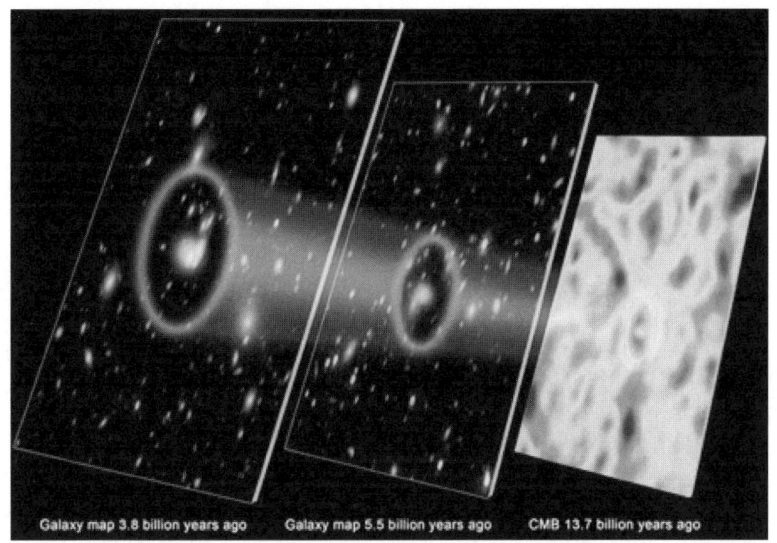

Galaxy map 3.8 billion years ago   Galaxy map 5.5 billion years ago   CMB 13.7 billion years ago

새로운 그리고 좀더 정확한 은하들의 위치를 측정함으로써 천문학자들은 우주는 137억 년 전의 빅뱅 이후 50억~70억 년이 지난 후부터 팽창하기 시작했다고 믿고 있다(Anderson et al., Submitted on 29 Mar 2012). 은하 지도상의 중입자음향진동의 기록은(흰색 원) 천문학자들로 하여금 우주팽창 역사를 추적하게 해준다. 위의 그림은 서로 다른 3개의 시대별 우주를 보여 주고 있다. 왼쪽부터 이번에 3차원 지도로 그린 38억 년 전과 55억 년 전의 은하지도, 그리고 오른쪽은 137억 년 된 우주극초단파배경(CMB)이 매핑한 우주지도.

of structure)에서 생성된 은하들의 이동 속도(velocity of galaxies) 내의 구성물질을 알게 해준다. 예를 들어 은하가 우리로부터 멀어지면, 도플러 효과(Doppler effect or Doppler shift)에 의해 파동이 늘어나고 스펙트럼(빨주노초파남보) 선은 적색 쪽을 향해서 이동하는 것처럼 보이고, 이를 적색편이라고 한다. 반면 은하가 우리를 향해서 다가오면 파동이 압축되고 청색편이(Blueshift) 된다. 과학자들은 이를 통해 서로 이웃한 은하들이 중력의 결과로부터 예측되는 방식으로 뭉치는지(clustering) 흩어지는지 여부를 알 수 있게 된다. 이것은 알베르트 아인슈타인이 일반상대성이론에서 양적인(positive) 우주상수(cosmological constant)를 방정식(equations)에 넣었다가 나중에 빼는 큰 실수를 한 것과 관계 있는데, 이 우주상수를 중력의 반대편(negative)에 넣으면 우주팽창의 가속화를 얻을 수 있으며, 새로운 팽창을 가속화시키는 새로운 방정식을 찾아 낼 수 있다. 놀랍게도 오늘날 거의 모든 은하들이 우리에게서 멀어지고 있다. 우주는 빛의 속도 이상으로 팽창하고 있는 것이다.

BOSS 지도의 정확성은 이전의 모든 우주 지도를 능가하는 획기적인 것으로 약 60억 년 전 은하들의 위치를 오차 범위 1.7% 이내에서 상세히 밝혀 주고 있다. 이 시기는 우주팽창의 원동력이던 중력이 물러나고 척력(斥力)이 그 자리를 대신한 결정적인 시기이다.

미국 뉴멕시코(New Mexico) 주의 아파치 포인트 관측소(Apache Point Observatory)에 설치된 주반사경 지름 2.5m의 슬로언 망원경(Sloan telescope)을 사용한 BOSS 프로젝트는 현재 약 3분의 1이 완료된 상태로 과학자들은 우주의 은하들의 위치를 그려내는 3차원(3D) 지도 제작을 계속할 계획이다.

BOSS의 데이터와 3차원 은하 지도는 아파치 포인트 관측소(Apache Point Observatory)에 설치된 주반사경 지름 2.5m의 슬로언 망원경(Sloan telescope)으로부터 수집. Credit: SDSS

5절 유럽항공우주국(ESA)의 유클리드 미션(Euclid mission)

유럽항공우주국(ESA)은 BOSS의 접근방식을 이용하되, 땅에서 관측하는 것이 아니라 위성 망원경을 쏘아 은하의 위치를 관측한다는 유클리드 미션(Euclid mission)을 계획하고 있다. 유클리드는 2019년에 발사될 예정이다. 우주에 있는 5,000만 개의 은하의 위치를 정확히 매핑하고 더 나아가 지구로부터 100억 광년 떨어진 곳의 은하들의 위치도 측정할 예정이다.

이러한 노력은 앞으로도 계속되어 암흑에너지가 우주팽창에 어떠한 영향을 주었으며 그 진화는 어떠했는지를 밝히고 더 나아가 암흑에너지의 존재도 언젠가는 밝혀낼 것이다.

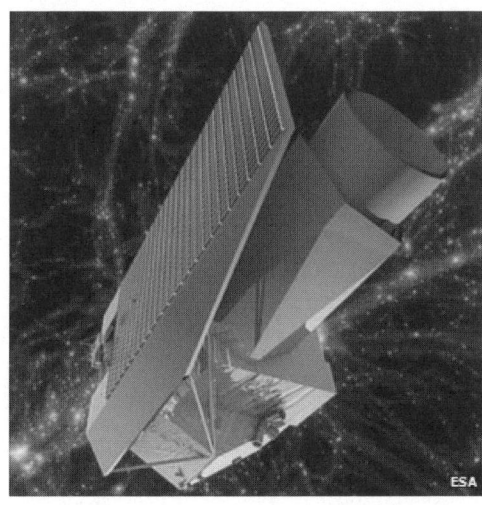

유럽항공우주국(EAS)가 2019년에 발사할 유클리드(Euclid), Credit: ESA

4장
어둠(黑)에서 빛을 가르다,
블랙홀의 발견/원리/생명의 근원

「창세기」 1장 4절에는 "하나님이 어둠으로부터 빛을 나누사(God separa-ted the light form the darkness)"라는 구절이 나온다. 결론적으로 말하자면 어둠(darkness)은 암흑물질(dark matter)을 말하고 빛(light)이란 블랙홀(Black hole)을 의미하는 것이다. 자 어떻게 어둠에서 빛을 나누셨는지를 거시적 우주인 빅뱅으로 살펴보자. 블랙홀은 생명의 근원이자 삶과 죽음을 결정한다.

1절 우주선(宇宙線, Cosmic Rays)의 근원은 블랙홀

1912년 오스트리아 출신 미국 물리학자인 빅터 헤스(Victor Hess, 1883~1964)는 우주선(宇宙線, Cosmic Rays)을 발견하여 1936년 노벨물리학상을 수상했다.[17] 그 후 이처럼 막대한 에너지 입자가 어디서 생겨

---

17 1836년 노벨물리학상-http://www.nobelprize.org/nobel_prizes/physics/laureates/1936/

나서 어떻게 우리에게 다가오는지는 베일에 싸여 있었다.

그런데 2007년 11월에 17개국 370명의 우주물리학자들이 그 기원(Source, origin)을 밝혀냈다(The Pierre Auger Collaboration, 2007). 학자들은 지구에 충돌하는 초고(超高)에너지 우주선(宇宙線, Ultra High-Energy Cosmic Rays)의 기원은 우리 은하계(Milk Way Galaxy)에서 멀리 떨어진 다른 은하계 중심에 위치한 거대한 블랙홀(Huge Black Holes)이라는 사실을 발견하여, 그 동안 우주선을 둘러싸고 있던 오랫동안의 수수께끼가 풀릴 전망이다. 연구원들은 초고에너지 우주선의 기원은 기존 과학자들의 추측과는 달리, 은하계 외부가 아닌 은하계 내부의 블랙홀일 가능성이 높다고 밝혔다. 따라서 앞으로 더욱 고성능의 망원경이나 위성을 이용하면 우리 은하계의 블랙홀뿐만이 아니라 우리 은하계를 에워싼 12~24개의 난장이 은하계들(galaxies, Dwarf galaxies)의 블랙홀을 밝혀낼 것으로 기대하고 있다(Adrian Cho, 2007).

연구진은 아르헨티나에 위치한 세계에서 가장 큰 우주선(宇宙線) 탐지기인 24개의 망원경과 1,600개의 감지기로 구성된 피에르 오제 관측소(Pierre Auger Observatory)에서 이 입자들의 궤도를 3.7년 동

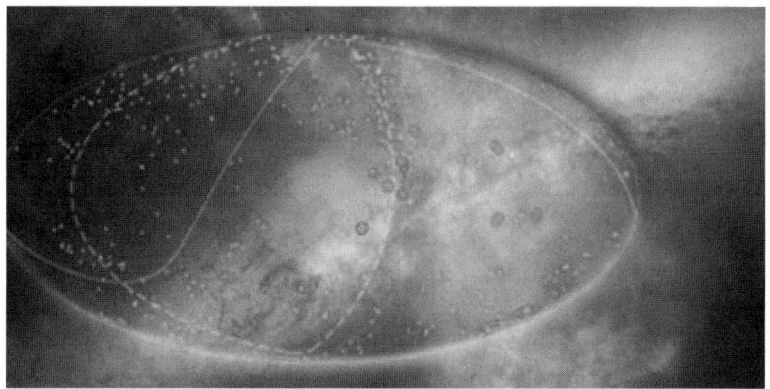

2007년 11월 9일자 『사이언스』지의 표지에 발표된 우주선의 기원 이미지. 사진: Science

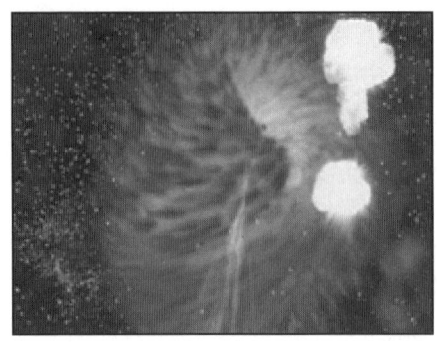

블랙홀이 바로 우주선(線)의 기원.
사진: BBC(08 Nov 2007)

안 관측하여, 10의 18승 전자볼트인 57EeV(엑사전자볼트, exa-electron volts)[18]와 75메가파섹(Megaparsecs) 내에 존재하는 활동성은하핵(Active Galactic Nuclei, AGN)의 상관관계를 측정한 결과, 초고에너지 우주선이 하늘을 가로질러 여러 방향에서 골고루 이동해 오는 것이 아니라, 은하계의 응축된 중심부의 거대한 블랙홀로부터 쏟아져 나온다는 사실을 발견했다. 이들은 또한 블랙홀에서 나온 우주선들은 우주배경복사와의 상호작용으로 흐름이 감소되지 않는다는 가설과 블랙홀 주변의 자기장이 우주선의 속도를 증가시킬 것이라는 가설을 내놓아, 단일 입자가 막대한 에너지(Super energies)를 갖게 되는 과정에 대한 설명의 기초를 세웠다.

양성자(proton), 수소핵(hydrogen nuclei), 헬륨핵(helium nuclei) 등으로 이루어진 초고에너지 우주선은 지구 대기(atmosphere)의 상층부와 충돌하고 분쇄되면서 막대한 에너지를 지닌 2차 입자들을 생성하는데, 이를 초고에너지 우주선이라 부른다. 이 초고에너지 우주선의 기원 규명은 미국항공우주국이 향후 10년 안에 밝히려 하는 10대 과제 중

---

18 초고에너지 우주선의 57EeV(엑사전자볼트): 이는 우리 인간이 만든 유럽의 거대하드론(강입자)가속기(LHC)의 에너지보다 100만~1,000만 배나 높은 에너지이다(1~10 million times greater than particle accelerators have reached).

하나이다. 이에 반해 저에너지(Lower Energy)의 기원은 태양이나 기타 별 또는 폭발하는 별이나 초신성들(Supernova)이다.

이번 연구에 참여한 제임스 크로닌(James Cronin) 시카고 대학 교수는 "1세기의 미스터리를 푸는 데 이제 한 발 내디뎠다. 우리는 우주선의 기원 및 성질을 규명하기 위한 큰 걸음을 내디뎠다"면서 "이제 우주선 천문학의 시대가 도래했다. 이제 우리는 이웃 은하들에서 일어나고 있는 이와 같은 강렬한 과정을 이해하기 시작했다"라고 이번 연구의 의의를 설명했다. 크로닌 교수는 또 "이번 연구 결과를 토대로 수년 내에 우주선의 확실한 기원과 초고에너지로의 전환 과정을 밝혀낼 수 있을 것"이라며 기대를 표명하고, "궁극적으로 우리는 블랙홀이 무엇인지 블랙홀이 우주 진화에 어떤 역할을 하고 있는지 알게 될 것이다"라고 말했다.

제임스 크로닌은 1964년에 '중간자인 K-메존이 붕괴시 기본 대칭성 원리의 위반을 발견한 공로(for the discovery of violations of

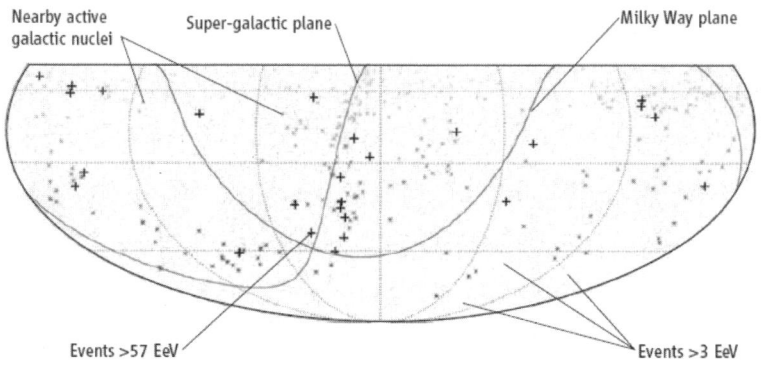

피에르 오제 관측소에 의해 감지된 우주선(線)을 보여 주는 지도. 저에너지 우주선은 골고루 분포된 소스로부터 나오는 것으로 보이지만, 고에너지 이벤트들(+ 십자 표시들)은 근접 활동은하핵(AGN)의 블랙홀에서 나온 지역 물질의 분포도와 상관관계를 이룬다. 따라서 활동성의 은하핵의 블랙홀이 고에너지 우주선들의 기원으로 보인다. Nearby Active Galactic Nuclei = 근접활동은하핵, Super-Galactic Plane = 초은하 평면, Milky Way Plane = 우리 은하 평면. 사진: The Pierre Auger Collaboration(2007)

fundamental symmetry principles in the decay of neutral K-mesons)'로 노벨물리학상을 수상했었다.[19]

2절 블랙홀의 융합/생성/회전/팽창의 원리

2008년 1월 7일부터 11일까지, 미국 텍사스 오스틴에서 개최된 제211 차 미국천문학소사이어티(American Astronomical Society)에서, 천문학 자들이 미국항공우주국의 찬드라 X-선 우주망원경을 이용해 우리 은 하계 주위의 9개 은하계 중심부에서 각각 거대 블랙홀(Supermassive) 을 관측하는 데 성공하고, 이 거대 9개의 블랙홀들이 최대 빛의 속 도로 회전(whirling, rotating, spinning)하고 있다는 사실을 발견했다 (Chandra, 10 Jan 2008; BBC, 12 Jan 2008). 그 이후 우리 은하 주위의 12~24개 은하계의 블랙홀뿐만이 아니라 우리 은하의 블랙홀도 찾아냈 다. 결국 은하들은 중심부에 블랙홀을 갖고 있다는 것이 우주의 규칙 으로 정해졌다.

깜깜한 암흑물질에서, 먼저 블랙홀이 은하의 중심부에 나타나고, 그 때부터 블랙홀은 회전하여 소용돌이 나선형이 되며, 블랙홀을 중심으 로 360도 방향의 암흑물질들은 블랙홀의 거대한 중력에 이끌려 들어 가—모든 빛, 즉 물질이 빨려 들어가 흡수되면 검은색이 되는데 그래서 블랙홀이라 부름—아인슈타인의 일반상대성 이론이 멈추는, 다시 말 해 시간과 공간이 정지되는 블랙홀이 만들어지는데, 블랙홀의 크기에 따라 블랙홀로 빨려 들어가는 암흑물질의 영역이 정해진다. 바로 이 영

---

19 1980년 노벨물리학상-http://www.nobelprize.org/nobel_prizes/physics/laureates/
1980/

역을 '돌아올 수 없는 점(the point of no return)' 또는 '돌아올 수 없는 영역' 또는 '특이점(singularity)'이라 하는데, 이를 사건의 지평선(event horizon)이라 부른다. 이 사건의 지평선 즉 블랙홀의 회전 중력장 영향에 있는 암흑물질들은 100% 블랙홀에 빨려들어가 어떤 암흑물질도 살아 돌아올 수 없게 된다. 다시 말해 시공의 휘어짐이 워낙 강해서 빛조차도 빠져 나올 수 없다. 블랙홀 내부에서는 시공간이 사라지고 정지된다. 즉 끝이 된다. 그러나 곧 그 끝은 또 다른 시공간의 시작이 된다. 이 사건의 순서는 특이점 → 블랙홀 → 빅뱅으로 이루어진다.

이것은 처음 우주가 생성되는 과정을 설명한 것이지만, 두 번째 우주의 탄생과정은 첫 번째 우주를 구성하는 일반물질로 이루어진 은하, 항성(별), 행성을 비롯해 암흑물질까지 특이점 → 블랙홀 → 빅뱅을 통해 첫 번째 우주는 사라지고 두 번째 우주가 탄생하게 된다.

회전하는 블랙홀의 속도는 빛의 한계에 거의 가까운 속도로 회전하면서 에너지를 주위에 뿜어내, 사건의 지평선 내의 암흑물질들로 하여금 가스들로 바꾼다. 가스물질들은 블랙홀의 고에너지에 의해 가장 밖의 영역은 빨강색, 가운데는 노랑색, 그리고 블랙홀 중앙에는 흰색의 가스가 된다. 중앙으로 갈수록 빛의 스펙트럼(빨주노초파남보)이 완전 융합된다. 이렇게 해서 블랙홀에 빨려 들어간 가스들은 블랙홀에 다 먹히지만 나머지 가스들은 회전하는 블랙홀의 자기장 기둥 탑을 통해 빛의 속도로 제트 에너지로 분출되어 주위 우주에 뿌려진다. 이 제트 에너지는 은하나 별들을 생성하고, 막 생성된 은하나 별들이 살아가는 데 필요한 에너지를 공급한다.

또한 은하들이 융합될 때에도 거대 블랙홀들은 이러한 고속의 회전을 통해 엄청난 에너지를 분출하여 또 다른 은하의 생성을 돕는다. 블랙홀에서 나오는 엄청난 에너지는 주위의 가스들이 냉각되지 않도록 열을 가하여 주위 환경들이 생성되고 살아가도록 한다. 회전하는 거대

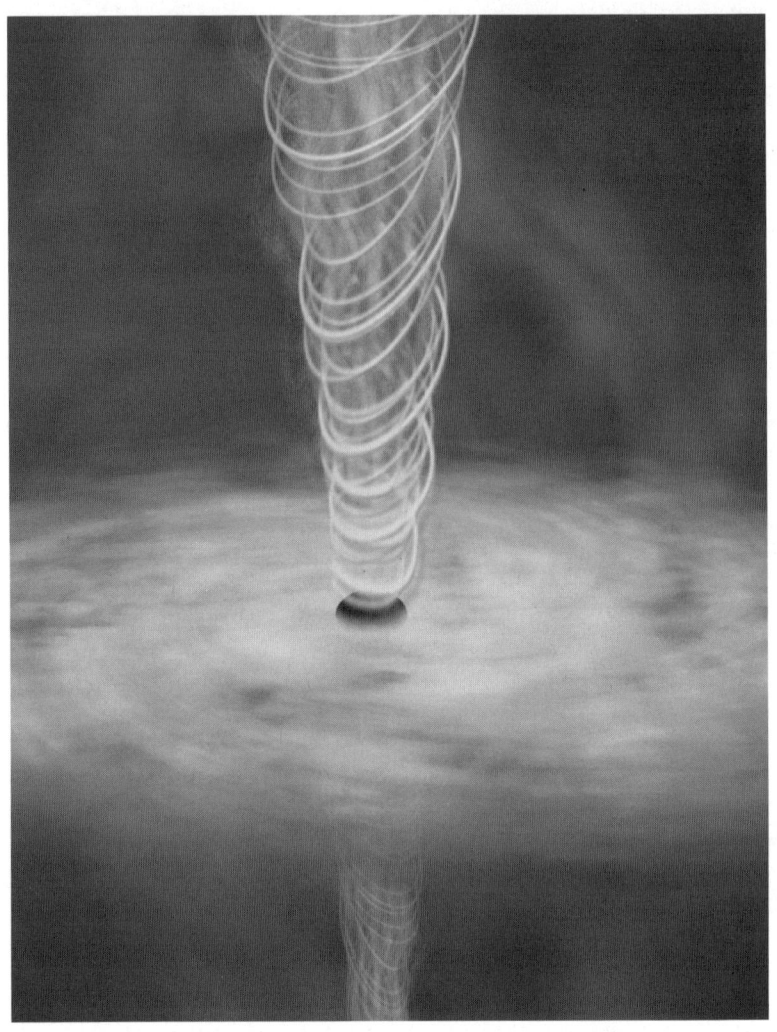

회전하는 거대 블랙홀. 암흑물질들은 블랙홀에 접근하면서 가스로 변하여 뜨거워지는데, 빨강색에서 노란색으로 그 다음 흰색으로 바뀐다. 대부분의 가스들은 블랙홀에 의해 다 먹히지만(빨려 들어가지만), 나머지 가스들은 회전하는 블랙홀의 자기장 기둥 탑을 통해 빛의 속도로 제트 에너지로 분출된다. 이 제트 에너지는 막 생성된 은하나 별들이 살아가는 데 필요한 에너지를 공급한다. Credit: NASA/CXC/ M.Weiss

블랙홀은 대부분의 거대 은하들의 생성에 중요한 역할을 한다.

은하 중심부에 빛의 속도로 회전하는 불랙홀은, 이후 은하가 스스로 회전(자전)하도록 하는 원인으로 밝혀졌는데, 아인슈타인의 일반상대성이론에 따르면 이 회전하는 블랙홀의 속도가 우주 자체로 하여금 스스로 회전하게 한다는 것이었는데, 이것이 사실임이 밝혀진 것이다. 또한 암흑에너지와 더불어 블랙홀에 의해 우주가 팽창한다는 사실도 밝혀졌다.

블랙홀에는 세 가지의 종류가 있는데,[20] (1) 태양 에너지의 5~100배, 다시 말해 5~100개의 태양 에너지와 맞먹는 에너지를 생성하고 이 에너지 중 일부를 제트 에너지로 분출하는 스텔라(Stellar) 블랙홀, (2) 태양 에너지의 500~1,000배나 되는 중간(Mid-Mass) 블랙홀, 그리고 (3) 태양 에너지의 100만 배 이상에서 수십억 배의 거대 에너지의 거대 블랙홀(Supermassive black hole)이 있는데, 이번에 발견된 우리 은하 주위의 9개 은하계에서 발견된 블랙홀들은 바로 거대 블랙홀이다.

---

20 블랙홀의 종류-http://chandra.harvard.edu/xray_sources/blackholes.html

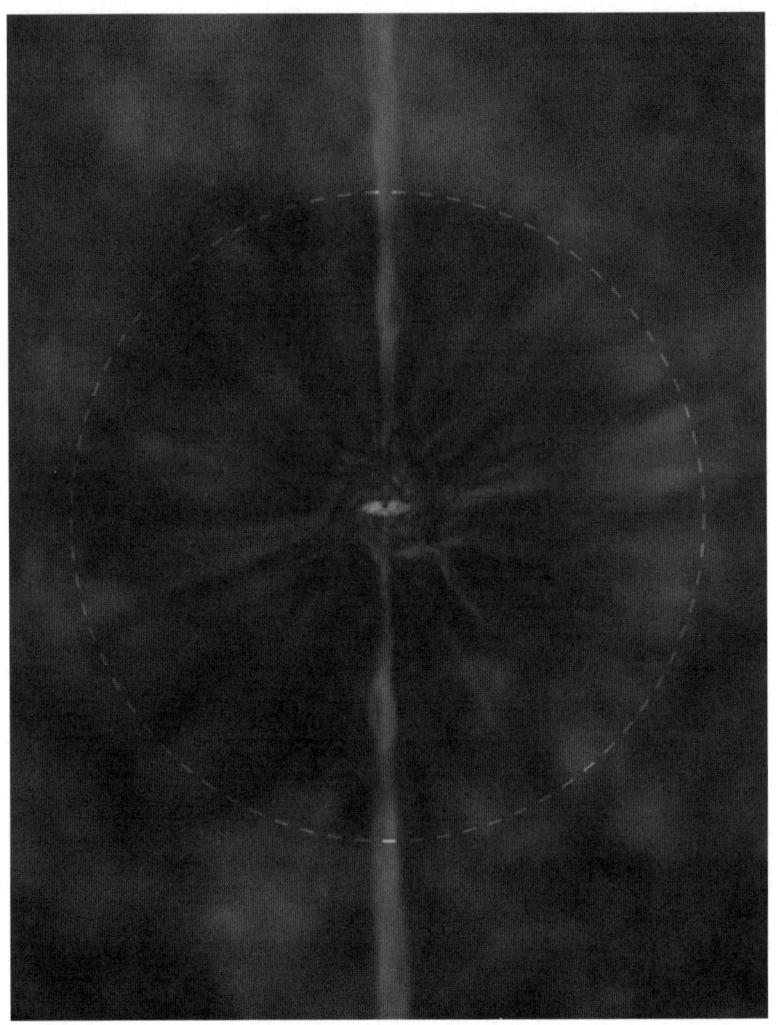

사건의 지평선. 사건의 지평선 영역은 거대 블랙홀의 사건의 지평선(event horizon) 영역보다 100만 배 이상 넓은 지역으로 이 영역의 모든 암흑물질은 블랙홀로 빨려 들어가면서 가스로 변하게 된다. 일부 가스들은 블랙홀의 자기장 기둥 탑을 통해 빛의 속도로 제트 에너지로 분출된다. Credit: NASA/CXC/ M.Weiss

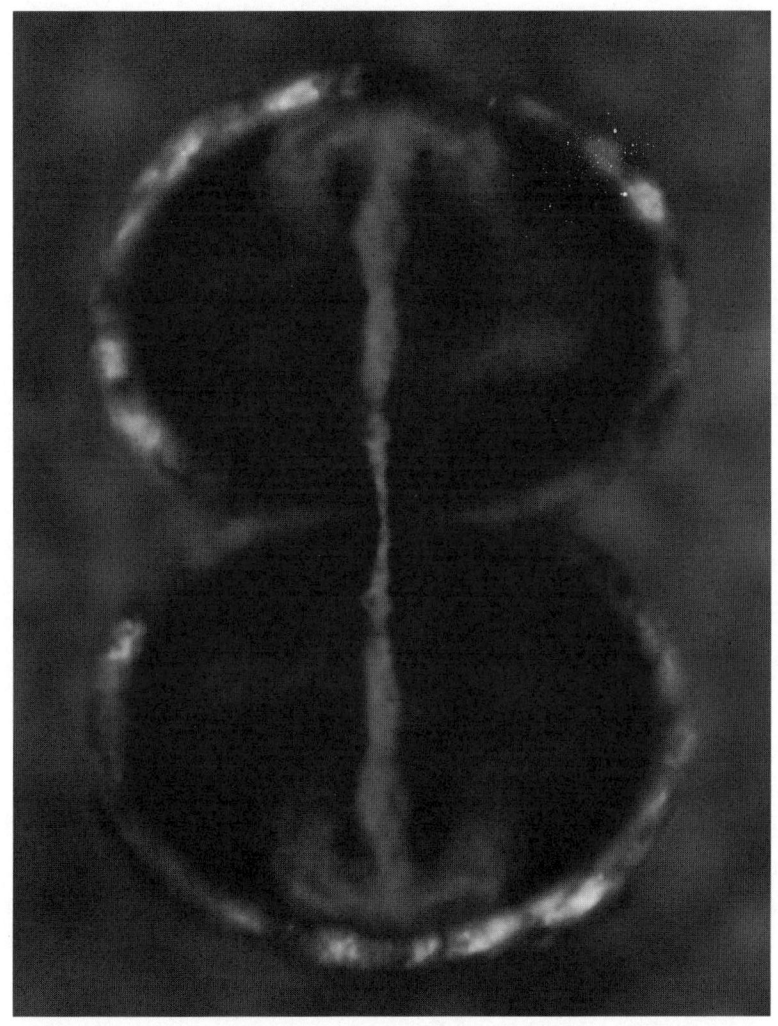

사건의 지평선 영역보다 수천 배 확장된 거대한 우주공간 형성. 거대 블랙홀의 제트 분출에너지는 사건의 지평선 영역을 피한 은하의 다른 영역에 에너지를 공급하여 별이나 행성을 생성하게 한다. Credit: NASA/CXC/M.Weiss

3절 우리 은하의 거대 블랙홀 발견

우리 은하의 중심에는 무엇이 있을까? 독일의 막스 플랑크의 외계물리
학(Extraterrestrial Physics)을 중심으로 하는 유럽의 천문학자들이 우
리 은하(Milky Way Galaxy) 중심부에 우리 태양에너지보다 400만 배
나 큰 거대(Supermassive) 블랙홀이 있음을 밝혀냈다. 왕실천문학회
(Royal Astronomical Society, RAS)의 로버트 매시(Robert Massey) 박사
는 지구로부터 158,000×백만×100만 마일 떨어진 곳, 즉 지구로부터
27,000~28,000광년 떨어진 곳에 블랙홀이 있다면서 놀라지 말 것을
당부했다(BBC, 9 & 10 Dec 2008).

독일 천문학자들은 16년에 걸쳐 칠레에 있는 두 개의 지상 망원경
을 이용하여 우리 은하 중심을 도는 S2 별을 포함한 28개의 별의 운
동을 추적해 태양보다 400만 배나 큰 거대 블랙홀을 발견해 그 결과를
논문으로 발표했다(Gillessen et al., 2009).

블랙홀은 중력이 워낙 커서 빛(light)조차도 빠져 나갈 수 없다. 중
력장에 있는 모든 암흑물질을 비롯하여 일반물질로 구성된 별들과 행
성 조차도 블랙홀에 빨려 들어간다. 로버트 매시 박사는 이것은 진주
(pearl)가 그릿(grit)을 둘러싸고(around) 형성되듯이 은하들도 이 거대
블랙홀 주위에서 형성되고 있다는 것을 의미한다고 설명했다.

로버트 매시 박사는 블랙홀에 너무 가까이 가 있으면 문제가 되지
만, 블랙홀은 은하들이 생성되는 것을 도와주고, 이미 생성된 은하들에
게는 제트 에너지를 분출하여 생애를 마감하기 전까지 성장할 수 있도
록 도와준다고 설명했다. 블랙홀은 물질들을 빨아들여 고집적도의 에
너지로 만들어 별들이 생성되게 한다. 이렇게 해서 최초의 별들이 만들
어지고 그 다음 은하들이 만들어진다.

16년 동안의 관찰은 칠레에 설치된 3.5m 거울의 새로운 기술망원

칠레의 3.5m 거울의 새로운 기술 망원경(New Technology Telescope, NTT). Credit: ESO.org

경(New Technology Telescope, NTT)과 8.2m 거울의 매우 커다란 망원경(Very Large Telescope, VLT)을 이용하였다. 이 두 개의 망원경은 유럽의 남부 관측소(European Southern Observatory, Eso)에 의해 운영된다.

이보다 앞서 미국 UCLA를 중심으로 하는 미국 천문학 공동연구진은 우리 은하의 거대 블랙홀의 위치가 궁수자리좌(Sagittarius)와 전갈자리좌(Scorpius)의 경계에 위치하고 있다는 것을 밝혀냈다. 궁수자리좌에는 궁수자리 A(Sagittarius A, 약자로 Sgr A)라는 영역이 있는데, 이곳이 바로 우리 은하 중심부이며, 이곳이 바로 복잡한 전자기파의 기원이라는 사실을 밝혀냈다. 이곳에서 나오는 전자기파는 광학 파장(optical wavelengths)에서는 잘 안 보이는데, 그 이유는 우리 은하 나선형 팔들(spiral arms) 안에 있는 대규모 우주먼지 구름(large clouds of cosmic dust) 속에 숨어 있어 잡히지 않기 때문이다.

궁수자리 A에는 3가지 구성요소로 이루어져 있는데, 초신성의 잔여물(supernova remnant)인 동쪽 영역(Sagittarius A East), 나선형 구조를 가진 서쪽 영역(Sagittarius A West), 그리고 가장 밝지만 복잡한 전자기파의 기원 영역인 나선형의 중심인 궁수자리 A-별(Sagittarius A*,

우리 은하 중심에 있는 거대 블랙홀의 이미지.[21]

Sagittarius A-star, 약자로 Sgr A*)이 있다. 바로 이곳, 즉 '궁수자리 A-별' 이 우리 은하의 거대 블랙홀이 있는 위치라는 사실을 밝혀 논문으로 발표했다(Ghez et al., 2008).

따라서 그 이후로 '궁수자리 A-별'을 우리 은하의 중심부에 있는 거 대 블랙홀이라고 부르기도 하고(Cnet, 14 Feb 2012; Universe Today, 9 Jan

---

21 http://3.bp.blogspot.com/__-pMfc8Cl9U/ST-vikj7krI/AAAAAAAAB5U/ _0L1B8CgcGE/s1600-h/black-hole.jpg

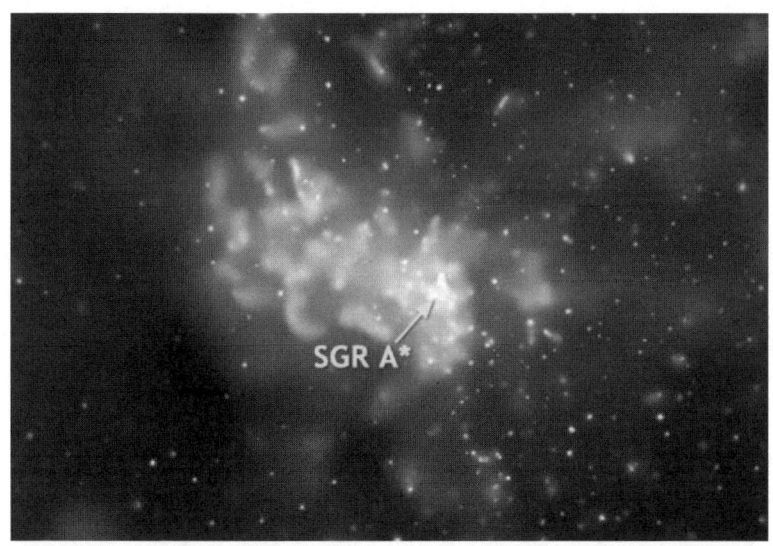

우리 은하의 거대 블랙홀이 있는 '궁수자리 A-별'의 위치. Credit: Universe Today

2009), '궁수자리 A-별'에 '우리 은하 거대 블랙홀이 있다'라고도 한다.

그런데 의문이 하나 있다. 왜 하필이면 블랙홀이 궁수자리와 전갈자리 사이에 있을까? 궁수자리는 활을 든 사람이란 뜻인데, 어디에다 활을 쏘느냐 하면 바로 전갈자리를 향해 쏘는 것이다. 사람을 무는 전갈! 이때 사람은 누구일까? 참고로 세차운동(歲差運動, Precession)에 의해 대주기(Grand Circle) 혹은 대년(Great Year)인 25,920년에 따라 변하는 시대별 춘분의 12개 별자리를 보면 궁수자리는 AD 6420년부터 시작되고, 전갈자리는 AD 8580년부터 시작된다. 이는 향후 『바이블 매트릭스』 시리즈의 「예수님의 재림과 새 하늘과 새 땅의 창조」 편에서 구체적으로 다룰 예정이다.

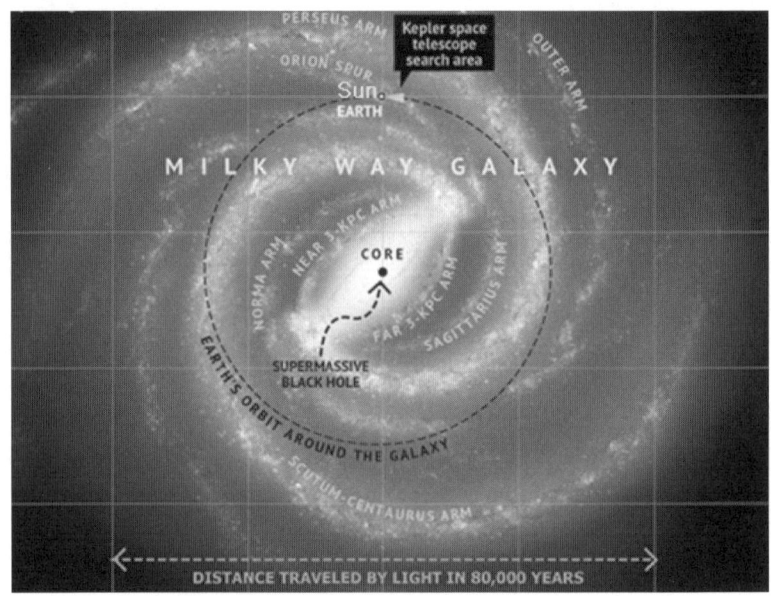

막대 모양의 중심부에 거대 블랙홀을 갖고 있는 우리 은하. Credit: Lynette Cook, Mark A. Garlick, Milky Way Map by Robert Hurt, Karl Tate/©Space.com

4절 센타우루스 A(Centaurus A) 은하의 거대 블랙홀

2008년 1월, 미국 텍사스 오스틴에서 개최된 제211차 미국천문학소사이어티(American Astronomical Society)에서, 천문학자들이 미국항공우주국의 우주공간에 떠 있는 찬드라 X-선 망원경과 지상의 가장 커다란 망원경(VLA, Very Large Array)을 이용해 센타우루스좌(Centraurus)의 유명한 은하인 NGC 5128로 알려진 센타우루스 A(Centaurus A) 은하에서 거대 블랙홀을 발견하고, 이 거대 블랙홀(Supermassive Black Hole)에서 뿜어져 나오는 제트(Jet) 에너지 분출을 영상으로 잡아내는 데 성공했다(Chandra, 09 Jan 2008). 센타우루스 A 은하는 지구로부터 1,100만 광년 떨어진 남쪽 하늘에 위치하고 있다.

지구에서 1,100만 광년 떨어진 센타우루스 A(Centaurus A) 은하의 찬드라 X–선 영상 이미지. 하나의 활발한 거대 블랙홀의 효과를 보여 주는 가장 선명한 영상이다. 왼쪽 방향으로 뿜어지는 고에너지 입자들의 제트 에너지가 이 은하의 중심부에서 13,000광년 거리의 외부까지 빛의 속도로 달려 나가는 장면이 보이고, 반대 방향으로 나가는 짧은 제트 에너지 장면이 보이는데, 이 제트 분출 에너지는 은하계 주변에 에너지를 공급하여 새로운 별을 생성하고 은하를 먹여 살리는 어머니 역할을 한다. 주변의 가스들이 냉각되지 않도록 하는 것이다. Credit: NASA/CXC/CfA/R.Kraft et al.

5절 블랙홀이 삶과 죽음을 결정하다

1. 3C321, 큰 은하의 거대 블랙홀이 작은 은하를 파괴, 새로운 별과 행성의 생성

2007년 12월 거대한 블랙홀(Supermassive Black Hole)[22]에서 뿜어져 나오는 입자들의 강력한 제트(Jet) 에너지가, 보다 작은 근접 은하(nearby galaxy)를 목표로 정확하게 강타하여, 대략 2,000억 개의 별로 구성된 하나의 근접 은하를 파괴하는 장면이 최초로 목격되었다(Evans et al., 2008). 과학자들은 블랙홀의 분출이나 은하들의 충돌을 여러 번 목격했으나, 블랙홀의 에너지가 다른 은하를 '뚫어 파괴하는 장면'은 처음 보았다고 밝혔다. 또한 표적된 은하의 2,000억 개의 별들과 그 안의 행성들 뿐만 아니라, 이 제트 에너지 분출의 경로 안에 들어 있는 어떤 행성들도 이 파괴의 영향을 비켜갈 수 없을 것이라는 심오한 지식(profound knowledge)과, 그 결과 또 다른 새로운 별의 생성을 부추길 것(trigger a burst of star formation)이라는, 블랙홀의 융합과 분열에 따른 별과 행성의 사멸과 생성이라는 중요한 우주철학을 알게 해주는 사건으로 과학자들은 해석하고 있다(Chandra; NASA; BBC, 17 Dec 2007). 이 파괴된 은하는 우리 은하(Milky Way Galaxy)보다 두 배 큰 은하이다. 우리 은하의 평균 별은 1,000억 개이다.

과학자들은 미항공우주국의 우주공간에 떠 있는 찬드라 X-레이 망원경(Chandra X-ray Observatory), 허블 우주망원경(Hubble Space Telescope) 그리고 스파이처 우주망원경(Spitzer Space Telescope), 지상에 있는 가장 커다란 망원경(Very Large Array, VLA)과 메르린 전파망원

---

[22] 천체우주물리학자들은 블랙홀을 우주의 나쁜 아이들(Bad Boys)이라 표현한다. 그러나 조금 더 읽다보면 알겠지만 죽음을 관장할 때는 나쁜 아이지만 생명을 보호하고 키울 때는 좋은 아이들(Good Boys) 또는 좋은 어머니(Good Mom)가 된다.

경(Merlin Radio Telescopes)을 이용해 이 위대한 장면을 포착했다.

우리 태양계가 속한 우리 은하를 비롯해 대부분의 은하들은 그들의 은하 중심부(galactic centres)에 거대한 블랙홀들을 주인으로 모시고 있다. 은하 중심부의 거대 블랙홀들은 거대한 제트 에너지를 분출하는데, 이는 X-선과 전파(Radio), 극자외선(Ultraviolet), 기타 광선(Optical) 등으로 관측할 수 있는 전파 에너지로 알려져 있다. 따라서 망원경으로 잡은 이들 전파 에너지를 영상으로 그려 내면 블랙홀의 분출 에너지들의 활동을 알아낼 수 있다.

이 놀라운 사건은 지구로부터 14억 광년 떨어진 곳에 위치한 3C321라 불리는 은하 시스템에서 일어났는데, 이 은하 시스템에는 두 개의 은하가 궤도를 그리며 서로를 돌고 있다가, 하나로 융합되는(merging) 과정이었던 것으로 추정된다. 3C321 시스템 내의 두 개의 은하 중 상대적으로 큰 은하―이를 발견한 천문학자들은 이 은하를 '죽음의 사자별 은하(Death Star Galaxy)'라 이름을 붙임―의 중심부에 있는 블랙홀에서 제트 에너지 빔(광선)이 분출되었고, 불행하게도 상대적으로 작은 은하가 그 제트 에너지의 불의 경로(Line of Fire)에 놓이게 되었다.

망원경에 잡힌 아주 밝은 몇 개의 영상들은 이 제트 분출이 작은 은하의 옆을 강타하고, 그 다음 제트 에너지들이 흩어져 사라지는 장면을 잘 보여 주고 있다. 일단 작은 은하를 강타한 후 제트 에너지들은 방해를 받아 편향되고(빗나가고) 있었다. 이때 제트 에너지들은 빛의 속도로 달려 나와 광활한 우주 공간을 여행한다. 3C321 시스템 내의 제트 분출 에너지는 대략 그 길이가 1,000만 광년 거리이며 아마도 생성된 이래 100만 광년 여행했을 것으로 보고 있다.

블랙홀에서 나온 빔(beam)은 고에너지 입자들(High Energy Particles)과 자기장으로 구성되어 있고, 이들은 엄청난 양의 방사선, 특히 X-선들과 감마선들을 생성하며 그 속도는 빛의 속도에 가깝다. 이 빔은 작은 은하 속의 수천 개 행성을 강타했다. 만일 그 행성들에 생명체가 존재했다면 모두 멸종(Extinction)했을 것이라는 게 과학자들의 설명이다. 행성 대기 상층부(Upper atmosphere)의 오존층(Layers of Ozone)이 모두 파괴되었을 것이기 때문이다.

"아직도 이러한 제트 에너지들이 어떻게 작용하는지에 대해선 기본적으로 알고 있는 것이 없다"라고 이번 연구의 공동연구자이자 공동논문 저자인 영국 하트포드셔 대학의 마틴 하드캐슬(Martin Hardcastle)은 말한다. "우리는 이들 엄청난 파괴력의 분출 에너지들이 어떻게 블랙홀 근처에서 생성되는지 정확히 모릅니다. 무엇으로 만들어 졌으며 얼마나 빨리 이동하는지, 특히 시간과 어떻게 융합되는지 자세히 모릅니다. 따라서 이번 발견은 제트 에너지들이 내부에서 어떻게 작용하는지 하나의 통찰력을 주게 될 것이고 이를 바탕으로 앞으로 많은 연구가 필요합니다." 블랙홀은 막대한 중력 때문에 빛까지도 빨아들이지만, 인접한 일부 물질들을 제트 형태로 분출하기도 하는데 이는 블랙홀의 자기장 효과 때문인 것으로 추정된다.

3C321 시스템의 두 은하는 약 2만 광년 거리의 아주 짧은 거리에 떨어져 있었는데, 이는 바로 우리 은하의 중심에서 지구까지의 거리와 대략 비슷하다. 지구에서 우리 은하 중심부까지는 대략 28,000광년이다. 따라서 우리 은하 중심부의 거대 블랙홀에 의해, 향후 언젠가는 우리 지구도 이와 비슷한 방법으로 최후의 운명을 맞이할 것으로 추측된다. 이는 3부에서 자세히 다루기로 한다.

이번 발견으로 작은 은하의 모든 생명체가 다 죽었을 것으로 추정하지만 그것이 꼭 나쁜 뉴스는 아니라는 점이다. 우주의 법칙은 바로 융합과 분열에 따라 죽음과 삶이 반복되기 때문이다. 일단 의도된 대로의 파괴가 완성되면 이는 바로 수많은 별들과 행성들의 새로운 삶으로 이어지기 때문이다. "우리는 이것을 죽음의 사자별 은하라 부르지만, 그 마지막 과정은 바로 새로운 생명체의 탄생이라는 점입니다"라고 하드캐슬 박사는 말한다. 3C321 시스템에서처럼 블랙홀이 항상 주변의 별이나 은하를 파괴하거나 끌어들여 먹어치우는 것은 아니다. 블랙홀로 빨려 들어온 은하나 행성들을 가스와 에너지로 만들어 이들 가스와 에너지들을 분출함으로써 우주의 새로운 별들과 행성들의 생성(the formation of large numbers of stars and planets)에 도움을 준다.

예를 들어 궁수자리 A(Sagittarius A)라 알려진, 우리 은하 중심부에 위치한 젊은 별에서는, 우리 은하의 거대 블랙홀이 소용돌이치고 있는데, 이 거대 블랙홀은 악적인 행동을 하는 것이 아니다. 블랙홀에서 나온 제트 에너지들은 젊은 별들을 파괴하거나 먹어치우는 것이 아니라 젊은 별들이 더욱 잘 자랄 수 있도록 에너지를 공급하고 보호하고 있다는 사실이다. 이 점으로 미루어 보아 우리 은하는 100살을 한 사이클로 볼 때 이제 50살을 넘긴 것으로 과학자들은 보고 있다. 그래서 블랙홀의 에너지가 아직도 우리 지구를 보호하고 있는 것이다. 그러나 언젠가 늙으면 죽음의 사자로 변할 것임엔 틀림없다. 이는 3부에서 자세히 다루기로 한다.

이러한 정황으로 보아서 블랙홀은 죽음과 생성에 관여하고 있는 것이 분명하다. 다만, 역할이 끝나 죽어야 하는 행성과 별로 구성된 은하들은 파괴하거나 먹어치워 융합시키고, 그 다음 새롭게 생성된 행성과 별로 구성된 은하들은 역할을 다하고 운명이 끝날 때까지 에너지를 공급하고 보호한다는 사실이다.

따라서 다음과 같이 결론을 지을 수 있다. 우리 지구의 나이는 45.6억 년이고 우리 태양의 나이는 대략 50억 년으로 볼 때, 지구는 45.6억 년 더 가야 하고, 태양은 앞으로 50억 년 더 가야 생명을 마감한다. 따라서 우리 은하의 거대 블랙홀은 아직은 좋은 아이(Good Boy) 또는

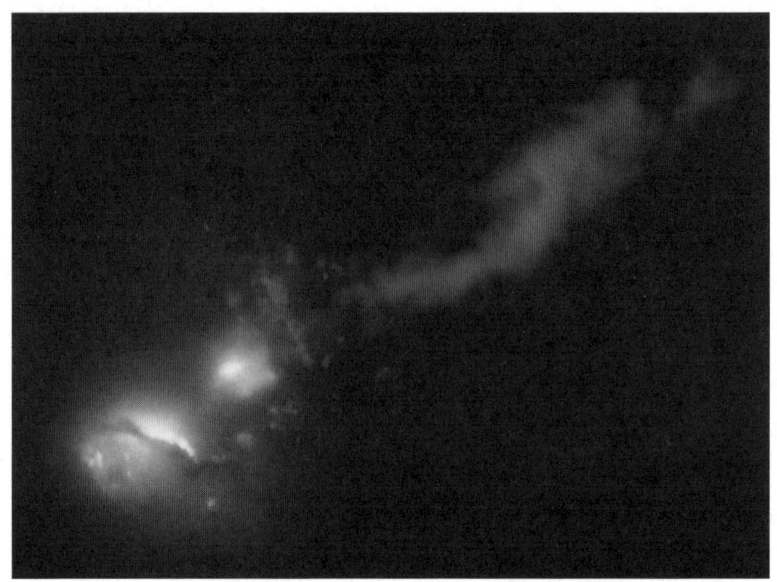

왼쪽 아래 은하 중심부에 위치한 블랙홀에서 나온 제트 분출물이 오른쪽 위 작은 은하의 옆부분을 강타하고 있다. X-선과 전파, 광선, 극자외선 등으로 관측하여 이를 합성한 영상. Image Credit: X-ray: NASA/CXC/ CfA/D.Evans et al.; Optical/UV: NASA/ STScl; Radio: NSF/VLA/CfA/D. Evans et al., STFC/JBO/MERLIN

좋은 어머니(Good Mom)임에 틀림이 없다. 그러나 언젠가는 3C321 시스템의 작은 은하처럼 우리 은하의 거대 블랙홀 아니면 다른 블랙홀에 의해 태양과 지구는 최후의 운명을 맞이할 것이다. 이러한 심오한 우주 철학은 신약성경의 마지막인 「요한계시록」(Revelation)을 떠올리게 하는데, 거기에 자세히 기록되어 있기 때문이다. 「요한계시록」은 『바이블 매트릭스』의 마지막 시리즈인 「예수님의 재림과 새 하늘과 새 땅의 창조」편에서 자세히 소개하기로 한다.

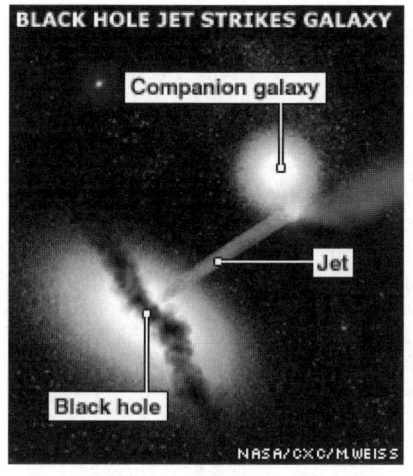

BLACK HOLE JET STRIKES GALAXY

Companion galaxy

Jet

Black hole

NASA/CXC/M.WEISS

큰 은하의 블랙홀에서 나온 제트 에너지가 작은 은하의 옆을 강타하는 장면. Credit: NASA/CXC/M.Weiss

2. 별을 집어삼키는 거대 블랙홀, 전 과정 최초 공개

별을 집어삼키는 거대 블랙홀(supermassive)의 모습을 130여 일 동안 촬영한 사진이 공개되었다. 미국 존스홉킨스 대학 연구팀이 20억 광년 떨어진 곳에서 별을 집어삼키는 블랙홀의 모습 전 과정을 사상 최초로 확인했다고 2012년 5월 미국항공우주국이 보도했다(NASA, 2 May 2012; YTN, 7 May 2012).

별을 집어삼키는 블랙홀 영상은 2010년 6월 미국항공우주국의 은하진화탐사선(Galaxy Evolution Explorer, GALEX) 우주망원경과 미국 하와이(Hawaii)에 있는 팬-스타스1(Pan-STARRS1, PS1, Panoramic Survey Telescope & Rapid Response System) 망원경 등으로 지난 2011년 6월부터 관찰한 것이다. 블랙홀이 집어삼킨 별은 적색거성으로 태양보다 온도가 낮다. 우리 태양은 현재 황색거성이다. 특히 적색거성의 나이는 50억 년 정도로 추정되며 블랙홀의 무게는 태양의 460만 배로 추정된다. 별을 집어삼키는 블랙홀 영상 속의 적색거성 별은 블랙홀 주위를 맴돌다 거대한 블랙홀의 중력에 의해 끌려들어가면서 분쇄되고

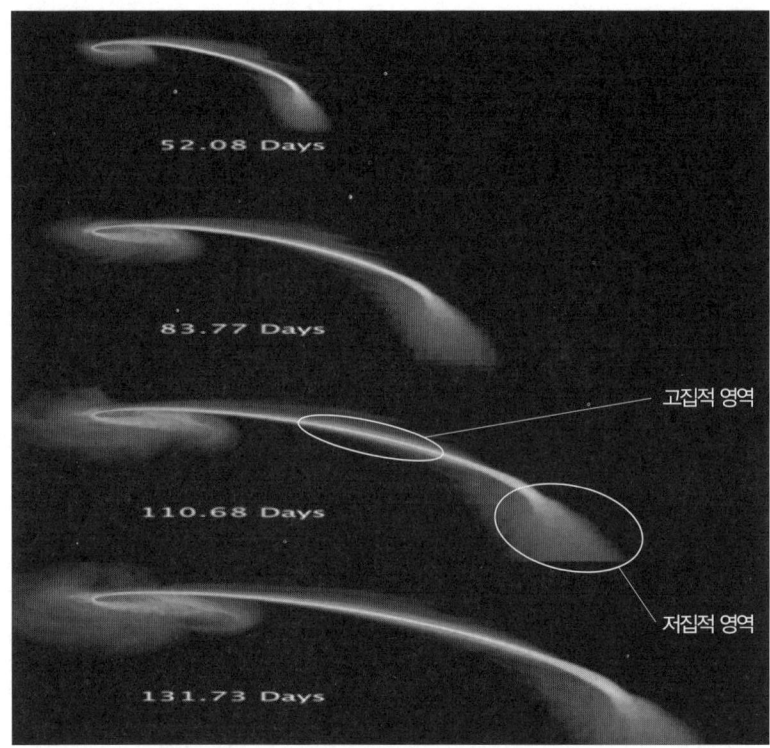

하나의 별이 거대 블랙홀의 중력에 의해 빨려 들어가 분쇄되고 있다. 일부분의 잔해는 블랙홀의 기둥 탑으로부터 빛의 속도로 분출되고 있다. 흰색 부분은 고집적(highest density) 영역이고, 붉은색 부분은 저집적(lower-density) 영역이다. Credit: NASA; S. Gezari, The Johns Hopkins University; and J. Guillochon, University of California, Santa Cruz.

(shredding) 있으며, 일부는 빠른 속도로 블랙홀의 기둥 탑을 통해 에너지로 분출되고 있는 신비스러운 모습이 고스란히 잡혀 있다. 한편 블랙홀에 빨려들어가는 전 과정을 포착한 천문학자들은 10만 년 만에 일어나는 발견이라며 놀라움을 감추지 못했다.

3. 별이 행성을 집어삼키는 장면이 목격

항성(恒星, 별)이 근처의 행성(行星)을 집어삼키는 증거가 허블 우주망원경에 포착됐다. 캐롤 해스웰(Carole Haswell) 교수 등 영국 오픈 대학교 연구진이 공개한 광경을 보면 거대한 항성이 도망치는 작은 행성을 게걸스럽게 빨아들이는 듯한 모양새다(The Epoch Times, 22 May 2010 & The Christian Science Monitor, 25 May 2010). 항성은 움직이지 않는 것처럼 보여 '붙박이별'로 불린다. 행성은 중심이 되는 별의 주위를 돈다. 스스로 빛을 내지 못하고 빛을 받아 반사한다. 태양계에선 태양이 항성이고, 수성-금성-지구-화성-목성 등이 행성이다.

지구도 태양이 집어삼킬까. 지구가 무사한 이유는 태양-지구간 거리가 1억 5,000만km나 되기 때문이다. 천문학자들은 항성이 근접 궤도의 행성을 먹어삼킬 능력이 있다는 생각을 예전부터 했지만 실제 사례를 관찰하지 못했다. 이번에 포착된 행성은 지구에서 600광년 떨어진 마차부(馬車夫) 자리에서다. 2008년 영국이 처음 발견했는데 너무

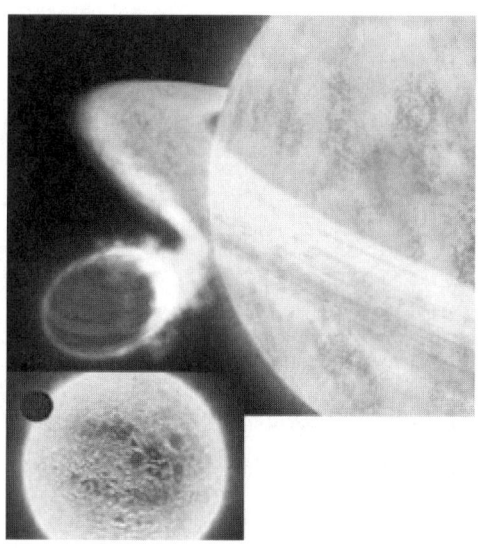

약육강식(弱肉强食)의 세계에 빗대면 지나친 비약일까? 허블 망원경의 데이터를 토대로 항성이 행성을 빨아들이는 장면을 재구성한 이미지. 아래 사진에선 왼쪽의 조그만 원으로 행성 WASP-12b를 표현했다. 큰 원으로 나타낸 항성과의 거리가 340만km쯤 된다. 지구와 태양 간 거리의 44분의 1에 불과하다. Credit: NASA/ESA/G. Bacon

멀리 떨어져 있어 허블 망원경으로 이 행성과 항성을 제대로 담기 어려웠다. 이 항성(Wasp-12)과 행성(Wasp-12b)의 거리는 아주 가깝다. 항성 주위를 한 바퀴 도는 데 1.1일밖에 걸리지 않는다. 지구가 태양 주위를 한 바퀴 돌면 365일이 걸리는 것에 비하면 공전주기가 매우 짧은 셈이다.

영국 연구진은 행성 대기가 목성 직경의 3배 크기로 부풀어올라 수많은 물질을 항성으로 쏟아내고 있는 것을 확인했다. 행성을 둘러싼 거대한 대기층이 항성으로 빨려들어가고 있다는 것이다. 연구진은 "이 행성이 항성에 완전히 먹히려면 1,000만 년이 남아 있는 것으로 추정되고 행성의 현재 표면온도는 섭씨 1,530도에 달한다"고 밝혔다.

태양과 떨어져 있는 지구는 잡아 먹힐 걱정 없이 영원한 생명을 누리게 될까? 천문학자들은 태양이 50~60억 년쯤 후엔 지름도 현재보다 50~100배 정도 늘어나고 1,000배쯤 밝아질 것으로 보고 있다. 태양이 이렇게 팽창하면 가까이 있는 수성은 물론이고 금성도 빨려들어갈 것이란 전망이다. 이에 따른 지구와 태양 사이의 거리도 줄어 지구 표면온도는 섭씨 1,000도 이상으로 올라간다. 바닷물이 모두 증발하고 대기도 사라져 생명체가 살 수 없게 된다. 태양과 지구 최후의 운명이다.

6절 블랙홀의 바람은 생명의 근원, 다른 행성에서 생명이 지구로 유입되다

1. 블랙홀의 바람 속에서 만들어진 생명의 근원인 광물질을 발견

2007년 10월 영국 맨체스터 대학의 마크위크 켐퍼(Ciska Markwick-Kemper) 교수가 이끄는 국제공동연구팀이 미국항공우주국의 스파이처 위성망원경의 적외선 분광 사진기(infrared spectrograph instrument)

를 이용해, 지구로부터 80억 광년 떨어진 하나의 은하 중앙에 위치한 PG2112+059라는 퀘이사(Quasar, Quasi-Stellar Object, 항성(별)과 같은 천체)의 블랙홀에서 뿜어져 나오는 바람(winds) 속에서 대량으로 새롭게 만들어진 우주 먼지(Space dust), 즉 광물질(minerals)을 찾아냈으며(Markwick-Kemper et al, 2007), 이를 미국항공우주국이 보도했다(NASA, 09 Oct 2007).

"우리 모두 바람 속의 먼지(All we are is dust in the wind)"라는 노랫말이 있는데, 이게 사실임이 밝혀졌다. 스파이처 위성망원경으로 찾아낸 블랙홀의 바람속에서 새롭게 제조된 많은 양의 광물질들은 우주상의 살아 있는 생물들이나 행성들(living creatures and planets)을 만드는 물질과 같은 것이다. 이번 발견은 "이러한 먼지들이 초기의 젊은 우주의 어디에서 생성되었는가(where did all the dust in the young universe originate?)"라는 풀리지 않은 미스터리에 하나의 중요한 단서(clue)를 제공하고 있다.

"우리는 모든 것을 날려 보낼 수 있는 초대형 블랙홀(supermassive black holes)로부터 나오는 바람 속에 이처럼 많은 새롭게 만들어진 광물질들이 타고 있다는 것을 발견하고 매우 놀랐습니다"라고 이번 연구를 주도한 마크위크 켐퍼 교수는 말한다. "이번 발견은 초기 우주에서 최초의 별을 만드는 데 필요한 광물질들이 어디에서 왔는지를 설명하는 것입니다"라고 말한다.

광물질은 행성, 별, 은하, 그리고 우리가 알고 있는 생명까지 만드는 데 필수적인 것이다. 우주의 한 구석에 있는 광물질은 우리 태양과 같이 한때는 커다란 빛을 내던 별들이 폭발하여 죽어가면서 뿜어낸 것이다. 우주의 나이가 137억 년인데, 이 나이의 1/10 이전에는 태양과 같은 별들은 죽어갈 나이도 아니어서 광물질을 만들지는 않았다. 그러면 우주가 유아기(toddler)였을 때는 무엇이 이와 같이 귀중한 물질들을 만들어냈을까?

이에 대해 몇 우주 이론가들은 아주 짧은 생을 마감한 초대형 별의 폭발이나 초신성(超新星, supernovae) 등이 이와 같은 미스터리의 광물질의 근원이라고 오래 동안 가정해 왔다(long-postulated). 반면 다른 우주 이론가들은 하나의 퀘이사(quasar)라 불리는 강력하고 성장하는 거대 블랙홀(supermassive black holes)이 광물질을 만드는 주요 요인이라고 제안해 왔는데, 이번 발견으로 후자가 맞는 것임을 입증했다.

연구팀은 유리(glass), 모래(sand), 대리석(marble), 루비(rubies)와 사파이어(sapphires)까지 만들 수 있는 혼합된 성분들(a mix of the ingredients)인 광물질을 찾아냈으며, 유리, 모래, 대리석, 루비와 사파이어까지 찾아냈다. 이들 광물질이 유리를 만드는 것은 쉽게 기대했지만, 문제는 모래, 대리석, 루비와 사파이어까지 만들 수 있다는 것에 모두들 놀라움을 금치 못했는데, 그 이유는 이들 광물질들은 은하들 주위를 떠돌아다니는 공간에서는 발견되는 것이 아니었기 때문이었다. 따라서 연구원들은 이들 광물질들은 퀘이사로부터 막 달려나온 바람 속에서 새롭게 만들어진 것으로 결론지을 수 있었다(they could have been freshly formed in the winds rushing away from the quasar).

또 다른 증거물이 있다. 모래나 결정체 규산염(crystalline silicate)을 만드는 성분들은 우주 공간에서 오래 동안 살아 남지 못한다는 사실이다. 왜냐하면 별들로부터 나온 방사선(radiation) 또는 복사 에너지가 광물질들을 죽여 끈적끈적한 유리 같은 상태인 무정형의 비결정체로(an amorphous)로 되돌리기 때문이다. 따라서 결정체 규산염의 출현은 무엇을 의미하는 것일까? 바로 퀘이사의 바람들이 이 새로운 결정체 물질들을 대량 생산하여 밖으로 밀어낸 것이다.

블랙홀의 바람이 생명의 근원인 물질을 만들어 우주에 뿌린다! 그렇다면 지구의 생명도 바람에서 왔을까? 우리가 과학 시간에 배운 사

퀘이사라 불리는 블랙홀로부터 나오는 바람에 의해 새롭게 대량 생산된 광물질들이 밖으로 나오는 장면을 아티스트가 개념화한 이미지. 사진: NASA/JPL-Caltech[23]

실이 있다. 지구에서 바람은 각종 채소, 식물, 그리고 나무의 꽃가루나 씨앗을 실어 나른다. 이들의 생명을 지구의 이곳저곳에 퍼뜨리는 것은 바람이다. 식물들은 움직일 수가 없기 때문이다. 그렇다면 이 지구의 채소, 식물, 나무들도 바람에 의해 지구에 유입되었을까?

2. 비소를 먹는 생물체 발견, 지구의 생명은 행성유입설의 증거

2010년 12월, 미국항공우주국은 미국 과학저널 『사이언스』지를 통해 지질미생물학자(Geomicrobiologist)인 펠리사 울드-시몬(Felisa Wolfe-

---

23 JPL-http://www.jpl.nasa.gov/images/spitzer/20071009/B-QuasarArtist-browse. jpg

Simon)이 이끄는 연구팀이 캘리포니아 주의 모노 호수(Mono Lake)의 극한 환경, 즉 우리에게는 독극물인 비소(As, Arsenic)를 먹고 살아가는 미생물인 GFAJ-1의 박테리아(bacterium)를 발견하고 이를 배양하는 데 성공했다고 보도함으로써(Wolfe-Simon et al., 2010 & 2011 & Bortman, 2010), 지구와 판이한 환경에서도 살 수 있는 외계 생명체의 존재 가능성을 시사했다.

화학에서 비소는 인(P, Phosphorus)과 같은 원소주기율상의 '15족'에 속한다.[24] 화학적 성질이 비슷하다는 소리다. 이론적으로는 인과 같은 역할을 할 수 있기 때문에 오래 전부터 과학자들은 외계생명체가 있다면 인 대신 비소를 사용할지 모른다고 예상해 왔다. 이 예상을 NASA가 지원한 연구팀이 처음 입증한 것이다. 따라서 기존의 생물학 교과서를 다시 써야 할 판이다(NASA, 2 Dec 2010; BBC, 10 Dec 2010).

NASA는 1996년도부터 우주생물학(Astrobiology) 또는 외계생물학(Exobiology)의 로드맵을 만들어 연구해 왔다. 그 가설과 목적은 3가지이다(Des Marais et al., 2008).

첫째, 어느 한 행성에서 생명체가 시작되었다면 그 생명체는 다른 행성으로 유입되었을 가능성이 있다는 '행성간 생명체의 유입설(Interplanetary Transfer of Viable Microbes)'이다.

둘째, 지구에서 서식하는 생명체 이전의 생명체나 다른 원리로 살아가는 생명체를 외계 행성 또는 지구에서 발견하면 생명체의 역사를 추적할 수 있다.

셋째, 지구의 생물학을 넘어 우주의 생물학(Universal Biology), 즉 화성의 물, 운석의 성분, 은하의 먼지나 광물질, 블랙홀의 바람 등 외계 생명체를 구성하는 유기물질에 숨어 있는 화학과 물리학도 연구하자는

---

24 원소주기율 15족-http://www.webelements.com/

것이다. 이 우주생물학은 우주의 생명체는 지구의 생명체와는 전혀 다를 수도 있다는 전제를 바탕으로 한다.

우리가 생물 시간에 배운 생명체를 이루는 필수 6대 원소는 탄소(Carbon), 수소(Hydrogen), 질소(Nitrogen), 산소(Oxygen), 인(P)과 황(Sulfur)이다. 특히 인은 DNA와 RNA 등 염기를 화학적으로 결합해 주고 단백질 등 생명체의 기본 성분과 활동에 필요한 에너지를 만든다. 그러므로 인은 생명체의 기본 백본(backbone)이다. 그런데 NASA가 발견한 GFAJ-1 박테리아는 비소가 인의 역할을 한다. 인과 비소는 주기율표상 같은 15족에 속하지만 독성이 있는 비소가 이 박테리아의 단백질, 지질, 핵산, 그리고 DNA에서 발견되었다.

이는 NASA의 예고대로 지구에 사는 우리 인간에게는 무척 중대한 발표다. 외계 생명체의 발견을 기대한 네티즌들은 실망했지만, NASA가 추진해 온 우주생물학의 3가지 가설과 목적에 부합되는 연구 결과이기 때문이다. 먼저 과학자들은 외계 행성이 아니라 50년 동안 물과 결별한, 비소가 가득한, 모노 호수의 진흙더미 속에서 비소-박테리아를 찾아냈다. 지구의 생명체를 구성하는 화학 및 물리 원리와 다른 원리로 살아가는 생명체를 찾아낸 것이다.

이는 진화 법칙에 따라 지구의 생명체가 다른 행성으로부터 유입되었음을 시사하는 것으로 외계 생명체의 존재 가능성을 말해 주는 것이다. 그 반대로 지금까지 알려지지 않은 낯선 생명체가 지구 곳곳에 존재할 가능성도 있다. 또한 외계의 생명체는 지구의 생명체와는 전혀 다른 형태로 존재하고 있음을 시사해 준다. 만약 외계인이 있다면 우리 인간보다 월등히 지능은 높지만 물리적으로는 키와 두뇌는 클 수도 작을 수도 있다. 저는 시간의 일반상대성이론으로는 작아야 되겠지만, 공간의 일반상대성이론으로는 큰 쪽으로 베팅을 건다.

3. 마르둑의 바람이 티아마트와 충돌, 생명체의 유입

우리는 1부 5장 3절의 "마르둑의 4~7개 바람"들이 1부 5장 4절의 "마르둑과 티아마트의 첫 번째 충돌"에서 티아마트와 직접 충돌했음을 설명했다. 그렇다! 마르둑의 위성들인 바람들이 티아마트와 충돌하는 과정에서 마르둑 행성이 갖고 있는 생명체들이 티아마트에 유입되었을 가능성이 크다. 아니면 1부 5장 7절의 "마르둑과 티아마트의 두 번째 전쟁(충돌), 하늘과 지구 창조의 비밀"에서 보는 바와 같이 직접 마르둑이 티아마트와 두 번째 충돌에서 유입되었을 수도 있다.

따라서 세 번째 질문에 대한 실마리를 찾을 수 있다. 「창세기」 1장 11~12절에 등장하는 각종 풀과 채소와 열매 맺는 과목들은 어디서 왔을까? 왜냐하면 이 부분이 매우 중요한데, 하나님께서 그저 말씀으로 땅이 각종 채소와 열매 맺는 나무를 냈다고 기록하고 있기 때문이다. 다른 것은 다 창조했다고(created) 기록된 반면 채소와 나무는 그저 땅이 하나님의 말씀에 따라 생산했다(produced)고 기록된 점이다. 분명 지구의 채소, 식물, 나무들도 마르둑 행성의 바람에 의해 지구에 유입되었을 가능성이 크다.

5장

암흑류(Dark Flow)의 발견,
또 다른 대우주가 존재

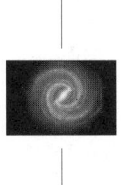

암흑에너지(dark energy)는 물론 암흑물질(dark matter)의 정체도 아직 밝혀지지 않았는데 이번엔 기존 우주물리학 법칙으로 설명되지 않는 새로운 우주 수수께끼(baffling cosmic puzzle)가 발견돼 학자들을 곤혹스럽게 하고 있다고 스페이스닷컴이 보도했다(Space.com, 23 Sep 2008).

미국 매릴랜드 주 그린벨트 소재 미국항공우주국의 고다드우주비행센터(Goddard Space Flight Center)의 알렉산더 카쉬린스키(Alexander Kashlinsky) 박사가 이끄는 연구진은, 최근 우주의 물질들이 매우 빠르게 같은 방향(a uniform direction)으로 이동하는 현상을 발견했으며, 이는 관측 가능한 우주(observable universe)에서 일어나는 중력(gravitational forces) 현상으로는 설명할 수 없는 것이라면서, 천문학자들은 이 신기한 현상에 암흑류(dark flow)라는 이름을 붙였으며, 이 암흑류를 잡아당기는 것(stuff)은 관측 가능한 우리 우주 밖에 존재하고 있다는 결론을 내렸다. 다시 말해 우리가 알고 있는 우주 밖에 더욱 거대한 우주가 있다는 것이다(Kashlinsky et al., 2008).

과학자들이 관측 가능한 우주를 얘기할 때, 그것은 단지 우리 눈으로 볼 수 없는 먼 거리나 우리가 만든 망원경으로는 볼 수 없다는 것만을 의미하는 것은 아니다. 사실 최첨단 망원경이 있느냐 없느냐와 관계없이 우리가 관측할 수 있는 거대한 우주에는 기본적인 한계가 있다. 관측 가능한 우주란 빛(light)이 빅뱅(Big Bang) 이후 우주의 전 생애, 즉 137억 년 동안 행진하는 범위를 가리키는 것으로, 아무리 멀어봐야 137억 광년(13.7billion light-years)에 불과한 것이다. 따라서 과학자들은 이 137억 광년 너머에 다른 거대한 우주가 존재할지도 모른다고 생각하고 있다. 그러나 이 거대한 우주가 얼마나 큰 것인지는 아직 모르며 우리는 137억 년 너머에서 이동하는 무엇을 볼 수도 없다.

1절 이상한 움직임(Mysterious motions)

과학자들은 우주에서 가장 큰 구조(largest structures)인 거대은하단들(giant clusters of galaxies)을 연구하던 중 이런 현상을 발견했다. 거대은하단은 1,000개 가량의 은하들과 함께 X-선을 방출하는(emits X-rays) 고온 가스(very hot gas)가 몰려 있는 구조인데, 이런 X-선과 빅뱅의 잔해 복사(leftover radiation from the Big Bang)인 우주극초단파배경(CMB, cosmic microwave background)과의 상호작용을 조사하면 은하단의 움직임도 알 수 있다.

X-선은 CMB 내부의 광자들을 흐트러뜨려 온도를 변화시키는 이른바 수니예프-젤도비치 효과(SZ effect, Sunyaev-Zel'dovich effect)를 일으키는데, 이런 현상은 이전엔 은하단이 뭉쳐 있어 관측되지 않았으나, NASA의 연구진은 우리 우주 크기의 반(1/2)에 해당하는 60억 광년 거리까지 펼쳐진 700개의 은하단을 새로운 방식으로 연구하다가 암흑류를 발견했다.

연구진들은 은하단들을 NASA의 윌킨손극초단파이방성탐사위성

거대은하단. 블릿 단(Bullet Cluster)으로 알려진 1E 0657-56 은하단은 38억 광년 거리에 위치해 있다. 이는 수백 개 은하단 중의 하나로 이번에 발견된 수수께끼의 암흑류에 의해 나타난 것으로 보인다. Credit: NASA/STScl/Magellan/U.Arizona/D.Clowe et al.

(WMAP)에 의해 작성된 CMB 지도와 비교하다가 은하단들이 센타우루스자리(constellations of Centaurus)와 돛자리(constellations of Vela) 사이의 영역으로 시속 320만 킬로미터(200만 mph)에 가까운 속도로 움직인다는 것을 알게 됐다. 이 운동은 반중력 물질인 72%의 암흑에너지에 의해 오늘날 우리 우주가 외부로 팽창하는 것과는 다른 것이다.

　카쉬린스키 박사는 "은하단들의 이동 속도는 매우 빨랐으며 거리에 따라 속도가 줄어들지도 않았다. 관측 가능한 우주 안의 물질은 이런 흐름을 만들어낼 수 없다"면서 이처럼 빠르게 은하단을 움직이는 것은 우리가 아는 우주 바깥 쪽의 어떤 힘일 것이라고 추론했다.

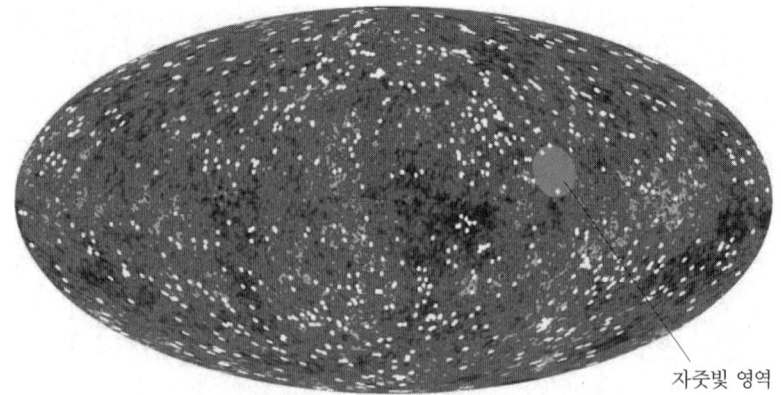

자줏빛 영역

CMB 지도. 하얀 점의 이동하는 은하단들 내의 뜨거운 가스(hot gas)가 방출하는 X-선은 우주극초단파 배경복사의 온도를 변화시킨다. 수백 개의 먼 거리 은하단들이 자줏빛 타원형 쪽으로 이동하는 것처럼 보인다. Credit: NASA/WMAP/A. Kashlinsky et al.

2절 우주팽창 버블(Inflationary bubble)

우주팽창 이론(theory called inflation)에 따르면 우리의 우주는 시간과 공간으로 이루어진 작은 거품(a small bubble of space-time)이 빅뱅 이후 급속히 확장됐다는 것이지만, 학자들은 이런 거품 밖에(beyond this bubble) 우리가 볼 수 없는 우주의 다른 부분들(parts of the cosmos)이 있을 수도 있다고 보고 있다. 이런 영역에서는 시공간(space-time)이 매우 달라, 별이나 은하도 없을 가능성이 크며, 관측 가능한 우리 우주에 존재하는 어떤 구조보다도 큰 거대한 구조(giant, massive structures)가 있어, 우리 우주의 은하단들을 끌어당겨(tugging) 암흑류를 일으킨다는 것(causing the dark flow)이 학자들의 추측이다.

연구진은 "은하단을 움직이는 이 거대한 구조는 우주팽창(inflation)에 의해 수천 억 광년(hundreds of billions of light years away) 밖까지 밀려나 있어, 이들 거대 구조가 방출하는 빛은 137억 년 우주 안에 도달하지 않기 때문에, 가장 먼 거리를 보는 망원경(deepest telescopes)

으로도 관측할 수 없을 것"이라고 말하고 "이처럼 일관된 응집 흐름(a coherent flow)을 만들려면 시공간이 왜곡된(some warped space time) 매우 이상한 구조(some very strange structures)를 갖고 있어야 할 것으로 보이지만, 이 역시 순전한 추측일 뿐(this is just pure speculation)"이라고 덧붙였다

3절 놀라운 발견(Surprising find)

연구진은 우주팽창이론(inflation theory)에 따르면 먼 우주에서 이상한 현상들이 있을 것으로 예상되지만 암흑류를 예상한 학자들은 거의 없었다면서 이 발견으로 학자들은 우주팽창 이전의 우주에 어떤 일이 있었는지, 우리가 볼 수 없는 영역(inaccessible realms)에서 무슨 일이 일어나고 있는지 연구하는 데 단서를 얻을 수 있을 것이라고 말했다.

이는 우리가 우주를 바라보는 관점과 시선을 우주 밖으로 돌리는 경이로운 발견이라고 다른 과학자들은 말을 한다. 우리 인간은 우물안 개구리가 되어서는 안 된다.

6장
어둠까지, 안 보이는 것까지 창조하시다
—우주의 창조

자, 지금까지 질량을 부여하고 사라진 하나님의 입자(God Particle), 즉 힉스 입자(Higgs particle)에서부터 암흑물질과 암흑에너지, 그리고 암흑류를 살펴보았다. 이들의 특징은 우리 눈이나 망원경으로는 안 보이기 때문에 암흑(暗黑, dark)이라는 단어가 붙었다.

그리고 이들 "어둠으로부터 하나님은 빛을 갈라내셨다(God separated the light from the darkness)"(「창세기」 1:3~4). 이때 어둠이란 바로 암흑물질을 의미하는 것이고 빛이란 바로 블랙홀(Blak hole)이다.

빛은 지식의 습득과 전달의 매체이다. 과학은 창조된(the 1st 창조) 세계에서 하나남의 창조 비밀, 즉 로고스(Logos)를 발견하는 것이다. 이러한 과학적 탐색과정에서 가장 중요한 지식 전달 매체는 빛이다. 창조의 첫날에 빛을 만드셔서 하나님의 창조가 암흑 속에서 진행되지 않고 밝게 드러나게 하신 것은 인간을 위한 은총이다(김정한, 1997, 15페이지).

「이사야」 40장 26절에는 다음과 같이 기록되어 있다.

"너희는 눈을 높이 들어 누가 이 모든 것을 창조하였나 보라 주께서는 수효대로 만상을 이끌어 내시고 각각 그 이름을 부르시나니 그의 권세가 크고 그의 능력이 강하므로 하나도 빠짐이 없느니라(Lift your eyes and look to the heavens: Who created all these? He who brings out the starry host one by one, and calls them each by name. Because of his great power and mighty strength, not one of them is missing)"(NIV).

분명 하나님은 수많은 별들(stars, the starry)을 어딘가에서 끌어내셨다(brings out)고 기록되어 있는데, 이는 바로 블랙홀이다.

그렇다면 암흑(darkenss)은 누가 창조하였을까? 「창세기」 1장 2절에 "땅이 혼돈하고 공허하며 흑암이 깊음 위에 있고 하나님의 신은 수면에 운행하시니라"는 구절에서 알 수 있듯이, 빛을 갈라 내기 전인 흑암에도 하나님은 계셨다. 다시 말해 어둠도 하나님의 권능(Power) 아래에 있다는 것을 알 수 있다.

「이사야」 45장 7절에는 다음과 같이 기록되어 있다.

"나는 빛도 짓고 어두움도 창조하며 나는 평안도 짓고 환난도 창조하나니 나는 여호와라 이 모든 일을 행하는 자니라 하였노라(I form the light and create darkness, I bring prosperity and create disaster; I, the LORD, do all these things)"(NIV).

분명 어둠도 여호와 하나님이 창조하셨다고 기록되어 있다.

「골로새서」 1장 15~17절은 예수님을 다음과 같이 표현하고 있다. 하늘과 땅에서 보이는 것들과 보이지 않는 것들도 예수님에 의해 창조되었고 예수님을 위해 창조되었다.

15절-그는 보이지 아니하시는 하나님의 형상이요 모든 창조물보다 먼저 나신 자니(He is the image of the invisible God, the firstborn over all creation).

16절-만물이 그에게 창조되되 하늘과 땅에서 보이는 것들과 보이지 않는 것들과 혹은 보좌들이나 주관들이나 정사들이나 권세들이나 만물이 다 그로 말미암고 그를 위하여 창조되었고(For by him all things were created: things in heaven and on earth, visible and invisible, whether thrones or powers or rulers or authorities; all things were created by him and for him).

17절-또한 그가 만물보다 먼저 계시고 만물이 그 안에 함께 섰느니라(He is before all things, and in him all things hold together)(NIV).

그리고 「히브리서」 11장 3절에는 다음과 같이 기록되어 있다.

"믿음으로 모든 세계가 하나님의 말씀으로 지어진 줄을 우리가 아나니 보이는 것은 나타난 것으로 말미암아 된 것이 아니니라(By faith we understand that the universe was formed at God's command, so that what is seen was not made out of what was visible"(NIV); "By faith we understand that the entire universe was formed at God's command, that what we now see did not come from anything that can be seen" (New Living); "It is by faith that we understand that the universe was created by God's word, so that what can be seen was made out of what cannot be seen"(Good News).

영문성경 NIV, New Living, 그리고 Good News에는 우주(the universe)를 하나님이 창조하셨다고 기록되어 있으며, 오늘날 우리가 보는 것은 분명이 안 보이는 무명(無明), 즉 어둠에서 창조되었다고 기록되어 있다.

하나님은 우주를 창조하셨고, 빛을 창조하기 전에 무명, 즉 어둠을 창조하셨다. 이것은 현대천체우주물리학의 우주창조이론과 일치하는 것이다.

이렇게 본다면 영문성경 The Message Bible이 제일 잘 번역한 것으로 보인다. 하나님은 보이는 것과 안 보이는 것을 모두 창조하셨다.

「창세기」 1:1-태초에 하나님이 하늘과 땅을 창조하셨다(First this : God created the Heavens and Earth—all you see, all you don't see)(The Message Bible).

7장
마무리

우리는 1부의 『창조의 서사시』라는 미시적인 고고학 접근에서 다음과 같이 결론을 내렸었다.

* 「창세기」 1장 1절의 "태초에 하나님이 천지를 창조하시니라(In the beginning God created the heavens and the earth"(NIV)의 내용 중 천(天)은 '궁창=하늘'을 말하는 것으로, 이는 오늘날의 소행성대를 의미하는 것이다.

* 「창세기」 1장 2절에 나오는 "땅이 혼돈하고 공허하며 흑암이 깊음 위에 있고 하나님의 신은 수면에 운행하시니라(Now the earth was formless and empty, darkness was over the surface of the deep, and the Spirit of God was hovering over the waters)(NIV)"(「창세기」 1:2)에서, 깊음(deep/NIV/KJV, raging ocean/Good News, Deep waters/New Living)과 수면(waters/NIV/KJV/New Living, water/Good News)이란 바로 히브리어로 테홈(Tehom), 즉 물로 가득 찬 티아마트(Tiamat)를 말하는 것이며, 운행(hovering)이란 바로 마르둑(Marduk) 신(행성)을 말하고 있음을 이해할 수 있다.

그러나 2부의 거시적인 천체우주물리학적으로 살펴본 결과, 「창세기」 1장 3절의 내용을 다음과 같이 확대하여 해석할 수 있다.

＊「창세기」 1장 1절의 "태초에 하나님이 천지를 창조하시니라(In the beginning God created the heavens and the earth"(NIV)의 내용 중 천(天)은 영문성경 Good News가 번역한 대로 '우주(the universe)'를 의미한다고 확대하여 해석할 수 있다. "태초에 하나님이 천지를 창조하시니라(In the beginning, when God created the universe"(Good News). 하나님은 태양계뿐만 아니라 우리 은하를 비롯해 전체 우주도 창조하신 것이다.

＊「창세기」 1장 2절에 나오는 "땅이 혼돈하고 공허하며 흑암이 깊음 위에 있고 하나님의 신은 수면에 운행하시니라(Now the earth was formless and empty, darkness was over the surface of the deep, and the Spirit of God was hovering over the waters)(NIV)"(「창세기」 1:2)에서, 흑암이란 바로 암흑물질을 의미하는 것이고, 깊음이란 가장 깊은 곳에 위치한 블랙홀이 빅뱅을 만들기 전의 특이점을 의미하는 것이며, 수면이란 바로 암흑류를 말하는 것이고, 운행이란 바로 하나님이 우주와 땅을 창조하기 위하여 기획하고 운영하심이다라고 확대 해석할 수 있다.

＊「창세기」 1장 3절의 "하나님이 가라사대 빛이 있으라 하시매 빛이 있었고(And God said, "Let there be light," and there was light)"(NIV)와, 1장 4절의 "그 빛이 하나님의 보시기에 좋았더라 하나님이 빛과 어두움을 나누사(God saw that the light was good, and he separated the light from the darkness)"(NIV)와, 1장 5절의 "빛을 낮이라 칭하시고 어두움을 밤이라 칭하시니라 저녁이 되며 아침이 되니 이는 첫째 날이니라(God called the light "day," and the darkness he called "night." And there was evening, and there was morning—the first day)"(NIV)에서, 빛이란 특이점-블랙홀-빅뱅을 통한 에너지(빛) 복사를 의미하는 것이고, 어둠으로부터 빛을 나누셨다는 것은 암흑물질(dark matter)로부터 블랙홀(Black hole)을 통해 빅뱅을 만들었다는 의미이며, 빛을 낮이라 칭하시고 어둠을 밤이라 칭하신 것은 지구의 낮과 밤이 아니라 천상 (Celestial)의 낮과 밤을 의미하는 것으로 볼 수 있다. 따라서 첫째 날이라는 의미는 지구의 하루를 의미하는 것이 아니라 천상의 하루를 의미하는 것이라 해석할 수 있다.

  * 「창세기」 1장 11~12절에 등장하는 각종 풀과 채소와 열매 맺는 과목들은 어디서 왔을까? 왜냐하면 이 부분이 매우 중요한데, 하나님께서 그저 말씀으로 땅이 각종 채소와 열매 맺는 나무를 냈다고 기록하고 있기 때문이다. 다른 것은 다 창조했다고(created) 기록된 반면 채소와 나무는 그저 땅이 하나님의 말씀에 따라 생산했다(produced)고 기록된 점이다. 우리는 1부에서 마르둑의 4~7개 바람들이 티아마트 (지구의 전신)의 첫 번째 충돌에서 티아마트와 충돌했음을 지적했다. 그렇다! 마르둑의 위성들인 바람들이 티아마트와 충돌하는 과정에서 마르둑 행성이 갖고 있는 생명체들이 티아마트에 유입되었을 가능성이 크다. 아니면 마르둑과 티아마트의 두 번째 충돌에서 생명체가 지구에 유입되었을 가능성도 있다.

3부

우주론으로 살펴보는
하늘의 매트릭스, 시작과 끝,
6일간의 창조의 해석

질문들

그러나 2부에서도 여전히 풀리지 않는 질문들이 있다.

첫째, 「창세기」 1장 1절의 천(the heavens)이다. 1부의 『창조의 서사시』에서는 태양계의 소행성대를 의미한다고 했고, 2부의 "현대 우주물리학의 거시적 접근"에서는 우주(Universe)를 의미한다고 했다. 그런데 영문 성경 NIV와 New Living은 'the heavens'라는 복수로 번역했다는 점이다. 그러면 하늘이 많다는 얘기가 아닌가? 도대체 하늘은 몇 개인가?

둘째, 예수님은 "나는 알파와 오메가요 처음과 나중이요 시작과 끝이라"(「요한계시록」 22:13) 말씀하셨는데, 이것이 창세기와 무슨 연관이 있을까?

셋째, 어떻게 6일 만에 현대우주물리학에서 말하는 137억 년 된 천지창조와 더불어 인간까지 창조했을까? 아니면 태양계로 좁힌다 하더라도 태양의 나이가 50억 년인데 어떻게 6일 만에 창조했을까? 6일이란 우리 인간의 날, 즉 지구의 날을 의미하는 것일까? 아니면 하나님의 천상(Celestial)의 6일을 의미하는 것일까?

3부에서는 우주론(Cosmology)과 성경에 등장하는 '하늘의 하늘, 즉 하늘들'을 들어 이 세 가지 질문들에 대한 근접한 답을 찾아 제시해 보기로 한다.

1장
성경에 등장하는 하늘의 매트릭스

1절 성경에 등장하는 하늘들, 가장 높은 곳 가장 깊은 곳

우선 「느헤이먀」 9장 6절에는 하늘(heaven, the skies)과 하늘의 하늘(heaven of heavens), 또는 하늘 중에 최고 높은 하늘(the highest heavens)이 등장한다. 이때 처음의 하늘은 1부에서의 하늘인 궁창(expanse/NIV, firmament/KJV, space/New Living, dome/Good News), 즉 하늘(sky/NIV/New Living, Sky/Good News, Heaven/KJV)인 소행성대를 말하는 것이다. 그 다음 하늘의 하늘 또는 최고 높은 하늘이라고 기록된 것으로 보아 분명 복수의 하늘을 일컫는 것이다. 또한 여기에도 여호와 하나님이 모든 별들(all starry host or stars)을 지으셨다고 기록되어 있다.

　「느헤미야」 9:6-오직 주는 여호와시라 하늘과 하늘들의 하늘과 일월성신과 땅과 땅 위의 만물과 바다와 그 가운데 모든 것을 지으시고 다 보존하시오니 모든 천군이 주께 경배하나이다(You alone are the LORD. You made the heavens, even the highest heavens, and all their starry host, the earth and all that is on it, the seas and all that is in them. You give life to everything, and the multitudes of heaven worship you)(NIV); Thou, even thou, art LORD alone; thou hast made heaven, the heaven of heavens, with all their host, the earth, and all things that are therein, the seas, and all that is therein, and thou preservest them all; and the host of heaven worshippeth thee(KJV); You alone are the LORD. You made the skies and the heavens and all the stars. You made the earth and the seas and everything in them. You preserve them all, and the angels of heaven worship you(New Living).

「욥기」 22장 12절에는 하나님이 가장 높은 하늘에 계시며, 우리 지구에서 가장 높은 가장 먼 거리에 있는 별들보다도 더욱 높은 곳에 계셔 별들을 내려다보신다고 기록하고 있다. 천체물리학적으로 말하면 이곳이 가장 깊은 곳(the deep)으로 우리 은하로 보면 블랙홀이 있는 곳이다. 아니면 2부에서 살펴보았듯이 은하단을 끌어당겨 암흑류(Dark flow)를 일으키는 큰 거대한 구조(giant, massive structures)에 계신다라고 볼 수 있다. 우리가 지금까지 밝힌 우리 우주(the Universe)보다 더 높은 곳 더 깊은 곳에 계신다는 것이다.

「욥기」 22:12-하나님이 높은 하늘에 계시지 아니하냐 보라 별의 높음이 얼마나 높은가(Is not God in the heights of heaven? And see how lofty are the highest stars!)(NIV); Is not God in the height of heaven? and behold the height of the stars, how high they are!)(KJV); "God is so great-higher than the heavens, higher than the farthest stars(New Living); Doesn't God live in the highest heavens and look down on the stars, even though they are high?(Good News)

앞으로 시대가 흐르면서 과학자들은 더 넓은 우주를 발견하게 될지도 모르며, 우리 우주 안에 겹겹히 쌓인 하늘들, 즉 차원이 다른 우주를 발견 할 수도 있다. 그리고 우리들은 그런 우주로 나아갈 것이다. 그러나 「창세기」 1장 2~3절의 의미는 변하지 않을 것이다. 우주 또는 우주들은 어둠에서 창조되었다. 이것은 진리이다. 즉 하나님은 어둠에서 빛 즉 블랙홀을 갈라내셨다. 우리가 더욱 높은 별을 찾아 더욱 깊은 곳의 또 다른 우주를 발견할지라도, 즉 우리 우주 나이의 137억 년보다 더욱 높은 곳을 찾는다 해도 그것은 그저 하나님이 더욱 깊은 곳에 계시다는 것을 발견할 뿐이다.

「시편」 148장 4절에도 하늘의 하늘이 등장하는데 하늘들(the skies)은 궁창, 즉 소행성대를 의미하는 것이고, 최고 높은 하늘에 하나님이 계신다는 것을 의미한다. 이외에도 「신명기」 10장 14절, 「열왕기상」 8장 27절, 「역대하」 2장 6절, 「역대하」 6장 18절, 「느헤미야」 9장 6절, 「시편」 115장 16절에도 하늘의 하늘, 즉 가장 높은 하늘이 등장한다. 그리고 「시편」 148장 4절에는 가장 높은 하늘과 소행성대 하늘의 위의 물이 등장한다.

「시편」 148:4 - 하늘의 하늘도 찬양하며 하늘 위에 있는 물들도 찬양할찌어다(Praise him, you highest heavens and you waters above the skies(NIV).

그래서 고대 근동(Far east)의 메소포타미아인들이나 히브리인들은 하늘들(heavens)을 3가지 하늘로 본 것 같다. 즉 별들과 달과 해가 있는 첫 번째 하늘인 소행성대를 중심으로 지구에서 보이는 궁창

(firmament), 즉 하늘(expanse, sky), 두 번째 그 위에 있는 물의 하늘 (Waters above the firmament), 그리고 여호와 하나님의 보좌가 있는 가장 높은 하늘로 하늘의 하늘(the highest heaven, heaven of heavens)로 본 것 같다. 두 번째 하늘을 비가 내리는 물로 보았는데, 첫 번째 하늘과 두 번째 하늘 사이에는 창(window)이나 문(door, floodgate)이 있어 이곳을 통해 비가 내린다고 생각했다.

나중에 『바이블 매트릭스』 시리즈의 2편인 「인간창조와 노아 홍수의 비밀」편에서 다루겠지만, 「창세기」 7장 11절에는 "노아 육백 세 되던 해 이월 곧 그 달 십칠일이라 그 날에 큰 깊음의 샘들이 터지며 하늘의 창들이 열려(In the six hundredth year of Noah's life, on the seventeenth day of the second month—on that day all the springs of the great deep burst forth, and the floodgates of the heavens were opened)" (NIV)라 기록되어 있는데, 앞의 "큰 깊음의 샘들이 터지며"는 지구의 가장 깊은 곳인 남반구의 남극대륙의 샘들이 터졌다는 의미이고, 뒤의 "하늘의 창들이 열려"는 첫 번째 하늘과 두 번째 하늘의 창들이 열렸다는 의미이다. 아래와 위로 부터 사십주야에 걸쳐 홍수가 났다고 기록되어 있다(「창세기」 7:12).

2절 지구의 가장 깊은 곳, 스올(Sheol)과 아래세계(Underworld)

히브리어 스올(Sheol, שׁאוֹל)[1]이 등장하는데, 이는 아래세계(Underworld)라는 뜻으로, 그 의미는 음부(the grave), 혹은 지옥(The hell), 혹은 깊은 곳(the deep), 구멍(the pit), 혹은 신약에 등장하는 사망(Death), 하데

---

1 히브리어의 발음을 영어로 표현-http://en.wikipedia.org/wiki/Sheol

고대 근동인들이나 히브리인들의 우주 개념. Credit: Michæl Paukner[2]

스(Hades), 그리고 무저갱(Abyss)이라는 뜻이다. c.BC 250년에 이집트
의 알렉산드리아(Alexandria)에서 히브리어 성경의 '스올'을 그리스어로
번역한 단어가 '하데스'인데, 이도 아래세계란 뜻이다.

---

2 http://www.flickr.com/photos/michaelpaukner/4077736695/sizes/o/

'스올'은 한글개역개정의 「창세기」 37장 35절에 처음 등장한다. 한글개역과 한영해설성경은 '음부'라 번역되어 있으며, 킹제임스 흠정역에는 '무덤'으로 번역되어 있다. 영문성경 NIV와 KJV에는 'the grave'로, Good News에는 'the dead'로 되어 있다. New Living에는 'my grave'로 번역하면서 히브리어로 '스올(Sheol)'로 내려간다는 뜻이라고 각주를 달고 있어 필자가 보기에는 New Living이 가장 충실한 영문성경 같다는 생각이 든다.

「창세기」 37:35-그 모든 자녀가 위로하되 그가 그 위로를 받지 아니하여 가로되 내가 슬퍼하며 음부에 내려 아들에게로 가리라 하고 그 아비가 그를 위하여 울었더라(His family all tried to comfort him, but he refused to be comforted. "I will go to my grave(1) mourning for my son," he would say, and then he would weep. / (1) Hebrew go down to Sheol)(New Living)

한글개역에서는 「요나」 2장 2절에 처음 등장한다. "가로되 내가 받는 고난을 인하여 여호와께 불러 아뢰었삽더니 주께서 내게 대답하셨고 내가 스올의 뱃속에서 부르짖었삽더니 주께서 나의 음성을 들으셨나이다(He said, "I cried out to the Lord in my great trouble, and he answered me. I called to you from the land of the dead(1), and Lord, you heard me! / (1) Hebrew from Sheol)"(New Living).

문명의 개시지인 수메르(시날, Smuer, Shinar)인의 종교에서 아래세계는 이 세상의 영웅이나 보통 사람들이 죽으면 가는 고향의 집, 즉 깜깜(dark)하고 음울한(dreary) 장소로 생각했다. 즉 수메르 당시에는 누구나 죽으면 가는 곳이 아래세계였다. 단지 이 세상에서의 행동, 즉 업적에 따라 지하세계에서 대접을 잘 받거나 더 나은 위치를 차지한다고

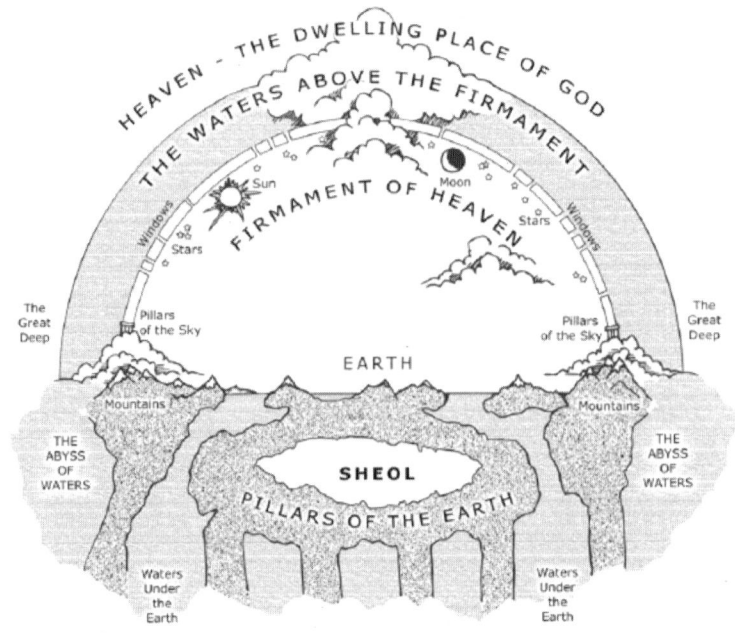

고대인들이 본 하늘의 구조. Credit: Hotmetalbridge.com[3]

믿었다.

그래서 학자들은 아래세계라는 문구가 등장할 때마다 지하세계 (Unterwelt)나 죽은 자의 세계(Totentwelt)로 번역해 왔다. 최근에 들어서야 수메르 학자들은 명부나 저승(Netherworld)이라는 단어로 대체해 부정적인 의미를 다소 완화시키고 있다(시친, I, 2009, p. 432; Sitchin, 1991, Chapter 11).

그렇다면 아래세계란 스올만을 의미하는 것인가? 나중에 자세히 소개하겠지만, 고대 수메르 지역에서 발굴된 고고학적 문서들을 보면, 신들의 관할 영역에 따라 지구가 북반구와 남반구로 나뉜다. 여기에서

---

3 http://www.hotmetalbridge.com/2011/10/bible-science.html

남반구란 아래세계를 말하는 것이다. 따라서 아래세계란 지구의 아프리카와 남극대륙을 포함한 남반구로 보는 것이 타당하다.

3절 낙원(Paradise)의 등장, 낙원은 세 번째 하늘?

낙원(paradise)이란 단어는 한글개역과 한영해설성경에 딱 한 번 나온다. 영문성경 NIV를 검색해도 3군데 나오는데, 「고린도후서」, 「누가복음」, 그리고 「요한계시록」이다.

「고린도후서」 12장 2~4절에는 세 번째 하늘(Third heaven)의 낙원(paradise)이 등장한다. 「고린도후서」는 바울(Paul, AD 5~68) 사도가 AD 56~57년에 쓴 편지, 즉 서신인데, 바울이 세운 고린도교회에 발생한 분쟁, 음행, 소송, 은사, 부활 등에 대한 문제를 다루고 있다.

> 「고린도후서」 12:2 - 내가 그리스도 안에 있는 한 사람을 아노니 십사 년 전에 그가 세째 하늘에 이끌려 간 자라(그가 몸 안에 있었는지 몸 밖에 있었는지 나는 모르거니와 하나님은 아시느니라)(I know a man in Christ who fourteen years ago was caught up to the third heaven. Whether it was in the body or out of the body I do not know—God knows).
>
> 3 - 내가 이런 사람을 아노니(그가 몸 안에 있었는지 몸 밖에 있었는지 나는 모르거니와 하나님은 아시느니라)(And I know that this man—whether in the body or apart from the body I do not know, but God knows—)
>
> 4 - 그가 낙원으로 이끌려 가서 말할 수 없는 말을 들었으니 사람이 가히 이르지 못할 말이로다(was caught up to paradise. He heard

inexpressible things, things that man is not permitted to tell)(NIV).

그럼 낙원은 세번째 하늘이란 말인가?

「누가복음」 23장 43절에는 예수님이 십자가에 못 박히셨을 때 좌우에 두 행악자들(both criminals)도 함께 십자가에 매달리는 상황이 나온다. 이때 십자가에 달린 행악자 중 하나는 예수님을 비방하여 가로되 "네가 그리스도가 아니냐 너와 우리를 구원하라 하되", 하나는 그 사람을 꾸짖어 가로되 "네가 동일한 정죄를 받고서도(you are under the same sentence?) 하나님을 두려워 아니하느냐", "우리는 우리의 행한 일에 상당한 보응을 받는 것이니 이에 당연하거니와 이 사람의 행한 것은 옳지 않은 것이 없느니라" 하고, 가로되 "예수여 당신의 나라에 임하실 때에 나를 생각하소서 하니", 예수님의 다음과 같이 대답하신다.

「누가복음」 23:43 - 예수께서 이르시되 내가 진실로 네게 이르노니 오늘 네가 나와 함께 낙원에 있으리라 하시니라(Jesus answered him, "I tell you the truth, today you will be with me in paradise")(NIV)

「요한계시록」 2장 7절에는 낙원은 생명나무의 과실이 있는 곳으로 표현하고 있다. 그런데 자세히 보면 낙원에는 생명나무가 있지만, 그 곳에 하나님이 계신다라고 표현하지 않고, 하나님의 낙원(the paradise of God)이라 표현되어 있다. 이는 분명 낙원은 하나님이 계신 최고 높은 하늘보다는 아래의 하늘에 있다는 뜻일 것이다.

「요한계시록」 2:7 - 귀 있는 자는 성령이 교회들에게 하시는 말씀을 들을찌어다 이기는 그에게는 내가 하나님의 낙원에 있는 생명나무의 과실을 주어 먹게 하리라(He who has an ear, let him hear what the Spirit says to the churches. To him who overcomes, I will give the right to eat from the tree of life, which is in the paradise of God(NIV).

따라서 바울 사도는 낙원을 최고 높은 하늘인, 고대 희브리인들이 가진 우주 개념에 따라, 세 번째 하늘이라 일컬었을 가능성이 매우 높다. 아니면 다른 참고문헌을 보고 낙원이 세 번째 하늘이라는 것을 알았을 것이다.

4절 하늘로 올라간 사람들, 에녹과 엘리야

구약에는 이 땅에서 죽어야 하지만(mortal beings), 하늘로 올라간 사람이 기록되어 있는데, 바로 에녹(Enoch)과 엘리야(Elijah)이다.

하늘로 올라간 최초의 인간은 대홍수 이전(pre-Diluvial)의 족장(patriarch)이었던 에녹이다. 성경연대기로 아담(Adam)은 BC 4114(B)년에 태어났으며, 아담의 계보에서 에녹은 일곱 번째 족장으로 BC 3492(B)년에 태어났다. 에녹은 대홍수 시기의 영웅이었던 노아(Noah)의 증조할아버지(greatgrandfather)였다. 「창세기」 5장 24절을 보면 에녹은 이 세상에서 죽지 않고 산채로 하나님이 그를 데려가셨다. 어떤 이유로 어떻게 산채로 데려갔는지는 안 나오지만 상황으로 볼 때 하나님이 에녹을 데려간 곳은 분명 하늘이었다. 그럼 몇 번째 하늘이란 말인가?

「창세기」 5:24 - 에녹이 하나님과 동행하더니 하나님이 그를 데려가시므로 세상에 있지 아니하였더라(Enoch walked with God; then he was no more, because God took him away)(NIV)

또한 성경에서 죽지 않고 바로 하나님 나라로 옮겨진 또 다른 사람을 찾을 수 있다. 그는 선지자 엘리야(Elijah)로, 그도 이 세상에 무덤이 없는 사람이다. 「열왕기하」 2장 11절을 보면 여기서는 구체적으로 어떻게 하나님이 엘리야를 데려갔는지 에녹보다는 구체적으로 기록되어 있다. 즉 불수레(a chariot of fire)와 불말(horses of fire)이 나타나 회오리바람(a whirlwind)을 타고 하늘로 올라갔다.

「열왕기하」 2:11 - 두 사람이 행하며 말하더니 홀연히 불수레와 불말들이 두 사람을 격하고 엘리야가 회리바람을 타고 승천하더라(As they were walking along and talking together, suddenly a chariot of fire and horses of fire appeared and separated the two of them, and Elijah went up to heaven in a whirlwind)(NIV).

에녹과 엘리야가 무슨 이유로 하나님이 데려갔는지, 불수레와 불말이 무엇인지, 회오리바람은 어떤 과학기술을 말하는지는 『바이블 매트릭스』 시리즈의 「하나님들과 하나님들의 과학기술」 편에서 다루기로 하고, 3부의 주제인 하늘들(heavens)에 대해 더 자세히 알아보자.

5절 에녹(Enoch)의 10개의 하늘들

에녹의 하늘들을 자세히 보기 전에 부록인 「구약성경의 역사」의 9장인 "신약에서 인용된 구약의 외경과 위경"의 내용을 잠깐 다시 인용해 보자.

1. 「유다서」와 「히브리서」에 인용된 「에녹서」와 「희년서」

신약 중에 c.AD 64년에 예수님의 친동생인 유다(Jude, Judah)가 쓴 「유다서」(Jude)에는 외경(外經, Apocrypha)의 범위를 벗어난 위경(僞經, Pseudographia, Pseudepigrapha)인 「에녹서」(Books of Enoch)와 「희년서」(Book of Jubilees)의 내용이 인용된다.

「유다서」 1장 14~15절에는 에녹(Enoch)이 "하나님은 경건하지 않은 사람들(불경한 자, Ungodly men)[4]을 심판하시고 정죄하실 것"이라는 하나님의 말씀을 예언하고 가르쳤다는 내용의 구절이 나오는데, 이는 「에녹1서」(1 Enoch) 2장 1절을 인용한 것이다.

> 「에녹1서」 2:1 - 보라 그는 수만 명의 성인(聖人)들과 함께 올 것이니, 이는 저들을 심판하기 위함이요, 악한 자들을 멸망시키고, 죄지은 자들과 불경한 자들이 행한 모든 것을 정죄하기 위함이라(Behold, he comes with ten thousands of his saints, to execute judgment upon them, and destroy the wicked, and reprove all the carnal for everything which the sinful and ungodly have done, and committed against him)(Luarence, 인터넷 공개)

또한 저자 미상의 「히브리서」(Hebrews) 11장 5절에는 에녹이 어떻

---

4 경건한 자(Godly men): 경건(Godly)이란 단어는 구약과 신약에 등장하는 단어이다. '하나님께 경건한 자'를 'The godly' 또는 'Godly man'이라 부르고 '하나님께 불경한 자'를 'The ungodly' 또는 'Ungodly man'이라 표현하고 있다. 하나님께서는 경건한 자를 택하시고(시편 4:3), 예수님 재림시에는 경건치 아니한 자들을 심판하신다고 기록되어 있다(「베드로후서」 2:9 & 3:7; 「유다서」 1:15; 이외에도 다수). 결국 성경 전체를 통해 보면 인간을 두 부류로 나누는데 바로 Godly men과 Ungodly men으로 요약된다고 보인다. 또는 Righteous men과 Unrighteous men으로 구분하기도 하는데 제가 보기엔 둘 다 같은 의미를 갖고 있으나 전자가 더 설득력 있게 보인다.

게 해서 죽지 않고 하나님이 데려갔는지에 대한 이유를 설명하고 있는데 이는 모두 위경인 「에녹2서」와 「희년서」를 인용한 것이다. 왜냐하면 정경인 「창세기」에는 그와 같은 내용이 없다. 「창세기」는 그저 "에녹이 하나님과 동행하다 그를 데려갔다(Enoch walked with God : and he was not; for God took him)"(KJV, 「창세기」 5:24)고 한 구절로만 기록되어 있다.

「에녹2서」(2 Enoch)에는 에녹(Enoch, BC 3492(B)~BC 3127(B))이 365세에 하나님(God)이 그를 데려가기 전에 열 번째 하늘나라(the tenth heaven)로의 여행 기록을 적고 있다(Luarence, 인터넷 공개). 첫 번째 하늘을 거쳐 열 번째 하늘인 아라보스(Aravoth)에 도착해(「에녹2서」 22:1) 60일 동안 히브리어로 아라바트(Aravat), 즉 창조의 아버지(Father of Creation)(「에녹2서」 20:3)의 얼굴을 뵙는다. 이는 성경에 등장하는 히브리어인 엘샤다이(El-Shaddai)로 전능의 하나님(God Almighty)을 뵙고, 창조와 대홍수 그리고 미래의 심판(judgment) 등의 비밀을 듣고, 그것들을 총 366권의 책에 기록을 하고, 이 땅에 내려와, 30일 동안 366권의 책과 하나님의 말씀을 그의 아들들과 사람들에게 전파하고 예언자로서의 역할을 충실히 한다. 그러다가 30일 후인 365세에, 그가 태어난 날과 시간에, 다시 하늘나라로 올라간 사실이 상세히 기록되어 있다.

또한 위경인 히브리어로 쓰여진 「희년서」(Book of Jubilees) (Charles, 2002)의 4장 17~20절에는 에녹이 최초의 글을 깨친 인간이었으며 따라서 지식과 지혜가 충만하고 하늘의 징조(signs)와 계절(seasons)을 인간들에게 가르쳤으며, 마지막 심판의 날까지 일어날 일들을 하나님으로부터 계시를 받아 증거(testimony)로 기록했다는 표현이 나온다. 또한 「희년서」 4장 21절에는 "에녹이 므두셀라를 낳은 후 300년 동안 하나님의 천사들과 동행했으며 천사들은 그에게 땅과 하늘에 있는 모든 것을 보여 주고 태양의 규칙(rule)까지 보여 주었으며, 에녹은 그 모든 것을 기록했다(… And he was moreover with the angels of God these six jubilees of years, and they showed him everything which is on earth and in the heavens, the rule of the sun, and he wrote down everything)"고 기록하고 있다. 따라서 「창세기」 5장 24절의 "에녹이 하나님과 동행하다 그를 데려갔다"라는 성경의 말씀을 자세히 이해할 수 있다.

2. 에녹(Enoch)의 10개의 하늘들

「에녹2서」 1장에는 에녹이 하나님이 파견한 두 명의 사자 측 천사들을 만난다. 에녹은 매우 현명한 자이고 위대한 기술자로서 주님(Lord)이 특별히 그를 사랑했다. 그래서 주님은 그로 하여금 가장 높은 곳에 계시는 하나님의 하늘을 보여 주기로 했다. 그곳은 말로 형언할 수 없는 곳이며, 체루빔(Cherubim)의 노래와 빛의 경계(boundless light)가 없는 곳이다.

에녹은 잠결에 키가 크고 얼굴에서 태양처럼 빛나며, 눈에서는 번개같은 빛이 나오고, 입술(lips)에서는 불이 나오며, 자줏빛(purple) 옷에서는 다양한 종류의 소리가 나고, 그들의 날개(wings)는 금보다 밝고 그들의 손은 흰 눈(snow)보다 더 하얀 두 명의 사자를 만난다(「에녹2서」 1:6). 그리고 두려워하는 에녹을 두려워 하지 말라고 말하며, 하나님이 우리를 너에게 보내, 에녹을 하늘로 데려갈 것이라고 사자들은 말한다. 그리고 에녹의 아들들에게 이 땅에서 에녹이 사라질 것이므로, 주님이 돌려보내기 전에 절대 에녹을 찾지 말라고 하라고 에녹에게 말한다(「에녹2서」 1:10).

이에 에녹은 순종하고 아들들인 므두셀라(Mathusal), 레짐(Regim), 가이다드(Gaidad)를 불러 사자들이 말한 신비스러운 내용을 모두 알린다(「에녹2서」 1:11).

첫 번째 하늘(the first heaven),
200명의 천사들이 별/구름/눈/이슬을 다스려

사자들이 그들의 날개로 에녹을 데리고 구름 위(on the clouds)에다 올려 놓는다. 에녹이 보니 점점더 높이 올라가고 에테르(the ether, 하늘을 채우는 정기, 창공)가 보이고, 마침내 첫 번째 하늘(the first heaven)에 도착하여 지구의 바다보다도 더욱 큰 위대한 바다(a very great Sea)를 본다(「에녹2서」 3:1).

그곳은 바로 200명의 사자, 즉 천사들이 수많은 별들의 궤도들과 순서들(stellar orders)을 정하는(rule) 곳으로, 200명의 천사들은 그들의 날개로 앞으로 날아 수많은 별들 주위를 다니며 하늘들이 질서 정연하게 되도록 서비스 하는 곳으로 기록되어 있다(「에녹2서」 4:1). 에녹이 아래를 내려다보니, 그곳은 구름(the clouds)과 눈(the snow)을 보관하는 장소(treasure-house)가 있고, 사자들이 이 거대한 보관장소를 지키고 있으며, 사자들의 명령에 따라 구름들이 나와서 가야 할 곳으로 간다(「에녹2서」 5:1). 또한 두 명의 사자들은 모양이 꼭 올리브의 오일 같은(like oil of the olive) 이슬(the dew)의 보관장소도 보여 주는데, 천사들이 지키고 있으며, 천사들은 이슬들이 어떻게 만들어지고 언제 열리고 닫히는지를 조율한다(「에녹2서」 6:1).

이 첫 번째 하늘이 정확히 어디인지는 알 수 없으나, 이 첫 번째 하늘의 아래에는 구름, 눈, 이슬의 보관 장소가 있다고 기록된 점을 볼 때 그곳은 소행성대가 아닌가 생각된다.

두 번째 하늘(the second heaven),
배반한 천사들이 갇혀 있는 암흑물질/암흑에너지

7장에는 두 명의 사자가 두 번째 하늘로 에녹을 데려간다. 그런데, 여기에서 아주 중요한 대목이 나온다. 두 명의 사자는 에녹에게 암흑

(darkness)을 보여 주는데, 지구의 암흑(earthly darkness)보다 더욱 커다란 암흑을 보여 준다(「에녹2서」 7:1). 이 암흑은 우리가 2부에서 살펴보았던 암흑물질(dark matter)이나 암흑에너지(dark energy)임에 틀림없다.

또 중요한 대목이 나온다. 에녹은 두 번째 하늘의 암흑에서 많은 죄수들(prisoners)이 매달려 있고, 감시를 당하며, 위대하고 무한한 심판(the great and boundless judgment)을 기다리고 있는 장면을 본다. 이 죄수들은 바로 천사들(angels)이다. 천사들은 모두 암흑처럼 보이고 (dark-looking), 천사들은 24시간 내내 끊임없이 울고 있는 장면을 본다(「에녹2서」 7:1). 이는 「베드로후서」 2장 4절과 「유다서」 1장 6절에 기록된 바와 같이, 직무를 이탈하고 범죄한 천사들이며, 그 결과 천사들은 심판의 마지막 날까지 결박되어 흑암에 갇혀 있다는 사실을 언급하고 있는 내용과 같다. 이 배반한 천사들을 우리, 즉 경건한 자 혹은 의로운 자가 심판할 것이라고 「고린도전서」에 기록되어 있다(「고린도전서」 6:3). 배반한 천사들이 누구이며 하나님에게 어떤 배반을 한 것인지는 차후 『바이블 매트릭스』 시리즈의 「인간창조와 노아 홍수의 비밀」 편에서 자세히 다루고자 한다.

「베드로후서」 2:4 - 하나님이 범죄한 천사들을 용서치 아니하시고 지옥에 던져 어두운 구덩이에 두어 심판 때까지 지키게 하셨으며 (For if God spared not the angels that sinned, but cast them down to hell, and delivered them into chains of darkness, to be reserved unto judgment)(KJV).

「유다서」 1:6 - 또 자기 지위를 지키지 아니하고 자기 처소를 떠난 천사들을 큰 날의 심판까지 영원한 결박으로 흑암에 가두셨으며 (And the angels who did not keep their positions of authority but abandoned their own home—these he has kept in darkness, bound with everlasting chains for judgment on the great Day)(NIV).

「고린도전서」 6:3 - 우리가 천사를 판단할 것을 너희가 알지 못하느냐 그러하거든 하물며 세상 일이랴(Do you not know that we will judge angels? How much more the things of this life!)(NIV).

에녹은 이상히 여겨 두 사자에게 물어본다. 왜 이 천사들은 끊임없이 고통을 당하는 이유는 무엇인가? 이에 대해 두 사자는 대답한다. "이들은 하나님을 배반하고, 하나님의 명령을 거역한 천사들이다. 이들은 이들 의지대로 제 멋대로 그들의 왕자(prince)와 함께 배반한 천사들인데, 그들의 왕자는 다섯 번째 하늘에 꽁꽁 묶여(fastened on) 감금되어 있다." 에녹은 이 말을 듣고 배반한 천사들에게 측은함(pity)을 느낀다. 이때 배반한 천사들은 에녹에게 인사하고, "하나님의 인간(Man of God)이여, 우리를 위해 주님께 기도해달라"고 부탁한다. 이에 대해 에녹은 "저는 죽을 인간입니다(a mortal man), 제가 어떻게 천사들을 위해 기도할 수 있습니까? 저도 어디로 가는지 잘 모릅니다. 어떤 나쁜 일이 제게 일어날지 알지 못합니다. 그러니 누가 저를 위해 기도해 주시겠습니까?"라고 대답한다(「에녹2서」 7:2~3).

세 번째 하늘(the third heaven), 낙원(paradise)과 반-낙원(불못)

8장에는 에녹이 세 번째 하늘인 낙원(paradise)에 도착한다. 그곳은 꽃이 만발하고 열매를 맺으며, 향기가 가득한, 주님이 쉬는(the Lord rests), 생명나무(tree of life)가 가득한 낙원이다(「에녹2서」 8:1~3).

이로써 바울 사도가 「고린도후서」 12장 2~4절에서 언급한, 세 번째 하늘(Third heaven)이 낙원(paradise)이라고 기록한 것과 「요한계시록」 2

장 7절의 낙원에는 생명나무가 있다고 한 것이 매우 타당성이 있음을 알 수 있다. 또한 이는 사도 바울이 「에녹2서」를 읽었으며 「에녹2서」를 참고했다는 것을 알 수 있다. 신약 시대에는 정경, 위경, 외경의 구분없이 폭넓게 읽혀지고 있었다는 사실을 알아야 한다.

낙원에는 정원(garden)이 있는데, 그 근원(root)은 지구의 끝에 있으며(at the earth's end), 낙원은 타락(corruptibility)과 결백(incorruptibility) 사이에 위치해 있다. 그리고 두 개의 샘이 그곳으로부터 나와 꿀과 젖(honey and milk)이 흐르고, 오일과 와인(oil and wine)을 생산한다. 이들은 4개의 강으로 갈라져 에덴의 낙원(Paradise of EDEN)으로 흐른다. 그리고 에덴의 낙원으로 나와 동쪽으로 흐른다(「에녹2서」 8:4~7). 여기에서 에덴의 낙원은 그 근원이 지구의 끝에 있다? 이게 무슨 말인가? 아마도 지구의 끝, 그곳은 북극(北極, The Arctic), 즉 북극점이 아닌가 생각된다.

이는 「창세기」 2장 8~14절의 에덴동산(the garden of Eden)의 내용을 떠 올리게 한다. 이 땅에 오신 하나님은 세 번째 하늘의 '에덴의 낙원'을 메소포타미아의 '에덴 동산'에 건설했다는 것을 알 수 있으며, 에덴 동산의 근원은 세 번째 하늘의 낙원임을 알 수 있다. 여하튼 낙원에는 300명의 천사들이 낙원을 지키고 있는데, 천사들은 매우 밝고, 끊임없이 달콤한 노래(sweet singing)를 부르는데, 밤이나 낮이나 주님을 위해 노래가 끊이지 않는다(「에녹2서」 8:9).

이를 보고 에녹은 "이 얼마나 달콤한 곳인가?"라고 묻자 두 명의 사자는 다음과 같이 대답한다. "이곳 낙원은 옳바른 인간, 즉 의인들(the righteous)을 위해 준비한 곳이다. 의인들이란 의인들의 영혼(souls)을 격노시킨 자들의 공격으로부터 잘 참아내고, 사악(iniquity)으로부터 눈을 피하며, 항상 옳은 의사결정을 내리고, 배고픈 자들에게 빵을 주며, 벌거벗은 자들에게 옷을 입히고, 넘어지는 자들을 일으켜 세우며,

부상 당한 고아들을 도와주고, 티끌만한 한 점의 흠없이 주님과 함께 동행하며(walk), 스스로를 도우는, 그러한 의인들을 위해 영원한 상속(eternal inheritance)을 주기 위한 곳이다"라고 말한다(「에녹2서」 9:1).

그리고 두 명의 사자는 에녹을 북쪽 지역으로 데려가 매우 끔찍한 장소를 보여 주는데, 그곳은 모든 종류의 고통이 있는 곳이다. 그곳은 잔인한 흑암과 빛이 없는 침울한 장소(cruel darkness and unillumined gloom)로, 깜깜한 불이 쉴 새 없이 하늘 높이 치솟고(murky fire constantly flaming aloft), 불을 수반한 강물이 흐르며 즉 불못이 흐르고(a fiery river coming forth, lake of fire), 유황불의 못이 있고(lake of burning sulfur), 전체가 깜깜한 불로 덮여 있고, 모든 곳에 서리와 얼음이 존재하며, 갈증과 추위가 존재하는 곳이다. 이곳은 족쇄가 매우 잔인하게 채워져 있고, 이곳의 천사들은 무섭고 무자비하며, 화가 난 무기를 들고 있고 따라서 이곳에 오는 자들은 무자비한 고통을 당한다(「에녹2서」 10:1).

이에 에녹은 이곳이야 말로 정말 끔찍한 곳이라고 말한다. 그러자 두 명의 사자는 다음과 같이말한다. "이곳은 하나님을 경건하게 받들지 않은, 하나님을 모욕한 자들을 위해 준비한 곳이다. 지구에서 죄를 지은 자들, 마술을 부리고 만든 자들, 악한 일을 해놓고 자랑하는 자들, 도둑질 하고, 거짓말 하며, 남을 비방하고, 시기하고, 증오하고, 간음하고, 살인하며, 저주받은, 사람의 영혼을 훔치는 자들, 가난한 자를 이용해 부를 채우며, 그들을 창조하신 하나님을 모르는 자들, 영혼도 없고 생명도 없는 신들(gods)께 절하는 자들, 이들을 위해 영원한 상속(eternal inheritance)을 주기 위한 곳이다"라고 말한다(「에녹2서」 10:3).

이곳은 어디일까? 예수님이 오셔서 마지막 심판 때에 인간을 두 종류로 나누시는데, 경건한 자들(goldy men, the godly) 혹은 의로운 자(righteous men, the righteous)들과 불경한 자들(ungodly men, the ungodly), 혹은 불의한 자들(unrighteous men, the unrighteous)로 나누신다. 그리고 불경한 자들을 흑암 혹은 캄캄한 어두움 혹은 불못 혹은 풀무 불 혹은 유황불에 던지우는데, 이곳이 바로 에녹이 본 세 번째 하늘의 북쪽 지역인 타락한(corruptibility) 자들을 위해 준비된 곳이다.

「마태복음」 13:49 - 세상 끝에도 이러하리라 천사들이 와서 의인 중에서 악인을 갈라내어(This is how it will be at the end of the age. The angels will come and separate the wicked from the righteous)(NIV)
  13:50 - 풀무 불에 던져 넣으리니 거기서 울며 이를 갊이 있으리라 (and throw them into the fiery furnace, where there will be weeping and gnashing of teeth).

「베드로후서」 2:9 - 주께서 경건한 자는 시험에서 건지시고 불의한 자는 형벌 아래 두어 심판 날까지 지키시며(if this is so, then the Lord knows how to rescue godly men from trials and to hold the unrighteous for the day of judgment, while continuing their punishment)(NIV).

「베드로후서」 2:17 - 이 사람들은 물 없는 샘이요 광풍에 밀려가는 안개니 저희를 위하여 캄캄한 어두움이 예비되어 있나니(These men are springs without water and mists driven by a storm. Blackest darkness is reserved for them)(NIV).

「베드로후서」 3:7 - 이제 하늘과 땅은 그 동일한 말씀으로 불사르기 위하여 간수하신 바 되어 경건치 아니한 사람들의 심판과 멸망의 날까지 보존하여 두신 것이니라(By the same word the present heavens and earth are reserved for fire, being kept for the day of judgment and destruction of ungodly men).

「유다서」 1:13 - 자기의 수치의 거품을 뿜는 바다의 거친 물결이요 영원히 예비된 캄캄한 흑암에 돌아갈 유리하는 별들이라(They are wild waves of the sea, foaming up their shame; wandering stars, for whom blackest darkness has been reserved forever)(NIV).

「유다서」 1:15 - 이는 뭇 사람을 심판하사 모든 경건치 않은 자의 경건치 않게 행한 모든 경건치 않은 일과 또 경건치 않은 죄인의 주께 거스려 한 모든 강퍅한 말을 인하여 저희를 정죄하려 하심이라 하였느니라(to judge everyone, and to convict all the ungodly of all the ungodly acts they have done in the ungodly way, and of all the harsh words ungodly sinners have spoken against him)(NIV).

「요한계시록」 19:20 - 짐승이 잡히고 그 앞에서 이적을 행하던 거짓 선지자도 함께 잡혔으니 이는 짐승의 표를 받고 그의 우상에게 경배하던 자들을 이적으로 미혹하던 자라 이 둘이 산 채로 유황불 붙는 못에 던지우고(But the beast was captured, and with him the false prophet who had performed the miraculous signs on his behalf. With these signs he had deluded those who had received the mark of the beast and worshiped his image. The two of them were thrown alive into the fiery lake of burning sulfur)(NIV).

「요한계시록」 20:10 - 또 저희를 미혹하는 마귀가 불과 유황 못에 던지우니 거기는 그 짐승과 거짓 선지자도 있어 세세토록 밤낮 괴로움을 받으리라(And the devil, who deceived them, was thrown into the lake of burning sulfur, where the beast and the false prophet had been thrown. They will be tormented day and night for ever and ever)(NIV).

「요한계시록」 20:14 –사망과 음부도 불못에 던지우니 이것은 둘째 사망 곧 불못이라(Then death and Hades were thrown into the lake of fire. The lake of fire is the second death).

「요한계시록」 20:15 – 누구든지 생명책에 기록되지 못한 자는 불못에 던지우더라(If anyone's name was not found written in the book of life, he was thrown into the lake of fire).

이 세 번째 하늘이 정확히 어디인지는 알 수 없다. 그러나 언젠가 과학이 영(spirit)과 영혼(soul)과 육신(육체, Flesh)의 분리 메커니즘을 밝혀 내고 실체를 밝혀낼 때 세 번째 하늘도 어디에 있는지가 밝혀질 것이다.

네 번째 하늘(the fourth heaven), 태양과 황도/황도대

11장에는 네 번째 하늘에 도착하는데, 그곳은 태양과 달의 궤도(the course)가 있고, 지금까지 연속적으로 발하는 태양 빛(rays of the light)을 다스리는 곳이다. 에녹은 직접 태양과 달의 빛을 측정하고 비교해 본다. 태양 빛이 달의 빛보다 위대하다. 태양 빛은 엄청난 속도, 즉 초당 30만 킬로미터로 달려 낮과 밤이 쉴 새 없이 돌아간다.

1부 6장의 "3절 지구의 연한-계절-일자를 위해 별들-태양-행성들의 궤도를 정하다"에서 본 바와 같이 황도(黃道, Ecliptic)와 황도대(黃道帶, Zodiac)가 등장한다. 태양의 황도와 다시 처음으로 돌아오는 지점

은 네 개의 위대한 별들에 의해 수반되는데, 각각 네 개의 별들 아래에
는 천 개의 별을 가지고 있다. 태양의 궤도를 따라 4개의 위대한 별들
이 지나가는데, 결국 180도의 두 번, 즉 8개의 위대한 별들이 태양으로
하여금 지속적으로 우리 은하를 돌게 하는데, 정확히 황도를 따라 돌
게 한다. 다 합쳐 8,000개의 별들이 태양으로 하여금 황도를 따라 돌
게 한다.

낮에는 15만 명(fifteen myriads)의 천사들이 이를 다스리고 밤에는
1,000명의 천사들이 이를 다스린다. 6개의 날개를 가진 천사들이 태양
의 둘레에서 뜨거운 화염을 다스리고, 100명의 천사들이 태양을 지피
워 올바르게 위치를 세팅시킨다.

12장에는 태양의 신비스러운 요소들에 대해 언급한다. 에녹은
태양의 함께 도는 요소들을 보는데, 그들의 이름은 감탄할 불사조
(Phoenixes)와 칼키드리(Chalkydri)인데, 형태는 사자의 발과 발톱같고,
악어의 머리 같으며, 모습은 보라색으로 물들인 무지개 빛이다. 그들의
크기는 900으로 측정되고, 그들의 날개는 천사들의 날개 같으며, 각각
은 12개의 날개를 가졌다. 이들은 태양과 함께 참여하여 태양과 같이
돈다. 이들은 열과 이슬을 갖고 있고 하나님으로부터 명령을 받는다.

태양은 회전을 거듭하여, 황도대(黃道帶, Zodiac)를 돌고 계속해서 빛
을 발하며 궤도를 도는데 그 아래에는 지구가 태양 주위를 돈다.

13장에는 두 명의 사자가 에녹을 데리고 태양의 동쪽 문에 내려놓
는다. 제가 보기엔 황도의 동지점을 말하는 것 같다. 동쪽 문은 태양
이 계절의 규정에 따라 운행하는 곳으로, 따라서 일 년의 12달과 낮과
밤의 시간을 준다. 에녹은 6개의 문이 열려 있는 것을 보는데, 각 문은
51개의 스테이디아(stadia)[5]와 크기는 하나의 스타디움(stadium)의 1/4

---

5 스테이디아(stadia) 측량-수직으로 세운 표척(標尺)을 기준으로 해서, 트랜싯(Transit) 망원

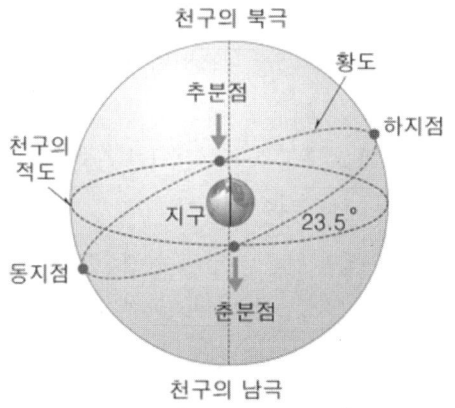

천구의 북극

추분점

황도

하지점

천구의 적도

지구 23.5°

동지점

춘분점

천구의 남극

황도와 천구의 적도. Credit: 눈높이 대백과[6]

인 문을 본다. 이 6개의 문을 통해 태양은 정확히 돈다. 그래서 4개의 계절이 끝나면, 즉 일 년이 끝나면 다시 시작한다.

14장에는 서쪽 문이 나온다. 필자가 보기엔 황도의 하지점이다. 동쪽문의 반대로서 태양이 이곳을 지남에 따라 정확이 1년은 365일과 1/4일이 된다. 따라서 태양은 그 빛을 끌어당겨 그 밝기를 더욱 밝게 하여 여름이 되게 한다. 이곳은 400명의 천사들이 지키고 있다. 태양이 이문을 지날때는 밤은 7시간이 되고, 동쪽 문으로 접근하면 밤은 8시간이 된다.

다만 「에녹2서」에는 다 합쳐 문이 6개이다. 반면 현대 과학은 춘분점, 하지점, 추분점, 동지점, 이렇게 4개의 문이 있다. 그러나 어느 것이 맞는지는 중요하지 않다. 태양계와 우주는 항상 변화한다.

15장에는 태양의 두 요소인 불사조(Phoenixes)와 칼키드리 (Chalkydri)가 산산조각이 나서 노래(song), 즉 태양풍(solar wind)이 된

경의 시야 중에 있는 상하 스테이디아 선(stadia wires) 사이의 길이를 판독하여 두 점 사이의 수평 거리와 고저의 차이를 재는 측량법. http://en.wikipedia.org/wiki/Stadia

6 눈높이 대백과-http://newdle.noonnoppi.com/xmlView.aspx?xmldid=17982

다. 따라서 새들은 태양풍을 이용해 훨훨 날고, 빛을 주는 태양, 즉 하나님을 즐거워하며, 이 두 요소는 하나님의 명령에 따라 노래로 부서진다. 태양은 전 세계를 밝게 해주고, 태양의 빛으로 인해 아침에 모든 사물이 형태를 갖추게 해주는데, 두 명의 사자는 에녹에게 태양의 자전과 공전주기의 계산을 보여 준다.

15장 3절에는 수수께끼 같은 태양의 공전주기가 나온다. 태양이 여섯 개의 문으로 들어서면, 이 위대한 여섯 개의 문들은 1년과 1년의 시간을 계산해 주게 되는데, 이러한 이유로 태양은 위대한 창조(a great creation)라 기록하고 있다. 태양은 그 공전주기가 28년을 지속하고 (whose circuit lasts twenty-eight years), 이 주기가 끝나면 처음부터 다시 시작한다고 기록되어 있다.

16장에는 두 명의 사자가 에녹을 데리고 달의 운행과정을 보여 준다. 달에는 12개의 문이 있어 달은 항상 정해진 시간대로 뜨고 진다. 첫 번째 문은 태양의 서쪽에 위치해 있는데, 첫 번째 문에 들어서면 달은 정확이 31일, 두 번째 문에서는 31일을, 세 번째 문에서는 30일, 네 번째 문에서는 30일, 다섯 번째 문에서는 31일, 여섯 번째 문에서는 31일, 일곱 번째 문에서는 30일, 여덟 번째 문에서는 31일, 아홉 번째 문에서는 31일, 열 번째 문에서는 30일, 열한 번째 문에서는 31일, 열두 번째 문에서는 정확히 28일 걸린다. 서쪽문에서 시작하여 동쪽으로 운행한다. 태양의 1년인 365일과 1/4일 동안 이 임무를 완수하는데, 달의 1년은 354일이 된다.

17장에는 천사들이 노래를 하는데 에녹은 이를 보고 글로 표현할 방법이 없다. 에녹이 네 번째 하늘에서 하늘들의 중간을 보니 주님을 위해 서비스하는 천사들의 군대가 팀파나(tympana)와 오르간(organs)을 가지고 끊임없는 달콤한 소리와 다양한 노래를 부른다. 이 노래는 사람의 마음을 감동시키고, 에녹은 즐겁게 그 노래를 듣는다.

다섯 번째 하늘(the fifth heaven),
배반한 천사들의 왕자인 사탄넬(Satanail)이 감금

18장에는 두 번째 하늘의 암흑에 감금된 천사들의 왕자가 등장한다. 이 왕자는 다섯 번째 하늘에 꽁꽁 묶여(fastened on) 감금되어 있다고 했다.

다섯 번째 하늘에 도착한 에녹은 수 많은 셀 수 없이 많은 그리고리(Grigori)라 불리는 병사들, 즉 주시자들(watchers)을 본다. 그들의 모습은 인간 모습이고, 그들의 키는 거인보다(great giants) 크며(their size was greater than that of great Giants), 그들의 얼굴은 창백하고 시들고, 그들의 입은 영원히 다문 상태이고, 따라서 다섯 번째 하늘에는 천사들의 서비스가 없는 곳이다.

에녹은 왜 이들이 우울하며 입을 다물고 있는지를 두 명의 사자에게 묻는다. 두 명의 사자는 다음과 같이 대답한다. 이들은 그리고리 그룹인데, 그들의 왕자인 사탄넬(Satanail)과 함께 주님을 배반한 자들이다. 이들을 쫓아 배반한 천사들은 두 번째 하늘의 암흑에 갇혀 있다. 그리고리 중 세 명이 자기 위치를 버리고 지구에 내려갔는데, 그곳은 에몬(Ermon, 허몬, Hermon) 산 지역이다. 이들은 에몬 언덕에서 서로 맹세를 하고, 인간의 딸들의 아름다움을 보고, 그들의 아내로 삼았다. 그 결과 그들의 행위로 땅을 더럽히고, 법이 없는 세상을 만들었다. 이들과 인간의 딸들 가운데에서, 거인들(giant or great men)이 태어났는데, 키가 대단히 크고, 거인들은 원한에 가득 찼다.

이는 「창세기」 6장 1~5절의 네피림(Nephilim)을 얘기하는 것이고, 2절의 '하나님의 아들들(sons of God)'을 얘기하는 것으로, 이는 노아 홍수의 원인이다. 자세한 것은 차후에 『바이블 매트릭스』 시리즈의 「인간 창조와 노아 홍수의 비밀」 편에서 자세히 다루기로 한다.

따라서 하나님은 이들을 큰 심판(great judgment) 때까지 다섯 번째 하늘에 가두사, 이들은 그들의 형제(brethren)를 위해 슬피 울며, 주님의 날(Lord's great day)에 벌을 받을 것이다.

에녹은 그리고리 그룹에게 말한다. "저는 당신의 형제들을 보았고 그들이 지구에서 무엇을 했는지를 보았고, 위대한 고통을 당하는 것도 보았습니다. 제가 그들을 위해 기도드립니다. 그러나 주님은 그들을 이곳에 가두었습니다. 지금 존재하는 하늘과 지구가 영원히 없어질 때까지 말입니다." 그렇다! 지금 존재하는 하늘과 지구는 언젠가는 사라지고 두 번째 새로운 우주가 창조되는 것이다. 지금 우주는 팽창이 가속화되고 있다. 우리에게서 별들이 멀어져 간다는 얘기이다. 사라지는 것이다. 급하신 분은 3부 2장 4절의 "우주 팽창의 의미, 종말인가"와 3장의 "성경에서 말하는 시작(Beginning)과 끝(End)의 의미"를 보라.

그리고 에녹은 그들에 말한다. "당신 형제들은 무엇을 기다립니까? 주님의 면전(Lord's face)에서 주님을 받들지 마세요. 주님의 면전에 당신들의 서비스를 드리지 마세요. 당신들이 당신들의 주님을 아직도 노여워 한다면?"

이 다섯 번째 하늘은 어디일까? 아마도 그곳은 암흑, 즉 암흑물질이나 암흑에너지가 있는 곳으로 추측된다.

여섯 번째 하늘(the sixth heaven),
일곱 천사장, 천체의 회전, 인간을 기록

19장에는 에녹이 여섯 번째 하늘에 도착한다. 그리고 에녹은 일곱 개의 천사 그룹을 보는데, 이들은 매우 밝으며 눈부시게 아름답고, 이들의 얼굴에서는 태양 빛보다 더 밝은 광채가 나며, 얼굴의 모습과 행동과 옷맵시가 똑같다. 이들은 별들의 순서와 궤도를 만들어 태양의 회전에 따라 달이 변화하도록 하여, 그 결과 세상에 질서가 있게 한다.

무언가 잘못되어 가면(evil doing) 이들은 바로 명령을 하고 지시를 한다. 그러므로 항상 이들은 달콤한 찬양의 노래를 부른다.

이들은 바로 천사보다 계급이 높은 일곱의 천사장들(archangels)이다. 일곱의 천사장들은 천사들을 관리한다. 천사장 아래의 천사들은 하늘과 지구에 사는 모든 생명체들을 측정하고, 계절과 연한, 강과 바다, 지구의 과일과 열매, 모든 초원을 관리한다. 또한 모든 인간의 영혼과 행위와 삶을 기록한다.

그리고 천사장과 천사 사이에는 6개의 불사조(six Phoenixes), 6개의 체루빔(six Cherubim)과 6개의 날개를 가진 자들, 즉 세라핌(seraphim)이 쉴 새 없이 하나의 목소리로 노래를 부르는데, 그들의 노래를 말로 표현할 수 없다.

일곱 천사장! 이는 분명 「요한계시록」 8장 2절부터 등장하는 일곱 천사임에 틀림없다. 인간의 영혼과 행위와 모든 삶을 기록하는 이 여섯 번째 하늘은 어디일까? 어떻게 인간의 영혼과 행위를 기록할 수 있을까? 이는 분명 「요한계시록」 20장 12절에 등장하는 생명책(Book of Life)이다. 이는 차후 『바이블 매트릭스』 시리즈의 「하나님들과 하나님들의 과학기술」편과 「예수님의 재림과 새 하늘과 새 땅의 창조」편에서 자세히 다루기로 한다.

일곱 번째 하늘(the seventh heaven),
체루빔과 세라핌이 주님의 보좌를 에워싸

20장에는 일곱 번째 하늘에 도착한다. 그곳에서 에녹은 매우 위대한 빛(a very great light)을 본다. 그리고 위대한 천사장들의 불 군대(fiery troops), 육체가 없는 영적인 힘(incorporeal forces), 지배력(dominions), 순위들과 통치기관들(orders and governments), 체루빔과 세라핌(cherubim and seraphim), 보좌와 많은 눈을 가진자들, 9개의 통치(nine regiments), 빛의 정거장인 이오나니트(Ioanit)를 보고, 에녹은 두려워 전율한다.

그러자 두 명의 사자는 에녹에게 두려워 하지 말고 용기를 내라고 말하고, 저 멀리 떨어진 곳의 매우 높은 보좌에 앉으신 주님(Lord)을 보여 준다. 그곳은 열 번째 하늘로 주님이 거주하는 곳이 아닌가? 열 번째 하늘에는 히브리어로 아라바트(Aravat), 즉 '창조의 아버지(Father of creation)'가 계시는 곳이다.

열번째 하늘에는 모든 하늘의 군대들이 다 와서 그들의 계급별로 10단계(ten steps)로 줄을 서서 주님께 경배하고, 기쁨과 행복에 가득 차 다시 자기가 속한 곳으로 되돌아간다. 돌아갈 때는 모두가 즐거운 노래를 부르고 주님을 찬양한다.

21장에는 두 명의 사자가 일곱 번째 하늘 끝에서 에녹을 데려 놓고 에녹을 떠나간다. 이 것으로 보아 이들 두명의 천사는 일곱 번째 하늘까지 에녹을 인도하는 임무를 받은 것이다. 그들은 에녹에게 여기까지 당신과 여행을 하도록 명령을 받았다고 하고 떠나간다.

체루빔과 세라핌이 보좌 주위에 서 있는데, 6개의 날개와 많은 눈을 가진 세라핌은 서로 떨어지지 않고 주님의 면전에 서서 주님의 의지대로 행동한다. 보좌를 둘러싼 세라핌은 주님의 면전에서 상냥한 노래를 부른다. "거룩하다 거룩하다 거룩하다 만군의 주님이여 그 영광이 온 하늘과 온 땅에 충만하도다(Holy, holy, holy, Lord Ruler of Sabaoth, heavens and earth are full of Your glory)."

이는 「이사야」 6장 3절의 내용과 똑같다.

「이사야」 6:3 - 서로 창화하여 가로되 거룩하다 거룩하다 거룩하다 만군의 여호와여 그 영광이 온 땅에 충만하도다(And they were calling to one another: "Holy, holy, holy is the LORD Almighty; the whole earth is full of his glory.")(NIV)

에녹은 일곱 번째 하늘 끝에 홀로 남아 두려워, 머리를 땅에 대고 스스로에게 말을 한다. "나에게 화로다, 망하게 되었도다(Woe is me, what has befallen me)."

이는 「이사야」 6장 5절의 내용과 유사하다.

「이사야」 6:5 - 그때에 내가 말하되 화로다 나여 망하게 되었도다 ("Woe to me!" I cried. "I am ruined!)(NIV)

그때에 주님이 일곱 천사장 중에 주님의 메시지를 전달하는 (messenger) 가브리엘(Gabriel)을 에녹에게 보내서 에녹에게 말을 한다. "에녹아 두려워 말라, 용기를 가져라, 일어나 영원으로 들어가는 주님의 면전(the Lord's face into eternity) 앞으로 가자." 여기서 영원으로 들어가는 주님의 면전! 이 의미는 3부 3장의 "성경에서 말하는 시작(the beginning)과 끝(the end)의 의미"가 아닐까?

에녹은 가브리엘에게 대답하고 스스로에게 말을 한다. "주님이여, 나의 영혼(soul)은 두려워 하는 나를 떠났습니다. 저는 주님의 면전 앞에 갑니다."

여덟 번째 하늘(the eighth heaven), 세차운동의 12개 별자리

21장 6절에는 가브리엘이 에녹을 일으켜 바람의 낙엽처럼 에녹을 주님의 면전 앞으로 데려가 내려놓는다. 그 와중에 에녹은 여덟 번째 하늘을 본다. 여덟 번째 하늘은 히브리어로 무자로스(Muzaloth)라 하는 곳인데, 계절의 변화를 주도하고(changer of the seasons), 가뭄과 비(of drought, and of wet), 그리고 창공(firmament), 즉 하늘 즉 소행성대에서 보이는 12개의 별자리들의 궤도(회전, circle)를 주관하는 곳이다.

이는 분명 지구의 세차운동(歲差運動, Precession)에 의한 12개 별자리와 2만 5,920년의 대년(Great Year)을 주관하는 곳이다. 태양이 떠오르는 춘분점에 따라 시대별로 변하는 12개 별자리를 말하는 것이다. 서기 2100년부터는 물병자리(보병궁, 寶瓶宮)에서 2,160년간 태양이 떠오른다.

아홉 번째 하늘(the nineth heaven), 블랙홀

21장 8절에는 열 번째 하늘로 가는 도중 에녹은 아홉 번째 하늘을 본다. 그곳은 히브리어로 쿠차빔(Kuchavim)이라는 곳인데, 12개 별자리들의 고향(the heavenly homes of the twelve constellations)이다. 이는 별자리들이 생긴 곳, 즉 어머니란 뜻이다. 별들의 삶과 죽음을 결정하는 곳, 그곳은 아마도 블랙홀이 아닌가 생각한다. 아니 분명 블랙홀이다.

열 번째 하늘(the tenth heaven), 블랙홀 안에 계신 주님의 얼굴

22장에는 가브리엘이 미가엘(Michael) 천사장에게 에녹을 넘기고 미가엘이 에녹을 주님의 면전 앞에 데려간다. 열 번째 하늘은 히브리어로 아라보스(Aravoth)라 불리는 곳인데, 에녹은 주님의 얼굴의 모습(the appearance of the Lord's face)을 보는데, 불 속에서 빛을 내기 위해 철로 만들어진 것 같고, 그 작열하는 불빛을 끌어내며, 그 얼굴은 훨훨 타오르고 있다(like iron made to glow in fire, and brought out, emitting sparks, and it burns). 그렇다면 이곳은 블랙홀의 중심부가 아닐까?

그러므로 에녹은 영원으로 들어가는 순간(in a moment of eternity)에 계신 주님의 얼굴을 보지만, 주님의 얼굴을 글로 표현할 방법이 없으며, 그저 신비스럽고 매우 위엄 있으며 매우매우 무시무시하다(the Lord's face is ineffable, marvellous and very awful, and very, very terrible).

어째서 에녹은 주님을 표현할 수 없을까? 주님의 경탄할 만한 얼굴을 왜 말로 표현할 수 없을까? 의아해한다. 에녹은 주님의 많은 명령들의 숫자뿐 아니라 다양한 음성을 구분할 수 없으며, 주님의 보좌 또한 매우 위대하며, 그것은 인간의 손으로 만들어지지 않은, 주님의 보좌 주위에 선 수많은 체루림과 세라핌의 숫자를 셀 수 없다. 그들은 쉴새 없이 노래를 부르고, 주님의 위대한 영광(glory)은 글로 표현할 수 없다.

만약에 주님이 정말로 블랙홀 중심부에 계시다면, 우리가 그곳에 계신 주님의 얼굴을 표현할 수 있을까? 불가능할 것이다. 왜냐하면 그곳은 우리 능력 밖의 과학기술이기 때문일 것이다.

에녹은 이에 엎드려 주님께 절을 하고, 주님은 그의 입술로 에녹에게 말을 한다. "에녹아 두려워말고 용기를 갖고 내 얼굴 앞에 서라." 미가엘이 에녹을 일으켜 세워 주님의 면전으로 데려간다. 주님은 그의 종들(servants)에게 말을 한다. "에녹이 내 앞에 서도록 하라." 그러자 종들은 주님께 절을 하고 말을 한다. "주님의 말씀(Your word)에 따라 에녹이 가도록 해라." 주님은 미가엘 천사장에게 에녹의 지구의 옷을 벗기고, 에녹에게 향기로운 기름을 부어 신성하게 하여 주님의 영광의 옷을 입히도록 명령한다.

미가엘 천사장은 주님이 시키신 대로 한다. 주님은 에녹에게 기름 부어 신성케하고, 에녹에게 옷을 입혔으며, 기름부은 모습은 위대한 빛보다 더 밝았으며, 그 것은 달콤한 이슬 같았으며, 그 향기는 온화하고 빛나는 태양 빛 같았으며, 에녹은 스스로 자기 모습을 본다. 그 모습은 일곱 천사장 중의 하나 같이 영예스러운(glorious) 것이었다.

주님은 천사장 중에 가장 똑똑하고 지혜가 빠르며 주님의 한 일을 모두 기록하는 프라브우일(Pravuil)을 불러 서재(store-houses)에서 몇 권의 책과 글을 쓸 수 있는 도구를 가져다 에녹에게 주라고 명령한다. 이렇게 해서 에녹은 그의 신비스러운 10개의 하늘로의 여행과 하늘의 수많은 무리들과 자신 겪은 것에 대한 책을 쓴다. 에녹은 하늘에서 366권의 책을 쓴다.

6절 마무리

에녹이 본 하늘의 매트릭스는 열 개의 하늘이다. 10개의 하늘이란 10개의 우주공간을 의미한다. 그곳이 우리 은하 내의 10개의 우주공간인지? 아니면 전체우주(whole universe)의 10개의 우주공간인지? 아니면 다중우주 내의 10개의 우주공간인지? 는 정확히 알 수가 없다. 그러나 언젠가는 우리 과학자들이 이 세상이 끝나기 전까지 다 찾아 밝혀낼 것임엔 틀림이 없다.

그러면 현대우주론에서는 우주가 몇개의 공간으로 이루어져 있는지 살펴보다.

2장

우주론(Cosmology)으로 살펴보는 우주의 매트릭스, 끝은 새로운 차원의 시작

1절 표준모델은 만물의 이론인가?

과학자들은 우주의 탄생이라는 목표를 향해서 상당히 진전했음에도 불구하고 아직까지 우주의 기원에 대해 완전한 이해에는 도달하지 못했다. 그것은 2부 2장의 "미시적 우주, 질량을 부여하고 사라진 하나님의 입자(God Particle), 힉스 입자"에서 살펴보았듯이 표준모델(Standard Model, SM)에 중력을 통합하지 못함으로써 100%(?) 완벽한 만물의 이론(Theory of Everything)을 수립하지 못했기 때문이다. 따라서 전세계 과학자들은 중력이라는 거시세계와 전자기력-강력-약력이라는 미시세계인 양자이론(Quantum theory)에 의한 양자역학(Quantum mechanics)을 연결해 주는 그 무언가를 찾기 위해 혈안이 되었다고 해도 과언이 아니다.

그러나 설사 중력을 포함하는 통합된 표준모델을 정립한다 해도 여러 약점들이 있다. 2부에서 살펴보았듯이 우리 우주는 중력만 있는 것이 아니라 중력의 반대되는 반-중력이 지배하는 암흑에너지(dark energy)도 있다. 암흑에너지가 우주 전체 물질의 72%를 차지한다. 그리

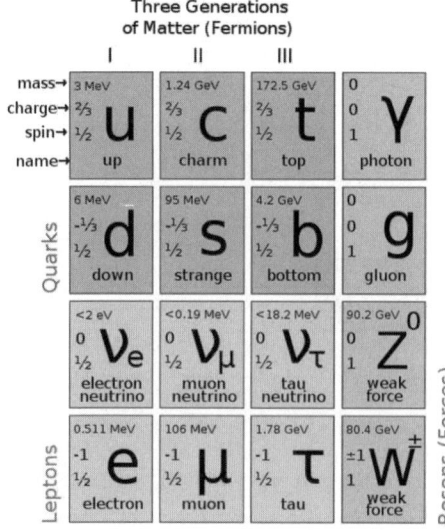

**Three Generations
of Matter (Fermions)**

	I	II	III	

mass→
charge→
spin→
name→

Quarks

3 MeV — 2/3 — 1/2 — **u** up	1.24 GeV — 2/3 — 1/2 — **c** charm	172.5 GeV — 2/3 — 1/2 — **t** top	0 — 0 — 1 — **γ** photon
6 MeV — -1/3 — 1/2 — **d** down	95 MeV — -1/3 — 1/2 — **s** strange	4.2 GeV — -1/3 — 1/2 — **b** bottom	0 — 0 — 1 — **g** gluon
<2 eV — 0 — 1/2 — **νe** electron neutrino	<0.19 MeV — 0 — 1/2 — **νμ** muon neutrino	<18.2 MeV — 0 — 1/2 — **ντ** tau neutrino	90.2 GeV — 0 — 1 — **Z⁰** weak force
0.511 MeV — -1 — 1/2 — **e** electron	106 MeV — -1 — 1/2 — **μ** muon	1.78 GeV — -1 — 1/2 — **τ** tau	80.4 GeV — ±1 — 1 — **W±** weak force

Leptons

Bosons (Forces)

표준모델(Standrad Model)에서의 소립자들(Elementary particles)의 매트릭스. 왼쪽의 3칸은 페르미온이고 오른쪽 3번째 칸은 보존. Credit: Wikipedia.org

고 나머지 23%의 암흑물질도 있는데, 표준모델은 암흑물질과 암흑에너지를 포함하고 있지 않다. 표준모델은 보이는 우주의 4.6%만을 포함하고 있다. 그러니 갈 길이 멀다.

또한 표준모델은 2부에서 살펴본 반입자(antiparticle)로 이루어진 반물질(antimatter)도 포함하고 있지 않다. 또한 전령입자인 광자와 글루온은 질량이 '0'인데, 왜 이들은 질량이 없는가이다. 이에 대해 아무도 대답을 하지 못한다. 그만큼 갈 길이 멀다는 의미이다. 그래서 과학자들은 그 이유가 바로 힉스 입자(Higgs particles) 중에 있을 것으로 믿고 있는데, 유럽입자물리연구소인 썬(CERN)의 하드론(강입자)가속기(LHC)가 밝혀 줄 것으로 기대하고 있지만, 풀어야 할 난제가 하나둘이 아니다.

또한 2부에서 살펴본 암흑류(Dark flow)는 무엇이며, 이 우주가 하나의 우주가 아니라 다중 우주(Multi universe)라면 어떻게 되겠는가? 그러나 우리 과학자들은 언젠가는 이 모든 우주창조의 비밀들을 다

풀 것이다.

2절 뉴턴과 아인슈타인의 시공(時空) 차원(Dimension)

1. 뉴턴의 법칙은 1~2차원

자 이번에는 시공(時空) 차원(Dimension)으로 접근해 보자. 아이작 뉴턴 (Sir Isaac Newton, 1642~1727)은 1687년에 발간된 그의 저서 『프린키피아』(Principia Mathematica)에서 처음으로 시간과 공간에 대한 수학적 모형을 제시하였다. 그리고 개정판인 1713년과 1726년의 『프린키피아』에서 우리가 잘 알고 있는 $F=ma$(힘=질량×가속도)의 운동의 법칙(Laws of motion)과 중력 법칙(Law of universal gravitation)인 '거리의 제곱에 반

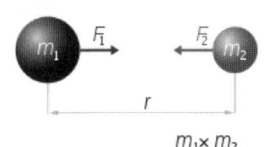

$$F_1 = F_2 = G \frac{m_1 \times m_2}{r^2}$$

비례한다($F=1/r^2$)'를 서술했다. 중력법칙은 만유인력 법칙으로 뉴턴의 사과로 잘 알려져 있다.

뉴턴의 모형에서는 시간과 공간은 어떤 사건들이 일어나는 배경에 불과하고, 그 속에서 일어나는 사건들에 아무런 영향도 주지 않는다. 뉴턴의 시간은 공간과 분리되어 있어서, 마치 과거와 미래의 양쪽 방향으로 무한히 뻗어 나가는 단일한 선 또는 철로와도 같은 것이다. 시간 그 자체는 과거에도 존재했고, 미래에도 무한하게 계속될 것으로 영원하다. 또한 뉴턴의 중력 법칙은 공간의 한 영역에서 물질의 배치를 변화시키면 중력장에서 나타나는 변화가 우주의 모든 곳에서 동시에 느껴질 것이라고 예견했다. 이것은 빛보다 빠른 속도로 신호를 전달할 수 있다는 것을 뜻할 뿐 아니라, 절대시간(absolute time), 즉 보편시간(universal time)의 존재를 필요로 한다.

0차원	1차원	2차원	3차원
점	선	면	공간
•	—	□	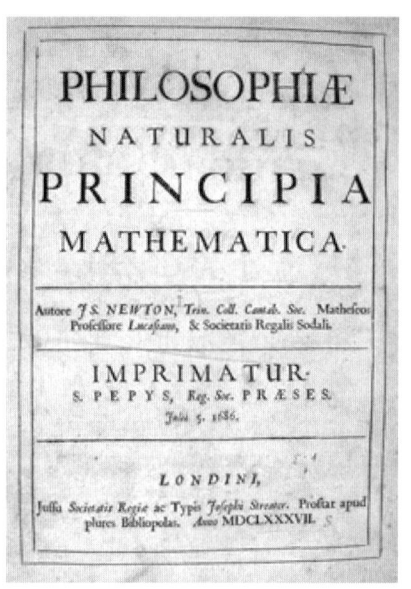
	앞-뒤	앞-뒤, 좌-우	앞-뒤, 좌-우, 상-하
+ 시간	+ 시간	+ 시간	+ 시간

다시 말해 뉴턴의 공간 차원은 단일한 선 또는 철로의 1차원 공간 이고, 우주는 편평한 2차원 면에 불과하다라는 단점과 1~2차원은 시 간과 분리되어 있다는 단점을 가지고 있었다.

참고로 우리가 0차원이라 함은 점(•)을 말하는 것이고, 1차원은 선 (-), 2차원은 면(□), 그리고 3차원이 xyz를 가진 공간이다. 이때 시간은

PHILOSOPHIÆ
NATURALIS
PRINCIPIA
MATHEMATICA.

Autore *JS. NEWTON,* Trin. Coll. Cantab. Soc. Mathefeos Profeſſore Lucaſiano, & Societatis Regalis Sodali.

IMPRIMATUR·
S. PEPYS, *Reg. Soc.* PRÆSES.
Julii 5. 1686.

LONDINI,

Juſſu Societatis Regiæ ac Typis Joſephi Streater. Proſtat apud plures Bibliopolas. *Anno* MDCLXXXVII.

아이작 뉴턴은 300년 전에 시간과 공간에 대한 그의 수학적 모형을 발표했다. 사진은 그가 쓴 『프린키피아』 표지이다. Credit: Wikipidia. org

뉴턴의 만유인력 즉 중력의 법
칙. Credit: Pbworks.com[7]

항상 따라 다니게 마련이다. 그래서 3차원이란 시간을 포함한 3+1차원
을 말한다.

2. 아인슈타인의 약사(略史)

알베르트 아인슈타인(Albert Einstein, 1879~1955)은 1905년에 4편의 논
문을 발표했다. 첫 번째는 빛을 전도성의 금속에 비추면 전자가 방출되
는 광전효과(光電效果, Photoelectric Effect)로, 이는 후에 양자역학 이론
(Quantum theory)의 기초가 된다.

두 번째는 스코틀랜드의 식물학자인 로버트 브라운(Robert Brown,
1773~1858)이 1827년에 발견한 유체(liquid) 속의 미립자의 불규칙적인
운동인 브라운 운동(Brownian motion or movement), 세 번째는 특수상
대성이론(Special relativity=SR or Special theory of relativity=STR), 그리고
네 번째는 우리가 잘 알고 있는 물질과 에너지의 등가(Matter-energy
equivalence) 방정식인 $E=mc^2$이다. 이때 m은 질량(mass)이고, c는 상수
(constant)로 빛의 속도(speed of light), 즉 초당 30만 킬로미터를 의미하

---

[7] http://csmh.pbworks.com/f/1188431334/Isaac%20Newton%20apple.JPG

므로, 이는 훗날 미국의 맨해튼 프로젝트(Manhattan Project)로 이어져, 1945년 일본의 히로시마와 나가사키의 원자폭탄 투하로 이어진다. 아인슈타인은 1939년에 미국의 루스벨트(Franklin Roosevelt, 1882~1945) 대통령에게 원자폭탄 개발 프로그램에 착수할 것을 권고하는 편지에 서명하여 보냈지만, 맨해튼 프로젝트에 직접 참가하지는 않았다. 그 후 원자폭탄이 투하되자 그는 몹시 경악했다.

그리고 1916년에 일반상대성이론(General relativity or General Theory of Relativity)을 발표한다. 그러나 그 당시에는 특수상대성이론이나 일반상대성이론이 워낙 어려워 전문가들조차 이해하는 것이 불가능했다. 그 결과 상대성이론이 아니라 1921년에 광전효과(Photoelectric Effect)로 노벨물리학상을 수상했다.[8] 노벨상위원회는 논쟁의 여지가 많다고 생각해서 상대성이론에 대해서는 한 마디도 하지 않았다. 광전효과의 원리를 응용하는 기술로는 태양전지(Solar cell)에 의한 태양광 발전, 빛 검출기와 카메라 등이 있다.

3. 아인슈타인의 특수상대성이론

아인슈타인이 1905년에 발표한 특수상대성이론(Special relativity=SR or Special theory of relativity=STR)은 자유롭게 움직이고 있는 모든 관찰자들에게는 과학법칙이 동일하게 적용된다는 가설에서 출발한다. 특히 관찰자가 아무리 빨리 움직여도 그들이 빛의 속도를 똑같이 측정하게 될 것이라는 것이다. 즉 빛의 속도는 관찰자의 운동과 무관하며 모든 방향에서 동일하게 측정된다는 것이다. 또한 물체가 빠르게 움직이고 느리게 움직이는 시간은 관찰자의 위치에 따라 상대적이다. 즉 모든

---

8 1921년 노벨물리학상-http://nobelprize.org/nobel_prizes/physics/laureates/
1921/index.html

관찰자의 시간 척도는 저마다 다 다르다.

그게 바로 쌍둥이 역설이다. 쌍둥이 중 형은 빛에 가까운 속도로 우주여행을 떠나고, 동생은 지구에 남는다. 지구에 남아 있는 동생이 볼 때, 빠른 속도로 움직이는 우주선에서는 시간이 더욱 느리게 간다. 따라서 우주여행에서 돌아온 형은 동생이 자신보다 더 나이가 들었음을 발견하게 된다. 이로써 아인슈타인은 19세기 과학의 두 가지 절대성을 폐기시켰다. 하나는 절대 정지(absolute rest)이고, 다른 하나는 모든 시계가 측정하는 것으로 믿어졌던 절대시간, 즉 보편시간이다.

특수상대성이론에서 매우 중요한 것은 질량과 에너지 사이의 관계이다. 모든 사람에게 빛의 속도가 똑같이 관찰될 것이라는 가정은 그 어떤 것도 빛보다 빠를 수 없다는 사실을 의미한다. 입자든 우주선이든 간에 어떤 물체를 빛의 속도로 가속하려면, 그 물체의 질량이 증가해서 더 이상 가속하기 힘들고, 여기에 들어가는 에너지가 무한대가 되기 때문이다. 질량과 에너지의 관계는 아인슈타인이 1905년에 발표한 질량과 에너지의 등가(Matter-energy equivalence) 방정식인 $E=mc^2$ 즉 에너지와 질량은 등가이기 때문이다.

특수상대성이론은 전기와 자기를 지배하는 법칙과 아주 잘 들어맞았지만, 뉴턴의 중력법칙과는 모순되었다. 뉴턴의 법칙은 공간의 한 영역에서 물질의 배치를 변화시키면 중력장에서 나타나는 변화가 우주의 모든 곳에서 동시에 느껴질 것이라고 예견했기 때문이다. 이것은 빛보다 빠른 속도로 신호를 전달할 수 있다는 것을 뜻할 뿐 아니라, 특수상대성이론이 말하는 관찰자를 중심으로 부정했던 절대시간, 즉 보편시간의 존재를 필요로 한다. 그래서 뉴턴의 중력을 보완해 나온 것이 1916년에 아인슈타인이 논문으로 발표한 일반상대성이론이다.

4. 아인슈타인의 일반상대성이론

아인슈타인은 가속도와 중력장 사이에 밀접한 관계가 있다는 것을 깨달았다. 만약 지구가 편평하다면 뉴턴의 머리 위에 사과가 떨어지는 이유를 중력으로 설명할 수 있고, 또는 뉴턴과 지구 표면이 위쪽을 향해서 가속되기 때문이라고 말할 수 있다. 그러나 실제로 중력과 가속도의 등가성은 지구에서는 작용하지 않는다. 지구는 편평하지 않기 때문이다. 아인슈타인은 시공(時空, spacetime)의 기하학이 지금까지 생각되었던 것처럼 편평하지 않고 휘어 있다면, 등가성의 원리가 작동할 수 있을 것이라는 영감을 얻었다.

그것은 질량(에너지), 즉 중력이 시공을 휘게 만든다. 사과나 행성과 같은 물체들은 시공 속에서 직선방향으로 움직이려고 하지만, 시공 자체가 휘어 있기 때문에 그들의 경로는 중력장에 의해서 휘게 된다. 가속도와 중력은 질량이 큰 천체가 주변의 시공을 휘게 만들어서 인접한 곳을 지나는 물체의 경로를 휘게 하는 경우에만 등가이다. 중력이란 시

휘어진 시공－가속도와 중력은 질량이 큰 천체가 주변의 시공을 위게 만들어서 주변을 지난 물체의 경로를 굽게 하는 경우에만 등가가 될 수 있다. Credit: Time Travel Research Center**9**

---

9 http://www.zamandayolculuk.com/cetinbal/HTMLdosya1/RelativityFile.htm

공이 휘어 있다는 사실의 표현이다.

　마침내 아인슈타인은 1915년 정확한 방정식을 찾아낸다. 휜 시공에 대한 이론은 중력을 포함하지 않은 특수상대성이론과 구분하기 위해 일반상대성이론이라고 부른다. 따라서 중력이란 휘어진 시공을 말하며, 휘어진 시공을 지나는 빛도 중력에 의해 휘어져 온다. 태양 가까운 곳을 지나는 별빛은 태양 질량(에너지)이 시공을 휘게 하기 때문에 굴절한다. 따라서 지구에서 볼 때, 별의 겉보기 위치가 약간 이동하게 된다. 이를 연주시차(年周視差, Annual Parallax)한다. 이런 현상은 일식이 일어날 때 관찰할 수 있다.

　일반상대성이론은 우주의 기원과 운명에 대한 논의를 완전히 바꾸어 놓았다. 그것은 우주가 빅뱅으로 시작되었다는 것을 예견했다. 또한 빅뱅은 블랙홀로부터 생성되었다는 것을 예견했다. 그렇다면 일반상대성이론은 모든 것을 포함할 수 있는가?

빛이 휜다－태양 가까운 곳을 지나는 별빛은 태양 질량이 시공을 휘게 하기 때문에 굴절한다(A). 따라서 지구에서 볼 때, 별의 겉보기 위치가 약간 이동하게 된다(B). 이런 형상은 일식이 일어날 때 관찰할 수 있다. Credit: Time Travel Research Center10

---

10 http://www.zamandayolculuk.com/cetinbal/HTMLdosya1/RelativityFile.htm

5. 펜로즈 및 호킹 박사의 특이점과 일반상대성이론의 한계

영국의 수학 물리학자인 로저 펜로즈(Sir Roger Penrose, 1931~)는 1965년에 블랙홀의 중심에서 점으로 이루어진 중력을 발견하고 특이점(Singularity)이라고 불렀다. 시간의 끝이나 시작이 되는 특이점은 무한 밀도의 지점이다. 그 후 펜로즈는 스티븐 호킹(Stephen Hawking, 1942~) 박사와 공동연구를 통해 '펜로즈-호킹의 특이점 원리(Penrose-Hawking singularity theorems)'를 발견하고 이를 증명하였다. 즉 이들은 알베르트 아인슈타인이 1916년에 발표한 일반상대성이론의 수학적 모형 속에서 시간이 바로 빅뱅이라고 불리는 출발점을 가질 수밖에 없음을 증명하였다. 마찬가지 논리로 항성이나 은하들이 자체 중력으로 붕괴해서 블랙홀을 생성할 때 시간이 끝나게 된다는 것을 입증하였다. 블랙홀은 시간의 끝이고 빅뱅은 시간의 시작이다. 따라서 특이점은 시간의 끝이자 시작이다. 이들은 시간이 출발점을 가진다는 것을 증명한 논문 덕분에 1968년 중력연구재단(Gravity Research Foundation)으로부터 상을 받았다.

여기서 잠깐 신약성경을 살펴보자. 특이점은 시간의 끝이자 시작인데, 그 다음 블랙홀이 만들어지면, 그 전에 있던 시간과 공간이 빨려 들어가 끝이 나게 되고, 그 다음 빅뱅이 만들어져 새로운 시간과 공간이 생겨난다. 시간상으로는 특이점-블랙홀-빅뱅 순으로 이루어진다. 「요한계시록」에는 예수님을 '알파요 오메가(the Alpha and the Omega)', '처음이요 나중(the First and the Last)', 그리고 '시작과 끝(the Beginning and the End)'으로 표현하고 있는데, 그 의미는 무엇일까? 혹시 특이점이나 블랙홀과 관련 있는 것은 아닐까? 에녹의 열 번째 하늘이 블랙홀의 중심부는 아닐까? 그곳에 사시는 하나님과 예수님이 특이점과 블랙홀을 관장하신다는 의미는 아닐까?

「요한계시록」 1:17-내가 볼 때에 그 발 앞에 엎드러져 죽은 자같이 되매 그가 오른손을 내게 얹고 가라사대 두려워 말라 나는 처음이요 나중이니(When I saw him, I fell at his feet as though dead. Then he placed his right hand on me and said: "Do not be afraid. I am the First and the Last)(NIV)

2:8-서머나 교회의 사자에게 편지하기를 처음이요 나중이요 죽었다가 살아나신 이가 가라사대("To the angel of the church in Smyrna write: These are the words of him who is the First and the Last, who died and came to life again)

21:6-또 내게 말씀하시되 이루었도다 나는 알파와 오메가요 처음과 나중이라 내가 생명수 샘물로 목마른 자에게 값없이 주리니(He said to me: "It is done. I am the Alpha and the Omega, the Beginning and the End. To him who is thirsty I will give to drink without cost from the spring of the water of life.)

22:13-나는 알파와 오메가요 처음과 나중이요 시작과 끝이라(I am the Alpha and the Omega, the First and the Last, the Beginning and the End.)

결론적으로 아인슈타인의 시공의 거시적인 일반상대성이론도 특이점에서 붕괴된다. 시공의 시작과 끝은 일반상대성이론의 방정식으로는 규정할 수 없는 미시영역이다. 일반상대성이론이 빅뱅의 순간에 적용될 수 없는 이유는 20세기 초에 이루어진 또 하나의 위대한 개념적 혁명인 양자이론(quantum theory)을 기초로 한 양자역학(quantum mechanics)에 모순되기 때문이다. 즉 입자들만이 갖고 있는 미시세계와 일반상대성이론의 모순은 지금까지 내려와 중력을 포함한 표준모델이 아직 완성되지 않았다.

6. 일반상대성이론은 3차원

일반상대성이론은 공간의 3차원에 시간이라는 차원을 더해서 시공 (spacetime)이라고 불리는 차원을 형성했다. 수많은 실험결과와 일치하는 아인슈타인의 상대성이론은 시간과 공간이 뗄 수 없이 서로 뒤얽혀 있다는 것을 보여 준다. 시간을 포함하지 않고는 공간을 휘게 할 수 없다. 따라서 시간은 형태(shape)를 가진다. 이 이론은 우주 속의 물질과 에너지의 분포가 시공을 휘고 비틀리게 만들고, 즉 시공이 편평하지 않다고 말함으로써 중력을 통합시킨다.

7. 마무리

시간이 우주와 독립적으로 존재하는 1~2차원의 뉴턴 이론에서는 우주창조 이전의 시간을 상상하는 것이 가능했었다. 그러나 일반상대성이론에서는 시간과 공간은 우주와 별개로 존재하지 않으며 서로에 대해서도 독립적인 존재가 아니다. 다시 말해 뉴턴 이론에서는 블랙홀을 누가 만들었는가라는 질문에 하나님께서 만들었다는 것이 가능하지만, 일반상대성이론에서는 빅뱅이 바로 시간의 시작이기 때문에 그런 질문은 아무런 의미가 없다.

하지만 에녹의 아홉 번째 하늘과 열 번째 하늘에서 살펴보았듯이 바로 블랙홀 중심부에 하나님이 계신다면 얘기는 달라진다. 그곳은 우주가 영원(eternity)으로 들어가는 곳이다. 즉 다른 차원으로 들어가는 곳이다. 이런 관점에서 우주의 매트릭스와 우주팽창의 의미를 살펴보고 성경에서 말하는 시작(the beginning)과 끝(the end)의 의미를 살펴보자.

3절 10+1차원의 우주론으로 살펴보는 우주의 매트릭스

1. 입자는 0차원의 점, 중력을 입자에 적용하면? 무한대

지난 50년 동안 물리학자들은 우주의 모든 것을 하나의 통일된 논리로 설명하기 위해 필사의 노력을 기울여 왔지만, 성공적인 이론은 단하나도 없었다. 아인슈타인조차도 마지막 30년을 이 문제를 해결하기위해 노력을 했지만 성공하지 못하고 작고하였다. 물리학자들이 한결같이 노력했던 것은 전자기력-강력-약력이라는 미시세계를 설명하는 양자역학(quantum mechanics)과 중력의 거시세계를 설명하는 일반상대성이론을 통합연결하고자 했던 것, 바로 양자중력(Quantum gravity) 이론으로 양자와 중력을 통합하고자 하는 이론이다.

아인슈타인을 비롯한 불세출의 천재 과학자들이 한결같이 실패한이유는 무엇일까? 그 답은 자명하다. 우주의 특성을 물리적으로 설명하려면, 일반상대성이론과 양자역학이 반드시 고려되어야 하는데, 이두 개의 이론은 적용분야가 전혀 다르기 때문이다. 일반상대성이론은불랙홀이나 빅뱅, 은하, 우주 등 거시적인 규모에 적용되는 이론으로서, 부드럽게 휘어진 대상을 다루는 구면 기하학에 기초를 둔다. 반면 양자역학의 적용분야는 이와 정반대이다. 양자역학은 전자, 중성자, 쿼크라는 지극히 작은 미시세계에 적용되는 물리학으로, 양자(quantum)라는 작은 에너지 덩어리에 기초하고 있다. 예를 들어 쿼크의 업(up)은 에너지(질량)가 2.4MeV이고 렙톤(경입자)의 전자(e)는 0.511MeV이다. 상대성이론과는 달리 양자역학은 어떤 물리적 사건이 일어날 '확률'만을 계산할 수 있기 때문에, 전자와 같은 입자들의 위치와 운동량(질량 x 속도)을 정확하게 알 수는 없다. 그 이유는 1932년 노벨물리학상[11]을 수상

---

[11] 1932년 노벨물리학상-http://www.nobel.se/physics/laureates/1932/heisenberg-

한 베르너 하이젠베르크(Werner Heisenberg, 1901~1976)의 불확정성 원리(Uncertainty principle) 때문이다. 이 두 개의 이론은 서로 다른 수학과 다른 가정, 그리고 다른 원리에 기초를 두고 있으며, 적용 분야도 판이하게 다르기 때문에 이들을 통합하려는 시도가 실패로 끝난 것은 놀라운 일이 아니다.

가장 큰 문제 중 제일 중요한 것은 이렇다. 양자역학에서는 모든 입자들을 0차원의 점들(points)로 간주한다. 그래서 중력을 점입자를 향해 점차 가까이 접근시키면 중력의 크기는 무한대로 발산한다. 뉴턴의 중력은 거리의 제곱에 반비례하므로($F = 1/r^2$), 길이를 갖지 않은 점은 길이가 '0'이므로 중력은 1/0, 즉 무한대가 되어, 중력과 양자역학의 통합이 아니라 붕괴가 일어난다. 지난 수십 년 동안 물리학자들은 이 문제를 해결하기 위해 별의별 방법을 다 동원했다. 1965년 양자전기역학(quantum electrodynamics)으로 노벨물리학상[12]을 수상한 리처드 파인만(Richard P. Feynman, 1918~88)은 재규격화(renomalization)라는 과정을 통해 무한대를 제거했고, 다른 물리학자들은 주로 무한대를 옆으로 치워 놓는 식으로 무한대 문제를 피해 왔다. 그러나 양자역학이론에서는 파인만의 처방을 적용해도 무한대가 제거되지 않았다. 이 모든 것은 입자를 크기와 길이가 없는 점으로 간주했기 때문에 나타난 결과였다.

이것을 해결하려면 무한(無限)이나 무한대(無限大)를 없앨 답(해)을 찾아야 한다. 그래서 나온 이론들을 보면 이렇다. 우선 3차원의 일반상대성이론을 그 이상의 차원으로 늘필 필요가 있다. 그래서 여분의 차원들을 가진 초공간(Superspace)이 등장했다. 양자역학 입장에서는 입자가 점이 아닌 크기나 길이를 가진 무엇이 필요했다. 그래서 나온 이

bio.html

12 1965년 노벨물리학상-http://www.nobelprize.org/nobel_prizes/physics/laureates/1965/

론이 끈이론(String theory)이며, 이것이 초끈이론(Superstring theory)으로 발전했고, 이 모든 것을 아우르는 M-이론(M-theory)이 나온 것이다. 그래서 이론적으로는 M-이론이 '만물의 이론(Theory of Everything, TOE)'으로 급부상했다. 그러나 아직까지 완벽하게 밝혀진 것은 없다. 그저 수학적 모형에 따른 이론에 불과하다.

2. 10+1 & 11+1차원의 초공간(Superspace)이 필요

뉴턴의 중력 법칙은 1~2차원이고 아인슈타인의 일반상대성이론은 3차원이라 했다. 일반상대성이론과 양자역학 사이에 심각한 충돌이 야기되면서, 3차원 이상의 공간이 해결사로 등장했다. 지금 전 세계의 이론물리학자들은 머리에 떠올리기조차 어려운 고차원 공간에서 상상의 나래를 펼치고 있다.

자연에 존재하는 모든 힘들을 하나의 우아한 이론체계로 통일하려면 10차원 또는 11차원의 초공간이 도입되어야 한다. 언뜻 듣기에 황당한 소리 같지만, 초공간이론이야말로 영원한 의문에 대한 답을 제시 할 수 있다. 초공간이론의 가설은 이렇다. 시간과 공간이 우리가 경험하는 차원들 이외에 여분의 차원들(extra dimensions)을 가진다고 가정하는 것이다. 이것이 바로 그라스만 차원들(Grassmann dimensions)이다. 그라스만 차원들은 일반적인 실수(實數)가 아니라 그라스만 변수(variables)라는 숫자에 의해서 측정된다.

이렇게 측정된 차원들이 지금은 10+1차원 또는 11+1차원이다. 10+1차원은 우리가 경험하는 시간과 공간과 비슷하게 들리지 않겠지만, 우리가 경험할 수 있는 3+1차원을 뺀 나머지 7+1차원들이 워낙 작은 크기로 말려 있기 때문에 우리가 알아차릴 수 없다. 우리는 그 이외의 3+1차원, 즉 거의 편평한 차원들을 인식할 수 있을 뿐이다.

이들 고차원들은 원자보다 작은 영역 속에 숨어 있어 우리 눈에 보이지 않는다. 우리가 사는 세계는 3+1차원이므로, 4+1차원 이상의 고차원들은 원자보다 작은 영역 속에 원형으로 둘둘 말려 있다.

3. 10+1차원의 끈이론(String theory), 끈은 크기와 길이가 있어

끈이론은 아주 우연히 발견되어 잘못된 분야에 적용되었다가 폐기처분된 후, 어느 날 갑자기 만물의 이론으로 화려하게 부활되었다. 이 이론은 수학적 구조가 치밀하기 때문에 '만물의 이론(theory of everything)'이거나, 아니면 '아무것도 아닌 이론(theory of nothing)'이거나, 둘 중 하나이다.

끈이론의 기원은 1968년까지 거슬러 올라간다. 지금은 2부에서 살펴본 힉스 입자와 빅뱅에 도전하는 유럽의 거대하드론입자충돌기(LHC)를 운영하는 썬(CERN)에서 연구를 하고 있는 가브리엘레 베네치아노(Gabriele Veneziano)와 마히코 스즈키(Mahiko Suzuki)는 18세기의 천재 수학자 에온하르트 오일러(Leonhard Euler)가 발견한 오일러 베타함수(Euler beta function)와 씨름을 벌이던 중, 이 함수가 원자세계의 물리학을 신기할 정도로 정확하게 서술하고 있다는 놀라운 사실을 발견했다. 그 후 베네치아노의 모형은 물리학계에 일대 센세이션을 일으키면서 그의 아이디어를 핵력에 적용하는 수백 편의 논문들이 발표되었다. 이렇듯 끈이론은 아무런 계획없이 오로지 해답을 추측해 가면서 만들어진 이론이다. 당시만 해도 이런 식의 '지름길 물리학'이 가능하리라고 생각했던 사람은 아무도 없었다.

원자세계의 입자들은 크기가 워낙 작아서 성능이 가장 뛰어난 도구를 사용한다 해도 눈으로 직접 볼 수 없다. 그래서 물리학자들은 엄청난 에너지로 이들을 두드리거나 충돌시켰을 때 나타나는 현상을 관측함으로써 소립자의 특성을 간접적으로 추정해낸다. 이때 사용되는 기구가 바로 입자 가속기(Particle accelerator)이다. 이들 실험의 최종 목적은 산란행렬(Scattering matrix or S-matrix)을 이루는 일련의 숫자인데, 아원자 세계의 모든 정보들은 이 숫자에 들어 있기 때문에, 일단 산란행렬이 알려지면 소립자의 모든 특성을 유추해낼 수 있다. 그러나 그 과정이 어렵고 강력한 입자 가속기가 필요하기 때문에 과거의 물리학자들은 거의 불가능한 목표하고 생각했다. 그런데 베네치아노와 스즈키가 오래된 수학책을 뒤지다가 강력의 산란행렬은 오일러 베타함수와 일치한다는 사실을 발견했으니 그 여파가 대단했다.

그러나 베네치아노의 모형은 몇 가지 문제점을 안고 있었다. 마침내, 2부에서 살펴본 '자발적 대칭성 붕괴'로 2008년에 노벨물리학상을 수상한, 시카고 대학의 요이치로 남부((Yoichiro Nambu) 박사와 니혼 대학의 데쓰오 고토(Tetsuo Goto)가 베네치아노 모형의 비밀을 풀었다. 그 것은 바로 진동하는 끈(string)의 수학적 표현이었던 것이다. 두 개의 끈이 서로 충돌했을 때 나타나는 산란행렬은 베네치아노의 모형을 서술하는데, 이때 개개의 입자들은 점(point)이 아니라 진동하는 끈(string)으로 간주된다.

따라서 끈이론의 기본 대상은 공간 속에서 단일한 점(point)을 차지하는 입자(particle)가 아니라 1차원적인 끈으로 이 끈이 10+1차원을 모두 연결하고 있다는 것이다. 뉴턴과 아인슈타인은 다른 차원에서 이론을 전개할 수도 있었지만 3+1의 영역을 결코 벗어나지 않았다. 그렇지만 끈 이론에서는 거리의 제곱에 반비례한다는 중력법칙은 4차원 공간으로 확장하여 '거리의 세제곱에 반비례하는' 4차원 중력이론으로 대치된다. 끈이론의 10+1차원은, 초기에 매우 불안정한 상태였으므로, 빅뱅이라는 거대한 사건을 겪으면서, 여분의 여섯 개의 차원들이 아주 작은 영역 속에 말려 들어가고 지금과 같이 3+1차원의 시공간만 남게 되었다는 것이다. 따라서 끈이론은 확장된 차원에서만 성립 가능하며, 그 결과 끈이론은 중력을 포함한다. 이 이론이 나오자 중력과 미시세계를 통합시킬 유일한 방법이라고 환영하였다.

우리가 일상생활에서 사용하는 명칭과 마찬가지로 끈은 1차원에서 확장된 물체이다. 끈은 오직 길이만을 가진다. 끈이론에서 끈은 시공 속에서 움직인다. 크기와 길이를 가진 최소단위인 끈을 만물의 기본으로 삼으면, 점입자 이론에서 수시로 나타나는 무한대 문제를 피해 갈 수 있다. 뉴턴의 중력을 점입자를 향해 점차 가까이 접근하면 중력의 크기는 무한대로 발산한다. 끈이론은 입자를 점이 아닌 끈으로 간주하고 있으므로, 점입자에 의한 무한대 문제는 발생하지 않는다. 끈이론이 보유하고 있는 무한대 해결은 바로 끈의 위상(topology)이다.

끈은 점입자와 완전히 다른 위상을 갖고 있기 때문에 무한대 문제를 말끔히 해결한다. 끈은 유한한 길이를 갖고 있으므로 여기에 중력을 가까이 접근시켜도 중력이 무한대로 커지지 않는다. 거리, 즉 길이를 갖고 있으므로 중력은 $1/L^2$으로, 여기서 L은 끈의 길이이며 구체적인 값은 약 10^{-33}cm로서 무한대를 잘라내는 역할을 한다. 따라서 무한대는 끈을 따라 무마되고 모든 물리량들은 유한한 값을 갖게 된다.

바이올린의 현처럼 끈 이론의 끈들도 시공 속에서 움직일 때 특정한 진동패턴, 즉 파동을 가진다. 이 작은 끈들은 각기 다른 진동수와 다른 패턴으로 진동하고 있다. 만일 이들 중 하나를 골라서 튕기듯이 잡아 뜯는다면, 끈의 진동 패턴이 바뀌면서 쿼크 같은 입자로 변환될 것이다. 그리고 끈을 또 한 차례 튕기면 중성미자로 바뀔 것이다. 이와 같이 초끈이론은 자연에 존재하는 모든 입자들을 각기 다른 형태로 진동하는 끈으로 간주한다. 즉 끈 위에 나타난 파동(wave) 또는 파문(ripple)을 수많은 입자들로 해석한다. 만일 누군가 초강력 현미경을 개발해서 수많은 입자들의 세계를 볼 수 있게 된다면, 우리 눈에 보이는 것은 수많은 입자들이 아니라 단 하나의 진동하는 끈만 보이게 될 것이다. 지금까지 밝혀진 12개의 페르미온과 4개의 보존과 앞으로 또 밝혀질 입자들은 누가 봐도 번거롭고 복잡하다. 그러나 끈이론을 도입하면 이 난처한 상황이 말끔하게 정리된다. 이게 사실이라면 우리는 그 많은 입자들을 일일이 상대할 필요가 없다. 즉 끈이론은 다양한 패턴으로 진동하는 하나의 끈으로부터 입자들을 유추해내기 때문에 통일된 이론체계를 세우는 데 매우 유리한 조건을 갖추고 있다. 그래서 이 끈이론은 만물의 이론(Theory of Everything, TOE)이라고 주장했다.

미시세계와 거시세계를 설명하는 끈이론(String theory)은 혁명적인 발전을 거듭하여 1985년에, 무한대 해결 장치인 또 다른 초대칭(supersymmetry)을 접목한 초끈이론(Superstring theory)으로 발전했다.

4. 초대칭(Supersymmetry)의 초끈이론(Superstring theory)

끈이론은 오직 10차원에서만 성립한다. 초끈이론도 10차원이요 보존 끈이론(bosonic string theory)은 26차원에서 존재해야 무한대 문제가 발생하지 않는다. 그러나 끈의 위상만으로는 모든 무한대를 해결할 수 없다. 남아 있는 무한대를 제거하려면 또 다른 특징, 즉 대칭성을 십분 활용해야 한다.

끈은 지금까지 알려진 모든 과학적 대상들 중에서 가장 높은 대칭성을 갖고 있다. 원자세계의 입자들을 가장 우아하게 정렬시키는 방법이 바로 '대칭에 따른 분류'이다. 예를 들어 세가지 종류의 쿼크(Quarks)는 SU(3) 대칭으로 완벽하게 표현할 수 있다. 그리고 여섯 종류의 쿼크와 여섯 종류의 렙톤(Leptons, 경입자)이 등장하는 GUT(대통일 이론, Grand Unified Theory)는 SU(6) 대칭으로 표현된다.

대칭성은 우리가 사용할 수 있는 도구들 중에서 가장 아름답고 강력한 도구이므로, 우주를 설명하는 이론은 가장 우아하고 강력한 대칭성을 보유하고 있을 것으로 기대된다. 논리적으로 생각해 보면, 이것은 쿼크에 한정된 대칭이 아니라 자연에서 발견되는 모든 종류의 입자들을 포함하는 초대칭일 것이다. 다시 말해서 우리가 원하는 것은 모든 입자들을 자기들끼리 바꿔치기 해도 형태가 변하지 않는, 그런 방정식이다. 이러한 대칭을 초대칭(supersymmetry)이라 하며, 초대칭을 갖고 있는 끈을 초끈(superstring)이라 한다. 초대칭은 물리학에 등장하는 모든 입자들을 맞바꾸는 유일한 대칭으로서, 우주를 구성하는 모든 입자들을 하나의 통일된 체계로 나열하는 가장 우아한 방법이다(카쿠, 2006, p. 326).

우주에 존재하는 모든 입자들은 스핀(spin) 값에 따라 페르미온(Fermion)과 보존(Boson)의 두 종류로 구분된다. 전자기력을 매개하는 광자(photon), 강력을 매개하는 글루온(gluon), 그리고 약력을 매개하는 W-보존과 Z-보존의 스핀은 모두 1이며, 중력을 매개할 것으로 예측되는 중력자(graviton)의 스핀은 2이다. 이와 같이 정수인 스핀 값을 갖는 입자들을 보존이라고 한다. 반면 물질을 구성하는 모든 다른 입자들은 1/2 등 반정수의 스핀을 갖고 있는데, 이들을 페르미온이라 한다. 초대칭은 보존과 페르미온을 연결하는 대칭이므로 매개입자와 물질입자를 연결시켜 주는 대칭이다.

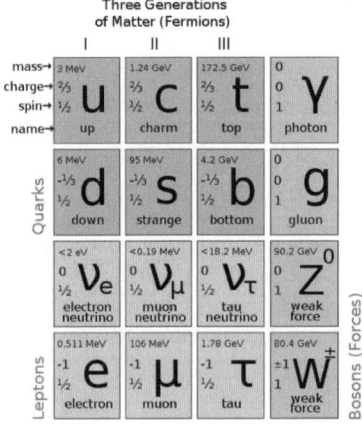

표준모델(Standrad Model)에서의 소립자들(Elementary particles)의 매트릭스. 왼쪽의 3칸은 페르미온이고 오른쪽 4번째 칸은 보존. Credit: Wikipedia.org

초대칭이론에 의하면 모든 입자들은 파트너(partner)를 갖고 있다. 각각의 페르미온들은 특정한 보존과 초대칭 짝을 이룬다. 초대칭 짝에 해당하는 입자는 아직 한 번도 발견된 적이 없지만, 물리학자들은 이 가상의 파트너 입자들에게 이미 이름까지 붙여 놓았다. 예를 들어, 전자의 초대칭 짝은 셀렉트론(selectron)이며, 스핀은 0이다. 이와 같이 초대칭 짝의 이름은 대개 's'로 시작한다. 또한 렙톤의 초대칭 짝은 슬렙톤(slepton)이고 쿼크는 스핀이 0인 스쿼크(squark)가 초대칭 짝이다. 초대칭 짝을 초대칭 입자(superparticle or sparticle or superpartner)라 한다. 모든 소립자들은 페르미온 아니면 보존에 속하므로, 간단한 대칭 속에 모든 입자들을 아우를 수 있는 이론은 초대칭 이론뿐이다(카쿠, 2006, p. 327).

끈의 위상을 이용하여 무한대를 제거한 후에도 여전히 남아 있는 무한대는 두 가지 형태로 분류할 수 있는데, 페르미온의 상호작용에서 나타나는 무한대와 보존의 상호작용에서 나타나는 무한대이다. 그런데 이 두 종류의 무한대는 항상 크기가 같고 부호는 반대이기 때문에 서로 정확하게 상쇄된다. 다시 말해서, 페르미온과 보존에 의한 공헌도가 항상 반대 부호로 나타나서 이론에 남아 있는 무한대가 말끔히 사라진다. 그러므로 초끈이론은 겉보기만 그럴듯한 이론이 아니라, 그것은 자연에 존재하는 모든 입자들을 하나의 대칭으로 통합시키는 이상적인 이론이다. 초대칭은 난처한 문제를 해결해 주는 강력한 아이디어임에 틀림없지만, 아직은 실험적은 증거가 확보되지 않은 상태이다.

이 초끈이론에는 다섯가지가 있다. 열린 곡선 형태의 '유형 I(Type I)'은 베네치아노의 초창기 이론이며, 원환 모형으로 말려진 '유형 IIB(Type IIB)', 공간 형태로 말려진 '유형 IIA(Type IIA)', 원환 모형의 변형인 '잡종강세-E(Heterotic-E)', 마지막으로 닫힌 루프 형태의 '잡종강세-O(Heterotic-E)'가 그것들이다.

5. 11+1차원의 초중력(Supergravity) 이론

1976년 뉴욕 주립대의 물리학자들은 아인슈타인의 중력이론에서 중력을 매개할 것으로 예측되는 중력자(graviton)의 초대칭 짝인 초중력자(gravitino)를 도입하면 초대칭을 보유한 중력이론으로 전환될 수 있음을 증명했다. 흔히 초중력(Supergravity)이라 일컬어지는 이 이론은 끈이 아닌 점입자에 기초한 이론이었는데, 무한히 많은 진동과 공명패턴을 갖고 있는 초끈이론과 달리, 초중력이론은 중력자와 초중력자라는 단 두 개의 입자만을 포함하고 있었다.

그 후 1978년에 11차원에서 가장 일반적인 초중력이론을 구축하였고, 1970년대 후반부터 1980년대 초반에 걸쳐 초중력은 통일장이론의 강력한 후부로 부상하게 되었다. 그러나 얼마 지나지 않아 초중력은 다른 이론들을 사장시켰던 무한대 문제에 똑같이 직면하게 되었다. 다른 이론과 비교할 때 무한대가 그다지 빈번하게 등장하진 않았지만, 어쨌거나 초중력의 무한대는 끝까지 제거되지 않은 채 물리학자들을 괴롭혔다.

6. 이중성(Duality)과 M-이론(M-theory)

1990년데 중반 이전에는 다섯 가지 초끈이론들이 서로 연결되지 않은 채 독립적으로 존재하는 것처럼 보였다. 그러나 그 이후, 끈이론이 완전한 상(像)을 주지 않는다는 사실이 점차 분명해졌다. 끈이 1차원 이상으로 확장될 수 있는 폭넓은 물체들 중에서 한 구성원에 불과하다는 사실이 밝혀졌다. 여분의 차원들을 포함하는 모형들 사이에서 이중성(duality)이라고 불리는 예상치 못한 관계들의 망(web)이 존재하기 때문이다. 이러한 이중성은 모형들 모두가 본질적으로 등가(equivalence), 즉 같다는 것을 보여 준다. 다시 말해서 그 모형들은 그 아래에 내재하는 동일한 이론의 서로 다른 측면들에 불과하다는 것이다. 그리고 그 내재하는 이론에는 M-이론(M-theory)이라는 이름으로 붙여졌다(호킹, 2001, p. 57). M-이론의 'M'은 막(膜, Membrane)의 첫 글자를 따온 것이다. 그러나 물리학자들 사이에서는 '신비한(Myestry)', '마술 같은(Magic)', 또는 '어머니(Mother)'의 첫 글자로 통하기도 한다(카쿠, 2006, p. 42).

이러한 이중성은 다섯 가지의 초끈이론이 모두 동일한 물리학을 기술하고 있으며, 그것들은 물리적으로 초중력과 등가임을 보여 준다. 따라서 초끈이 초중력보다 더 근원적이라고 주장하는 것은 불가능하며, 그 역도 마찬가지이다. 결국 M-이론은 다섯 개의 10+1 초끈이론과 11+1차원의 초중력을 하나의 틀 속으로 통합시켰다. 최근 들어 M-이론이 각광을 받는 이유는 일반상대성이론과 양자역학 사이의 충돌을 무마시켜서 '만물의 이론'을 창출해낼 가장 강력한 후보로 대두되고 있기 때문이다. 지금까지 제시된 이론들 중에서 아인슈타인이 말한 대로 '신의 마음을 읽을 수 있는(Read the Mind of God)' 가능성을 가진 이론은 M-이론뿐이다. 그러나 그 특성 중 상당부분은 아직도 충분히 밝혀지지 않고 있다.

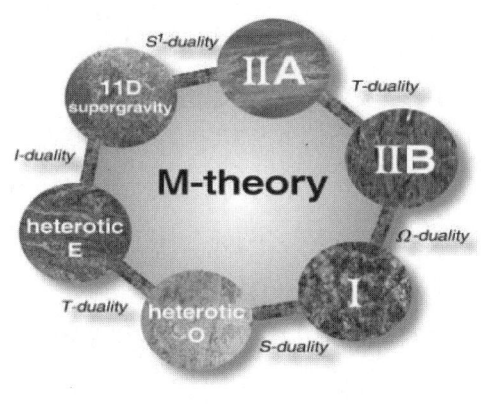

M-이론의 이중성과 틀. 다섯 가지 10+1차원의 끈이론과 11+1차원의 초중력은 모두 동일한 물리학을 기술하고 있어, M-이론의 다른 표현에 불과하다. 그러나 그 특성 중 상당부분은 아직도 충분히 밝혀지지 않고 있다. Credit: odec.ca[13]

13 http://www.odec.ca/projects/2004/wupa4p0/public_html/ss.html

7. 우주의 교향곡

여기서 잠깐 앞의 5절에서 소개한 에녹의 하늘들을 보자. 두 번째와 다섯 번째 하늘을 제외하곤 모든 8개의 하늘에서는 천사들이 노래를 하고 주님을 찬양한다. 노래를 부르기 위해서는 악기가 있어야 한다. 가야금, 오르간, 바이올린 등의 악기! 악기의 줄에서 나오는 파동과 천사들의 노래 파동! 혹시 정말로 우주가 악기의 현, 즉 끈에서 나오는 파동으로 연결된 것일까?

초끈이론에 의하면 지난 수천 년 동안 수많은 실험을 통해 밝혀진 과학의 모든 법칙들은 끈의 조화법칙으로 요약될 수 있다. 수학은 현이나 진동으로 연주되는 음악의 기호로, 화학은 끈으로 연주할 수 있는 멜로디에 비유될 수 있고, 우주는 끈으로 연주되는 교향곡에 해당된다. 또한 아인슈타인이 말했던 '신의 마음(Mind of God)'은 초공간에서 일어나는 우주적 공명이라 할 수 있다. 그렇다면 여기서 또 하나의 질문이 떠오른다. 만일 우주가 끈으로 연주되는 교향곡이라면, 그 곡은 누가 작곡했는가이다(카쿠, 2006, p. 44). 이 질문은 이런 질문과 같다. 특이점-블랙홀-빅뱅은 누가 만들었나?

음악과 과학의 상호관계를 처음으로 규명한 사람은 기원전 5세기경에 살았던 피타고라스(Pythagoras)였다. 그는 화성(和聲)의 법칙이 간단한 수학으로 표현된다는 사실을 발견하고 수학적 언어를 이용해 화성과 음의 체계를 확립했다. 피타고라스를 따르던 추종자들은 현악기의 줄을 튕겼을 때 생성되는 소리의 고저가 줄의 길이와 밀접하게 관계되어 있다는 사실을 잘 알고 있었다. 줄의 길이를 두 배로 늘리면 한 옥타브(octave) 낮은 소리가 나고, 반으로 줄이면 한 옥타브 높은 소리가 난다. 따라서 음악과 화성의 법칙은 숫자들 간의 상호관계를 이용하여 매우 정확하게 표현될 수 있다. 피타고라스학파의 사람들은 모든 만물의 근본이 수(數)라고 믿었다. 그들은 화성의 법칙을 수학적으로 표

음악	초끈이론
악보의 기호	수학
가야금 끈(현)	초끈
음조	소립자(입자)
화성(소리의 조화)의 법칙	물리학
멜로디	화학
우주	끈의 교향곡
신의 마음	초공간에서 일어나는 음악적 공명
작곡가	??

현하는데 성공한 후, 그 결과를 우주적 규모까지 확장하려 했다. 그러나 물질의 구조는 음악과 달리 너무나 복잡했기 때문에 간단한 정수들만으로는 우주의 법칙을 다 표현할 수 없었다. 이런 점에서 볼 때 현대의 끈 이론학자들은 끈을 이용하여 우주를 설명하려는 피타고라스의 후예들인 셈이다(카쿠, 2006, p. 317).

8. 마무리

미시세계를 설명하는 끈이론은 입자들이 충돌해서 흩어질 때에 일어나는 일을 계산하는 데 유용하다. 그러나 어떻게 많은 숫자의 입자들의 에너지가 우주를 휘게 하거나, 블랙홀처럼 갇힌 상태를 형성하는지를 밝히는 데는 그다지 능하지 못하다. 반면 거시세계를 설명하는 초중력이론은 약간의 부가적인 물질을 포함하는 휘어진 시공에 대한 아인슈타인의 이론을 잘 설명한다(호킹, 2001, p. 57).

여하튼 우리가 살펴본 여러 우주론에도 공교롭지만, 에녹의 10개의 하늘처럼, 우주는 10+1차원이라는 점에 주목하자. 그리고 원자단 이하의 양자역학에서도 우리는 우주를 발견한다. 원자의 가장 밖에는 전자가 궤도를 돌며 돈다. 그리고 전자와 원자핵을 제외한 원자의 99.999%의 공간이 텅 빈 암흑세계이다. 마치 행성이 항성을 돌고 항성들이 은하의 블랙홀을 돌듯이 말이다. 그리고 지금은 우주의 96%가 암흑세계이지만 우주팽창으로 인해 언제가는 99.999%가 암흑세계인 것과 같다. 따라서 중력이 지배하는 거시세계의 우주와 전자기력-강력-약력이 지배하는 소우주의 원리는 같을 것이다. 우리가 그것을 연결하는 법칙을 찾아내지 못해서 문제이지…. 그러나 과학자들은 반드시 찾아낼 것이다. 하지만 찾아낸들 그것은 보이는 우주의 4.6%의 만물의 이론이다. 아직 갈 길이 멀지만 우리의 후예 과학자들은 분명 이에 도전할 것이다. 그것을 밝히는 것은 우리의 사명이요 역할이다.

4절 우주 팽창의 의미, 종말인가

1. 에드윈 허블(Edwin Hubble)의 우주영역 확대

우주론의 기초를 닦은 사람이 아인슈타인이었다면, 천체관측에 입각한 현대적 우주론을 창시한 인물은 단연 에드윈 허블(Edwin Hubble, 1889~1953)이다. 그를 20세기 최고의 천문학자로 꼽는 데 주저하는 사람은 아무도 없을 것이다.

고등학교를 졸업하고 허블은 옥스퍼드 대학에 로즈장학금(Rhodes Scholarship)을 받고 법학을 공부했는데, 소년시절부터 그의 이상향은 언제나 밤하늘의 별이었기 때문에, 그는 다니던 학교를 과감하게 때려치우고 시카고 대학으로 옮겼다. 그리고 캘리포니아에 있는 윌슨산천문대(Mount Wilson Observatory)로 파견되어 본격적인 천문학자의 길을 걷기 시작했다. 다른 사람보다 천문학 공부를 늦게 시작한 허블은 남들보다 몇 배의 노력을 기울여 밀린 공부를 따라잡았고, 얼마 지나지 않아 천문학 역사상 가장 어려운 문제를 해결함으로써 현대 천문학의 아버지로 세계 만방에 이름을 떨치기 시작했다.

1920년대의 천문학자들은 '엎질러진 우유'처럼 밤하늘을 가로 지르고 있는 은하수가 우주의 전부라고 생각했다. 실제로 은하(Galaxy)라는 말은 고대 그리스어의 우유를 뜻하는 단어에서 유래되어 우리 은하는 'Milky Way Galaxy'라 부른다. 1923년 허블은 나선형 성운(星雲, spiral nebulae) 안드로메다의 사진을 분석하다가 변광성(變光星, variable star, Cepheid)을 발견하였다. 변광성이란 밝기가 주기적으로 변화는 천체로서, 별의 전체적인 밝기가 밝을수록 긴 주기를 갖는다. 허블은 이 변광성까지의 거리를 계산해 보았다. 그랬더니 놀랍게도 이 별까지의 거리는 무려 100만 광년이나 되었다. 은하수의 폭이 10만 광년이므로 그가 발견한 변광성은 우리 은하수를 훨씬 벗어난 곳에서 빛나고 있음이 분명했다. 오늘날 알려진 안드로메다까지의 거리는 254±6만 광년 거리이다. 허블은 다른 나선형 성운을 대상으로 동일한 관측을 시도하여 이들 역시 은하수의 바깥에 존재한다는 결론을 내렸다. 그리고 허블은 안드로메다를 포함해서 나선형 성운이 다른 은하라고 결론짓고, 1924년에 허블은 그의 발견을 발표했다. 이것이 바로 오늘날 안드로메다 은하(Andromeda galaxy)이다.

그 동안 우주의 전부로 알고 있었던 은하수는 우주에 표류하고 있는 수많은 은하들 중 하나에 불과했던 것이다. 허블의 연구 결과가 알려지면서 갑자기 우주는 방대한 영역으로 확장되었다. 단 하나의 은하로 생각했던 우주는 알고 보니 수백만, 또는 수십억 개의 은하들로 구성되었고, 우주의 크기는 10만 광년 남짓한 우리 은하에서 수백억 광년으로 확장되었다.

이 하나의 발견으로 허블은 천문학계의 영웅이 되었다. 그러나 그는 여기에 만족하지 않고 은하들이 지구로부터 멀어져가는 속도까지 관측하기로 마음먹었다.

2. 슬라이퍼와 허블의 우주팽창

멀리 떨어져 있는 물체의 이동속도를 알아내는 가장 쉬운 방법은 그 물체에서 생성된 소리나 빛의 변화를 관측하는 것이다. 이 현상을 도플러 효과(Doppler effect)라고 한다. 도플러 효과는 비행기 소리에서 쉽게 확인할 수 있다. 비행기가 접근하고 있으면 소리의 파장이 짧아 소리가 크게 들리고, 비행기 멀어져 가면 파장이 길어져 소리가 안 들리게 된다. 이를 별에게 적용해 보자. 특정한 별이 지구를 향해 다가오고 있다면 그 별에서 방출된 빛의 파장은 짧아져 지구에 도달하는 빛은 푸른색으로 변형된다. 이를 청색편이(Blueshift)라고 한다. 이와 비슷한 이유로, 지구로부터 멀어져가는 별에서 방출된 빛은 파장이 길어져 지구에 도달하게 되는데, 지구에 도달하는 빛은 붉은색을 띠게 된다. 이를 적색편이(Redshift)라고 한다. 따라서 별빛의 진동수(파장)가 변한 정도를 알아내면 그 별의 이동속도를 알 수 있다. 이를 시선속도(視線速度, Radial velocity)라고 한다.

1912년, 천문학자 베스토 슬라이퍼(Vesto Slipher, 1875~1969)는 은하들이 엄청나게 빠른 속도로 지구로부터 멀어지고 있다는 사실을 최초로 알아냈다. 그는 안드로메다의 네 개의 성운(星雲)에서 나오는 빛을 측정한 결과, 세 개의 성운에서 방출된 빛은 적색편이했지만, 안드로메다에서 온 빛은 청색편이한다는 사실을 발견했다. 그의 해석은 안드로메다가 우리를 향해서 다가오고 있고, 나머지 성운들은 우리로부터 멀어지고 있다는 것이었다. 1914년까지 슬라이퍼는 그외에 열두 개의 성운을 더 측정했다. 하나를 제외한 나머지 성운들은 모두 적색편이했다. 그는 그의 발견을 미국 천문학회에 발표했고, 이 발표를 허블이 들었다.

우주는 사람들이 생각했던 것보다 훨씬 방대할 뿐만 아니라 엄청난 속도로 팽창하고 있었던 것이다. 슬라이퍼는 은하에서 도달한 빛의 스펙트럼에서 적색편이를 발견하여 은하들이 멀어지고 있다는 결론을 내렸다. 우리의 우주는 뉴턴이나 아인슈타인이 생각했던 것처럼 정적인 우주(Static or Stationary Universe or Einstein' universe)가 결코 아니었다.

허블은 24개의 은하들을 끈질기게 관측한 끝에 멀리 있는 은하일수록 더욱 빠른 속도로 멀어져 간다는 것을 분명하게 확인했다. 놀랍게도 거의 모든 은하들이 우리에게서 멀어지고 있다는 사실을 발견한 것이다. 은하의 이동속도를 거리로 나눈 값은 항상 일정하게 나타났는데, 훗날 이는 허블상수, 즉 H로 불리게 된다. 허블상수는 우주의 팽창속도를 알려주는 지표로서, 지금도 천문학에서 가장 중요한 상수로 취급하고 있다. 1929년 허블은 큰 척도에서 모든 은하가 서로에 대해서

1920년대에 허블이 우주의 팽창을 발견하는 데 사용한 윌슨산천문대의 100인치(2,500mm) 후커망원경(Hooker telescope). Credit: wsikipedia.org

후퇴하고 있다는 사실을 발견한 후, 우주가 팽창하고 있다는 사실을 발표했다.

우주는 팽창하고 있었고, 두 은하 사이의 거리는 시간이 흐름에 따라 점점 더 멀어지고 있었던 것이다. 팽창하는 우주의 발견은 20세기에 이루어진 위대한 지적 혁명 중의 하나였다. 그 발견은 엄청난 놀라움을 야기했고, 우주의 기원에 대한 논의를 완전히 뒤바꾸어 놓았다. 은하들이 서로 멀어지고 있다면, 과거에는 분명 가깝게 밀집해 있다는 것을 의미한다. 즉 137억 년 전에는 가깝게 뭉쳐 있었다.

이 발견은 또한 정적인 우주를 위한 해(solution)를 만들기 위해 아인슈타인이 만든 양적인(positive) 우주상수(cosmological constant)를 제거시켰다. 1931년에 아인슈타인은 윌슨산천문대를 방문하여 허블과 역사적인 대면을 가졌다. 이 자리에서 아인슈타인은 우주가 팽창하고 있음을 인정하면서, 자신이 도입했던 우주상수가 일생에서 가장 커다란 실수였음(the biggest blunder of his life)을 고백했다. 그러나 오늘날 우주상수의 도입이 실수가 아니었을지도 모른다는 가능성이 나타나고 있다. 그것은 중력의 반대되는 개념인 반중력 물질인 암흑에너지에 의해 우주가 팽창하고 있기 때문이다. 아인슈타인의 우주상수에 음(negative)의 우주상수를 도입하면 그것은 우주팽창의 가속화를 얻을 수 있으며, 새로운 팽창을 가속화시키는 새로운 방정식을 찾아낼 수 있기 때문이다. 놀랍게도 오늘날 거의 모든 은하들이 우리에게서 멀어지고 있다. 우주는 빛의 속도 이상으로 팽창하고 있는 것이다.

3. 허블의 법칙과 천문학을 노벨물리학상에 포함

허블은 1920년대에 다른 은하에서 오는 빛을 분석해서 거의 모든 은하들이 우리에게서 멀어지고 있다는 사실을 발견했다. 이때 후퇴 속도 V는 지구에서의 거리 R에 비례하기 때문에 V=H×R로 나타낼 수 있다.

이것이 바로 허블의 법칙(Hubble's Law)이다. 이 중요한 관찰은 우주가 허블 상수 H의 팽창률로 팽창하고 있다는 사실을 수립했다. 그 이후 오늘날 우주의 팽창을 가속화시키는 것은 반중력의 암흑에너지로 밝혀졌다.

이러한 위대한 발견을 한 허블은 노벨상을 받았을까? '아니다' 이다. 왜냐하면 허블이 작고한 1953년까지 노벨물리학상에 천문학 (astronomy)이 포함되어 있지 않았기 때문이다. 그래서 허블은 천문학 이 노벨물리학상에 포함되도록 작고하기 전에 많은 시간을 쏟았다. 천문학자들과 함께 그들이 우주물리학(astrophysics)에 지대한 공헌을 한 사실을 노벨상위원회가 인정하도록 캠페인을 전개하였다. 그러나 이 캠페인은 허블의 생전에 성공하지 못했지만, 허블이 사망한 후 얼마 안되어 노벨상위원회는 천문학 연구도 물리학상에 포함시키는 결정을 내렸다. 하지만, 불행하게도 작고한(posthumously) 과학자에게는 시상할 수 없다는 규정 때문에 허블은 노벨물리학상에서 제외되었다.

4. 우주 팽창은 우주의 종말인가

2부 1장 "거시적 우주, 빅뱅이론, 암흑물질과 암흑에너지"에서 살펴보 았듯이 윌킨손극초단파이방성 탐사위성(WMAP)은 빅뱅 이후 38년 된 초기 우주의 모습을 재현했을 뿐만 아니라, 우주의 종말까지 구체적으로 예견하고 있다. 지금까지 알려진 바에 의하면, 우주의 은하들을 서로 멀어지게 하는 블랙홀의 회전속도와 반중력(Anti-gravity, Repulsive Force)이 우주의 궁극적인 운명을 결정하게 된다. 과거의 천문학자들은 중력에 의해 우주의 팽창속도가 서서히 느려진다고 생각했으나, 지금은 팽창속도가 점차 빨라지고 있다. 특히 우주의 질량과 에너지의 72%를 차지하는 암흑에너지가 은하들 사이의 거리를 빠르게 증가시키면서 우주의 팽창을 가속시키고 있다. 암흑에너지의 반중력의 크기는 우주의 부피에 비례한다. 즉, 우주가 커질수록 반중력도 더욱 세계 작용하여 은하들은 더욱 빠르게 멀어지고, 그 결과 우주의 부피도 더욱 빠르게 증가한다.

이러한 팽창을 저지할 만한 사건이 일어나면 몰라도, 그렇지 않다면 논리적으로 137억 년 된 우주는 앞으로 137억 년이 지나면, 은하수 주변에 있는 다른 은하의 99.999%는 관측 가능한 범위를 벗어나게 된다. 오늘날 우리에게 익히 알려져 있는 은하들은 엄청나게 빠른 속도로 멀어져, 그들의 빛 조차도 지구에 도달하지 않는다. 은하들 자체가 축소되어 폭발하여 사라지든지 아니면 너무 멀리 떨어져, 그곳에서 방출된 빛이 지구의 망원경에 도달하지 않기 때문에 우리의 입장에서 보면 없는 거나 마찬가지이다. 다시 말하면 우주가 텅 빈 공간이 된다는 얘기이다.

현재 관측 가능한 은하는 약 1,000억 개인데, 137억 년 후에는 이 숫자가 수천 개로 줄어들 것이다. 그 후 시간이 더 흐르면 은하수 근방에 있는 36개의 은하들만이 관측 사정거리에 남을 것이고, 나머지는 지평선 너머로 사라질 것이다. 또한 우리 은하의 다른 별자리들도 다 사라지고 우리 은하 주위의 12개의 별자리들만이 관측 사정거리에 남을 것이다. 아니 지금은 우주팽창이 가속화되고 있으므로 137억 년이 아니라 이보다 더 빨리 종말을 맞이할 것이다.

국소적으로 뭉쳐 있는 은하들 사이의 중력은 팽창을 저지할 정도로 강하기 때문에 시야에서 사라지지 않는다. 만일 이 시기에도 하늘을 관측하는 천문학자가 있다면 그는 우주가 팽창하고 있다는 사실을 전혀 눈치 채지 못할 것이다. 국소적으로 뭉쳐 있는 은하들은 서로 멀어지지 않기 때문이다. 아득한 미래의 천문학자들은 이 우주가 36개의 은하로 이루어져 있으며, 정적인 상태를 영원히 유지한다고 믿을 것이다. 더 아득한 미래의 천문학자들은 우리 은하가 12개의 별자리들만으로 구성되었다고 믿을 것이다.

우리는 2부에서 현재의 우주의 온도는 절대온도 2.725K(섭씨 영하 270도 또는 화씨 영하 455도)라고 했다. 암흑에너지의 반중력이 팽창을 가속화한다면 우주는 언젠가 완전한 동결상태(big freeze state)로 최후를 맞이하게 된다. 공간이 팽창하면 온도는 하강하고, 절대 온도 0도(영하 273도)에 이르면 모든 분자의 움직임이 사라지기 때문이다. 이렇게 되면 우주에 존재하는 생명체들도 살아남을 방법이 없다. 앞으로 137억 년이 지나면 별의 내부에서 진행되는 핵융합 반응이 일제히 멈추면서 모든 별들은 빛을 잃고 우주는 암흑으로 덮일 것이다. 우주의 팽창이 계속된다면 하늘에는 검은 왜성(dark dwarf), 중성자별(neutron star) 블랙홀 등만이 남게 될 것이다. 그리고 여기서 시간이 더 흐르면 블랙홀의 모든 에너지가 증발되면서 소립자들로 이루어진 차가운 안개만이 우주를 표류하게 될 것이다. 이렇게 차갑고 황량한 우주에서는 아무리 능력이 뛰어난 생명체라 해도 생명활동을 유지할 수가 없을 것이다. 완전히 얼어붙은 상태에서는 어떠한 정보도 전달될 수 없기 때문에, 결국 우주의 모든 생명체들은 '동사'라는 끔찍한 최후를 피할 길이 없다.

19세기 물리학자들은 열물리학을 지배하는 세 개의 법칙을 발견한 후, 그것을 우주의 종말과 연관지어 생각하기 시작했다. 1854년에 독일의 위대한 물리학자 헤르만 헬름홀츠(Hermann von Helmholtz)는 열역학법칙을 우주에 적용한 결과 별과 은하를 비롯한 모든 만물은 언젠가 반드시 죽게 된다는 사실을 깨달았다. 특히 열역학 제2법칙은 '엔트로피(entropy, 무질서의 정도)의 총량은 항상 증가한다'는 것인데, 다시 말해 모든 만물은 꾸준히 나이를 먹다가 결국 종말을 맞이한다는 뜻이다.

5. 지금이 우주를 연구할 적기

그런 의미에서 카쿠는 그의 저서 『평행우주』(2006)의 "책머리에"에서 지금이 우주론의 황금기로 접어드는 시기라고 말하고 있다. 다시 말해 물리학자가 되어 우주의 기원과 미래의 운명을 연구하고 싶다면, 바로 지금이 최적기라는 것이다. 360도가 한 사이클이라면 지금은 180도 돌아가는 시기라, 모든 은하들이 살아지기 전인 지금이 바로 우주를 연구할 때라는 것이다.

또한 미국 하버드 대학의 우주천문학 이론가인 아비 로엡(Avi Loeb)도 지금이 우주를 관찰하는 최적기라고 말한다(Science Daily & Harvard-Smithsonian, 22 may 2012). 별이 생성된 137억 년 전을 관찰하라는 것이다. 우리가 0~3살까지는 기억이 없다가 점점 나이가 들면서 젊은 시절의 기억을 잃어버린다. 마찬가지로 우주도 지금보다 10~100배 팽창하면, 우주의 지평선은 지구로부터 멀어져가기 때문이다. 즉 그 초기 우주의 빛이 지구에 도달하지 않기 때문에, 100년, 500년, 1,000만 년 후의 미래의 우주천체물리학자나 천문학자들은 어린 시절의 우주를 관측할 수 없다.

그럼 무엇을 관찰하라는 말인가? 우주의 팽창 그것은 과학적으로 우주의 종말을 의미한다. 그러나 우리는 그냥 종말을 맞이할 수는 없다. 그 방법을 찾으라는 것일 게다.

6. 블랙홀-화이트홀-웜홀을 통해 초공간으로 탈출하기

우주에 존재하는 모든 생명체들이 궁극적으로 소멸한다는 것은 철학이나 종교에서 말하는 운명론이 아니라 엄밀한 과학법칙, 즉 물리법칙의 결과이다. 생명체는 거주지의 환경이 악화되면 그곳을 탈출하거나 적응하는 능력이 있지만, 범우주적으로 동결이 진행되는 상황에서 생명체가 취할 수 있는 선택은 얼어죽거나, 아니면 그곳을 탈출하거나, 둘

중 하나이다. 그렇다면 137억 년 후에 우주의 종말을 맞이할 우리의 후손들은 차원을 넘나드는 방주를 만들어 더 젊고 따뜻한 우주로 이주할 수 있을 것인가? 아니면 타임머신을 발견하여 온도가 높았던 과거의 우주로 시간이동을 감행할 것인가?(카쿠, 2006, p. 47).[14]

앞서 2장 5절의 "펜로즈 및 호킹 박사의 특이점과 일반상대성이론의 한계"에서, 우리는 특이점은 시간의 끝이자 시작인데, 그 다음 블랙홀이 만들어지면, 그 전에 있던 시간과 공간이 빨려들어가 끝이 나게 되고, 그 다음 빅뱅이 만들어져 새로운 시간과 공간이 생겨난다고 했다. 시간상으로는 특이점-블랙홀-빅뱅 순으로 이루어진다고 했다. 이런 관점에서 보면 종말이 종말이 아니라 새로운 블랙홀을 통한 새로운 시작임을 알 수 있다. 새로운 시간과 공간이 탄생한다는 의미이다. 그래서 전 세계의 이론 물리학자들은 불랙홀을 통해 다른 우주로 이동하는 방법을 연구하고 있다. 블랙홀은 우주 도처에 분포되어 있으므로, 기술적인 문제만 해결된다면 다른 우주로 공간이동하는 손쉬운 탈출구로 활용될 수 있다.

또 다른 방법이 있다. 하늘을 이 잡듯이 뒤져서 블랙홀의 반대 개념인 화이트홀(White Hole)을 찾아내는 것이다. 화이트홀은 아인슈타인의 방정식에서 시간을 뒤집어 얻어낸 답(solution)이기 때문에, 블랙홀과 반대로 '모든 물체를 뱉어내는 구멍'이다. 이론적으로 화이트홀은 블랙홀의 반대편에 존재하기 때문에, 블랙홀로 빨려 들어간 물질들

---

14 카쿠는 그의 저서『평행우주』(2006)에서 앞으로 수조 년 후에 우주가 종말을 맞는다고 했으나 본인이 이를 137억 년으로 수정하였다. 왜냐면 지금은 360도 사이클 중 180도를 돌아가는 시기이기 때문이다. 따라서 우주의 역사가 137억 년이니 앞으로 137억 년이 더 흘러야 종말을 맞이한다. 그러나 우주팽창이 가속화되고 있으므로 137억 년이 아니라 이보다 더 빨리 종말을 맞이할 것이다. 따라서 서기(AD) 12900년에 종말과 새로운 시작이 올 수도 있다. 이는 『바이블 매트릭스』 시리즈 최종편인 「예수님의 재림과 새 하늘과 새 땅의 창조」편에서 자세히 다룰 예정이다.

은 화이트홀을 통해 다시 밖으로 분출된다. 아니면 호킹복사(Hawking radiation)를 통해 블랙홀에서 빠져나올 수 있다. 양자역학에 의하면 물질이나 에너지의 흐름이 강한 장벽에 부딪혔을 때, 그들 중 일부는 벽을 뚫고 빠져나올 수 있다. 이를 터널링 효과(Tunneling effect) 또는 양자 터널링 효과(Quantum tunneling effect)라 한다.

마찬가지로 블랙홀의 장벽에 부딪히면, 물질들은 소량의 복사를 서서히 방출하는데 이를 호킹복사라 한다. 2004년에 호킹은 그간 주장했던 이론을 수정했다. 즉 그 전에는 '블랙홀로 빨려들어간 물질 안에 있는 정보는 영원히 손실된다'에서, 손실이 되는 것이 아니라 '물질에 담긴 정보는 호킹복사를 통해 밖으로 유출된다'로 수정했다. 이것이 그 유명한 정보역설(Information paradox)이다. 천문학자들은 아직 호킹복사와 정보역설, 그리고 화이트홀의 흔적을 찾지 못했지만, 우주공간에 쏘아올릴 차세대 관측 장비가 완성되면 그 존재 여부가 확인될 것으로 믿고 있으며, 이들을 통해 다른 우주로 탈출할 수 있을 가능성이 있다고 믿고 있다.

또 다른 방법은 웜홀(Wormhole)을 이용하는 것인데 웜홀은 서로 다른 우주 사이를 연결하는 통로이다. 수학자들은 이 공간을 '다중연결공간'이라고 부른다. 올가미나 고리 구멍의 크기를 점차 줄여나가면, 하나의 점으로 줄일 수 없는 공간을 말한다. 그러나 웜홀은 수명이 짧고 여러 가지 위험요소가 도사리고 있기 때문에 생명체가 통과할 수 있을지는 분명하지 않다. 서로 다른 두 시간대를 연결하는 웜홀을 통과할 때, 웜홀 입구 주변의 복사에너지가 무한대로 커지면 일대 재앙이 초래된다. 웜홀이 안정된 상태를 유지하려면 음에너지(negative energy)가 반드시 있어야 한다. 음에너지의 존재는 이미 확인된 사실이지만 그 양이 너무 적어서 아직은 현실성이 없다. 과연 우리는 거시적인 물체가 웜홀을 통과할 수 있을 정도로 많은 양의 음에너지를 찾을 수 있을 것

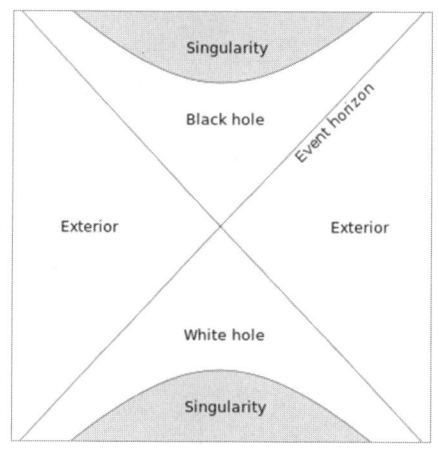

블랙홀과 화이트홀의 구조 이미지. X−축은 공간이고 Y−축은 시간이며 대각선은 사건의 지평선. Credit: Wikipedia.org

인가?

웜홀과 차원 입구, 그리고 우주적 규모의 끈은 우주공간에 자연적으로 존재하고 있을 것이다. 빅뱅이 일어날 때 엄청난 양의 에너지가 한꺼번에 분출되었으므로, 웜홀과 우주끈도 그 순간에 자연적으로 생성되었을 것이다. 초기 우주가 짧은 시간 동안 엄청난 규모로 팽창하면서 웜홀이 거시적인 스케일로 커지고, 이와 함께 신비한 음의 물질(negative matter)도 그 모습을 드러냈을 것이다. 이러한 사실들은 우주 탈출을 시도하는 생명체들에게 커다란 도움을 준다. 그러나 이것은 어디까지나 가정일 뿐, 탈출 가능한 웜홀이 반드시 존재한다는 보장은 어디에도 없다(카쿠, 2006, p. 489).

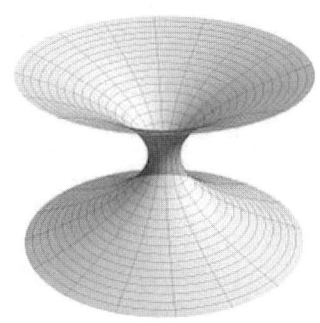

웜홀의 이미지. Credit: Wikipedia.org

3장
바이블의 시작(the beginning)과 끝(the end)의 의미

자, 이번에는 성경에 특이점-블랙홀-빅뱅의 의미를 설명하는 내용이 나오는지 알아보자. 즉 첫 번째 우주가 종말을 고하고, 두 번째 우주가 탄생된다는 내용이 있는지 살펴보자. 또한 초공간, 다중우주, 그리고 차원이 다른 우주가 등장하는지 살펴보자. 이는 먼 훗날이기 때문에 주로 예언서를 살펴보기로 한다. 그때는 하나님과 예수님이 소행성대로 오시고 예수님이 이땅에 재림하는 시기이다. 자세한 것은 『바이블 매트릭스』 시리즈의 「예수님의 재림과 새 하늘과 새 땅의 창조」편에서 자세히 다루기로 하고, 여기서는 끝(the end)은 또 다른 차원의 시작(the beginning)이라는 의미에서 우주팽창은 종말이 아니라는 사실만을 살펴보기로 한다. 결론적으로 말하자면, 구약에서 말하는 첫 번째 창조된 우주는 다 사라지거나 특이점-블랙홀로 빨려들어가 없어지고, 새로운 빅뱅을 통해 새로운 하늘과 땅의 새로운 우주가 창조된다는 것이다. 그러나 두 번째 창조되는 우주는 첫 번째 우주와는 차원이 다른 우주일 것이다.

1절 우주팽창으로 사라지거나 특이점-블랙홀로 빨려들어가는 구약의 첫 번째 우주

「이사야」 13장 10절에는 우주팽창으로 멀어져 간 별들과 성좌들이 더이상 빛을 내지 않는다고 분명하게 설명하고 있다. 끝날에는 하늘에서 별을 볼 수가 없다는 것이다. 허블의 우주팽창을 설명하고 있음을 알 수 있다. 떠오르는 태양은 어두워 질 것이며 달도 빛을 내지 않는다는 것은 대략 50억 년 뒤엔 태양도 생명을 다하고 소멸하기 때문에 달도 빛을 내지 않는다는 의미이다. 1부 5장 7절 4에서 살펴보았듯이 지금의 태양은 8개 행성들에 에너지를 공급하는 황색거성(Yellow Giant)이지만, 생명이 다하면 에너지를 잃어 적색거성(Red Giant) → 백색왜성(White Dwarf)으로 변해 마지막으로 폭발해 그 생명을 마감할 것으로 보인다.

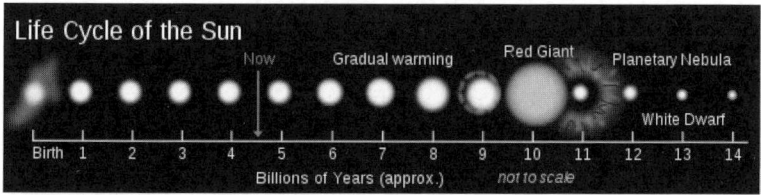

태양의 생명주기(Life-cycle of the Sun). Credit: wikipedia.org

「이사야」 13:10 - 하늘의 별들과 별 떨기가 그 빛을 내지 아니하며 해가 돋아도 어두우며 달이 그 빛을 비취지 아니할 것이로다(The stars of heaven and their constellations will not show their light. The rising sun will be darkened and the moon will not give its light)(NIV).

「이사야」 13장 13절에는 하늘이 진동하고 땅을 흔들어 처음 있는 곳에서 사라지게 한다는 내용이 나온다. 이는 특이점이 형성되어서 사건의 지평선 영역에 위치한 하늘과 땅이 블랙홀로 빨려들어간다는 의미일 것이다.

「이사야」 13:13-나 만군의 여호와가 분하여 맹렬히 노하는 날에 하늘을 진동시키며 땅을 흔들어 그 자리에서 떠나게 하리니(Therefore I will make the heavens tremble; and the earth will shake from its place at the wrath of the LORD Almighty, in the day of his burning anger)(NIV).

「이사야」 34장 4절에는 하늘의 만상, 즉 별들이 용해(溶解, dissolved)되고 하늘이 두루마리처럼 말린다는 내용이 나온다. 이는 분명 특이점을 통해 블랙홀로 빨려들어가는 별들과 하늘을 설명하는 것이다. 또 「이사야」 51장 6절에는 하늘이 연기같이(like smoke) 사라지고 땅이 옷같이(like a garment) 닳아 없어진다는 내용이 나오는데 이것도 블랙홀로 빨려들어가는 하늘과 땅을 표현한 것이 분명하다.

「이사야」 34:4-하늘의 만상이 사라지고 하늘들이 두루마리같이 말리되 그 만상의 쇠잔함이 포도나무 잎이 마름 같고 무화과나무 잎이 마름 같으리라(All the stars of the heavens will be dissolved and the sky rolled up like a scroll; all the starry host will fall like withered leaves from the vine, like shriveled figs from the fig tree)(NIV).

「이사야」 51:6-너희는 하늘로 눈을 들며 그 아래의 땅을 살피라 하늘이 연기같이 사라지고 땅이 옷같이 해어지며 거기 거한 자들이 하루살이같이 죽으려니와 나의 구원은 영원히 있고 나의 의는 폐하여

지지 아니하리라(Lift up your eyes to the heavens, look at the earth beneath; the heavens will vanish like smoke, the earth will wear out like a garment and its inhabitants die like flies. But my salvation will last forever, my righteousness will never fail)(NIV).

「예레미야」 4장 23절과 28절에도 땅이 혼돈하고, 즉 형태가 없어지고(formless) 텅 비었으며(empty), 하늘은 빛을 내지 않는 흑암할 것이라(grow dark) 기록하고 있다. 별들이 우주팽창으로 다 사라지고, 땅도 블랙홀로 빨려들어가 사라진다는 것이 분명하다.

「예레미야」 4:23 - 내가 땅을 본즉 혼돈하고 공허하며 하늘들을 우러른즉 거기 빛이 없으며(I looked at the earth, and it was formless and empty; and at the heavens, and their light was gone)(NIV).

「예레미야」 4:28 - 이로 인하여 땅이 슬퍼할 것이며 위의 하늘이 흑암할 것이라 내가 이미 말하였으며 작정하였고 후회하지 아니하였은즉 또한 돌이키지 아니하리라 하셨음이로다(Therefore the earth will mourn and the heavens above grow dark, because I have spoken and will not relent, I have decided and will not turn back)(NIV).

「마태복음」 24장에는 끝날에 예수님이 오시는 장면을 잘 설명하고 있다. 큰 환난이 일어나는데 창세로부터 지금까지 이런 환난이 없었고 후에도 없을 것이라 기록하고 있다. 그런데 그날이 택하신 자들을 위하여 그 날들이 감해질 것(be shortened)이라 기록하고 있다. 논리적으로는 137억 년 흘러야 하지만, 우주팽창의 가속화로 당겨진다는 것일게다. 따라서 필자가 보기에는 서기(AD) 12900년에 끝과 새로운 시작이

될 수도 있다. 이는 『바이블 매트릭스』 시리즈 최종편인 「예수님의 재림과 새 하늘과 새 땅의 창조」에서 자세히 다룰 예정이다.

이때 환난은 아마도 특이점의 사건의 지평선을 설명하는 것으로 해석할 수 있다. 사건의 지평선이 있은 후 곧 블랙홀로 하늘의 별들과 태양과 달이 빨려들어가는, 즉 하늘의 권능들(the heavenly bodies)이 흔들린다. 그때에 예수님이 큰 영광(great glory)으로 이 땅에 오신다. 1부에서 살펴보았듯이 큰 영광이란 오늘날의 과학적 용어로는 표현할 수 없는 거대한 우주선이다. 그리고 예수님은 말씀하셨다. "천지는 없어질 것이다(Heaven and earth will pass away)." 「창세기」의 첫 번째 창조된 우주는 없어지고, 두 번째 하늘과 땅, 즉 두 번째 우주가 예수님에 의해서 창조되는 것이다. 이것으로 보아 블랙홀은 소행성대에서 일어난다고 볼 수 있다. 그래서 지구에서 보면 별들이 하늘에서 떨어진다고 기록하고 있다.

「마태복음」 24:21 - 이는 그 때에 큰 환난이 있겠음이라 창세로부터 지금까지 이런 환난이 없었고 후에도 없으리라(For then there will be great distress, unequaled from the beginning of the world until now—and never to be equaled again)(NIV).

24:22 - 그 날들을 감하지 아니할 것이면 모든 육체가 구원을 얻지 못할 것이나 그러나 택하신 자들을 위하여 그 날들을 감하시리라(If those days had not been cut short, no one would survive, but for the sake of the elect those days will be shortened).

24:29 - 그 날 환난 후에 즉시 해가 어두워지며 달이 빛을 내지 아니하며 별들이 하늘에서 떨어지며 하늘의 권능들이 흔들리리라(Immediately after the distress of those days, the sun will be darkened, and the moon will not give its light; the stars will fall from the sky, and the heavenly bodies will be shaken).

24:30-그 때에 인자의 징조가 하늘에서 보이겠고 그 때에 땅의 모든 족속들이 통곡하며 그들이 인자가 구름을 타고 능력과 큰 영광으로 오는 것을 보리라(At that time the sign of the Son of Man will appear in the sky, and all the nations of the earth will mourn. They will see the Son of Man coming on the clouds of the sky, with power and great glory).

24:3-천지는 없어지겠으나 내 말은 없어지지 아니하리라(Heaven and earth will pass away, but my words will never pass away).

2절 빅뱅으로 창조되는 두 번째의 새 하늘과 새 땅, 새로운 두 번째 우주

앞 절에서 특이점을 통해 블랙홀로 빨려들어간 별들과 태양과 지구는 빅뱅을 통해 새로운 하늘과 땅을 창조하게 되는데, 이것이 두 번째 새 하늘과 새 땅, 즉 새로운 두 번째 우주이다. 첫 번째 하늘과 땅은 블랙홀로 모두 사라지고 두 번째 하늘과 땅이 다시 창조된다. 구약에서 말하는 첫 번째 창조된 우주는 다 사라지거나 특이점-블랙홀로 빨려들어가 없어지고, 새로운 빅뱅을 통해 새로운 하늘과 땅의 새로운 우주가 창조된다는 것이다. 그러나 두 번째 창조되는 우주는 첫 번째 우주와는 차원이 다른 우주일 것이다.

「이사야」 65장 17절과 66장 22절에는 분명 새 하늘(new heavens)과 새 땅(the new earth)을 창조할 것이라 기록하고 있다. 첫 번째 하늘과 땅은 기억조차 나지 않을 것이라 기록하고 있다. 새로운 두 번째 우주가 창조되는 것이다.

「이사야」 65:17 - 보라 내가 새 하늘과 새 땅을 창조하나니 이전 것은 기억되거나 마음에 생각나지 아니할 것이라("Behold, I will create new heavens and a new earth. The former things will not be remembered, nor will they come to mind")(NIV).

「이사야」 66:22 - 나 여호와가 말하노라 나의 지을 새 하늘과 새 땅이 내 앞에 항상 있을 것같이 너희 자손과 너희 이름이 항상 있으리라("As the new heavens and the new earth that I make will endure before me," declares the LORD, "so will your name and descendants endure")(NIV).

「베드로후서」 3장에는 앞서 살펴본 2장 4절의 "우주 팽창은 우주의 종말인가"에서 지적한 상황이 나온다. 현재 관측 가능한 은하는 약 1,000억 개인데, 137억 년 후에는 이 숫자가 수천 개로 줄어들 것이다. 그 후 시간이 더 흐르면 은하수 근방에 있는 12개의 은하들만이 관측 사정거리에 남을 것이고, 나머지는 지평선 너머로 사라질 것이다. 아니 지금은 우주팽창이 가속화되고 있으므로 137억 년이 아니라 이보다 더 빨리 종말을 맞이할 것이다. 국소적으로 뭉쳐 있는 은하들 사이의 중력은 팽창을 저지할 정도로 강하기 때문에 시야에서 사라지지 않는다. 만일 이 시기에도 하늘을 관측하는 천문학자가 있다면 그는 우주가 팽창하고 있다는 사실을 전혀 눈치 채지 못할 것이다. 국소적으로 뭉쳐 있는 은하들은 서로 멀어지지 않기 때문이다. 아득한 미래의 천문학자들은 이 우주가 12개의 우리 은하로 이루어져 있으며 정적인 상태를 영원히 유지한다고 믿을 것이다.

아니나 다를까 「베드로후서」 3장을 살펴보자. 4절에는 끝 날의 사람들은 국소적인 우주만을 보기 때문에 우주가 정적이라고 생각하여,

"가로되 주의 강림하신다는 약속이 어디 있느뇨 조상들이 잔 후로부터 만물이 처음 창조할 때와 같이 그냥 있다 하니"라는 내용이 기록되어 있다. 그 결과 5절에는 끝 날의 사람들은 첫 번째 우주가 어떻게 창조되었는지 「창세기」 1장의 내용을 망각하고 6절에는 노아의 홍수도 다 잊어버린다는 내용이 나온다. 그리고 7절에는 하늘과 땅이 불(fire)로 변할 것, 즉 블랙홀로 빨려들어갈 것임을 시사하는 내용이 나온다.

「베드로후서」 3:3 - 먼저 이것을 알찌니 말세에 기롱하는 자들이 와서 자기의 정욕을 좇아 행하며 기롱하여(First of all, you must understand that in the last days scoffers will come, scoffing and following their own evil desires)(NIV).

3:4 - 가로되 주의 강림하신다는 약속이 어디 있느뇨 조상들이 잔 후로부터 만물이 처음 창조할 때와 같이 그냥 있다 하니(They will say, "Where is this 'coming' he promised? Ever since our fathers died, everything goes on as it has since the beginning of creation").

3:5 - 이는 하늘이 옛적부터 있는 것과 땅이 물에서 나와 물로 성립한 것도 하나님의 말씀으로 된 것을 저희가 부러 잊으려 함이로다(But they deliberately forget that long ago by God's word the heavens existed and the earth was formed out of water and by water)

3:6 - 이로 말미암아 그 때 세상은 물의 넘침으로 멸망하였으되(By these waters also the world of that time was deluged and destroyed).

3:7 - 이제 하늘과 땅은 그 동일한 말씀으로 불사르기 위하여 간수하신 바 되어 경건치 아니한 사람들의 심판과 멸망의 날까지 보존하여 두신 것이니라(By the same word the present heavens and earth are reserved for fire, being kept for the day of judgment and destruction of ungodly men).

「베드로후서」 3장 10~13절에는 블랙홀 → 빅뱅의 과정이 아주 상세히 기록되어 있다. 끝 날에는 하늘들이 큰 소리와 함께 사라지고, 그 안에 있던 입자들이(the elements, NIV/KJV) 뜨거운 불의 열(heat)에 풀어지고, 즉 용해되고(melt), 땅과 땅 위의 모든 것들이 다 타서 없어진다고 기록되어 있다. 이는 분명 블랙홀로 다 빨려들어가는 과정이라고 볼 수 밖에 없다. 그 결과 13절에는 빅뱅으로 새로운 하늘과 새 땅이 창조된다. 이것은 분명 두 번째 우주가 새롭게 탄생하는 것이다. 그런데 두 번째 우주는 경건한 자, 즉 의로운 자들만이 들어가 살게 된다.

「베드로후서」 3:10 - 그러나 주의 날이 도적같이 오리니 그 날에는 하늘이 큰 소리로 떠나가고 체질이 뜨거운 불에 풀어지고 땅과 그 중에 있는 모든 일이 드러나리로다(But the day of the Lord will come like a thief. The heavens will disappear with a roar; the elements will be destroyed by fire, and the earth and everything in it will be laid bare(NIV); But the day of the Lord will come as a thief in the night; in the which the heavens shall pass away with a great noise, and the elements shall melt with fervent heat, the earth also and the works that are therein shall be burned up(KJV).

3:11 - 이 모든 것이 이렇게 풀어지리니 너희가 어떠한 사람이 되어야 마땅하뇨 거룩한 행실과 경건함으로(Since everything will be destroyed in this way, what kind of people ought you to be? You ought to live holy and godly lives).

3:12 - 하나님의 날이 임하기를 바라보고 간절히 사모하라 그 날에 하늘이 불에 타서 풀어지고 체질이 뜨거운 불에 녹아지려니와(as you look forward to the day of God and speed its coming. That day will bring about the destruction of the heavens by fire, and the elements will melt in the heat).

3:13-우리는 그의 약속대로 의의 거하는 바 새 하늘과 새 땅을 바라보도다(But in keeping with his promise we are looking forward to a new heaven and a new earth, the home of righteousness).

블랙홀에서 빅뱅이 일어나 새 하늘과 새 땅이 만들어진다. 이를 「요한계시록」은 '새 예루살렘'이라 표현하고 있다. 여기서 중요한 것은 새 하늘와 새 땅, 즉 새 예루살렘이 하나님께로부터 하늘에서 내려온다고 기록된 점으로 보아, 그곳은 1부 6장 6절에서 살펴본 바와 같이 소행성대에서 특이점 → 블랙홀 → 빅뱅이 일어난다고 추측할 수 있다. 다시 말하면 특이점-블랙홀-빅뱅이 일어나는 곳은 하나님과 예수님이 오시는 곳, 즉 소행성대라고 말할 수 있다. 1부에서 살펴보았듯이 이 소행성대가 하늘, 즉 궁창으로 하나님과 예수님의 보좌이다.

「요한계시록」 3:12-이기는 자는 내 하나님 성전에 기둥이 되게 하리니 그가 결코 다시 나가지 아니하리라 내가 하나님의 이름과 하나님의 성 곧 하늘에서 내 하나님께로부터 내려오는 새 예루살렘의 이름과 나의 새 이름을 그이 위에 기록하리라(Him who overcomes I will make a pillar in the temple of my God. Never again will he leave it. I will write on him the name of my God and the name of the city of my God, the new Jerusalem, which is coming down out of heaven from my God; and I will also write on him my new name).

21:1-또 내가 새 하늘과 새 땅을 보니 처음 하늘과 처음 땅이 없어졌고 바다도 다시 있지 않더라(Then I saw a new heaven and a new earth, for the first heaven and the first earth had passed away, and there was no longer any sea).

21:2 - 또 내가 보매 거룩한 성 새 예루살렘이 하나님께로부터 하늘에서 내려오니 그 예비한 것이 신부가 남편을 위하여 단장한 것 같더라(I saw the Holy City, the new Jerusalem, coming down out of heaven from God, prepared as a bride beautifully dressed for her husband).

21:10 - 성령으로 나를 데리고 크고 높은 산으로 올라가 하나님께로부터 하늘에서 내려오는 거룩한 성 예루살렘을 보이니(And he carried me away in the Spirit to a mountain great and high, and showed me the Holy City, Jerusalem, coming down out of heaven from God).

3절 성경이 말하는 차원이 다른 새로운 두 번째 우주

자, 이번 절에서는 새로운 하늘과 땅, 즉 새로운 두 번째 우주가 첫 번째 우주와 어떻게 틀린지를 살펴보자. 분명 첫 번째와 두 번째 우주의 차원은 차이가 있을 것이다.

바로 「이사야」 65장 18~25절에 새 하늘과 새 땅의 차이점을 설명하고 있다. 18절에는 영원히 기뻐하며 즐거워하는 세상을 창조한다고 기록되어 있으며, 19절에는 우는 소리와 부르짖는 소리가 더 이상 없는 곳이며, 20절에는 죽는 유아와 연수를 채우지 못한 노인이 없는 곳이다. 100세에 죽으면 유아겠고 100세를 못 채우면 저주받은 것이다. 그곳은 이 세상처럼 농사를 짓고 집을 짓지만, 연수가 누구나 나무의 나이, 즉 1,000년을 살기 때문에 자기가 지은 집에서만 살고 자기가 농사 지은 것만 먹는다. 1,000년을 살기 위해 맞춤식 집을 짓고 맞춤식 농사를 짓기 때문에 남의 집에서 거할 수 없고 남의 농사를 먹을 수 없다는 것이다. 그곳은 잘못되는 일이 없고, 자식들도 병에 걸리는 일이 없으며, 하나님이 항상 보살펴신다. 그곳은 이리와 어린 양이 함께 먹고, 사자가 소처럼 짚(straw)을 먹을 것이며, 뱀은 흙을 먹고, 그곳은 서로 해함도 없겠고 상함도 없는 곳이라고 기록하고 있다.

「이사야」 65:18 - 너희는 나의 창조하는 것을 인하여 영원히 기뻐하며 즐거워할지니라 보라 내가 예루살렘으로 즐거움을 창조하며 그 백성으로 기쁨을 삼고(But be glad and rejoice forever in what I will create, for I will create Jerusalem to be a delight and its people a joy).

19 - 내가 예루살렘을 즐거워하며 나의 백성을 기뻐하리니 우는 소리와 부르짖는 소리가 그 가운데서 다시는 들리지 아니할 것이며(I will rejoice over Jerusalem and take delight in my people; the sound of weeping and of crying will be heard in it no more).

20 - 거기는 날 수가 많지 못하여 죽는 유아와 수한이 차지 못한 노인이 다시는 없을 것이라 곧 백세에 죽는 자가 아이겠고 백세 못되어 죽는 자는 저주 받은 것이리라("Never again will there be in it an infant who lives but a few days, or an old man who does not live out his years; he who dies at a hundred will be thought a mere youth; he who fails to reach a hundred will be considered accursed(NIV); There shall be no more thence an infant of days, nor an old man that hath not filled his days: for the child shall die an hundred years old; but the sinner being an hundred years old shall be accursed(KJV).

21 - 그들이 가옥을 건축하고 그것에 거하겠고 포도원을 재배하고 열매를 먹을 것이며(They will build houses and dwell in them; they will plant vineyards and eat their fruit).

22 - 그들의 건축한 데 타인이 거하지 아니할 것이며 그들의 재배한

것을 타인이 먹지 아니하리니 이는 내 백성의 수한이 나무의 수한과 같겠고 나의 택한 자가 그 손으로 일한 것을 길이 누릴 것임이며(No longer will they build houses and others live in them, or plant and others eat. For as the days of a tree, so will be the days of my people; my chosen ones will long enjoy the works of their hands).

23- 그들의 수고가 헛되지 않겠고 그들의 생산한 것이 재난에 걸리지 아니하리니 그들은 여호와의 복된 자의 자손이요 그 소생도 그들과 함께 될 것임이라(They will not toil in vain or bear children doomed to misfortune; for they will be a people blessed by the LORD, they and their descendants with them).

24- 그들이 부르기 전에 내가 응답하겠고 그들이 말을 마치기 전에 내가 들을 것이며(Before they call I will answer; while they are still speaking I will hear).

25- 이리와 어린 양이 함께 먹을 것이며 사자가 소처럼 짚을 먹을 것이며 뱀은 흙으로 식물을 삼을 것이니 나의 성산에서는 해함도 없겠고 상함도 없으리라 여호와의 말이니라(The wolf and the lamb will feed together, and the lion will eat straw like the ox, but dust will be the serpent's food. They will neither harm nor destroy on all my holy mountain," says the LORD).

「이사야」 11장 6~9절에는 낙원과 같은 정경을 기록하고 있다. 그 때에 이리가 어린 양과 함께 거하며 표범이 어린 염소와 함께 누우며 송아지와 어린 사자와 살찐 짐승이 함께 있어 어린 아이에게 끌리며, 젖먹는 아이가 독사의 구멍에서 장난하며 젖 뗀 어린아이가 독사의 굴에 손을 넣을 것이라. 이 모든 것이 가능한 이유는 바로 여호와를 아는 지식(knowledge)이 세상에 충만하기 때문이라고 기록하고 있다.

「이사야」 11:6 - 그 때에 이리가 어린 양과 함께 거하며 표범이 어린 염소와 함께 누우며 송아지와 어린 사자와 살찐 짐승이 함께 있어 어린 아이에게 끌리며(The wolf will live with the lamb, the leopard will lie down with the goat, the calf and the lion and the yearling together; and a little child will lead them).

7 - 암소와 곰이 함께 먹으며 그것들의 새끼가 함께 엎드리며 사자가 소처럼 풀을 먹을 것이며(The cow will feed with the bear, their young will lie down together, and the lion will eat straw like the ox).

8 - 젖 먹는 아이가 독사의 구멍에서 장난하며 젖 뗀 어린아이가 독사의 굴에 손을 넣을 것이라(The infant will play near the hole of the cobra, and the young child put his hand into the viper's nest).

9 - 나의 거룩한 산 모든 곳에서 해됨도 없고 상함도 없을 것이니 이는 물이 바다를 덮음같이 여호와를 아는 지식이 세상에 충만할 것임이니라(They will neither harm nor destroy on all my holy mountain, for the earth will be full of the knowledge of the LORD as the waters cover the sea)

「요한계시록」 21장 3~4절에는 새 하늘과 새 땅의 속성을 잘 설명하고 있다. "하나님의 장막이 사람들과 함께 있으매 하나님이 저희와 함께 거하시고, 모든 눈물을 그 눈에서 씻기시매 다시 사망이 없고, 애통하는 것이나 곡하는 것이나 아픈 것이 다시 있지 아니하다"라고 기록하고 있다. 그 이유는 "처음 것들 즉 첫 번째 우주가 다 지나갔음"이라고 기록하고 있다.

「요한계시록」 21:3 - 내가 들으니 보좌에서 큰 음성이 나서 가로되 보라 하나님의 장막이 사람들과 함께 있으매 하나님이 저희와 함께 거하시리니 저희는 하나님의 백성이 되고 하나님은 친히 저희와 함께 계셔서(And I heard a loud voice from the throne saying, "Now the dwelling of God is with men, and he will live with them. They will be his people, and God himself will be with them and be their God).

4- 모든 눈물을 그 눈에서 씻기시매 다시 사망이 없고 애통하는 것이나 곡하는 것이나 아픈 것이 다시 있지 아니하리니 처음 것들이 다 지나갔음이러라(He will wipe every tear from their eyes. There will be no more death or mourning or crying or pain, for the old order of things has passed away").

「요한계시록」 21장 23~25절에는 그곳은 하나님의 영광(glory)이 비추고 예수님이 등(lamp)이 비추는 곳이라 해와 달이 필요없고, 밤이 없어 문들이 절대 닫히지 않는 곳이라고 기록되어 있다.

「요한계시록」 21:23 - 그 성은 해나 달의 비췸이 쓸데없으니 이는 하나님의 영광이 비춰고 어린 양이 그 등이 되심이라(The city does not need the sun or the moon to shine on it, for the glory of God gives it light, and the Lamb is its lamp).

24- 만국이 그 빛 가운데로 다니고 땅의 왕들이 자기 영광을 가지고 그리로 들어오리라(The nations will walk by its light, and the kings of the earth will bring their splendor into it).

25- 성문들을 낮에 도무지 닫지 아니하리니 거기는 밤이 없음이라(On no day will its gates ever be shut, for there will be no night there).

이때 하나님의 영광이란 에녹이 본 열 번째 하늘의 하나님의 모습이다. 그 것은 하나님이 블랙홀의 중심에 계신다는 것을 추측해 볼 수 있다. 형언할 수 없는 불로 활활 타오르는 하나님의 얼굴 모습! 그래서 「요한1서」 1장 5절에는 "하나님은 빛이시라(God is light)"라고 기록되어 있다.

「에녹2서」 22장 - 주님의 얼굴의 모습(the appearance of the Lord's face), 그것은 불 속에서 빛을 내기 위해 철로 만들어진 것 같고, 그 작렬하는 불 빛을 끌어내며, 그 얼굴은 훨훨 타오르고 있다(like iron made to glow in fire, and brought out, emitting sparks, and it burns).

「요한1서」 1:5 - 우리가 저에게서 듣고 너희에게 전하는 소식이 이 것이니 곧 하나님은 빛이시라 그에게는 어두움이 조금도 없으시니라 (This is the message we have heard from him and declare to you: God is light; in him there is no darkness at all)(NIV).

「요한계시록」 22장 1~5절에는 그 곳은 마실 수 있는 생명수의 강이 있고, 12가지 실과를 매달 맺히는 생명나무가 있으며, 생명나무의 잎사귀들은 약제로 쓴다고 기록되어 있다. 저주가 없는 곳이며, 밤이 없는 곳이다. 백성들은 하나님과 예수님의 얼굴을 직접 보고, 하나님과 예수님의 이름이 백성들의 이마에 쓰여진다고 기록하고 있다. 이 내용의 과학적 지식은 『바이블 매트릭스』 시리즈의 「예수님의 재림과 새 하늘과 새 땅의 창조」에서 자세히 다루기로 한다.

「요한계시록」 22:1 - 또 저가 수정같이 맑은 생명수의 강을 내게 보이니 하나님과 및 어린 양의 보좌로부터 나서(Then the angel showed me the river of the water of life, as clear as crystal, flowing from the throne of God and of the Lamb).

　2-길 가운데로 흐르더라 강 좌우에 생명나무가 있어 열두 가지 실과를 맺히되 달마다 그 실과를 맺히고 그 나무 잎사귀들은 만국을 소성하기 위하여 있더라(down the middle of the great street of the city. On each side of the river stood the tree of life, bearing twelve crops of fruit, yielding its fruit every month. And the leaves of the tree are for the healing of the nations).

　3-다시 저주가 없으며 하나님과 그 어린 양의 보좌가 그 가운데 있으리니 그의 종들이 그를 섬기며(No longer will there be any curse. The throne of God and of the Lamb will be in the city, and his servants will serve him).

　4-그의 얼굴을 볼 터이요 그의 이름도 저희 이마에 있으리라(They will see his face, and his name will be on their foreheads(NIV);

　5-다시 밤이 없겠고 등불과 햇빛이 쓸데없으니 이는 주 하나님이 저희에게 비춰심이라 저희가 세세토록 왕 노릇 하리로다(There will be no more night. They will not need the light of a lamp or the light of the sun, for the Lord God will give them light. And they will reign for ever and ever).

4절 예수님 = 나는 알파와 오메가, 처음과 나중, 시작과 끝!

이번 절에서는 2장 5절의 "펜로즈 및 호킹 박사의 특이점과 일반상대성이론의 한계"에서 살펴본 내용을 다시 한번 반복해 보기로 한다.

　특이점은 시간의 끝이자 시작인데, 그 다음 블랙홀이 만들어지면, 그 전에 있던 시간과 공간이 빨려 들어가 끝이 나게 되고, 그 다음 빅뱅이 만들어져 새로운 시간과 공간이 생겨난다. 시간상으로는 특이점-블랙홀-빅뱅 순으로 이루어진다. 「요한계시록」에는 예수님을 '알파요 오메가(the Alpha and the Omega)', '처음이요 나중(the First and the Last)', 그리고 '시작과 끝(the Beginning and the End)'으로 표현하고 있는데, 그 의미는 무엇일까?

「요한계시록」 1:17 - 내가 볼 때에 그 발 앞에 엎드러져 죽은 자같이 되매 그가 오른손을 내게 얹고 가라사대 두려워 말라 나는 처음이요 나중이니(When I saw him, I fell at his feet as though dead. Then he placed his right hand on me and said: "Do not be afraid. I am the First and the Last)(NIV)

2:8 - 서머나 교회의 사자에게 편지하기를 처음이요 나중이요 죽었다가 살아나신 이가 가라사대("To the angel of the church in Smyrna write: These are the words of him who is the First and the Last, who died and came to life again)

21:6 - 또 내게 말씀하시되 이루었도다 나는 알파와 오메가요 처음과 나중이라 내가 생명수 샘물로 목마른 자에게 값없이 주리니(He said to me: "It is done. I am the Alpha and the Omega, the Beginning and the End. To him who is thirsty I will give to drink without cost from the spring of the water of life.)

22:13 - 나는 알파와 오메가요 처음과 나중이요 시작과 끝이라(I am the Alpha and the Omega, the First and the Last, the Beginning and the End.)

알파와 오메가요 처음과 나중이요 시작과 끝이라 이것은 특이점-블랙홀-빅뱅이 연속된다는 뜻일 게다. 그래서 이렇게 해석할 수 있다.

구약 「창세기」에 등장하는 우주는 첫 번째 창조이고 신약 「요한계시록」에 등장하는 우주는 두 번째 창조라고 말할 수 있다. 첫 번째 우주는 종말을 고할 것이다. 그러나 종말이 아니라 그것은 새로운 차원의 우주공간으로 들어간다는 뜻이다. 그리고 하나님과 예수님은 특이점-블랙홀-빅뱅을 관장하시고 계시다라고 해석할 수 있다. 블랙홀은 생명의 어머니라고 했다. 그것은 창조의 아버지인 하나님과 예수님을 의미한다.

여기서 잠깐 에녹의 열 번째 하늘을 다시 한 번 보자. 「에녹2서」 22장에는 가브리엘이 미가엘(Michael) 천사장에게 에녹을 넘기고, 미가엘이 에녹을 주님의 면전 앞에 데려간다. 열 번째 하늘은 히브리어로 아라보스(Aravoth)라 불리는 곳인데, 에녹은 주님의 얼굴의 모습(the appearance of the Lord's face)을 보는데, 불(fire) 속에서 빛을 내기(glow) 위해 철(iron)로 만들어진 것 같고, 얼굴에서 빛이 나오고 그 빛은 훨훨 타오르고 있다. 그렇다면 이곳은 블랙홀의 중심부가 아닐까? 그렇다, 이제는 분명 블랙홀의 중심부라고 확실히 말할 수 있다. 그곳에 불랙홀을 주관하시는 하나님과 예수님이 계시고, 끝 날에 소행성대로 오셔서 보좌에 앉으시고, 예수님은 지구로 오셔서, 끝 날의 심판과 아울러 새로운 하늘과 땅을 창조하시는 것이다. 그래서 「요한계시록」 21장 6절에 말씀하시기를 "이루었도다(It's done)"라고 하신 것이다.

그러므로 에녹은 영원으로 들어가는 순간(a moment of eternity)에 계신 주님의 얼굴을 보지만, 주님의 얼굴을 글로 표현할 방법이 없으며, 그저 신비스럽고 매우 위엄 있으며 매우매우 무시무시하다(the Lord's face is ineffable, marvellous and very awful, and very, very terrible). 여기서 영원의 순간! 바로 블랙홀은 영원 혹은 불멸로 들어가는 게이트다. 그것은 영생(eternal life)으로 들어가는 게이트임에 틀림이 없다.

5절 마무리-하나님과 예수님의 지식을 과학적으로 발견해야

그럼 블랙홀은 어디일까? 에녹의 열 번째 하늘에 계신 하나님은 어디에 계실까? 가장 높은 곳, 가장 깊은 곳에 계시는 하나님! 그곳은 어디일까? 그런데 그게 중요한 것이 아니다. 어디에 계시더라도 예수님은 이 땅에 재림한다는 것이 중요하다. 그럼 어디로 오실까? 1부에서 살펴보았듯이 그곳은 소생성대, 즉 하늘, 즉 궁창임이 틀림이 없다. 그곳에서 블랙홀을 만들고 빅뱅을 만들 것이다. 그곳에서 제2의 하늘과 땅, 즉 두 번째 우주를 만들 것임에 틀림없다.

그러면 그냥 우리는 기다리면 되는 것일까? 기다리면 예수님이 우리를 구원해 주실까? 정답은 '아니다'이다. 과학적으로 우주팽창은 종말이다. 종말이면 우리는 다 동사한다. 동사한 지구에 예수님이 재림하는 것은 아무런 의미가 없다. 아들들이 없는 곳에 재림할 이유가 없는 것이다.

첫 번째 하늘과 땅은 신이 창조했지만(Top Down), 두 번째 하늘과 땅은 신인조화 혹은 인신조화로 창조해야 한다(Bottoms-up + Top down). 그것은 하나님의 지식(the knowledge of the Lord)을 과학적으로 발견해 세상에 충만시켜야 한다. 「다니엘」 12장 4절에는 "다니엘아 마지막 때까지 이 말을 간수하고 이 글을 봉함하라 많은 사람이 빨리 왕래하며 지식이 더하리라(But you, Daniel, close up and seal the words of the scroll until the time of the end. Many will go here and there to increase knowledge)"(NIV)라는 구절이 나온다. 이때의 지식이란 하나님의 지식과 예수님의 지식이다. 그리고 그것은 바로 영광(glory)이요 빛(light)이시다. 그리고 그것은 구체적으로 특이점→블랙홀→빅뱅이다. 우리는 이것을 구체적으로 발견해내어 하나님과 예수님이 오실 때 함께 도와 우리가 들어가 살 새로운 하늘과 땅을 같이 창조해야 한다.

「이사야」 11:9 - 나의 거룩한 산 모든 곳에서 해됨도 없고 상함도 없을 것이니 이는 물이 바다를 덮음같이 여호와를 아는 지식이 세상에 충만할 것임이니라(They will neither harm nor destroy on all my holy mountain, for the earth will be full of the knowledge of the LORD as the waters cover the sea)

「고린도후서」 4:6 - 어두운 데서 빛이 비취리라 하시던 그 하나님께서 예수 그리스도의 얼굴에 있는 하나님의 영광을 아는 빛을 우리 마음에 비취셨느니라(For God, who said, "Let light shine out of darkness," made his light shine in our hearts to give us the light of the knowledge of the glory of God in the face of Christ)(NIV).

「골로새서」 1:10 - 주께 합당히 행하여 범사에 기쁘시게 하고 모든 선한 일에 열매를 맺게 하시며 하나님을 아는 것에 자라게 하시고 (And we pray this in order that you may live a life worthy of the Lord and may please him in every way: bearing fruit in every good work, growing in the knowledge of God)(NIV).

「베드로후서」 1:2 - 하나님과 우리 주 예수를 앎으로 은혜와 평강이 너희에게 더욱 많을찌어다(Grace and peace be yours in abundance through the knowledge of God and of Jesus our Lord(NIV).

「베드로후서」 3:18 - 오직 우리 주 곧 구주 예수 그리스도의 은혜와 저를 아는 지식에서 자라 가라 영광이 이제와 영원한 날까지 저에게 있을찌어다(But grow in the grace and knowledge of our Lord and Savior Jesus Christ. To him be glory both now and forever! Amen)

(NIV).

하나님과 예수님의 지식을 알아내고 선한 일(good work)을 하는 것은, 「요한계시록」 22장 12절에 잘 기록되어 있다. "보라 내가 속히 오리니 내가 줄 상이 내게 있어 각 사람에게 그의 일한대로 갚아 주리라(Behold, I am coming soon! My reward is with me, and I will give to everyone according to what he has done)." 단, 주의할 것은 하나님과 예수님의 지식을 발견하여 선한 일에 사용해야 한다. 선한 일이란 하나님과 예수님을 경건하게 받아들이는 경건한 자(the godly, godly man)로서, 의로운 일에 사용하는 의로운 자(the righteous, righteous man)가 되어야 한다. 그 반대가 불경한 자(the ungodly, ungodly man)요 불의한 자(the unrighteous, unrighteous man)이다. 경건한 자와 의로운 자는 새로운 하늘과 땅에 들어가지만, 불경한 자들과 불의한 자들은 새로운 우주가 창조되기 전에 모두 예수님의 심판, 즉 과학무기, 특이점이 일어나기 전의 혼동, 그리고 블랙홀로 빨려들어가 멸망한다.

「창세기」 처음 세 장인 1~3장은 성경의 마지막인 「요한계시록」 마지막 세 장인 20~22장과 대칭적인 관계에 있다. 「창세기」가 첫 번째(the 1st) 창조라면 「요한계시록」의 창조는 두 번째(the 2nd) 창조인 것이다. 「창세기」에서 저주 받은 땅과 허락되지 않은 생명나무와 잃어버린 천국이, 「요한계시록」에서 회복되고 재창조되는 것이다. 따라서 마지막 끝(the end) 날이 어떻게 올 것인가를 알고자 한다면 반드시 「창세기」 1장의 처음(the beginning)을 알아야 한다. 이게 바로 하나님과 예수님이 누차 말씀하신 "나는 알파와 오메가요 처음과 나중이요 시작과 끝이라!"이다.

마지막으로 대부분의 사람들이 아는 사실이 있다. 첫 번째 심판은 물이다. 즉, 노아의 홍수이다. 이제 두 번째 심판은 다들 불(fire)이라고 알고 있다. 제대로 알고 있는 것이다. 이때의 불이란 바로 특이점→블랙홀을 의미하는 것이다. 블랙홀이 만들어 질려면 무수히 많은 별들과 행성들의 에너지가 필요하다. 우리 태양과 지구도 블랙홀로 빨려들어간다. 여러분이 블랙홀로 빨려들어간다고 생각해 보라. 다음 「베드로후서」의 구절을 생각해 보라.

「베드로후서」 3:3 - 먼저 이것을 알찌니 말세에 기롱하는 자들이 와서 자기의 정욕을 좇아 행하며 기롱하여(First of all, you must understand that in the last days scoffers will come, scoffing and following their own evil desires)(NIV).

3:4 - 가로되 주의 강림하신다는 약속이 어디 있느뇨 조상들이 잔 후로부터 만물이 처음 창조할 때와 같이 그냥 있다 하니(They will say, "Where is this 'coming' he promised? Ever since our fathers died, everything goes on as it has since the beginning of creation).

3:5 - 이는 하늘이 옛적부터 있는 것과 땅이 물에서 나와 물로 성립한 것도 하나님의 말씀으로 된 것을 저희가 부러 잊으려 함이로다(But they deliberately forget that long ago by God's word the heavens existed and the earth was formed out of water and by water)

3:6 - 이로 말미암아 그 때 세상은 물의 넘침으로 멸망하였으되(By these waters also the world of that time was deluged and destroyed).

3:7 - 이제 하늘과 땅은 그 동일한 말씀으로 불사르기 위하여 간수하신 바 되어 경건치 아니한 사람들의 심판과 멸망의 날까지 보존하여 두신 것이니라(By the same word the present heavens and earth are reserved for fire, being kept for the day of judgment and destruction of ungodly men).

물로 멸망한 노아의 홍수는 『바이블 매트릭스』 시리즈의 「인간창조와 노아 홍수의 비밀」 편에서 보다 자세히 다룰 예정이고, 두 번째 창조는 『바이블 매트릭스』 시리즈의 「예수님의 재림과 새 하늘과 새 땅의 창조」 편을 통해 자세히 다루기로 한다.

4장
6일간의 창조의 해석

자, 이제『바이블 매트릭스』 1권의 마지막 장이다. 마지막으로 풀어야 할 과제가 있다. 그 것은 어떻게 「창세기」는 6일 만에 현대우주물리학에서 말하는 137억 년 된 천지창조와 더불어 인간까지 창조했을까? 아니면 태양계로 좁힌다 하더라도 태양의 나이가 50억 년인데 어떻게 6일 만에 창조했을까? 6일이란 우리 인간의 날, 즉 지구의 날을 의미하는 것일까? 아니면 하나님의 천상(Celestial)의 6일을 의미하는 것일까?

1절 『창조의 서사시』의 〈점토판 1~6〉을 6일로?

1부에서 살펴본 대로『창조의 서사시』와 구약의 「창세기」 1장을 비교해 보면, 「창세기」 1장에는 신(God)의 작업이 6일 동안에 일어나지만, 『창조의 서사시』에는 6일 동안이 아니라 6개의 점토판에 적힌 이야기들을 통해 이루어진다. 구약 「창세기」 1장에는 신이 마지막 일곱 번째 날을 자신의 창조에 대한 기쁨과 휴식으로 보내듯이, 『창조의 서사시』의 일곱 번째 점토판도 신의 업적에 대한 찬양으로 채워져 있다.

그렇다면 「창세기」 1장에서 말하는 창조의 6일이란 『창조의 서사시』의 〈점토판 1~6〉을 의미하는 것은 아닐까? 이렇게 생각해 볼 수도 있지만 이것은 설득력이 부족하다.

2절 대칭으로 이 세상을 창조하다?

1부에서 살펴본 바와 같이 「창세기」 1장 9~19절을 보면 현대우주(천체)물리학과 맞지 않는다. 창세기1장에는 지구를 먼저 만들고(「창세기」 1:9~12), 그 다음 두 큰 광명인 태양과 달을 만들고 별을 만드셨다(「창세기」 1:14~18). 그러나 현대우주물리학은 우주의 나이는 137억 년이고, 태양의 나이는 대략 50억 년, 지구의 나이는 대략 46억 년, 그리고 달의 나이는 대략 45억 년이어서, 창세기의 창조 순서와 맞지가 않는다.

이 문제를 풀려고 대칭이론을 내놓는 많은 학자들과 여러분들이 있다. 이 분들이 주장하는 것을 한 번 보자.

이 분들은 이것이 여호와 하나님의 창조법칙이라고 주장한다. 즉, 창조 1, 2, 3일에는 혼돈을 질서로 바꾸어 생명체들이 거주하기에 적합한 장소(Place)를 조성하시는데, 주로 재료와 영역과 공간을 만드신다. 4, 5, 6일에는 그 재료를 가지고 구체적으로 형상(Player)을 만들어 영역과 공간을 채우신다. 제1일에는 우주의 낮(day)과 밤(night)을 위해 어둠에서, 즉 흑암(黑暗)에서(the darkness)에서 빛(the light)을 만드시고, 여기에 대칭되도록 제4일에는 해와 달과 별을 만들어 궁창을 채워서 지구의 낮(the day)과 밤(the night)이 되도록 하신다. 제2일에는 물(Waters)을 갈라 궁창(하늘)을 만드시고, 이에 대칭되는 제5일에는 수중의 생물들과 새들을 만드신다. 제3일에는 땅과 식물을 만드시고 여기에 대칭되는 제6일에는 동물과 인간을 만드신다(김정한, 1997, 20쪽).

잘못 이해한 대칭의 창조법칙

제1일~제3일	혼돈을 질서의 공간 (Place)으로 만드심	제4일~제5일	공간을 구체적 형상으로 (Player) 충만케 함
제1일	시간, 공간, 물질, 빛(에너지)과 어두움	제4일	해, 달, 별
제2일	궁창(궁창 위의 물과 아래의 물을 나눔)	제5일	물고기, 조류
제3일	육지(땅), 바다, 식물	제6일	동물, 인간

그럴 듯하게 보이지만 필자가 보기엔 오류가 있다. 우리가 1부에서 살펴본 것과 같이 『창조의 서사시』는 오늘날과 똑같은 태양계 시스템을, 우주를 만드는 원초적인 물(waters), 즉 생명의 물질로 창조했다고 기록하고 있으며, 그것도 정확하게 태양 → 수성 → 티아마트(나중에 지구) → 금성 → 화성 → 목성 → 토성 → 해왕성을 창조하고 티아마트로부터 달(Moon)이라는 위성이 창조되었다. 그리고 마르둑 행성과 두 번의 충돌과정을 통해 티아마트의 윗부분이 오늘날의 지구가 되고 아랫부분은 두들겨 펴서 오늘날의 하늘(sky), 즉 궁창인 소행성대를 만들고, 화성과 목성 사이의 궤도를 갖던 지구(티아마트)를 두 번째 충돌 과정에서 화성의 안쪽 공간에 매달아 지금의 궤도를 갖게 했다. 그리고 지구 중심적으로 지구에 징조와 사시와 일자와 연한이 이루도록 미완성의 태양과 행성들의 궤도와 별들의 궤도를 정(定)했다는 것을 알 수 있다. 이 것은 현대우주(천체)물리학에서 말하는 별 → 태양 → 지구 → 달의 나이와 일치하는 것으로 구약의 「창세기」 1장은 현대과학과 정확하게 일치하고 있음을 알 수 있다.

또한 이 분들이 주장하는 창조의 법칙의 두 번째 오류는 제2일의 물(waters)은 태양계의 행성을 형성하는 태고의 물, 즉 원초적인 물(waters)로, 궁창(하늘, 소행성대)을 중심으로 오늘날의 내행성과 외행성으로 나누었다는 뜻이다. 따라서 제2일에 대칭되는 제5일의 물고기를 창조하셨다는 것은 오류이다. 대칭으로 말하자면 물고기는 제3일의 바다와 대칭을 이루므로 제6일에 창조되어야 한다.

3절 뜨거운 빅뱅과 시간과 공간의 역사

일반상대성이론이 옳다면, 우주는 온도와 밀도가 무한대인 특이점 → 블랙홀 → 빅뱅에서 시작되었다. 빅뱅 이후 약 10,000분의 1초가 지난 후의 온도는 1,000억 도였으며, 다음 1초 동안 우주의 온도가 10억 도로 낮아지면서, 양성자와 중성자가 결합하면서 헬륨, 수소, 그리고 그 밖의 가벼운 원소들이 원자핵을 형성했다. 30만 년이 흐른 후 우주의 온도가 2,727도(절대온도 3,000도)로 낮아지자 물질과 에너지가 분리되고 불투명하던 우주가 투명해지면서 우주배경복사가 방출되었고, 과학자들은 빅행 이후 38년 된 빛을 잡아냄으로써 우주배경복사의 청사진으로 137억 년 된 우주의 역사를 그려낼 수 있었다.

그러나 우리 몸을 이루고 있는 탄소나 산소와 같은 무거운 원소들은 80~90억 년 후 항성의 중심에서 헬륨이 연소된 이후에야 생성되었다. 우리 태양의 나이가 대략 45.7억 년이고 지구의 나이가 대략 45.5억 년이므로 빅뱅 후 90억 년이 흘러서야 생성되었음을 볼 때 이는 매우 타당하다.

뜨거운 빅뱅과 시간/공간의 역사[15]

시간	온도(섭씨)	변화/역사
137억년	-270	오늘날의 우주, 우주팽창의 가속화
80억년~90억년		안정적인 우리 태양을 비롯해 다른 항성들이 생성되고, 항성들의 행성이 생성. 하나의 항성은 평균 1.6개의 행성을 가짐. 따라서 평균 1,000억개의 별을 가진 우리 은하는 1,600억개의 행성들이 있음
50억~70억년		우주가 팽창하기 시작
10억년		물질의 덩어리가 퀘이사, 항성들, 원시은하를 형성. 항성들이 원자핵을 합성하기 시작
4억년		최초의 별이 생성
30만년	2,727	물질과 에너지가 분리, 불투명하던 우주가 투명해지면서 우주배경복사가 방출
3분	10의 6승	물질과 복사가 결합하면서 최초의 안정적인 원자가 생성
1초	10의 9승	양성자와 중성자가 결합해서 수소(75%), 헬륨(24%), 리튬, 중수소의 원자핵을 형성
10의 -4초	10의 12승	쿼크에서 양성자와 중성자 분리
10의 -10초	10의 15승	약력과 전자기력 분리. 하드론(강입자)과 렙톤의 시기. 쿼크가 결합해 양성자, 중성자, 중간자(메존), 중입자(바리온) 등을 형성
10의 -35초	10의 28승	강력이 분리. 전자기력과 약력의 전약(electro-weak)의 시기. 쿼그와 반쿼그가 지배한 시기
10의 -43초	10의 32승	중력이 분리. 대통일이론(Grand-unification theory, GUT) 시기. 물질과 반물질의 균형이 물질쪽으로 기울어짐
0	무한(온도와 밀도의 무한대)	특이점-블랙홀-빅뱅

---

15 Barbour(1995, p.381)와 호킹(2001, p.78)을 참조하여 재편집함.

4절 과학으로 세상보기 – 우주의 나이

앞 절의 "뜨거운 빅뱅과 시간과 공간의 역사"의 온도를 바탕으로 재미 있는 기사가 중앙일보에 「과학으로 세상보기 – 우주의 나이」라는 글이 실렸다(제원호, 2006. 7. 8, 중앙일보). 이 글은 당시 서울대 물리학과 제원 호 교수가 쓴 것인데, 이를 한번 살펴보자.

우주의 나이는 과연 얼마일까. 이 질문은 그동안 많은 연구와 논란 이 거듭되어 온 중요한 문제다. 대략 150억 년 정도의 오랜 세월일까 아니면 단지 6일의 짧은 나날일까. 서로 전혀 다른 이야기를 하는 것일 까 아니면 같은 내용을 서로 다른 관점에서 보기 때문에 별개로 보이 는 것일까.

시간의 개념은 관찰자에 따라 달라진다는 아인슈타인의 '상대성'을 다시 생각해 보자. 이 이론에 따르면 움직이는 관찰자의 시계는 정지 해 있는 관찰자의 시계보다 상대적으로 천천히 간다. 따라서 어떤 두 사건 사이에 지나간 시간은 움직이는 시계보다 정지해 있는 시계로 쟀 을 때에 더 길게 측정된다. 예컨대 정지해 있는 기차 속의 어떤 사람 이 뒤에 있는 집을 향해 매시간 빛을 쏘아 보낸다고 가정하자. 그러면 집에서는 정확히 한 시간에 한 번씩 이 신호를 받게 된다. 그런데 이제 이 기차가 매우 빠르게 앞을 향해 달리기 시작하고, 또 기차 속에 있 는 사람은 여전히 매 시간 집을 향해 계속 빛을 보낸다고 하자. 이 경 우 집에서 빛을 받아보는 시간 간격은 한 시간보다 길어지게 된다. 왜 냐하면 한 시간 전에 빛을 보내고 지금 다시 보내는 사이에 기차는 그 만큼 집에서 더 멀리 떨어져 있게 되어, 빛이 집에 도착하는 데 시간이 더 걸리게 되기 때문이다. 결국 정지해 있는 집에서 느끼는 시간은 달 리는 기차 속에서 느끼는 시간보다 길어지게 되는 것이다.

우주 대폭발 직후의 우주 온도는 현재보다 약 1조 배 정도 높았는데, 이는 그 당시 우주의 팽창 속도가 거의 빛의 속력만큼 빨랐다는 것을 의미한다. 그런데 우주 생성 초기 당시의 시간과 상대적으로 팽창이 거의 정지된 오늘날의 시간 사이에는 연결고리가 남아 있다. 우주공간에는 어디에나 '우주 배경 복사파'라는 미세한 빛 신호가 발견되는데, 이것이 바로 우주 생성 때의 과거와 오늘날의 현재를 연결해주는 '우주 시계'인 것이다.

그런데 초기 우주의 온도가 지금보다 1조 배 정도 높았다는 것은 우주시계의 주파수가 지금보다 1조 배 정도 높았음을 의미한다. 즉 태초에 우주시계가 한번 똑딱거리는 주기는 현재보다 1조 배 정도 짧았던 것이다. 따라서 우주 생성 직후의 1초는 오늘날 지구상의 시간으로 환산하면 1조 초, 즉 약 3만 년 정도가 된다. 이 결과를 사용하면 태초의 첫날 하루 24시간은 오늘날 시간으로 약 80억 년이 된다. 그런데 우주가 급속히 팽창하면서 그 온도는 급격히 낮아지게 되어 우주의 팽창 속도가 그만큼 줄어들게 된다. 이런 냉각효과를 고려하면 둘째 날의 하루 24시간은 약 40억 년이 되는 것이다.

그리고 셋째 날의 하루는 약 20억 년이 걸린 셈이고, 넷째 날 하루는 10억 년, 다섯째 날은 5억 년, 여섯째 날은 대략 2.5억 년에 해당한다. 이것을 현재의 관점에서 역산해 보면 다섯째 날은 지금부터 7억 5000만 년 전 시작해 2억 5000만 년 전에 끝난 것이 된다. 이 5억 년 동안의 기간은 지질생물학의 '캄브리아기'를 포함하는데 이때 수많은 다세포 동물이 지구상에 출현하였다. 그리고 여섯째 날은 2억 5000만 년 전부터 대략 6000년 전까지로 볼 수 있다. 이 기간에 육상 동물과 포유류 동물이 많이 나타나고 물론 인간도 이때 출현하게 된다.

요컨대 우주는 인간의 관점에서 보면 150억여 년의 오랜 역사를 갖게 된다. 그러나 창조주의 관점에서 보면 단지 6일간의 일인 것이다. 물론 여기서 간단히 생각해 본 내용들로 또 다른 의문들이 생길 수 있을 것이다. 그러나 무(無)에서 우주가 시작되었고 그 안에 나타난 그림자와 흔적을 통해 창조주의 큰 지혜를 부분적이나마 조금씩 알아가는 것이 인생일 것이다. 그럴수록 인간은 각자의 제한된 범위를 벗어나게 되고 서로 다른 그림자들까지도 품을 수 있는 큰 마음을 갖게 될 것이다.

한홍(2006)은 서울대의 제원호 교수의 글 「우주의 나이」를 인용하여 하나님의 6일과 150억 년의 관계를 다음과 같이 그림으로 나타내고 있으며(한홍, 「시간의 마스터」, 2006, 24~28쪽), 다음과 같이 설명한다.

"이와 같이 하나님의 시간과 인간의 시간은 차원이 다르다. 하나님의 차원으로 가면 인간의 초고속 스피드가 슬로우 모션같이 느껴지는 것

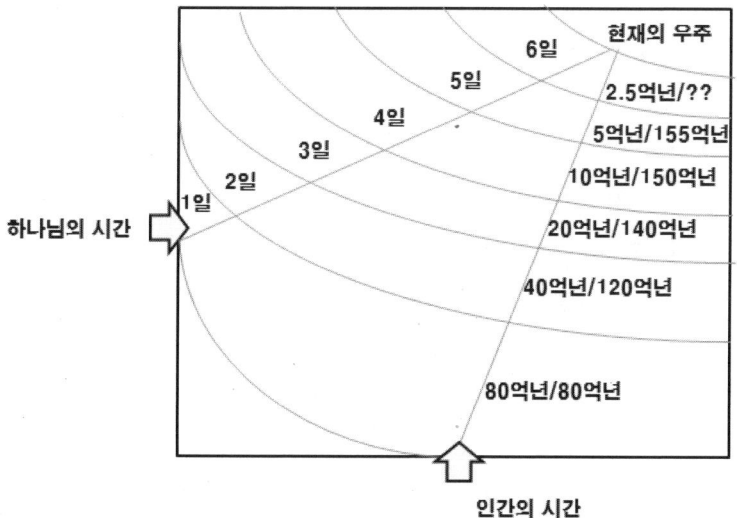

한홍(2006)이 제원호(2006)의 글을 인용해 구성한 〈하나님의 시간과 인간의 시간과의 관계〉.
Credit: 한홍(2006) & 제원호(2006)[16]

---

16 〈인간의 시간〉 오른쪽 누계년도는 필자가 삽입하였음.

이다. 하나님의 차원으로 점프한 하나님의 사람은 아주 천천히 움직이는 것 같아도 보통 인간들의 눈에는 초스피드로 보이게 하는 능력이 있다. 때로는 10분 기도함으로써 10일 노력하는 것보다 더 큰 일을 해낼 수도 있는 것이다."

아주 그럴듯한 논리가 보인다. 그러나 6일을 150억 년 혹은 137억 년에 짜 맞추었다는 것을 금방 알 수 있다. 논리적으로 맞지 않는 것은 우주팽창이 정지된 시간과 비교했다는 것이다. 우리는 2부에서 살펴본 바와 같이 빅뱅 이후 50억~70억 년부터 암흑에너지의 반중력에 의해 우주팽창이 빛의 속도 이상으로 가속화되고 있다고 했다. 그것은 우주의 종말이 아니라 또 다른 특이점-블랙홀-빅뱅을 통해 새로운 우주가 탄생됨을 의미한다고 했다. 따라서 지구의 시간을 하나님의 시간과 비교한다는 것 자체가 비논리적이라는 것을 알 수 있다. 또한 논리적으로 지금으로부터 137억 년 뒤엔(아마도 더 당겨질 것으로 예상되지만) 우주의 끝이 있다고 했다. 우주의 끝이 137억 년 뒤에 온다고 가정하면, 그 때는 하나님의 1일이 80억 년이 아니라 80억 년을 더한 160억 년이란 말인가? 우주의 나이를 6일로 나누어 계산하는 것은 시대가 흐름에 따라 달라지므로 이는 분명 비논리적이다.

또한 우리 태양의 나이가 지금 45.7억 년, 지구의 나이가 지금 45.5억 년, 달의 나이가 지금 43.6억 년, 즉 대략 50억 년이다. 우주의 나이를 150년으로 계산할 때, 태양-지구-달은 빅뱅 이후 100억 년이 흐른 후 생성되었다. 우주의 나이를 137년으로 본다면 87억 년 흐른 후 생성되었다. 만약 한홍과 제원호의 "하나님의 시간과 인간의 시간과의 관계"가 맞다면, 우리 태양-지구-달은 거의 첫째 날 1일 아니면 둘째 날 2일에 창조되었어야만 한다.

5절 간격이론과 날-시대이론

지구의 나이가 45.5억 년으로 밝혀지자 신학자들 사이에 「창세기」 1장의 창조기간을 과학적 발견에 꿰어맞추려는 여러 시도가 있었다. 「창세기」 1장 1절과 2절 사이에 엄청난 시간 간격이 있었다는 '간격 이론(The Gap Theory)'과 「창세기」 1장의 '날'과 '하루'라는 뜻으로 쓰인 히브리어 욤(yom)은 오늘날의 24시간의 하루가 아니라 '시대'로 해석하자는 '날-시대 이론(The Day-age Theory)'이 그것들이다. 그러나 이러한 주장은 성경학적이고 과학적인 근거가 필요하다.

6절 지구의 6일이 아닌 천상(Celestial)의 6일

지금까지 살펴본 우주의 매트릭스를 지구의 시간으로 정리해 보자. 이것도 어디까지나 지구의 시간으로 정리한 것에 불과하다. 따라서 논리적으로 맞지 않는다. 아인슈타인의 특수상대성이론에 따라 시간은 위치에 따라 상대적이고, 일반상대성이론에 따르면 시간과 공간이 중력장에 의해 휘기 때문이다. 따라서 1,000년 뒤, 10,000년 뒤, 1억 년 뒤의 시간은 분명 다를 것이다. 그것도 우주팽창이 가속화되고 있어 시공간을 정확히 계산할 수 없다. 그러나 독자들의 이해를 높이기 위해 지금의 지구 시간으로 계산해 보자.

　　모든 천체의 하루는 자전의 시간이요 1년은 공전의 시간이다. 지구의 하루는 지금은 24시간이요 태양을 공전하는 데 걸리는 시간은 지금은 365일이다. 지구 지축의 세차운동의 주기로 보면 12개 별자리를 한번 도는 데 걸리는 시간은 지금의 시간으로 2만 5,920년이다. 이를 대년(Great Year)라 했다. 태양이 우리 은하를 한 바퀴 도는 데 걸리는

천체 혹은 주기들의 하루와 1년

천체	자전 (현재의 하루)	공전 (현재의 1년)	비고
지구	24시간	365일	태양을 공전
지구 지축(Earth's axis)의 세차운동에 따른 춘분의 12개 별자리 주기	N/A	25,920년	대주기(Grand Circle), 대년(Great Year), 플라톤의 해(Platonic Great Year), 피타고라스의 해(Pythagorean Great Year)
태양	25일~27일	2억 2,500만 년 ~2억 5,000만 년	우리 은하를 공전, '태양의 1년' 혹은 '1은하년' 또는 '1우주년(a galactic year, a cosmic year)'
우리 은하(은하수=銀河水, Milky Way Galaxy)	나선형으로 자전하는 주기는 5000만년이고 중앙의 막대(Bar)를 중심으로 자전하는 주기는 1,500만~1,800만 년	N/A	
니비루(Nibiru)	알 수 없음	3600년	태양을 공전하는 경우

시간은 지금의 시간으로 약 2억 년이다. 그래서 태양은 지금까지 우리 은하를 대략 25번 돌아 태양의 나이는 지금 시간으로 50억 년이다. 우리 은하는 자전만 하기 때문에 나선형으로 자전하는 주기는 5,000만 년이고 중앙의 막대(Bar)를 중심으로 자전하는 주기는 1,500만~1,800만 년이다.

따라서 지구 지축의 세차운동 주기는 지구의 지금 시간으로 2만 5,920년 걸리지만, 12개 별자리를 중심으로 생각해 보면 그게 지금의 시간으로 1년이다. 상대적인 위치에 따라 2만 5,920년이 1년이 되는 셈이다. 태양의 공전주기는 약 2억 년이 되지만, 태양을 중심으로 생각해 보면 그저 1년에 불과하다. 우리 은하의 나선형으로 자전하는 주기는 지구의 관점에서 보면 5,000만 년이지만, 우리 은하 관점에서는 그저 하루뿐이다. 니비루의 공전주기는 3,600년이지만, 니비루 관점에서 보면 불과 1년에 불과하다.

그럼 가장 깊은 곳 가장 먼 곳에 계시는 최고 높으신 하나님(Most high God)의 하루는 지구 관점에서 보면 몇 년이나 될까? 그곳이 어디인지는 지금은 정확히 몰라도 블랙홀일 가능성이 높다. 그곳은 시간과 공간이 정지된 곳이다. 정지가 되었다는 것은 다시 말하면 시간과 공간이 '0'에서 '무한대'라는 뜻이다. 그래서 우리는 정확한 창조의 6일을 계산할 수 없다. 다만, '처음이 끝이요, 끝이 시작이다'만을 어렴풋이 계산할 수 있다.

여기서 성경을 잠깐 보자. 성경에는 하늘의 시간과 지구의 시간을 비교하는 대목이 딱 세 군데 나온다. 「시편」 90장 4절, 「베드로후서」 3장 8절과 「희년서」 4장 29~31절에 나오는데, '주께는 하루가 천 년'이라고 나온다. 하늘의 하루는 정말 지구의 1,000년일까?

> 「시편」 90:4 - 주의 목전에는 천 년이 지나간 어제 같으며 밤의 한 경점 같을 뿐임이니이다(For a thousand years in your sight are like a day that has just gone by, or like a watch in the night(NIV).

> 「베드로후서」 3:8 - 사랑하는 자들아 주께는 하루가 천 년 같고 천 년이 하루 같은 이 한 가지를 잊지 말라(But do not forget this one thing, dear friends: With the Lord a day is like a thousand years, and a thousand years are like a day(NIB).

「희년서」 4:29 - 주님께서 저주하셨다. 19번째 희년의 마지막, 6번째 해의 일곱 번째 주에, 그래서 아담은 죽었다, 그리고 아담의 아들들은 그가 창조된 땅에 묻었다(which the Lord hath cursed.' And at the close of the nineteenth jubilee, in the seventh week in the sixth year, thereof, Adam died, and all his sons buried him in the land of his creation, and he)

30 - 아담은 최초로 이 땅에 묻혔다. 천 년에 70년이 모자라는 930에 죽었는데, 천 년은 하늘의 하루이며, 그렇게 지식의 나무에 관하여 쓰여진 바: 그것을 먹으면 그 날에 죽으리라. 이러한 이유로(was the first to be buried in the earth. And he lacked seventy years of one thousand years; for one thousand years are as one day in the testimony of the heavens and therefore was it written concerning the tree of knowledge: 'On the day that ye eat thereof ye shall die.' For this reason he)

31 - 이 하루의 연수를 채우지 못했다. 이러한 이유로 아담은 죽었다(did not complete the years of this day; for he died during it).

결론적으로 필자가 제안하는 것은 「창세기」 1장에 등장하는 6일은 지구의 시간으로 6일이 아니라 하나님의 계시는 천상의 6일이라는 것이다.

부록

구약성경의 역사

1. 구약성경 형성 시기

구약성경(舊約聖經, Old Testament) 또는 구약성서의 형성 시기는 BC
1500년으로 거슬러 올라간다. 이 시기에 유대인(유다인, 유태인)들은 그
간 전승(구전)되어 오던 율법과 역사 등을 문서로 기록하는 작업을 꾸
준히 한 것으로 보이지만, 그 정확한 시기는 유대인의 바빌론 유수기
(포로기, Babylon Exile or Babylonian Captivity, BC 605~BC 538) 이후로
보는 것이 옳을 것 같다. 이때부터 본격적인 문서로 정리하기 시작했다
고 보이기 때문이다. 이 시기는 70년간의 바빌로니아 유수에서 돌아온
유대인들이 스룹바벨(Zerubbabel)의 지휘 아래 소규모 예루살렘 성전,
즉 제2성전을 재건하기 시작한 때이다. 제2성전은 BC 516년에 건축되
었다(「에스라」 5장~6장).
　원래 구약성경은 유대인의 디아스포라(Diaspora, 이산, 離散)에 의
해 여러 곳, 즉 바빌로니아(Babylonia), 이집트(Egypt), 시리아의 안디
옥(Antioch, 안티오크, 안티오키아, 안타키아, Antakya), 그리고 팔레스타인
(Palestine) 본토 등에 거주하고 있던 유대인들이 쓴 기록이기 때문에,

유대인을 지배하던 다른 제국 왕조의 유대인 말살 정책 등의 영향을 받아 원본(Original)은 모두 소실되었다. 그 결과 그에 따른 서로 다른 사본(필사본=Manuscript, 판본/복사본=Copy)과 사본의 낱권들이 생겨나, 이들 사본들을 하나의 성경으로 묶는 과정에서 어떤 것을 성경으로 채택할 것인지, 유대교(Judaism) 내에서도 의견이 서로 달랐던 것으로 보인다.

2. 토라(Torah)

랍비(Rabbi) 전통과 문학(Rabbinic tradition & literature)에 따르면, 토라(Torah)의 의미는 히브리어(헤브라이어, Hebrew language)로 '가르치기 위해(to teach)'라는 뜻으로 이에는 문서로 쓰여진(written) 것과 구전(oral)의 것이 모두 포함되어 있다. 유대인들은 이중 율법적인 것을 문서로 정리했는데, 그것이 바로 율법 613편(613 laws/commandments)이다. 이에는 하지 말아야 할 것이 365편과 해야 할 것이 248편으로 알려져 있다. 이 613편과 다른 문서와 전승을 5편으로 나누어 정리한 것이 율법서인 토라(Torah)이며, 나머지 구전으로 전승되어 온 것을 문서로 정리한 것이 탈무드(Talmud)이다.

토라(Torah)는 그리스어의 펜터튜크(Pentateuch 또는 Pentateuchos)로 알려져 있는데, 우리가 알고 있는 기독교 구약성서 39편의 처음의 5서(오경)를 말한다. 이는 모세(Moses, BC 1526~BC 1406)가 이스라엘 민족을 이집트의 고센(Goshen) 땅에서 이끌어내고, 시나이 반도(Sinai Peninsula)와 시나이 반도 남단의 시내산(Mt. Sinai, Horeb)에서 40년의 광야생활(Wilderness or Desert, BC 1446~BC 1406)을 할 때, 즉 출애굽 기간에 쓰여진 것으로 알려진 『모세오경』(Five Books of Moses)을 말한다. 「창세기」(Genesis, 創世記, 천지인 창조와 이스라엘 민족의 역사가 인간 구제사(救濟史)의 근간임을 기록), 「출애굽기」(Exodus, 出埃及記, 이집트 탈출기), 「레위기」(Leviticus, 종교/제사/봉헌의식 등의 규례 및 사회적/경제적 규례를 기록, 레위기라는 이름은 율법 가운데 제사와 종교를 관장하는 레위인의 이름을 따서 지어짐), 「민수기」(Numbers, 民數記, 모세가 여호와의 명대로 출애굽의 노정에 따라 고난과 겪은 것을 기록, 최초로 시행한 이스라엘 민족의 인구조사 기록이라는 뜻), 「신명기」(Deuteronomy, 申命記, 출애굽에서 모세가 받은 율법을 재차 강조한 모세의 고별 설교 기록, 申=다시, 다시 한번 이스라엘 민족이 지켜야 할 율법/계명(命)을 기록(記)했다는 뜻)를 말한다.

따라서 모세오경이나 모세율법(Law of Moses)이라고도 하며, 이는 유대교에서 가장 중요하게 다루는 율법과 종교적 문서이다. 토라는 히브리어로 '가르침(Teaching)', '지침(Instruction)' 혹은 '법(Law)' 혹은 '율법'을 뜻하며 펜터튜크(Pentateuchos)는 그리스어로 다섯의 뜻인 펜타(Penta)에 두루마리(책)의 뜻인 튜크(Teuchos)가 합쳐져 오경이라는 뜻이다.

토라 원본(문)은 엄격한 자격에 의해 선발되고 특수 훈련을 받은 랍비(Rabbi), 즉 서기관(Secretary 혹은 Scribe)에 의해 전통적인 유대 표준 양식에 따라 양피지(Parchment) 위에 직접 손으로 쓴 것으로 알려져 있는데, 토라의 원본(문)은 소실되고 없으며, 지금의 세퍼 토라(Sefer Torah)나 토라서(Book of Torah) 혹은 토라 두루마리(Torah Scroll)는 원본 토라의 사본(판본, Copy)들이다.

유대 전통에 따르면 토라는 이스라엘의 신인 야훼(Yahweh)께서 모세(Moses)에게 직접 말씀하시고 공개한 내용을 모세가 썼다고(「출애굽기」 4:4, 「레위기」 27:34, 「민수기」 33:2) 생각하지만, 성서 학자들은 모세의 출애굽 사건 이후 바빌론 유수기에 전승된 문서를 여러 집단의 저자들이 수집하고 편집한 것으로 보고 있다. 야훼계 집단의 J[Jahwist,

Jehovah, Jaweh(독일어), JHWH] 문서는 「창세기」에서 여호와 하나님을 야훼라 부르는 전승을 기록한 것으로 신을 인격화하여 표현했으며, 엘로힘계 집단의 E(Elohist, Elohim) 문서는 하나님을 엘로힘(Elohim, 복수의 하나님)이라고 부르고 있는 전승을 기록했는데, 이 문서는 신을 인격화하지는 않았다. 신명기계 집단의 D(Deuteronomist, Deuteronomy) 문서는 주로 「신명기」에 수집된 법률과 관습을 담았으며, 제관계 집단의 P(Priestly Source, Priesthood) 문서는 주로 제사장들에 의해 작성된 것으로 레위기의 제사법과 5경의 나머지 역사 부분들을 다루고 있다. 따라서 성서 학자들은 5경을 JEDP 문서라 보는데, 이는 집단의 저자들이 신학 계열에 따라 편집한 신학문서로, 이렇게 가정한 이론을 문서가설(Documentary Hypothesis, 文書假說)[1]이라고 부른다. 어찌 되었든 JEDP는 어디까지나 가설로 우리는 오경을 모세가 쓴 것으로 받아들이는 것이 아직까지는 정설이다.

실제 영문성경에는 모세의 율법책이라는 표현이 등장하는데 'Book(book) of the Law(law) of Moses' 또는 'the Law(law) of Moses' 또는 'Book(book) of Moses'로 표현하고 있다(「여호수아」 8:31 & 23:6, 「열왕기상」 2:3, 「열왕기하」 14:6 & 23:25, 「역대하」 23:18, 25:4, 30:16 & 35:12, 「에스라」 3:2, 6:18 & 7:6, 「느헤미야」 8:1 & 13:1). 이외에 저자를 생략한 'Book(Book) of the Law(law)'로 표현한 곳도 다수 발견되고 있으며, 아예 이를 'Book(book) of the Law(law) of God' 또는 'Book(book) of the Law(law) of the LORD'라 표현한 곳도 있다(「여호수아」 24:26, 「역대하」 17:9 & 34:14, 「느헤미야」 8:8, 8:18, 9:3 & 10:28~29).

어쨌든 오늘날 토라의 『모세오경』을 경전(經典)으로 삼고 있는 종교

---

1 문서가설(Documentary Hypothesis)-http://100.naver.com/100.nhn?docid=743113
http://en.wikipedia.org/wiki/Documentary_hypothesis

는 유대교, 기독교(그리스도교), 이슬람교(Islam)이다.

3. 구약성경 형성의 배경, 타나크의 마소라

장기간의 아시리아(앗수르) 유수기(Assyria Exile/Captivity, BC 723~BC 612)와 바빌론 유수기, 그리고 고향으로 돌아온 이후로도 여러 역사적 사건으로 인해, 유대민족은 헬레니즘(Hellenism)의 영향을 받았다. 그 결과 특히 아이들은 히브리어(헤브라이어)를 잃어버리고(「느헤미야」 13:24), 그 대신 아시리아와 바빌론의 공용어인 아람어(Aramaic or Arama(e) an language, 시리아어)와 헬라어(Hellas language, 그리스어, Greek language)의 코이네(Koine) 등을 사용하게 되었으며, 이에 따른 타국(이방인)의 문화와 종교로 인해 민족의 정체성 및 유대교의 전통과 율법이 와해될 위기에 놓이게 되었다.

이에 정통파 유대인들은 유대교에서 전승되어 오던 율법 613편(613 laws/commandments)을 문서로 정리하고, 유대 민족의 구전 율법과 역사를 모으고 필사본의 낱권들을 모아 c.BC 530년에 오늘날 『모세오경』으로 알려진 토라(Torah)의 「출애굽기」를 가장 먼저 편집하였으며, 이어서 「창세기」와 다른 토라의 내용들을 편집하였다. 이들은 이와 같이 원본(문)에 가깝다 여겨지는 히브리어로 쓰여진 여러 필사본들의 문서를 대상으로 경전화 작업을 계속 진행하여, c.BC 450년에 『모세오경』의 율법서, 즉 토라를 편집 완성 하였으며, 마키비 혁명(Maccabean Revolt, BC 167~BC 146)과 마키비 시대(BC 167~AD 63)에 예언서(네빔/네비임/느비임, Neviim)의 편집을 완성하였다. 나머지 성문서(케투빔, Ketubim)의 경우 c.BC 1세기에서 로마제국[(Roman Empire, 제정시대, BC 27~AD 476 서로마제국) & AD 1453(동로마제국/비잔티움제국)]에 의해 예루살렘이 멸망한 AD 70년 이후에 편집을 완성한 것으로 보인다. 그렇지만 문맥상 그리고 시대상으로 볼 때 유대인들은 그들 나름대로의 24권의 히브리 구약성경을 c.BC 160년경에 체계화했다고 볼 수 있다. 이 체계화된 유대인들의 24권의 히브리 구약성경은 히브리어를 헬라어로 번역한 70인역에 사용된다.

c.BC 530년부터 c.BC 160년까지 편집한 결과 히브리어로 정리된 타나크(타낙, Tanakh, Tenakh, Tenak) 경전(經典)이 태어났다. 타나크는 미크라(Mikra, Miqra)라고 불리며 타나크의 공식적인 버전이 마소라(맛소라, 마소렛, Masoretic Hebrew Text)이다. 미크라는 '읽는 것' 또는 '읽힘을 받는 것'이라는 뜻이다. BC 516년에 제2의 성전 건축 시대에는 타나크라는 용어는 사용되지 않았으며 대신 '미크라'라고 불렀다. 왜냐하면 경전에 기록된 말씀을 유대인이 모인 회중(assembly) 앞에서 읽었기 때문이다. 미크라는 라틴어(Latin language)의 스크립투스(Scriptus)와 거의 같은 뜻으로 사용되었다. 라틴어의 스크립투스는 '기록된 것'이라는 의미이다. 영어의 스크립처(Scripture)는 라틴어의 스크립투스에서 유래된 것으로 영어의 'Holy Scriptures'라는 용어는 성경(Bible)을 말한다. 그리스어(헬라어)로 번역된 70인 역에 사용된 히브리어 성경은 마소라이다. 이후 마소라는 보편적이고 공식적으로 사용되는 가장 권위 있는 유대교의 경전(Hebrew Bible)이 된다.

이들 히브리어 구약성경(경전)은 전통적으로 다음 세 가지로 성서를 분류하고 있으며 총 24권으로 구성되어 있다. 즉 율법서(토라, Torah) 5권, 예언서(네빔/네비임/느비임, Neviim) 8권, 그리고 성문서(케투빔, Ketubim) 11권이다.

유대교 히브리어 경전의 타나크는 이 세 분류명의 첫 글자를 떼어 합성한 이름이다. Torah의 T, Neviim의 N, Ketuvim의 K를 가져와 Ta-Na-Kh라는 단어를 만들어낸 것이다. 세 가지 문서 중 첫 번째가 율법서(토라, Torah)인데, 이는 이스라엘 민족이 준수해야 할 율법의 내용인 『모세오경』의 5권을 담은 것이다. 두 번째가 8권으로 구성된 예언서(Neviim)인데, 네비임은 예언자들(Prophets)이라는 뜻이다. 이스라엘 민족 가운데 나타난 예언자들이 남긴 예언들이 기록된 문서들을 묶은 이름이다. 「사무엘」 상/하를 묶어 한 권으로, 「열왕기」 상/하를 한 권으로, 특히 12소예언서(The Twelve Minor Prophets, 토리 아샤르)가 포함되는데, 유대교의 성경에서는 이 열두 소예언서를 한 권으로 취급하지만, 기독교에서는 각각의 낱권으로 분류한다. 세 번째는 성문서(케투빔, Ketubim)로 11권인데 이스라엘의 역사를 비롯하여 시문학과 지혜문학이 주종을 이룬다.

4. 구약성경에 등장하는 아람어

이렇게 정리된 히브리어 구약성경은 거의 대부분이 히브리어로 쓰여있지만 총 2만 3,000구절(verses) 중 약 250구절이 아람어(Aramaic language)로 쓰여져 있다. 이는 히브리어 성경의 아람어 형태로 아람어 성서(Biblical Aramaic)라고 하는데, 히브리 성서를 아람어로 번역한 타르굼(Targum or Targumim)과 혼동해서는 안 된다. 결국 100% 완벽한 히브리어 성경을 완성하지 못한 것으로, 이는 그 시대의 어쩔 수 없는 언어적인 문화 현상이 반영되었다고 볼 수 있다.

「창세기」(Genesis)의 두 단어로 된 지명, 「에스라」(Ezra)와 「다니엘」(Daniel)의 일부, 그리고 「예레미야」(Jeremiah)의 한 구절 등이 아람어로 쓰여 있다. 후에 성서 학자들은 이외에 몇몇 다른 구절이나 단어도 아람어라고 지적하고 있다. 특히 신약에 가면 예수님도 주로 아람어를 사용한 것으로 성경학자들은 보고 있으며, 그리스어로 쓰여진 신약에는 예수님이 사용하시던 아람어가 그대로 남아 있는데, 이를 '예수님의 아람어(Aramaic of Jesus)'라고 한다.

「창세기」 31장 47절에는 두 고유명사인 지명이 등장하는데, "라반은 그것을 여갈사하두다라 칭하였고 야곱은 그것을 갈르엣이라 칭하였으니(And Laban called it Jegar-sahadutha: but Jacob called it Galeed)"(KJV)라는 구절이다. 외삼촌인 라반은 아람(Aram) 지역의 하란(Haran)에 살고 있었으므로 아람어를 사용했고 반면 야곱은 히브리어를 사용했다. 여기 '여갈사하두다'가 바로 아람어이다. '서약의 돌 무더기'라는 의미를 담고 있다. 반면 야곱이 명한 이름은 히브리어로, 역시 같은 의미를 담고 있다. 한국어 성경으로는 이 두 지명 사이의 관계를 파악하기가 어렵다. 하지만 잘 살펴보면 '여갈사하두다'와 '갈르엣'은 동일 지명을 두 개의 언어로 나타낸 것임을 알 수 있다. 즉 Jegar-Sahadutha과 Gal-ed의 어원이 같다.

또한 아람어로 쓰여진 부분은 「에스라」 4장 6절에서 6장 18절까지, 「에스라」 7장 12절에서 26절까지, 「다니엘」 2장 4절에서 7장 28절까지, 그리고 「예레미야」 10장 11절의 한 구절이 아람어로 삽입되어 기록되어 있다.

5. 70인 역(셉튜아진타, Septuaginta, The Septuagint Version, LXX)

디아스포라의 유대인들은 본토 팔레스타인에 사는 유대인들보다 그리스 문화에 대해 훨씬 개방적이어서, 히브리어와 아람어를 사용하는 극소수를 제외하고는 대부분 그리스어인 헬라어를 사용했다. 그 결과 디아스포라 유대인들은 히브리어 구약성서를 헬라어로 번역할 필요가 있었다. 그래서 c.BC 250년 이집트의 알렉산드리아에서 탄생한 것이 바로 70인 역(LXX)이다. 이를 알렉산드리아 정경(정전, Alexandria Canon)이라 부른다.

70을 뜻하는 라틴어의 셉튜아진타(Septuaginta)에서 유래한 70인이라는 명칭은, 유대인 12지파 중에서 헬라어와 히브리어에 정통한 학자 6명씩 뽑아 총 72명으로 하여금 각각 다른 독방에 분리해 놓고, 히브리 구약성경을 헬라어로 번역하도록 시켰는데, 이들은 70일 만에 번역을 완성하였고, 나중에 그 것을 모아 보니 그 번역 내용이 다 똑같았다는 전승에서 유래되었다. 이러한 전승은 '70인 역'도 하나님의 영감으로 된 것이라는 점을 강조하기 위해서 생겨난 것으로 추측된다. c.BC 250년에 처음 번역할 때에는 율법서인 『모세오경』만이 번역되었고, 그 이후로 예언서와 성문서 번역이 꾸준히 진행되었으며, 이 작업은 c.BC 100년까지 계속되었다.

이들은 유대교에서 c.BC 530년부터 c.BC 160년까지 편집 정리한 히브리어 성경인 토라(율법서), 네빔/네비임/느비임(예언서), 케투빔(성문서)의 3부분의 24권을, 율법서, 역사서, 문학서(시가서), 예언서의 4부분으로 나누어 39권으로 재분류하고, 그리스어나 아람어(시리아어)로 적혀진 10여 권의 외경(外經) 문헌들까지 추가하였다. 그 결과 70인 역은 총 49권으로 구성되었다. 이를 기독교(그리스도교)에서는 약기호(略記號)로 LXX라 불렀다. 초기 그리스도교가 사용한 언어는 주로 그리스어(헬라어)인 코이네였으므로 그리스도인들은 그리스도가 성취했다는 예언들을 70인 역 본문에서 인용했다.

그러나 70인 역 성서는 히브리어 구약성경인 마소라 경전에서 번역된 것이지만, 히브리어 마소라 경전과는 다소 다른 부분이 있다. 또한 우리가 알고 있는 신약성경도 마태, 마가, 요한, 바울 등의 저자들이 (모두 c.AD 50~c.AD 100년에 신약을 씀) 복음서나 서신을 쓰면서 구약성경을 인용할 때, 예를 들면 「시편」, 「이사야」, 「에스겔」, 「요엘」 등을 인용할 때 히브리어 성경을 보고 인용하지 않고 주로 LXX를 보고 인용했다는 사실이다. 따라서 원래 히브리어 경전의 문맥상 강조나 의미가 번역상 다르게 뜻이 전달될 수 있다. 따라서 그 이후에 70인 역의 오류들을 바로잡으려고 시도했는데, 당시 필사본에 따라 여러 가지 많은 오류가 발견되었다. 다른 학자들도 70인 역을 좀더 정확하게 만들기 위해 히브리어 성경을 참조했다. 그러나 구약성경에 대한 고대 라틴어역(불가타, Vulgata), 이집트의 콥트어역(Coptic), 에티오피아어역, 시리아 아람 지역의 아르메니아어역, 그루지아어역, 슬라브어역, 그리고 아랍어역 일부의 주요 근거가 된 것은, 히브리어 경전이 아니라 바로 70인 역이라는 사실이다.

c.BC 250~c.BC 100년에 히브리어 마소라를 그리스어로 번역한 70인 역의 원본은 소실되고 없다. 현존하는 가장 오래된 70인 역의 사본은 BC 2~1세기경의 일부분(파편, Fragments)이며 완벽하게(Complete) 전체가 남아 있는 것은 4세기의 필사본들이다. 어찌 되었건 70인 역은 성서 연구에는 물론, 언어학상으로도 중요한 자료인데, 구약성서의 문체와 사상을 연구하는 데 귀중한 자료이다.

6. 얌니아 회의(잠니아 회의, Council of Jamnia)

당시 팔레스타인 본토 유다 사회와 유대교에 막강한 영향을 행사하던 유대공동체 중의 하나인 바리새파(바리사이파, 신약성경의 '바리새인', Pharisees)가 70인 역에 강력히 반발하였다. 바리새파는 야훼(Yahweh) 신앙을 지키고 율법을 준수하기 위해 노력한 유대교파의 한 파였다. 바리새파는 범람하는 그리스 헬라 철학 사상에 적극 대처하고, 그리스의 그리스도교가 대개 이방(디아스포라) 유대인과 이방인들로서, 히브리어

지식이 부족해서 70인 역에 주로 의존하는 것을 인식하고, 따라서 유대교는 70인 역을 부정하고 사용을 중단했으며, 당시 유대교의 종파였던 그리스도교(기독교)를 유대교 내에서 배제시키게 되었다(AD 90). 그 대신 히브리 고유 전통에 의거하여 다시 성서 목록의 확정 작업에 들어갔다.

그 결과 AD 96년에 팔레스타인의 지중해 연안에 있는 얌니야(Jamnia, Jabneh, Javneh, Jabneel)에서 열린 얌니아 회의(잠니아 회의, Council of Jamnia/Yavne)에서 유대인 학자들에 의해 최종적으로 성서 목록의 범위가 확정되었다. 이 작업은 상당히 빨라졌는데, 예루살렘 멸망(AD 70) 이후, 랍비인 요하난벤 자카이(Johanan ben Zakkai)가 얌니아에 세운 학교에서 유대교인들이 모여 이 작업을 서둘러 완결시켰다는 것이 오늘날 정설로 받아들여지고 있다. 그리스도교 책들이―특히 헬라어의 70인 역―나오는 것에 자극을 받은 유대인들이 경전의 마감을 서둘렀다고 볼 수 있다. 또한 유대교인들은 이스라엘이 멸망한 이유가 이방 민족의 글을 끌어들임으로써 성경대로 준수하지 않아 멸망했다고 판단했다. 그래서 히브리어로 쓰여지지 않은 근거의 문서가 발견되지 않는, 즉 헬라어로만 쓰여진 문서는 성경이 아니라고 판단해 이들을 정경 또는 정전(正經, 正典, Canon)에서 제외시켰다. 다시 말해 70인 역 목록 중에서 BC 1세기 이후에 헬라어로만 쓰여진 10여 권의 문헌을 '출처 불명확' 또는 '영감성 부족' 등의 이유를 들어 외경(外經)으로 간주하여 목록에서 제외하고, 최종적으로 유대교가 처음부터 분류한 24권의 정경 목록을 재확정하였다.

7. 다른 종파의 해석과 수용, 정경-외경-위경

AD 90년에 유대교에서 분리된 기독교(基督教, 그리스도교)는 하나님의 아들, 즉 예수의 가르침을 중심으로 한 성부(聖父, the Father), 성자(聖子, the Son), 성령(聖靈, the Holy Spirit)의 삼위일체(the Holy Trinity)의 하나님을 믿는 종교로, 70인 역 성경에는 있으나 히브리어 사본이 발견되지 않은 10여 권의 문서들을 외경(外經), 즉 제2경전(Deuterocanonici)으로 구분한다.

로마 가톨릭(천주교)에서는 382년 다마스커스 1세 교황(Pope Damasus I)이 주재하고 그리스도교 성직자 및 가톨릭의 주교가 참석한 로마종교회의(Council of Rome)에서 구약 46권을 구약성서로 결정한다. 또한 397년에 열린 아프리카에서 개최된 카르타고(칼타고) 종교회의(Councils of Carthage)에서 이를 비준한 결정을 존중하여 1545~63년의 트리엔트 공의회(Council of Trient)에서 70인 역의 39권에 7권의 외경을 포함한 46권을 정경(正經, canon)으로 공인한다. 그 이유는 개신교(Protestantism)가 구약성서는 39권이라는 유대교의 전통을 따랐기 때문이다. 개신교는 유대교에서 편집 정리한 히브리어 성경인 율법서, 예언서, 성문서의 3부분 24권을, 율법서, 역사서, 문학서(시가서), 예언서의 4부분으로 나누어 재분류한 70인 역의 39권만을 인정하고 있다.

16세기 종교개혁으로 로마 가톨릭에서 분리된 개신교(루터교, 장로교, 감리교, 침례교, 성결교, 순복음교 등)와 동방 정교회/그리스 정교회/동방교회/정교회(The Eastern Orthodox Church, Greek Orthodox Church, Orthodox Church)에서는 70인 역의 나머지 10권을 외경으로 구분한다. 영국 성공회(聖公會, 국교회, Anglican Church, Episcopal Church)에서는 외경이 정경은 아니지만, 그리스도와 사도들이 인용했으며, 신자들의 도덕생활을 위해서 읽을 수 있는 준(俊) 정경으로 받아들인다. 위경(僞經,

Pseudepigrapha)은 70인 역에도 들지 않은 다른 문헌들로 경전으로서의 가치가 없다고 간주되는 성서이다.

8. 구약성경의 정경기준

유대교와 기독교(그리스도교)의 정경 기준이 히브리어로 쓰여지지 않은 즉 근거가 없는 10여 권의 70인 역의 문서를 인정할 것인가 아닌가에 따라 서로 다르지만, 그간 24권의 히브리어 타나크(마소라) 경전과 70인 역의 경전을 선정하는 데 쓰인 기준은 다음과 같이 요약할 수 있다. 유대교나 그리스도교가 제일 중요하게 생각한 첫 번째 기준은 유일신 (Unity of God, the Lord is our God, the Lord is One)이다. 여호와 하나님 (가톨릭의 '주 하느님', 유대교의 '야훼' 신)은 오로지 한 분이라는 기준이다. 이 기준에 따라 모든 구약성경이 유일신론(唯一神論, 一神論)에 입각하여 편집된 것으로 보인다.

첫째, 유일신이신 여호와 하나님 또는 야훼 신만을 경배할 것을 천명하고 있는가?

둘째, 하나님의 거룩한 뜻과 인간 구원의 진리를 담고 있는가?

셋째, 신약시대의 예수님과 사도들이 그 책을 정경으로 인정해 주었는가?

넷째, 성부와 성령께서 영감을 주어 쓴 책이라는 것을 알 수 있는가?

다섯째, 신적 섭리에 의해 훼손됨이 없이 보존되어 왔는가?

이 기준에 따라 선정된 히브리어 구약성경인 타나크(마소라)의 24권이 성경의 첫 번째 표준이 되었으며, 아울러 70인 역도 두 번째 표준이 된 셈이다. 예를 들어 기독교(그리스도교)에서는 알렉산드리아에서 만들어진 70인 역에 보존된 히브리 성경 24권의 목록을 근거로 구약성경 39권을 재분류하여 정립하게 되었다. 따라서 히브리어로 된 구약성경 (Hebrew Old Testament)을 일명 팔레스틴 정경(Palestinian Canon)이라고 부른다.

9. 신약에서 인용된 구약의 외경과 위경

정경, 외경, 위경은 종파들의 입장에서 구분한 것이다. 사실 신약시대에 가면 신약을 쓴 저자들 역시 외경/위경과 정경의 구분에 구애 받지 않고—당시에는 이런 구분이 약했던 것으로 보인다—자유로이 그 내용을 성서의 말씀으로 인용하였다.

신약 중 c.AD 64년에 예수님의 친동생인 유다(Jude, Judah)가 쓴 「유다서」(Jude)에는 외경의 범위를 벗어난 위경인 「에녹서」(Books of Enoch), 「희년서」(Book of Jubilees)와 「모세승천기」(Assumption of Moses 또는 Testament of Moses)의 내용이 인용된다.

「유다서」와 「히브리서」에 인용된 「에녹 1~2서」와 「희년서」

「유다서」 1장 14~15절에는 에녹(Enoch)이 '하나님은 경건하지 않은 사람들(불경한 자, Ungodly men)을 심판하시고 정죄하실 것'이라는 하나님의 말씀을 예언하고 가르쳤다는 내용의 구절이 나오는데 이는 「에녹 1서(1 Enoch)」 2장 1절을 인용한 것이다.

「유다서」 1:14 - 아담의 칠 세 손 에녹이 사람들에게 대하여도 예언하여 이르되 보라 주께서 그 수만의 거룩한 자와 함께 임하셨나니

(Enoch, the seventh from Adam, prophesied about these men: "See, the Lord is coming with thousands upon thousands of his holy ones) (NIV).

「유다서」 1:15 - 이는 뭇 사람을 심판하사 모든 경건치 않은 자의 경건치 않게 행한 모든 경건치 않은 일과 또 경건치 않은 죄인의 주께 거스려 한 모든 강퍅한 말을 인하여 저희를 정죄하려 하심이라 하였느니라(to judge everyone, and to convict all the ungodly of all the ungodly acts they have done in the ungodly way, and of all the harsh words ungodly sinners have spoken against him.")

「에녹1서」 2:1 - 보라 그는 수만 명의 성인(聖人)들과 함께 올 것이니, 이는 저들을 심판하기 위함이요, 악한 자들을 멸망시키고, 죄지은 자들과 불경한 자들이 행한 모든 것을 정죄하기 위함이라(Behold, he comes with ten thousands of his saints, to execute judgment upon them, and destroy the wicked, and reprove all the carnal for everything which the sinful and ungodly have done, and committed against him)(Luarence, 인터넷 공개)

또한 저자 미상의 「히브리서」(Hebrews) 11장 5절에는 에녹이 어떻게 해서 죽지 않고 하나님이 데려갔는지에 대한 이유를 설명하고 있는데 이는 모두 위경인 「에녹2서」와 「희년서」를 인용한 것이다. 왜냐하면 「창세기」에는 그와 같은 내용이 없다. 「창세기」에는 그저 "에녹이 하나님과 동행하다 그를 데려갔다"(Enoch walked with God: and he was not; for God took him)(KJV, 「창세기」 5:24)고 한 구절로만 기록되어 있다.

「히브리서 11:5－ 믿음으로 에녹은 죽음을 보지 않고 옮기웠으니 하나님이 저를 옮기심으로 다시 보이지 아니하니라 저는 옮기우기 전에 하나님을 기쁘시게 하는 자라 하는 증거를 받았느니라(By faith Enoch was taken from this life, so that he did not experience death; he could not be found, because God had taken him away. For before he was taken, he was commended as one who pleased God)(NIV).

「에녹2서」에는 에녹[Enoch, BC 3492(B)~BC 3127(B)]이 365세에 하나님(God)이 그를 데려가기 전에 열 번째 하늘나라(the tenth heaven)로의 여행 기록을 적고 있다(Luarence, 인터넷 공개). 첫 번째 하늘을 거쳐 열 번째 하늘인 아라보스(Aravoth)에 도착해(「에녹2서」 22:1) 60일 동안 히브리어로 아라바트(Aravat), 즉 창조의 아버지(Father of Creation)(「에녹2서」 20:3)의 얼굴을 뵙는다. 이는 성경에 등장하는 히브리어인 엘샤다이(El-Shaddai)로 전능의 하나님(God Almighty)을 뵙고, 창조와 대홍수 그리고 미래의 심판(judgment) 등의 비밀을 듣고, 그것들을 총 366권의 책에 기록하고, 이 땅에 내려와, 30일 동안 366권의 책과 하나님의 말씀을 그의 아들들과 사람들에게 전파하고 예언자로서의 역할을 충실히 한다. 그러다가 30일 후인 365세에, 그가 태어난 날과 시간에, 다시 하늘나라로 올라간 사실이 상세히 기록되어 있다.

또한 위경인 히브리어로 쓰여진 「희년서」(Charles, 2002)의 4장 17~20절에는 에녹이 최초의 글을 깨친 인간이었으며, 따라서 지식과 지혜가 충만하고 하늘의 징조(signs)와 계절(seasons)을 인간들에게 가르쳤으며, 마지막 심판의 날까지 일어날 일들을 하나님으로부터 계시를 받아 증거(testimony)로 기록했다는 표현이 나온다. 또한 「희년서」 4장 21절에는 "에녹이 므두셀라를 낳은 후 300년 동안 하나님의 천사들과 동행했으며 천사들은 그에게 땅과 하늘에 있는 모든 것을 보여 주고 태양의 규칙(rule)까지 보여 주었으며 에녹은 그 모든 것을 기록했다(…And he was moreover with the angels of God these six jubilees of years, and they showed him everything which is on earth and in the heavens, the rule of the sun, and he wrote down everything)"고 기록하고 있다.

따라서 「창세기」 5장 24절의 "에녹이 하나님과 동행하다 그를 데려갔다"라는 성경의 말씀을 자세히 이해할 수 있다.

「고린도전서」/「베드로후서」/「유다서」에 인용된 「에녹1서」와 「희년서」

「고린도전서」 6장 3절, 「베드로후서」 2장 4절과 「유다서」 1장 6절에는 직무를 이탈하고 범죄한 천사들이 나오는데, 이들은 하나님을 배반한 천사들이며, 그 결과 천사들은 심판의 마지막 날까지 결박되어 흑암(darkness)에 갇혀 있다는 사실을 언급하고 있다. 그리고 심판의 날에 배반한 천사들을 우리, 즉 경건한 자 혹은 의로운 자가 심판할 것이라고 「고린도전서」에 기록되어 있다. 이는 모두 위경인 「에녹1서」와 「희년서」를 인용한 것이다.

「고린도전서」 6:3 - 우리가 천사를 판단할 것을 너희가 알지 못하느냐 그러하거든 하물며 세상 일이랴(Do you not know that we will judge angels? How much more the things of this life!)(NIV).

「베드로후서」 2:4 - 하나님이 범죄한 천사들을 용서치 아니하시고 지옥에 던져 어두운 구덩이에 두어 심판 때까지 지키게 하셨으며 (For if God spared not the angels that sinned, but cast them down to hell, and delivered them into chains of darkness, to be reserved unto judgment)(KJV).

「유다서」 1:6 - 또 자기 지위를 지키지 아니하고 자기 처소를 떠난 천사들을 큰 날의 심판까지 영원한 결박으로 흑암에 가두셨으며 (And the angels who did not keep their positions of authority but abandoned their own home—these he has kept in darkness, bound with everlasting chains for judgment on the great Day)(NIV).

「에녹1서」에는(Charles & Laurence, 인터넷 공개) 「창세기」 6장 1절에서 7절에 짤막하게 언급하고 있는 네피림(Nephilim)과 네피림의 자손들인 거인(Great/Giant Man)에 대해 자세히 기록하고 있다. 이때 네피림은 화성(Mars)이나 지구궤도를 돌고 있던 모선의 우주비행군단에 속한 이기기(Igigi) 신들을 일컫는다. 「창세기」 6장 1~2절의 "사람이 땅 위에 번성하기 시작할 때에 그들에게서 딸들이 나니 하나님의 아들들(Sons of God)이 사람의 딸들의 아름다움을 보고 자기들의 좋아하는 모든 자로 아내를 삼는지라"라의 내용은 「에녹1서」 7장의 1~2절 내용과 12장의 내용과 같다.

다만 「에녹1서」에는 하늘(천국)의 아들들(Sons of Heaven)이 천사(Angels) 또는 주시자/감시자(Watchers)라는 점과(「에녹1서」 1장 5절), 이 감시자들이 인간의 딸들과 결혼해서 나은 자식들이 거인이라는 점, 이들의 키가 450피트(450 feet high or thousand ells or three hundred cubits, 1피트=30센티미터, 1큐빗=40~55센티미터, 그러므로 135미터~165미터)나 된다는 점(「에녹1서」 7:12), 이 거인들이 배를 채우고자 인간들이 생산한 각종 농산물을 삼키고 그것도 모자라 인간을 삼키고 동물과 바다 물고기와 새 등을 마구 잡아 삼키며 피를 빨아먹는 괴물이었다고 묘사되고 있으며, 이것도 모자라 거인들끼리 서로 잡아먹으며 피를 빨아먹어, 이 거인들이 인간과 지구를 무법천지로 만들었다고 기록되어 있다

(「에녹1서」7장).

또한 하나님을 배반한 감시자들은 인간들에게 무기를 만드는 법과 마술을 가르쳐 전쟁을 일으키게 했으며, 하늘의 비밀인 점성술을 가르쳤고, 하나님의 방향과는 다른 길로 인도하여 인간이 결국 부패하게 되었고, 그 결과 피와 뒤섞인 인간 영혼의 울부짖는 소리가 하늘에 닿았다고 기록하고 있다(「에녹1서」8장). 이 감시자들은 아담의 6대손이자 에녹의 아비인 야렛(Jared, BC 3654(B)~BC 2692(B)) 시대에 지구의 허몬산/헤르몬(Mount Hermon or Armon, 히브리어로 'herem', 이는 저주(Curse)라는 뜻임)으로 내려온 자들로(「에녹1서」7:7~8, Charles, 1893, p. 63), 이들은 「창세기」6장 4절에 기록되어 있는 네피림(Nephilim)들이며, 그 규모가 200명에 달했다고 「에녹1서」는 기록하고 있다(「에녹1서」7:7).

이들 감시자들과 인간의 자식들인 거인들에 의해 인간과 세상이 광포해져 결국 가장 높으신 하나님(Most High, the Holy and Great One)(「에녹1서」10:1)께서 노아(Noah)의 홍수(The Flood)를 일으켜 거인들뿐 아니라 인간들을 멸망시켰다고 설명하고 있다(「에녹1서」10장). 이는 「창세기」6장 4~7절의 내용과 비슷하지만, 노아 홍수의 원인을 소상히 밝히고 있다. 다시 말해 노아 홍수의 1차적인 원인은 이기기 신들과 인간의 딸들에서 탄생한 거인들의 죄악 때문에 일어난 것이다. 이는 「창세기」6장 5절의 내용과 같다.

이때 하나님은 범죄한 천사들을 용서치 아니하시고 불이 있는 무저갱에 던져 심판 때까지 가두어 고통을 당하게 하였다(Then shall they be taken away into the lowest depths of the fire in torments; and in confinement shall they be shut up forever. Immediately after this shall he, together with them, burn and perish; they shall be bound until the consummation of many generations)고 기록하고 있다(「에녹1서」

10:16~17).

　이는 「에녹2서」의 에녹이 하늘나라로 여행한 10개의 하늘들 중 두 번째 하늘에 갇혀 있는 배반한 천사들(「에녹2서」 7장)과 다섯 번째 하늘에 감금되어 있는 배반한 천사들의 왕자인 사탄넬(Satanail)((「에녹2서」 18장)을 말한다. 자세한 것은 제3부 1장 5-2절의 "에녹(Enoch)의 10개의 하늘들"을 참고하시라.

　이는 신약의 「베드로후서」 2장 4절의 "하나님이 범죄한 천사들을 용서치 아니하시고 지옥에 던져 어두운 구덩이에 두어 심판 때까지 지키게 하셨으며"의 내용과 「유다서」 1장 6절의 "또 자기 지위를 지키지 아니하고 자기 처소를 떠난 천사들을 큰 날의 심판까지 영원한 결박으로 흑암에 가두셨으며"의 내용과 같다.

　또한 이 내용은 위경인 히브리어로 쓰여진 「희년서」 4장 22~24절에도 나온다(Charles, 2002). 다만 여기에는 천사(Angels) 대신 '감시자 또는 응시자 또는 주시자(Watchers)'로 기록되어 있다. 이 감시자들은 인간의 딸들과 결혼하여 함께 죄를 저지르고 그 결과 인간의 딸들과 그들 스스로를 하나로 통일하여 신성을 더럽혔으며, 이러한 사실을 에녹이 감시자들에게 증거했다(he testified to the Watchers)고 기록하고 있다. 그러나 5장 1절에는 감시자가 천사로 기록되어 있다. 따라서 「에녹1서」와 「희년서」에는 천사와 감시자를 같은 신분으로 혼동하고 기록한 것이 분명하다. 하여튼 이들에게서 거인(Giants)이 태어났다. 거인들은 이 땅을 무법천지로 만들고 모든 생물체를 닥치는 대로 잡아먹어 생물체의 위계질서를 파괴하였으며, 그것도 모자라 거인들끼리 서로를 잡아삼켰다. 그 결과 인간들과 땅이 타락했다. 하나님이 보시기에 땅 전체가 악으로 가득했다(「희년서」 5:2~3). 하나님은 범죄한 감시자들, 즉 네피림(Nephilim)에 화를 내며, 그들의 자식들, 즉 거인들이 서로 싸워

살육케 하여 이 땅에서 사라지게 되는 것을 목격하게 한 다음, 그들을 마지막 심판 날까지 이 땅의 가장 깊은 곳에 묶어 가두었다(they were bound in the depths of the earth for ever)(「희년서」 5:5~10). 그 다음 이 땅에는 하나님의 분노, 즉 홍수가 덮쳤다.

다만 '자기 지위를 지키지 아니하고 자기 처소를 떠난'이라는 의미의 해석이 필요하다. 그렇다면 이들은 어떤 역할을 하고 있었다는 얘기인데, 이들의 신분으로 보아 이 땅에 내려오면 안 되는 그 어떤 역할이 있었음에 분명하다.

이들의 역할은 무엇이고, 배반한 천사들이 누구이며, 하나님께 어떤 배반을 한 것인지, 네피림의 구체적인 신분이 무엇인지, 거인들의 사악한 행위가 무엇인지, 여기서는 지면상 이 정도로 하고, 『바이블 매트릭스』 시리즈의 「인간창조와 노아 홍수의 비밀」편에서 자세히 다루기로 한다.

「유다서」에 인용된 「모세승천기」

「유다서」 1장 9절에는 모세(Moses, BC 1526~BC 1406)가 죽은 후 승천에 관한 얘기가 나오는데 "천사장 미가엘이 모세의 시체에 대하여 마귀와 다투어 변론할 때에 감히 훼방하는 판결을 쓰지 못하고 다만 말하되 주께서 너를 꾸짖으시기를 원하노라 하였거늘(But even the archangel Michael, when he was disputing with the devil about the body of Moses, did not dare to bring a slanderous accusation against him, but said, "The Lord rebuke you!")"(NIV)이라는 구절이 나온다.

이는 정경의 구약에는 어디에도 언급되지 않은 내용이다. 또한 「마태복음」 17장 3절에는 승천한 모세와 엘리야(Elijah)가 예수님 앞에 나타나 예수님과 얘기하는 장면이 나온다(「마태복음」 17:3, 「마가복음」 9:4, 「누가복음」 9:30). 모세가 승천했다는 것을 예수님이 인정한 것이다. 이는 위경인 「모세승천기」(Assumption of Moses 또는 Testament of Moses)에는 구체적으로 언급되어 있지 않지만 정황으로 볼 때 잃어버린 나머지 장들에서 인용한 것으로 보인다.[2]

10. 히브리어로 쓰여진 『사해사본』(Dead Sea Scrolls)의 발견

실제 원본들과 유대인들이 공들여 수집 편집한 타나크는 모두 소실되고, 지금까지 전해지는 가장 오래된 히브리어의 타나크 사본은 920년 것으로 추정되는 알레포 사본(Aleppo Codex)과 1008년 것으로 추정되는 레닝그라드 사본(Leningrad Codex)이다. 또한 가장 오래되고 완벽한 (Complete) 그리스어 70인 역의 구약과 그리스어로 쓰여진 신약의 사본은 4세기 것의 바티칸 사본(Codex Vaticanus)과 역시 4세기 것의 시나이 사본(Codex Sinaiticus)이다.

원래 우리가 시중에서 쉽게 사는 성경들은 주로 바티칸 사본의 텍스트에 의한 것이다. 이것밖에는 없었기 때문이다. 그런데 1859년에 현재 이집트의 시나이 산(Mount Sinai)에서 4세기의 그리스어 70인 역 (LXX)의 구약 사본과 4세기에 그리스어로 쓰여진 신약의 사본들이 발견되었다. 이것이 시나이 사본이다. 발견의 순서에 따라 여러 곳에 흩어져 있던 사본들을 한곳에 모아 현재 인터넷으로 디지털 사본들을 공개하고 있다. 따라서 바티칸 사본의 독주에 앞으로는 시나이 사본이 경쟁하게 되었다. 아무튼 현재 우리가 보유하고 있는 가장 오래된 구약과 신약 사본은 4세기의 그리스어 사본이었다.

그런데 획기적인 고고학적 발견이 일어났다. 1947년에서 1956년

---

2 http://biblelight.net/assumpt.htm

에 사해(死海) 서쪽 해안가, 예루살렘으로부터 20km 떨어진, 쿰란 동굴(Qumran Caves)에서 BC 160~AD 75년의 것으로 보이는 히브리어로 쓰여진 타나크(Tanakh)의 『사해사본』(死海寫本, 死海文書, Dead Sea Scrolls, DSS)과 유대교 관련 문헌 등 총 972여 건의 문서가 발견되었다. 이 중 220개는 타나크 문서로, 구약의 「에스더」(Book of Esther)를 제외한 히브리 문서가 발견된 것이다. 물론 대부분 파편 조각 문서(fragmentary)이지만 두 개의 이사야(Book of Isaiah) 문서 중 하나는 100%의 두루마리로, 다른 하나는 75%의 두루마리로 완벽하게 보존되어 있었다. 결국 70인 역의 49권 중 「에스더」를 제외한 48권의 히브리어 문서가 발견된 것이다.

이로써 히브리어로 쓰여진 사본이 발견되지 않는 한 70인 역의 나머지 10권을 정경으로 받아들일 수 없다던 유대교는 할 말을 잃게 되었다. 하지만 유대교는 현존하는 히브리 타나크를 920년에서 BC 160년의 문서로 확장하게 되는 개가를 올리게 되었으며, 이 사해문서의 발

사해사본(DSS)이 발견된 쿰란 동굴(Quamran Caves)[3]

굴은 구약성서 연구에 새로운 전기가 되었다.

따라서 우리는 정경, 외경, 위경이라는 분류에 집착하지 말고 모두를 어울러 성경으로 받아들여 연구하는 자세가 필요하다.

『사해사본』에는 유대교와 개신교가 외경으로 분류했던 고대 히브리어로 쓰여진 토비트기(Tobit, Tobias), 벤시락 또는 「집회서」(Ben Sirach, Wisdom of Jesus Son of Sirach, Ecclesiasticus)와 「시편」 151장 (Psalm 151) 등, 그리고 70인 역에도 들지 못해 위경으로 간주한 고대 에티오피아어(Ethiopic)와 아람어(Aramaic)와 슬라브어(Slavonic)로 쓰여진 「에녹서」와 고대 히브리어로 쓰여진 「희년서」 등을 포함하고 있다. 또한 70인 역의 그리스어 사본과 아람어로 쓰여진 문헌 및 아람어로 번역된 타르굼(Targum or Targumim)의 일부도 포함하고 있다.

11. 각 종파에서 분류한 구역성경의 목록

개신교에서는 히브리 성경 24권을 기준으로 70인 역에서 재분류한 39권을 구약의 성서 목록으로, 가톨릭에서는 여기에 외경들인 「유딧」, 「토비트」, 「바룩」, 「지혜서」, 「집회서」, 「마카베오 상」, 「마카베오 하」 등 7권과, 「다니엘」과 「에스더(에스텔)」 부록 추가본을 「다니엘」과 「에스더」에 추가하여 46권을 성경에 수록하고, 그 외 「므낫세의 기도」, 「에스드라1」과, 「에스드라2」서의 3권은 외경으로 분리하되, 라틴어의 불가타 (Vulgata) 개정판의 목록에 따로 수록하고 있다.

---

3 http://www.crystalinks.com/sacredcaves.html

유대교 24권		70인 역 49권		개신교 39권	가톨릭 46권
율법서	(1) 창세기(Genesis, 히브리어로 브레쉬트)	율법서	(1)창세기	(1)창세기	(1)창세기
율법서	(2) 출애굽기(탈출기) (Exodus, 쉬모트)	율법서	(2)출애굽기	(2)출애굽기	(2)탈출기
율법서	(3) 레위기 (Leviticus, 바이크라)	율법서	(3)레위기	(3)레위기	(3)레위기
율법서	(4) 민수기 (Numbers, 브밋바르)	율법서	(4)민수기	(4)민수기	(4)민수기
율법서	(5) 신명기 (Deuteronomy, 드바림)	율법서	(5)신명기	(5)신명기	(5)신명기
예언서	(6) 여호수아 (Joshua, 예호쉬아)	역사서	(6)여호수아기	(6)여호수아	(6)여호수아기
예언서	(7) 사사기/판관기 (Judges, 숍팀)	역사서	(7)사사기	(7)사사기	(7)판관기
예언서	(8) 사무엘기(상권 & 하권)(Samuel, 쉬무엘)	역사서	(8)사무엘상	(8)사무엘상	(8)사무엘기 상권
		역사서	(9)사무엘하	(9)사무엘하	(9)사무엘기 하권
예언서	(9) 열왕기(상권 & 하권) (Kings, 믈라킴)	역사서	(10)열왕기상	(10)열왕기상	(10)열왕기 상권
		역사서	(11)열왕기하	(11)열왕기하	(11)열왕기 하권
예언서	(10) 이사야서 (Isaiah, 이샤야후)	예언서	(12)이사야서	(12)이사야	(12)이사야서
예언서	(11) 예레미야서 (Jeremiah, 이르미야후)	예언서	(13)예레미야서	(13)예레미야	(13)예레미야서
예언서	(12) 에스겔/에제키엘서 (Ezekiel, 이흐지키엘)	예언서	(14)에스겔서	(14)에스겔	(14)에제키엘서
예언서	(13) 열두 소예언서 (The Twelve Minor Prophets, 토리 아샤르)				
	I. 호세아서 (Hosea, 호쉐아)	예언서	(15)호세아서	(15)호세아	(15)호세아서

[4] 구약성서 분류는 다음 사이트를 참조 - http://100.naver.com/100.nhn?docid=21031, http://www.ccel.org/bible/brenton/index.html

	II. 요엘서 (Joel, 요엘)	예언서	(16)요엘서	(16)요엘	(16)요엘서
	III. 아모스서 (Amos, 아모스)	예언서	(17)아모스서	(17)아모스	(17)아모스서
	IV. 오바댜(오바디아)서 (Obadiah, 오바디야)	예언서	(18)오바댜서	(18)오바댜	(18)오바드야서
	V. 요나서 (Jonah, 요나)	예언서	(19)요나서	(19)요나	(19)요나서
	VI. 미가(미카)서 (Micah, 미카)	예언서	(20)미가	(20)미가	(20)미카서
	VII. 나훔서 (Nahum, 나훔)	예언서	(21)나훔서	(21)나훔	(21)나훔서
	VIII. 하박국(하바꾹)서 (Habakkuk, 하바쿡)	예언서	(22)하박국서	(22)하박국	(22)하바쿡서
	VIV. 스바냐(스바니아)서 (Zephaniah, 츠파니야)	예언서	(23)스바냐서	(23)스바냐	(23)스바니야서
	X. 학개(하깨)서 (Haggai, 하까이)	예언서	(24)학개	(24)학개	(24)하까이서
	XI. 스가랴(즈가리아)서 (Zechariah, 즈카르야)	예언서	(25)스가랴	(25)스가랴	(25)즈카르야서
예언서	XII. 말라기(말라키)서 (Malachi, 말라키)	예언서	(26)말라기서	(26)말라기	(26)말라키서
성문서	(14) 시편 (Psalms, 티힐림)	문학서	(27)시편	(27)시편	(27)시편
성문서	(15) 잠언 (Proverbs, 미쉴레이),	문학서	(28)잠언	(28)잠언	(28)잠언
성문서	(16) 욥기 (Job, 이요브)	문학서	(29)욥기	(29)욥기	(29)욥기
성문서	(17) 아가(Song of Songs, 쉬르 하쉬림)	문학서	(30)아가	(30)아가	(30)아가
성문서	(18) 룻기 (Ruth, 루트)	역사서	(31)룻기	(31)룻기	(31)룻기
성문서	(19) 예레미야애가 (Lamentations, 에이카)	문학서	(32)예레미야애가	(32)예레미야애가	(32)애가

성문서	(20) 전도서(코헬렛) (Ecclesiastes, 코헬레트)	문학서	(33)전도서	(33)전도서	(33)코헬렛
성문서	(21) 에스더(에스텔기, Esther, 에스테르)	역사서	(34)에스더	(34)에스더	(34)에스테르기
성문서	(22) 다니엘 (Daniel, 다니엘)	예언서	(35)다니엘	(35)다니엘	(35)다니엘서
성문서	(23) 에스라(에즈라)기 (Ezra)와 느헤미야기 (Nehemiah, 에즈라 브네켐야)	역사서	(36)에스라	(36)에스라	(36)에즈라기
			(37)느헤미야	(37)느헤미야	(37)느헤미야기
성문서	(24) 역대기(상 & 하, Chronicles I & II, 디브리 하야밈)	역사서	(38)역대상	(38)역대상	(38)역대기 상권
		역사서	(39)역대하	(39)역대하	(39)역대기 하권
		역사서	(40)토비트기 (Tobit = Tobias)		(40)토빗기
		역사서	(41)유딧기 (유디스)(Judith)		(41)유딧기
		문학서	(42)솔로몬의 지혜서(智慧書, Wisdom of Solomon)		(42)지혜서
		문학서	(43)벤시락 또는 집회서(集會書, Ben Sirach, Ecclesiasticus, Wisdom of Jesus Son of Sirach)		(43)집회서
		예언서	(44)바룩 (Baruch), 바룩의 묵시록 (Apocalypse of Baruch)		(44)바룩서
		역사서	(45)마카비서 (마카베오) 상 (1 Maccabees) – 원래는 4권 이지만 1권과 2권만이 70인 역과 불가타의 정경임		(45)마카베오기 상권

		역사서	(46)마카비서 (마카베오) 하(2 Maccabees)		(46)마카베오기 하권
		역사서	(47)에스드라 상(1 Esdras) – Greek Ezra		
		역사서	(48)에스 드라 하상 (2 Esdras) – Greek Ezra		
		문학서	(49)므낫세 의 기도 (The Prayer of Manasseh)		
		역사서	*부록 등 추 가 내용을 에 스더(에스텔)에 추가(Addition to Esther)		*부록 등 추가 내용을 에스 테르기에 추 가(Addition to Esther)
		예언서	*예레미야의 편지(The Letter of Jeremiah) – 예레미야 10:11 절을 보 충 설명하는 부분 추가		*예레미아의 편지를 바룩서 6장에 수록
		예언서	*'수산나'를 다니엘에 추 가(Addition of Susanna to Daniel)		*'수산나'를 다니 엘서에 추가 (Addition of Susanna to Daniel)
		예언서	*다니엘에 '벨 과 용'(Bel and Dragon, The History of the Destruction of Bel and the Dragon)을 추 가		*다니엘에 첨가 하는 내용으로 정경으로 인정 하는 제2경전 으로 간주
		문학서	*아자리야 의 기도(The Prayer of Azariah)를 다 니엘에 삽입		*아자리야의 기 도(The Prayer of Azariah)를 다니엘서에 삽 입
		문학서	*시편에 151 편을추가		

12. 결론

역사적으로 이스라엘은 이집트와 메소포타미아(Mesopotamia)의 2대 문화 발상지를 연결하는 교량적 존재이다. 우리 대한민국이 일본과 중국 및 유라시아를 연결하는 지리적 조건과 비슷하다. 6대 제국(帝國)들인 이집트 왕조(BC 1806~BC 1406, 이스라엘의 400년간의 이집트의 노예생활), 신아시리아 왕조(c.BC 912~c.BC 612), 신바빌로니아 왕조(BC 625~BC 539), 페르시아 제국(BC 691~BC 330), 그리스 마케도니아 왕국(Kingdom of Macedonia, BC 691 or 514~BC 146)의 알렉산더 대왕(Alexander III, 통치 BC 336~BC 323), 그리고 로마제국(Roman Empire, 공화정시대, BC 509~BC 27)과 로마제국[제정시대, BC 27~AD 476(서로마제국)])의 정복과 유린(蹂躪)이라는 영고성쇠(榮枯盛衰)를 거듭하는 동안, 이스라엘인들은 중첩된 고뇌의 경험을 통하여 삶을 사색하고 노래하고, 야훼(Yahweh, JHWH) 신의 의지(意志)가 인도해 줄 것을 바라고, 또한 고백한 내용을 고스란히 구약성경에 담은 것이다. 중요한 점은 구약성경의 모든 문서가 장장 2,500년에서 2,000년 이상 동안 한 자 한 구절도 흩어지지 않고 전해 내려왔다는 것이다. 그런 까닭에 고금의 세계사에 영향을 끼쳐 왔고 오늘날에도 번민하는 영혼들이 이를 바탕으로 굳세게 살아가고 있다. 인류 최대의 고전이자 역사서라 말하는 까닭이 바로 여기에 있다.

아쉬운 것은 AD 96년에 얌니아 회의에서 정경-외경-위경으로 나눈 것이다. 그러나 1947년에서 1956년에 발견된 『사해사본』에서 보듯이 히브리어로 쓰여진 외경들과 위경들이 발견되어 굳이 이렇게 나눌 필요가 없어졌다는 것이다. 외경과 위경을 보아야 정확한 정경을 이해할 수 있다는 점에서 이들 외경과 위경도 정경만큼이나 가치가 있다고 생각한다. 다행인 것은 그러한 외경과 위경들의 필사본을 수집하고 번역하여 인터넷에 올림으로써 일반인 누구나 볼 수 있다는 점이다. 이러한 일을 한 성서학자, 역사학자 및 고고학자들에게 감사할 따름이다.

용어 해설

AD xx AD xx: anno Domini(A.D.), 서기 xx년이란 뜻.

AD xx(B): 성경에서 말하는 AD(A.D.) 연대를 계산했을 때의 서기 xx년이란 뜻. 즉 성경연대기(biblical chronology, Chronology of the Bible)의 연도를 말함. 이는 현대의 역사연대기(historical chronology, Chronology of the History)와는 차이가 날 때 별도의 성경연대기로 표시함. 예를 들어 예수님의 탄생 연도는 역사연대기로는 AD 1년이지만, 성경학자들과 역사학자들이 정확히 계산한 탄생 연도는 BC 6(B)년임. 따라서 사망 연도와 부활 연도도 역사연대기로는 AD 33년이지만, 성경연대기로는 AD 27(B)임. 용어 설명의 '예수님의 탄생연도' 참조할 것.

c.BC xx: circa Before Christ(c.B.C), 대략 기원전 xx년이란 뜻.

BC xx(B): 기원전을 나타내는 성경연대기. 필자가 계산해 본 결과 아담(Adam)의 20대손인 아브라함(Abram, Abraham, BC 2166~BC 1991)부터가 현대의 역사연대기와 일치함. 따라서 그 앞의 족장들은 성경연대기로 표시할 수밖에 없는데, 아담의 경우 성경연대기로 BC 4144(B)년에 태어나 930세에 죽었으니 성경연대기로는 BC 3184(B)에 죽음.

고대 바빌로니아 왕조(Old Babylonian Empire, BC 1830~c.BC 1531): 함족(Ham)의 후손인 가나안(Canaan)의 아모리(Amorites) 족속이 갈대아(Chaldea) 지역의 바빌론(Babylon)을 중심으로 세운 고대 바빌로니아 왕조는 제6대 함무라비(Hammurabi, BC 1792~BC 1750) 왕이 죽은 후 쇠퇴하여 c.BC 1531년에 지금의 터키 남부와 시리아 지역에 살던, 같은 함 족속의 가나안 족속(Canaan)인 히타이트(Hittites, 구약의 '헷')의 침입으로 멸망한다. 고대 바빌로니아의 주신(Patron god)은 마르둑(Marduk)이다. 그 후 바빌로니아의 지배권은 동북부 산악지대를 장악한 카사이트(카시트, Kassites, c.BC 1600~c.BC 1115)로 넘어가 400년 동안 카사이트의 지배를 받는다. 그 후 악랄하기로 유명한 아시리아(앗시리아, 구약성경의 '앗수르=Asshur', 아슈르, Assur, Ashur, Assyria)가 점점 세력을 얻어 바빌론을 공격하여 함락시키고 자립하여 신아시리아 왕조(Neo-Assyrian Empire, BC 912~BC 612)를 연다. 아시리아의 주신은 아슈르(Ashur, 모든 것을 보는 자라는 'overseer' 뜻)이다. http://en.wikipedia.org/wiki/Babylonia

가가(Gaga, 명왕성=Pluto): 메소포타미아에서는 가가를 슈파(Shu.Pa)라고 불렀는데, 이는 '감시자'라는 뜻이다. 즉 태양계의 가중 중요한 부분에 누군가가 접근하는 것을 감시하는 행성이라는 뜻이다. http://en.wikipedia.org/wiki/Gaga_(god)

가브리엘(Gabriel): 일곱 천사장 중의 하나로 하나님의 메시지를 인간에게 전달하는 전령(messenger)의 역할을 하고 낙원을 관장하며 체루빔(cherubim)을 관장하는 천사장이다. 가브리엘은 「다니엘」(Daniel) 8장 16절에 처음 등장하는데, 가브리엘 천사장이 다니엘에게 나타나 다니엘이 본 수양과 수염소의 이상(Vision of a Ram and a Goat)을 깨닫게 해준다. 「다니엘」 9장 21절에도 등장하는데, 다니엘에게 칠십 이레(The Seventy "sevens")를 설명한다. 「누가복음」 1장 19절과 26절에도 등장해 세례 요한의 출생을 예고하고(The birth of John the Baptist foretold) 예수의 나심을 예고한다(The birth of Jesus foretold).
http://en.wikipedia.org/wiki/Gabriel

간격이론(The Gap Theory): 「창세기」 1장 1절과 2절 사이에 오랜 시간적 간격이 있다고 보는 이론이다. 진화론이 대두된 이래로 기독교인 가운데 지질학과 「창세기」 1장과의 조화를 이루게 하려는 수많은 시도가 있었다. 예를 들어 수십억 년 전의 식물의 화석이 발견되고 수백만 년 전의 동물들과 유인원의 화석이 발견되자 이 기간을 「창세기」 1장 1절과 2절 사이에 끼워 넣는 것이다. 또한 이들은 지구 나이가 45.5억 년이라는 과학적 사실이 드러나자 재창조설을 주장하는데, 「창세기」 1장 2절 이하의 내용은 1절의 창조에서 재창조되었다는 것이다. 그러나 성경에는 그런 주장을 뒷받침할 만한 구절을 찾아볼 수 없다. 이는 진화론에 영향을 받은 기독교인들이 「창세기」 1장 어딘가에 긴 기간을 넣으려는 시도에서 나온 것이다.

경건한 자(Godly men): 경건(Godly)이란 단어는 구약과 신약에 등장하는 단어이다. '하나님께 경건한 자'를 'The godly' 또는 'Godly man'이라 부르고 '하나님께 불경한 자'를 'The ungodly' 또는 'Ungodly man'이라 표현하고 있다. 하나님께서는 경건한 자를 택하시고(「시편」 4:3), 예수님 재림시에는 경건치 아니한 자들을 심판하신다고 기록되어 있다(「베드로후서」 2:9 & 3:7; 「유다서」 1:15; 이외에도 다수). 결국 성경 전체를 통해 보면 인간을 두 부류로 나누는데 바로 Godly men과 Ungodly men으로 요약된다고 보인다. 또는 Righteous men과 Unrighteous men으로 구분하기도 하는데 필자가 보기엔 둘 다 같은 의미를 갖고 있으나 전자가 더 설득력 있게 보인다.

고센(Goshen): 이집트 나일강 하류의 나일 델타(Nile Delta)를 이루는 지역 중 동쪽에 위치한 땅으로 이스라엘 족속(Israelites)이 거주했던 땅이다. 이스라엘 족속 중 야곱(Jacob)의 열한 번째 아들인 요셉(Joseph, BC 1916~BC 1806)이 17세에 이집트로 팔려가(「창세기」 37:25~28), 30세에 이집트의 총리가 되고(「창세기」 41:46), 40세(BC 1876)에 130세의 아버지 야곱과 11형제를 이집트의 고센 땅으로 모셔와 잘 살다가, 요셉과 형제가 모두 죽은 후부터 이집트의 노예가 된다 (「창세기」 45:10, 「창세기」 46:28, 「창세기」 47:27, 「출애굽기」 8:22, 「출애굽기」 9:26). 이스라엘 민족은 고센 땅의 라암셋(Rameses)을 출발하여(「출애굽기」 12:37) 홍해 (Red Sea, Sea of Reeds)를 건너고 시나이 반도(Sinai Peninsula)를 거쳐 가나안 (Canaan)에 정착하게 된다.

http://en.wikipedia.org/wiki/Land_of_Goshen

기독교(基督教, 그리스도교, Christianity): 하나님(가톨릭의 '하느님')의 아들, 즉 예수님을 메시야(Messiah=Christ, '메시야는 번역하면 그리스도라', 「요한복음」 1:41)로 믿고 그의 가르침을 중심으로 성부(聖父, the Father), 성자(聖子, the Son), 성령(聖靈, the Holy Spirit)의 삼위일체(the Holy Trinity)의 하나님 아버지와 예수님 구세주를 믿는 종교이다. 원어(原語)는 크리스티아노스(Christianos)라는 그리스어에서 유래하는데, 그 뜻은 '그리스도를 따르는 사람'이라는 뜻이다. 그러므로 그리스에서 시작된 그리스도교의 기점과 근거는 바로 예수 그리스도로서, 예수님은 하나님의 아들이며 이 인류의 구원자로 믿는 것을 신앙의 근본 교의로 삼는다. 처음에는 종파가 하나로서 유대교(Judaism)로부터 시작되었으나 나중에 구약성경을 편집하고 묶는 과정에서 유대교는 24권을 그리스도교는 70인 역의 39권을 채택하고, 유대교가 율법을 너무 강조한다는 비판과 더불어 예수님을 죽인 자가 바로 유대교인이라는 점을 들어, 그리스도교(기독교)가 유대교로부터 분파

되었으며(AD 90), 그리스도교(기독교)는 역사적으로 변천을 겪는 동안 크게 로마 가톨릭, 동방정교회(正敎會), 개신교(改新敎, Protestantism) 등으로 갈라지게 되었다. 또한 개신교는 그 후 루터교, 장로교, 감리교, 침례교, 성결교, 순복음교 등으로 분파되었다. 유대교를 비롯하여 기독교와 이슬람교 이 세 종교를 아브라함계 종교라고 불린다. 그들이 믿는 공통의 경전인 구약성경에 믿음의 조상 아브라함(Abraham)이 중심 인물이고 역사적으로나 성경적으로나 종교적으로나 선택된 공통의 조상이기 때문이다. 단, 이슬람교(Islam)는 아브라함의 아들 이삭 (Isaac)을 따르지 않고 첩인 하갈(Hagar)에서 난 첫째 아들인 이스마엘(Ishmael)을 따른다. 이들은 아브라함이 이삭을 하나님께 번제로 드리려고 한 것이 아니라 이스마엘을 번제로 드리려 했다고 믿는다.
http://100.naver.com/100.nhn?docid=25779, http://ko.wikipedia.org/wiki/%EA%B8%B0%EB%8F%85%EA%B5%90

난나 신(Nannar 神): 수메르어로 난나(Nannar or Nanna), 아카드어로 수엔(Suen) 또는 신(Sin), 달의 신(God of the moon). 신(Sin)의 이름은 달을 의미하는 킨구(Kingu)=엔수(Ensu)에서 파생된 수엔(SU.EN, 황무지의 지배자). 엔릴(Enlil) 신의 두 번째 아들로 지구에서 태어남. 고대 도시인 메소포타미아 남부의 우르 (Ur=Urim)와 북쪽의 하란(Harran)의 주신(Patron god). 난나 신의 지구라트 신전은 에키쿠누잘(E-kic-nu-jal).
http://en.wikipedia.org/wiki/Sin_(mythology), http://en.wikipedia.org/wiki/Ur

날—시대 이론(The Day-age Theory): '지질학적 날의 견해'라고도 한다. 이 이론은 창세기 1장에 있는 창조의 날들이 문자적인 24시간의 날이 아니고 긴 기간인 '시대' 또는 '연대'라고 보는 것이다. 따라서 지구는 오래되었으나 여섯째 날에 창조된 인간의 역사는 얼마 되지 않았다는 것이다. 일부 학자들은 「창세기」 1장의 날들이 문자적인 24시간의 날들이나 엄청난 시간이 이 날들 사이를 분리했다고 주장한다. 그러나 이러한 주장은 과학적 근거가 필요하다.

네피림(Nephilim), **이기기 신들**(Igigi gods): 「창세기」 6장 4절에 등장하는 '복수'의 단어인 네피림(Nephilim)을 의미하는데, 하나님의 아들들(sons of God), 즉 '하늘에서 지구로 내려온 신들'이라는 뜻이다. 특히 계급이 낮은 젊은 신들(Lower Gods)을 지칭하는데, 『아트라하시스 서사시』(Babylonian Epic of Atrahasis or Atra-Hasis) 〈점토판 1~3〉과 『길가메시 서사시』(Epic of Gilgamesh)의 〈점토판

11〉에는 네피림을 이기기 신들(Igigi-Gods)이라 표현하기도 한다. 이기기란 '돌면서 관측하는 자들(Those Who See and Observe)', 즉 '감시자 또는 주시자(Watchers)'란 뜻이다. 또한 『창조의 서사시』(Epic of Creation) 〈점토판 3〉의 126줄과 〈점토판 6〉의 21줄과 123줄에도 이기기 신들이 등장한다. 이들은 주로 인간이 창조되기 이전에 신들의 고향 행성인 니비루(Nibiru)에서 이 땅에 내려와 광산에서 금을 캐거나 강을 막아 수로를 만들거나, 또는 신들의 고향인 니비루로 금을 실어 나르기 위해 지구궤도 위에 있던 혹은 화성에 베이스를 둔 우주선 모선이나 우주왕복선에 속해 일을 했다. 특히 모선에 속한 300명의 이기기 신들은 인간이 창조된 후에는 인간과 지구의 기후상황을 주시하고 감시하는 감시자들(Watchers)이었다. 문제는 이들 감시자들이었다. 위경인 「희년서」(Book of Jubilees) 4장 22절과 「에녹1서」(The Book of Enoch 1) 7장 7절에는 천사 또는 감시자 또는 주시자로 표현하고 있으며, 이들이 주어진 역할과 위치를 이탈하고 200명 규모로 이 땅에 내려와 인간의 여성들과 결혼하여 거인(Great/Giant Man)을 낳았다고 기록하고 있다. 이는 「창세기」 6장 1~5절의 내용과 일치한다. 자세한 것은 『바이블 매트릭스』 시리즈의 「인간창조와 노아 홍수의 비밀」편을 참고하시라.
http://en.wikipedia.org/wiki/Nephilim, http://en.wikipedia.org/wiki/Igigi

누딤무드(Nudimmud=엔키=Enki=에아=Ea=해왕성=Neptune): 인간을 창조하신 엔키(Enki) 또는 에아(Ea) 신의 행성, 재주 좋은 창조자(artful creator), 땅을 고르게 펴거나 관개수로로 바꾸거나 유전자를 조작해 인간을 만든 것에 비유하여 수메르어로 이미지 패셔너(Image Fashioner)라는 뜻. 각주의 엔키(Enki) 신(神)을 참조.
http://en.wikipedia.org/wiki/Nudimmud, http://en.wikipedia.org/wiki/Neptune

니네베(Nineveh): 수메르어(Sumerian)로 니네베(Niniveh), 아카드어(Akkadian)로 니느웨(Ninwe), 「창세기」 10장 11절의 '니느웨', 지금의 이라크의 '모술(Mosul)'을 말함. http://en.wikipedia.org/wiki/Nineveh

니비루(Nibiru) **행성**: 수메르어(Smuerian)로 니-비-룸(ni-bi-rum), 아카드어(Akkadian)로 니비루(Nibiru) 또는 니베루(Neberu) 또는 네비루(Nebiru)로, 번역하면 '통과(crossing)' 또는 '타원형 궤도의 가장 높은 점 또는 교차점(point of transition)'이라는 뜻. 태양계를 횡단하는 행성이라는 뜻. 신들의 고향 행성을 말함. 아직까지 과학적으로 발견되지 않은 행성. 천문학자들은 명왕성(Neptune) 너머의 이 행성을 '미지의 행성(Planet X)'이라 부르는데, 눈에 보이지는 않지만 혜성의 궤도에 영향을 미치는 어떤 행성이 존재한다는 사실이 확인됨. 태양을 중심으로 다른 행성들과는 달리 시계방향의 궤도로 공전하는 행성으로 1년의 공전주기는 지구로 보면 3,600년이며 3,600년을 1샤르(Shar, Sar)라 하고, 니비루 행성이 지구에 근접할 때를 근지점(近地點, Perigee), 지구와 가장 먼 거리에 있을 때를 원지점(遠地點, Apogee)이라 함. 또는 태양과 가까울 때는 근일점(近日點, Perigee) 멀어질 때는 원일점(遠日點, Apogee)이라 함. 니비루 행성이 근지점에 다다를 때 엄청난 인력으로 인해 지구에서는 남극대륙의 빙하가 깨져 바다로 미끄러져 들어가고 지진과 해일 등 각종 재난이 일어남. 바로 「창세기」 6~8장의 노아의 홍수는 과학적으로 이와 같은 천체우주물리학의 원리에 의해 일어난 것임. 니비루 행성은 『창조의 서사시』〈점토판 7〉에 등장하며, 〈점토판 7〉의 109줄에는 니비루를 마르둑(Marduk) 행성이라고 표현하고 있음(Let his name(Marduk) be Nibiru)(King, 1902). 거대한 공전궤도를 가지고 있는 니비루 행성은 그 자체가 움직이는 관측기지이기 때문에, 이 행성의 신들은 외행성들을 포함한 태양계의 모든 것뿐만이 아니라 우주 전체를 관찰할 수 있음. 신들은 어떻게 지구에 도착했을까? 지구에 도착한 것은 니비루 행성이 3600년마다 근지점에 도착할 때로 보는데, 근지점이란 비니루 행성이 화성(Mars)과 목성(Jupiter) 사이의 궁창(Expanse or Firmament), 즉 소행성대(Asteroid Belt)에 오는 것을 말함. 이때 니비루에서 모선(mother spaceship, 母船)을 발사하고 모선이 지구의 궤도를 돌면, 모선에서 착륙선을 발사해 지구에 도착. 착륙선은 시파르(Sippar)의 우주공항에 착륙(시친, I, 2009, pp. 392~393).

http://www.bibliotecapleyades.net/esp_hercolobus.htm
http://www.bibliotecapleyades.net/esp_hercolobus.htm#Libros-Tratados
http://en.wikipedia.org/wiki/Nibiru_(Sitchin)#Planets_proposed_by_Zecharia_Sitchin
http://en.wikipedia.org/wiki/Nibiru_(Babylonian_astronomy)
http://en.wikipedia.org/wiki/Planet_X
http://en.wikipedia.org/wiki/Enuma_Elish

니콜라우스 코페르니쿠스(Nicolaus Copernicus, 1473~1543): 폴란드의 천문학자. 지동설을 착안하고 그것을 확신하게 된 시기는 명확하지 않으나 그의 저서 『천

체의 회전에 관하여』(전4권)는 1525~30년 사이에 집필된 것으로 추측되고 있
다. 그러나 그가 생각한 태양계의 모습은 현재 우리가 생각하는 태양계와는 다
르다. http://en.wikipedia.org/wiki/Nicolaus_Copernicus

닌우르타 신(Ninurta 神): 닝기루수(Ningirsu) 또는 닌닙(Ninib) 또는 닌닙(Ninip),
땅과 쟁기의 신(Lord of the Earth & Plough)이며 전쟁의 신(God of War)이라
는 뜻. 『수메르 왕 연대기』(Sumerian King List)에는 위대한 수호자의 파일상
(Pabilsag)으로 기록. 엔릴(Enlil) 신이 이복 남매간인 여신 닌후르쌍(Ninhursag)
과의 연인관계에서 태어난 첫 번째 아들로 하늘에서 태어남. 격납고와 인간을
돌보던 병원이 있던 고대 도시인 라가시(Lagash)의 주신(Patron god). 닌우르타
신의 지구라트(Ziggurat) 신전은 라가시의 에-닌누(E-Ninnu).
http://en.wikipedia.org/wiki/Ninurta, http://en.wikipedia.org/wiki/
Lagash

대소 마젤란 은하(Magellan galaxies): 우리 은하계에서 가장 가까운 대마젤란 은
하와 소마젤란 은하를 말한다. 불규칙 은하이며 각각 17만 광년과 18만 광년
떨어져 그 거리가 가까워 외부 은하에 대한 많은 지식을 제공해 준다. 각각 황
새치자리, 큰부리새자리에 있으나 한국에서는 보이지 않는다. 두 은하 모두 우
리 은하계의 동반은하이다. http://en.wikipedia.org/wiki/Magellan_galaxy

동방 정교회/그리스 정교회/동방교회/정교회(The Eastern Orthodox Church,
Greek Orthodox Church, Orthodox Church): 콘스탄티노폴리스(Constantinople,
현재 터키의 이스탄불) 총대교구를 중심으로 설립된 기독교 종파 가운데 하나이
다.

디아스포라(Diaspora, 이산, 離散): 유대인을 지배했던 왕조의 시대에 따라 정치적/
종교적/군사적인 이유로 유대인에 대한 말살 정책 혹은 이산 정책에 의해 유대
인들이 고향을 떠나 전 세계적으로 뿔뿔이 흩어진 역사적 사건을 의미한다. 최
초의 디아스포라 대상은 아브라함(Abram, Abraham, BC 2166~BC 1991) 족속이
라고 볼 수 있다. 그는 갈대아(Chaldea)의 니푸르(Nippur) 출신으로 남부 도시
인 우르(Ur)로 이주한 후, 다시 우르를 떠나 아시리아(Assyria) 북쪽 도시인 하
란(Haran)을 거쳐 지금의 이스라엘 지역인 가나안(Canaan)에 정착한다. 이 과
정을 보면 아브라함 족속은 이미 고향인 갈대아를 떠나 떠돌이 생활을 한 것
으로 볼 수 있다. 우르를 떠난 이유는 야훼(Yahweh) 신과 적으로 간주되는 마
르둑(Marduk) 신이 바빌로니아를 장악하고 신의 옥좌에 오른 이유이다. 마르둑

(므로닥) 신은 구약성경에 딱 한 번 나오는데 그게 「예레미야」 50장 2절에 기록되어 있다. 어찌 보면 인간에 의해서가 아니라 신의 권한에 의해 좌지우지 된다는 느낌이다. 가장 큰 디아스포라는 앗수르 유수(포로, Assyria Exile/Captivity, BC 723~BC 612)와 바빌론 포로(유수, Babylonian Captivity/Babylon Exile, BC 605~BC 538)로 많은 유대인들이 이를 피해 해외로 이주했다. 일제 36년 동안 많은 한국인들이 타의 반 자의 반, 해외로 이주한 것과 비슷하다. http://en.wikipedia.org/wiki/Israelite_Diaspora

랍비(Rabbi): 유대인들 중 모세의 율법에 정통한 율법교사 또는 율법사를 말한다. 히브리어로 'my master'란 뜻이다. 구약에서는 율법사 또는 행정 관료인 서기관(Secretary 혹은 Scribe)으로 표현되는데 대표적인 서기관은 에스라(Ezra, 제사장 겸 서기관)였다(「느헤미야」 8:9). 신약에서는 'Teachers of the Law'로 표현하고 있다. http://en.wikipedia.org/wiki/Rabbi

라하무(Lahamu=금성=Venus): 압수와 티아마트의 딸, 사랑과 전쟁의 여신(the Goddess of Love and War), 여성의 이름. http://en.wikipedia.org/wiki/Lahamu

라흐무(Lahmu=화성=Mars): 압수와 티아마트의 아들, 전쟁의 남신(the God of War), 남성의 이름. http://en.wikipedia.org/wiki/Lahmu

마르둑 신(Marduk 神): 수메르어(Sumerian)로 마르둑, 아카드어(Akkadian)로 아마르우트(AMAR.UTU), 히브리(Hebrew) 성경의 히브리어인 므로닥(Merodach)을 말함. 순수한 언덕의 아들이라는 뜻으로 젊은 벨(Young Bel), 바알(Baal), 즉 주님(Lord)이란 뜻임. 연장자 벨(Elder Bel)은 엔릴(Enlil) 신과 엔키(Enki) 신을 말함. 아프리카에서는 라(Ra) 신으로 불림. 엔키(Enki) 신이 하늘에서 낳은 첫째 아들로 지구에 내려와 인간인 사파니트(Sarpanit)와 결혼함. 그 후 c.BC 2024년경에 마르둑 신은 지지자들을 이끌고 갈대아(Chaldea), 즉 바빌론의 아카드(Akkad)와 수메르(Smuer)로 진군해 신들의 권력을 찬탈하고 스스로 바빌론의 옥좌에 올라, 신들 중의 최고의 신으로 등극하여 고대 바빌로니아 왕조(BC 1830~c.BC 1531)와 이어지는 신바빌로니아 왕조(BC 625~BC 539)에서도 마르둑 신을 수호신으로 섬김. 따라서 성경은 전체적으로 마르둑 신과 이를 수호신으로 받든 바빌론을 야훼(Yahweh, YHWH, JHWH, Jehovah, 영문성경의 'the LORD' 또는 'the LORD God', 한글성경의 '여호와' 또는 '여호와 하나님', 카톨릭 성경의 '주님' 또는 '주 하나님') 신의 적으로 표현하고 있음. 마르둑(므로닥) 신은 구약성경에 딱 한 번 나오는데, 「예레미야」 50장 2절에 나오는 므로닥(Merodach) 신은 야훼 신의

적으로, 멸망해야 할 바벨론의 주신(patron deity) 또는 수호신인 젊은 벨(Bel)
이라 표현함. 따라서 성경은 전체적으로 마르둑 신을 수호신으로 받든 바벨론
을 야훼 신의 적으로 표현하고 있음. 「요한계시록」 18장에는 이를 뒷받침하듯이
바빌론의 멸망(The Fall of Babylon)을 다루고 있음. http://en.wikipedia.org/
wiki/Marduk

마르둑(Marduk) 신의 권력 찬탈: 여기에 숨겨진 비밀이 「창세기」 11장의 바벨탑
(The Tower of Babel) 사건이며, 아브라함을 하나님이 부르신(「창세기」 12장) 이
유이며, 하나님이 소돔과 고모라를 멸망시킨(「창세기」 19장) 이유이다. 이는 차차
『바이블 매트릭스』 시리즈를 통해 자세히 소개하기로 한다.

마카비 혁명(Maccabean Revolt, BC 167~BC 146)**과 마카비 시대**(BC 167~AD 63):
마케도니아 왕조(Kingdom of Macedonia, BC 691 or BC 514~BC 146)의 알렉산
더 대왕(Alexander III, 통치 BC 336~BC 323)의 동방원정에 영향을 받은 헬레니
즘적-시리아(Syrian-Hellenic)에 안티오쿠스 3세(Antiochus III)가 셀류키드 왕조
(Seleucid Empire, BC 312~BC 63)를 세우고 BC 198년부터 이스라엘을 지배하기
시작했으며, BC 167년에 안티오쿠스 5세 에피라네스(Antiochus IV Epiphanes)
가 유대민족을 침략하여 예루살렘 성전(Temple)에 들어가 많은 신전 물건들을
약탈해갔다. 안티오쿠스 5세는 유대인들로 하여금 고유의 전통과 유대인의 신
인 야훼(Yahweh, YHWH, JHWH, Jehovah)를 버리고 헬레니즘화(Hellenization,
그리스화) 하도록 하는 정책을 통해 유대민족을 압제하였다. 이것이 바로 유대인
들로 하여금 마카비 혁명(Maccabean Revolt)을 일으키게 하는 발단이 되었다.
마카비(Maccabees)는 셀류키드(시리아) 왕조의 속국이었던 이스라엘 땅의 일부
를 찾고자 하는 유대인 반역군(Jewish rebel army)이었다. 그 결과 BC 165년에
예루살렘(Jerusalem)을 해방시키고 성전을 복구하였다. 계속해서 마카비는 유
대인의 하스모니안 왕조(Hasmonean dynasty, BC 164~BC 63)를 세우고 유대인
종교를 되찾았으며, 이스라엘의 지역 영토를 늘려 헬레니즘(Hellenism)의 영향
을 최소화하는데 노력하였다. 이러한 노력에도 불구하고 당시 로마제국(Roman
Empire, 공화정시대, BC 509~BC 27)은 마케도니아 전쟁(Macedonian Wars)에서
승리함으로써 BC 146년 그리스와 마케도니아 모두 로마제국에 편입됨에 따라,
이때부터 로마제국은 이집트와 이스라엘을 비롯하여 거의 모든 유럽을 지배하
게 된다. 그 후 예수님 사후[AD 33 또는 AD 27(B)] 로마제국[Roman Empire, 제
정시대, BC 27~AD 476(서로마제국) & AD 1453(동로마제국/비잔티움제국)]에서 벗어

나고자 마키비를 중심으로 유대인들이 총궐기하여 유대전쟁(유대-로마전쟁, AD 66~73)을 일으키지만, AD 70년에 로마제국의 티토(Titus)가 이끄는 로마군은 많은 유대인을 죽이고 예루살렘 성전을 완전히 파괴함으로써 마키비의 대단원이 막을 내린다. 이때부터 이스라엘은 로마제국의 지배를 받게 되었다.

http://en.wikipedia.org/wiki/Maccabean_Revolt

메소포타미아(Mesopotamia): 고대 그리스 시대(c.BC 1100~BC 146)의 그리스어로 '두 강 사이에 위치한 지역'이란 뜻으로 '두 강 유역'이라고 부른다. 여기서 두 강이란 터키에서 발원한 유프라테스강(Euphrates, 「창세기」 2장 14절의 '유브라데')과 티그리스강(Tigris, 「창세기」 2장 14절의 '힛데겔')을 말한다. c.BC 5000~c. BC 2400년의 고대 수메르 도시국가 시대에는 이 두 강에 의해 이 일대 지역이 남과 북으로 나뉘었는데 북부를 아시리아(Assyria), 남부를 바빌로니아(바빌론, 바벨론, Babylonia, Babylon, 지금 이라크의 '바그다드')라고 불렀다. 바빌로니아는 다시 남부의 수메르(Smuer, 「창세기」 10장 10절의 '시날=Shinar'), 북부의 바빌론을 중심으로 하는 아카드(Akkad, Agade, 아가데, 「창세기」 10장 10절에 나오는 '악갓')로 나뉘어졌다. 이 시기는 전기 청동기 시대로(Early Bronze Age) 고대 수메르 도시들 예컨대 에리두(Eridu), 우르(Ur, 「창세기」 11장 28절의 '우르'), 라르사(Larsa), 라가시(Lagash), 우루크(Uruk, Erech, 「창세기」 10장 10절의 '에렉'), 키시(Kish, Cush, 「창세기」 10장 6절의 함의 아들인 '구스'의 이름과 같음), 아카드, 니푸르(Nippur) 등의 도시를 중심으로 인간에 의한 왕권(Kingship)이 형성되어 지배하던 고대 도시국가 시대였다. 바벨탑 사건이 일어나고[c.BC 3450, c.BC 2357(B)~BC 2118(B)] 소돔과 고모라가 멸망(c.BC 2023)한 후 메소포타미아에는 고대 바빌로니아 왕조(BC 1830~c.BC 1531), 카사이트 왕조(카시트, Kassites, c.BC 1600~c.BC 1115), 신 아시리아 왕조(Neo-Assyrian Empire, c.BC 912~c.BC 612)에 이어 신바빌로니아 왕조(BC 625 BC 539)가 들어서게 된다.

http://en.wikipedia.org/wiki/Sumerian_King_List

http://en.wikipedia.org/wiki/Kassites

http://en.wikipedia.org/wiki/Mesopotamia

http://en.wikipedia.org/wiki/Sargon_of_Akkad

모세승천기(Assumption of Moses 또는 Testament of Moses): 모세가 쓴 글이 아니다. 저자는 알려져 있지 않다. 헤로데스 왕(헤롯, Herod, 통치 BC 37~BC 4)과 그의 아들의 통치 등 c.BC 4년에 일어난 사건들과 AD 70년의 로마에 의한 예루살렘 성전 파괴 등이 예언으로 기록되어 있는 것으로 볼 때(「모세승천기」 6장), BC 4년 혹은 그 직후에 팔레스타인(Palestine) 본토에서 정통파인 바리새파(바리사이파, 신약성경의 '바리새인', Pharisees) 혹은 은둔파인 엣세나파(엣세나인, Essenes) 사람이 기록한 것으로 추정되나, 성경학자들은 일반적으로 c.AD 1세기 초에 쓰여진 것으로 본다. 내용은 모세가 죽기 직전 여호수아(Joshua)에게 말하는 식의 12장으로 구성된 이스라엘의 미래에 관한 예언서로 불완전하게 완성된 로마시대의 라틴어(Latin language)로 쓰여진 문서이다. 성경학자들은 내용의 1/3이 없어진 것으로 보고 있다. 따라서 1장~12장까지 모세의 승천에 대한 구체적인 언급은 보이지 않지만, 다른 정황으로 볼 때 없어진 장들에서 승천을 묘사한 것으로 추정된다. 라틴어로 번역된 것으로 보아 성경학자들은 히브리어 사본이 있을 것으로 추정하고 있으나 아직까지 발견되지 않고 있다. http://en.wikipedia.org/wiki/Assumption_of_Moses, http://www.pseudepigrapha.com/pseudepigrapha/assumptionofmoses.html

뭄무(Mummu=수성=Mercury): 태어난 자(one who was born), 깨어난 자(the one who has awoken). http://en.wikipedia.org/wiki/Mummu

미가엘(Michael): 히브리어의 영어식 발음이다. 일곱 천사장 중의 하나로 인간의 선행(human virtue)과 각 나라의 군대를 관장한다(commands the nations). 미가엘은 「다니엘」 10장 13절과 21절에 처음 등장하는데, "다니엘이 힛데겔 강가에서 본 이상(Vision)에 등장하고 끝날에 미가엘 군대가 일어날 것이다"에 등장한다. 또한 「유다서」 1장 9절의 "천사장 미가엘이 모세의 시체에 대하여 마귀와 다투어 변론할 때에 감히 훼방하는 판결을 쓰지 못하고 다만 말하되 주께서 너를 꾸짖으시기를 원하노라 하였거늘"에 등장하고, 「요한계시록」 12장 7절의 "하늘에 전쟁이 있으니 미가엘과 그의 사자들이 용으로 더불어 싸울쌔 용과 그의 사자들도 싸우나"에 등장한다. 주로 전쟁에 관여하는 천사장으로 등장한다. http://en.wikipedia.org/wiki/Michael

반신반인(半神半人, Demigod): 신과 인간, 인간과 신이 결혼하여 출생한 후세들을 반신반인(半神半人, Demigod)이라고 하는데, 처음 출생한 후세들은 거의 키가 100미터가 넘는 거인들(Great or giant man)이었다. 이때의 신이란 「창세기」 6장 1~7절의 네피림(Nephilim), 즉 젊은 신들인 이기기(Igigi) 신들로, 그 뜻은 '하늘에서 내려온 젊은 신들'을 말한다. 우리가 잘 알고 있는 첫 번째 우르크(Uruk, 「창세기」 10장 10절의 '에렉=Erech', 에레크) 왕조(c.BC 3100~c.BC 2600)의 다섯 번째 왕이 길가메시(Gilgamesh, c.BC 2700, 통치 126년)인데, 그는 신인 어머니 닌순(Ninsun)과 인간인 아버지 루갈반다(Lugalbanda 또는 Banda) 사이에서 출생한 반신반인이었다. 정확하게 말하자면 2/3는 신이었고 1/3은 인간이었는데, 키는 무려 4~6미터였고 가슴둘레만 2미터였다. http://en.wikipedia.org/wiki/Demigod

뱀(serpent), **용**(dragon), **괴물**(Monster), **악마**(devil), **사단**(Satan): 수메르 시대의 신들의 전쟁에서 적(enemy)의 신들을 뱀-용-괴물로 표현하는 전통은 그리스 신화에도 그대로 전승되어, 하늘을 지배한 제우스(Zeus) 신에 대항하는 티폰(Typhon) 신들은 모두 뱀으로 표현하고 뱀의 모양으로 그려져 있으며, 나중에 『바이블 매트릭스』 시리즈에서 자세히 소개하겠지만, 성경도 마찬가지이다. 「요한계시록」 20장 2절에는 "용을 잡으니 곧 옛 뱀이요 마귀요 사단이라 잡아 일천 년 동안 결박하여(He seized the dragon, that ancient serpent, who is the devil, or Satan, and bound him for a thousand years)"(NIV)라는 내용이 나오는데, 여기에서 옛 뱀이란 「창세기」 3장에 등장하여 하와(Eve)를 꼬여 선악과를 따 먹도록 한 그 뱀(serpent)이다. 이때 뱀이란 여호와 하나님의 반대편에 선 신들이다. 결국 성경도 신들의 전쟁이 배경을 이룬다. 이 배경을 알아야 성경을 이해할 수 있다. 재미있지 않은가? 선악과(the tree of the knowledge of good and evil)란 무엇인가? 『바이블 매트릭스』 시리즈의 「인간창조와 노아 홍수의 비밀」편과 「예수님의 재림과 새 하늘과 새 땅」편을 참조하시라.

벨(Bel): En=Lord=Baal=Bel의 '신' 또는 주님'이라는 뜻. 벨(Bel)은 남성 신에 쓰이고 여성 신에는 벨이트(Belit)가 쓰임. 동부 셈어(East Semitic)에서는 벨(Bel)이 쓰였고, 북서 셈어(Northwest Semitic)에서는 바알(Baal)이 쓰임. 고대 아카드(Akkad) 시대에는 수메르(Sumer)의 신인 엔릴(Enlil)을 일컬었으나 바벨론(Babylon) 시대에는 마르둑(Marduk) 신을 일컬음. 또한 수메르 시대에는 연장자 벨(Elder Bel)과 젊은 벨(Younger Bel)로 나누기도 했는데, 연장자 벨은 아눈나키(Anunnaki)의 12명의 고위신(高位神)들을 일컫고, 젊은 벨은 마르둑(Marduk) 신을 일컬음. http://en.wikipedia.org/wiki/Bel_(god)

복사(輻射, radiation): 원자핵이나 소립자 변환(방사성 붕괴, 핵분열, 핵반응, 소립자 붕괴, 소립자 반응 등)을 제외한 자연적 현상 작용에 의해 입자 빔이나 전자기파(전파, 광, X선 등)가 방출되는 현상을 말한다. 복사되는 입자 빔이나 전자기파를 복사선이라 한다. 반면, 인공적인 원자핵이나 소립자 변환에 의해 입자 빔이나 전자기파가 방출되는 현상을 방사(放射)라 하는데, 방사된 입자 빔이나 전자기파의 작용에 의해 2차적으로 입자 빔이나 전자기파가 방출되는 것은 복사현상에 포함된다. 예를 들면 방사선 붕괴의 하나인 β붕괴로, 원자핵으로부터 방출된 β선(고에너지의 전자)이 물질을 통과할 때는 X선이 방출되는데, 이는 복사현상이며 이를 특히 제동복사(制動輻射)라 한다. 따라서 태양이나 별들이 방출하는 빛은 모두 복사이다. http://en.wikipedia.org/wiki/Radiation

불확정성 원리(Uncertainty principle): 1932년 노벨물리학상을 수상한 베르너 하이젠베르크(Werner Heisenberg, 1901~1976)가 정립한 원리로 전자의 위치와 운동량을 동시에 측정할 수 없다는 것이다. 전자의 위치를 더 정확히 측정하면 할수록 측정하는 순간의 운동량(전자의 질량과 속도를 곱한 양)은 더 덜 정확히 알게 되며, 전자의 운동량을 더 정확히 측정하면 할수록 그 순간의 전자의 위치는 더 덜 정확히 알게 된다(The more precisely the position is determined, the less precisely the momentum is known in this instant, and vice versa. -Heisenberg, uncertainty paper, 1927)고 했다. 즉 두 가지를 동시에 모두 가질 수 없다는 것이다. http://en.wikipedia.org/wiki/Uncertainty_principle

사이보그(Cyborg): 인조인간, 인공인간, Cyborg=Cybernetic+Organism. http://en.wikipedia.org/wiki/Cyborg

샤르(Shar, Sar): 위대한 지도자라는 뜻의 행성의 형용사, 완전한 원을 의미. 숫자 3,600을 의미, 3,600은 커다란 원을 의미.

설형문자(Cuneiform): 전 세계 박물관의 설형문자 라이브러리 http://www.cdli.ucla.edu/, http://en.wikipedia.org/wiki/Cuneiform http://www.dmoz.org/search?q=Cuneiform

성단(星團, Star Cluster): 성단은 은하보다 작은 규모로, 수백 개에서 수십만 개의 별로 이루어진 별들의 집단이다. 성단은 중력으로 뭉쳐 있는 별들의 무리이다. http://ko.wikipedia.org/wiki/%EC%84%B1%EB%8B%A8

성운(星雲, Nebula): 성운은 가스와 먼지 등으로 이루어진 대규모의 성간 물질(interstellar matter, 星間物質, 별과 별 사이의 공간 즉 성간 공간에 존재하는 물질의 총칭)과 수소로 이루어진 구름이다. http://ko.wikipedia.org/wiki/%EC%84%B1%EC%9A%B4

세라핌(단수=seraph=스랍, 복수=seraphim): 히브리어의 라틴어로 「이사야」(Isaiah) 6장 2절과 6절에 '스랍'이란 이름으로 처음 등장한다. 6개의 날개가 있는데, 날

개 둘로 얼굴을 가리었고, 날개 둘로 발을 가리었으며, 날개 둘로는 난다(flying)
고 묘사되어 있다. 6장 1~2절의 장면은 야훼께서 6개의 소형 제트엔진을 갖
춘 이동식의 개인용 우주선 또는 우주복을 입고 앉아 계신 것을 표현한 것이
다. 등과 팔과 발에 각각 2개씩 부착된 소형 엔진은 방향전환에 사용되는 것이
다. 6절은 스랍이 핀 숯(a live coal)을 가지고 이사야에게 날아와서 입술에 대
는 장면으로, 날 수 있는 우주선 또는 소형 우주로봇이라 할 수 있다. 그러나 세
월이 흐른 오늘날에는, 우리가 지금 말하는 우주선 또는 우주로봇 기술 이상의
천상(celestial or heavenly)의 과학기술로 발전하였을 것으로 보고 있다. http://
en.wikipedia.org/wiki/Seraphim

세차운동(歲差運動, Precession)**과 대년**(Great Year): 지구의 지축(Earth's axis)은 항
상 같은 방향을 가리키고 있지 않다. 지축은 우주공간에 고정되어 있지 않아,
지구가 태양 주위를 공전할 때 팽이가 쓰러지면서 좌우로 비틀대듯이 비틀거리
며 천천히 원 운동(Rotation Axis)을 한다. 이 지축의 흔들거림(wobble)을 세차
운동(歲差運動, Precession)이라 한다. 이러한 세차운동 현상으로 그 결과 북극
성을 가리키는 북극 하늘에 거대한 가상의 원(Grand Circle)을 그리게 되며, 지
구에서 볼 때 이 가상의 원에 12개의 별자리들이 보이게 된다. 그리고 이들 별
자리들을 세차운동에 의해 360도 돌게 되며, 1도 도는 데 72년이 걸리고, 하
나의 별자리를 도는데 2,160년(72년x 30도)이 걸린다. 결국 지구의 지축이 360
도 돌아 다시 북극성(Polaris)을 가리키게 되는 이른바 대주기(Grand Circle)
는 25,920년에 다시 돌아오게 된다(72년×360도=25,920년, 2,160년×12별자리=
25,920년). 이것을 천문학자들은 '대년(Great Year)' 혹은 '플라톤의 해(Platonic
Great Year)' 혹은 '피타고라스의 해(Pythagorean Great Year)'라고 부르는데, 이
러한 명칭이 붙은 것은 고대 그리스의 철학자인 플라톤(Plato, BC 428~BC 348)
도 이러한 현상을 알고 있었기 때문이다. 따라서 이 현상을 세차운동의 주기(세
차주기)라 하는데, 밀란코비치는 세차운동의 주기를 약 22,000년으로 보았고,
에드헤마르(Joseph Adhemar, 1797~1862)는 세차주기를 26,000년으로 계산했으
며, 현대과학은 정확히 25,920년으로 계산한다.
http://en.wikipedia.org/wiki/Precession, http://en.wikipedia.org/wiki/
Great_year

센타우루스자리(Centaurus): 별자리의 이름은 그리스 신화에 나오는 반인반마(半
人半馬)의 거인 켄타우로스(Kentauros, Centaur)로부터 따온 것이다.

http://en.wikipedia.org/wiki/Centaurus, http://en.wikipedia.org/wiki/
Centaur

셀롯당/젤롯당/열성당/열심당(Zealot): 유다공동체 하시딤(Hasidim) 중 가장 과격
한 독립운동단체의 하나로 유대인을 지배하는 다른 국가를 인정하지 않고 오로
지 하나님만 왕으로 인정하고 무력으로 독립을 얻고자 하는 단체였음.
http://en.wikipedia.org/wiki/Zealots

소행성대(The Asteroid belt): 소행성들(Minor planets), 왜성(Dwarf planets), 유성
체(Meteoroids), 주소행성대(Main asteroid belt or main belt)라고 하며, 바이블적
으로는 두들겨 편 팔찌(Hammered Bracelet) 또는 하늘들을 펴셨다(Stretched
out the heavens)라고도 한다(「욥기」 9:8 & 37:18; 「이사야」 40:22; 「예레미야」 10:12
& 51:15; 「스가랴」 12:1). 소행성대는 화성(Mars)과 목성(Jupiter) 사이의 공간에 존
재하는 소행성들로, 거의 원형 궤도로 태양 주위를 돌고 있다. 주로 4개의 커다
란 소행성들, 즉 세레스(Ceres), 4베스타(4 Vesta), 2팔라스(2 Pallas), 그리고 10히
기아(10 Hygiea)가 대표적 커다란 소행성들로 지름이 400~950km나 된다. 그
리고 그보다 작은 200개가 넘는 소행성들은 지름이 100km나 되고, 이보다 작
은 70만~170만 개의 소행성들은 지름이 1km나 된다. 이들의 공전주기는 지구
의 공전주기로 3.3~6.0년이다. 이들 소행성들은 「창조의 서사시」에 따르면 시계
방향으로 태양을 공전하는 마르둑(Marduk) 행성(神)이 티아마트(Tiamat)와 충
돌하여 두 동강을 내서, 위부분은 지구(Earth)를 만들고, 아랫부분은 산산조
각 내고 쭉 펴서 소행성대, 즉 「창세기」 1장 6~8절에 나오는 궁창(expanse/NIV,
firmament/KJV, space/New Living, dome/Good News), 즉 하늘(sky/NIV/New
Living, Sky/Good News, Heaven/KJV)을 만들었다고 기록되어 있음.
http://en.wikipedia.org/wiki/Asteroid_belt

수메르/시날(Smuer, Shinar): 「창세기」 10절 10절에 처음 나오는 시날(Shinar)은 남
부 메소포타미아 지역의 이름으로 초기 이름은 수메르(Sumer, Shumer)이다. 지
금의 이라크 남부 지방에 해당한다. 수메르는 티그리스강(Tigris, 「창세기」 2장 14
절의 '힛데겔')과 유프라테스강(Euphrates, 「창세기」 2장 14절의 '유브라데')의 하류
에 형성된 지방으로 BC 5000년경부터 농경민이 정주하여 BC 3000년경에는
오리엔트 세계 최고의 문명을 창조하였다. 그 후에는 바빌로니아(Babylonia)로
불리게 되었는데, 영문성경 New Living과 Good News에는 시날을 바빌로니
아(Babylonia)로 표현하고 있다. 고고학적으로 수메르어가 적힌 점토판이 발굴

되어 수메르 문자가 해독되면서 이 수메르어는 그 후 아카드(Akkad, Agade)-바빌로니아-아시리아(Assyria) 문명의 근원으로 밝혀졌다.
http://en.wikipedia.org/wiki/Sumer, http://en.wikipedia.org/wiki/Shinar

스테이디아(stadia) **측량**: 수직으로 세운 표척(標尺)을 기준으로 해서, 트랜싯(Transit) 망원경의 시야 중에 있는 상하 스테이디아 선(stadia wires) 사이의 길이를 판독하여 두 점 사이의 수평 거리와 고저의 차이를 재는 측량법.
http://en.wikipedia.org/wiki/Stadia

시나이 사본(Codex Sinaiticus): 1859년에 현재 이집트의 시나이 산(Mount Sinai)에서 발견된 실제 양의 가죽 양피지(Parchment)나 나무의 파피루스(Papyrus)에 그리스어(헬라어, Hellas)의 코이네(Koine)로 쓰여진 필사본들을 모아놓은 것을 말한다. 국제 성서학자들이 여기저기 도서관에 흩어져 있던 필사본들을 모아 디지털 형태로 만들고 여기에 각국의 언어로 그 내용들을 번역하여 2009년 7월부터 인터넷에 공개하고 있다. 이 코덱스(Book, 사본)에는 4세기의 그리스어 70인 역(셉튜아진타, The Septuagint Version, LXX)의 구약 사본과 4세기에 그리스어로 쓰여진 신약의 필사본들이 포함되어 있고, 70인 역의 외경(外經, Apocrypha)과 2개의 다른 신약 문서의 일부분이 포함되어 있다. 그러나 필사본들이 온전히 보존되지 않아 「창세기」에서 「역대상/하」의 도입 부분들은 손실되어 오리지널 필사본을 볼 수 없으나 그 외의 필사본들은 다 볼 수 있다. 다음 사이트를 참조하라. http://www.codexsinaiticus.org/en/, http://en.wikipedia.org/wiki/Codex_Sinaiticus

시내산(Mt. Sinai, 히브리어로 Horeb): 시나이 반도 남단에 위치한 산으로 히브리어로는 호렙(Horeb)이다. 「창세기」 5장 21~24절에 등장하는 하나님(God)과 동행하다 365세에 하나님이 데려갔다는 에녹(Enoch, BC 3492(B)~BC 3127(B) 혹은 에녹의 4대 손인 노아(Noah, BC 3058(B)~BC 2108(B)가 쓴 것으로 추정되고, 위경(僞經, Pseudographia, Pseudepigrapha)으로 간주되는 「에녹1서」(The Book of Enoch or Ethiopian Enoch or 1 Enoch)의 1장 4절에도(Charles & Laurence, 인터넷 공개), 하나님(God)이 시내산에 많은 무리를 이끌고 강림해 하늘의 권능을 이곳에서 증명하고 천명했다고(Who will hereafter tread upon Mount Sinai; appear with his hosts; and be manifested in the strength of his power from heaven) 기록하고 있다. 또한 모세(Moses)가 40일 동안 주야로 금식하면서 두 개의 돌 판에 적힌 십계명(The Ten Commandments)과 지켜 할 규

레(「레위기」 등) 등 증거의 두 판(Two tablets of Testimony)을 여호와 하나님으로 부터 받은 산이기도 하다(「출애굽기」 20장, 「출애굽기」 34장). 성경은 이 산을 '하나님의 산 호렙(Horeb, the mountain of God, the mountain of LORD)'이라 표현하고 있다(「출애굽기」 3:1 & 33:6, 「민수기」 10:33). 모세(Moses)가 타지 않는 떨기나무를 이상히 여겨 돌이켜보고자 하자 "하나님이 가라사대 이리로 가까이 하지 말라 너의 선 곳은 거룩한 땅이니 네 발에서 신을 벗으라("Do not come any closer," God said. "Take off your sandals, for the place where you are standing is holy ground)"(「출애굽기」 3:5)라고 말씀하신 것으로 보아 이 높은 산, 즉 시내산과 캐서린 산(Mt. Katherine)에는 신들 특히 야훼(Yahweh, YHWH, JHWH, Jehovah) 신이 사용하던 우주선 안내기지(관제센타, Marker and Control Tower for Spacecraft)와 주위에는 우주공항(시나이 우주공항, Departing Platform as Runways Platform)이 있었음에 분명하다. 구약성경에는 시내산(Mount Sinai) 이란 이름이 모세가 고센(Goshen)의 라암셋(Rameses)을 출애굽하여(이집트를 탈출하여) 시내 광야(Desert of Sinai)에 이르러서야(「출애굽기」 19:2) 등장하는데, 여호와 하나님(야훼)이 시내산에 강림하면서 부터이다(출애굽기 18:11). 야훼는 다음과 같이 말씀하신다. "너는 백성을 위하여 사면으로 지경을 정하고 이르기를 너희는 삼가 산에 오르거나 그 지경을 범하지 말찌니 산을 범하는 자는 정녕 죽임을 당할 것이라"(「출애굽기」 19:12). "손을 그에게 댐이 없이 그런 자는 돌에 맞아 죽임을 당하거나 살에 쐬어 죽임을 당하리니 짐승이나 사람을 무론하고 살지 못하리라 나팔을 길게 불거든 산 앞에 이를 것이니라 하라"(「출애굽기」 19:13). 방사선의 우주선 기지가 있었으므로 함부로 시내산에 오르지 말라는 것이다. 오늘날 높은 산에는 공군부대나 방위부대가 있는 것과 같다. 서울 관악산 꼭대기에는 최첨단 통신시설로 갖춰진 벙커(bunker)가 있는 것과 같다. 따라서 영역을 정해 영역을 침범하는 자는 정녕 죽임을 당한다는 것이다. 설사 영역을 침범하는 자나 동물이 있으면 손으로 만지지 말고 그 대신 돌로 치고 화살을 쏴서 죽이라는 것이다. 이 말은 정해진 영역에는 항상 전기가 흐르거나 방사선이 나오거나 레이저 광선이 나오므로 영역을 침범한 사람이나 동물이 있으면 반드시 죽게 되므로, 이들을 손으로 만지면 만진 사람도 감전되거나 방사선/레이저 광선에 노출되어 죽는다는 뜻이다. 그러나 나팔을 길게 불면 이러한 위험이 해제되므로 산 위로 올라오라는 것이다. 그런데 조건이 있다. 몸을 깨끗이 씻어 성결케 한 다음(Consecrate) 옷을 깨끗이 빨아(wash their clothes/robes) 입은 후

오르라는 것이다(「출애굽기」 19:10 & 14). 옷을 깨끗이 빤다는 것은 더러운 불순물을 제거하라는 것이다. 우리가 약품 연구소나 반도체 연구소에 들어갈 때 깨끗이 소독한 린넨 복(Linen Clothes)으로 입고 들어가듯이 신들이 있는 우주선 기지에 들어갈 때에도 마찬가지이다. 옷을 빨라! 이 말은 「요한계시록」 22장 14절의 "그 두루마기를 빠는 자들은 복이 있으니 이는 저희가 생명나무에 나아가며 문들을 통하여 성에 들어갈 권세를 얻으려 함이로다(Blessed are those who wash their robes, that they may have the right to the tree of life and may go through the gates into the city)"의 두루마기를 빤다는 것과 같은 의미이다. 자세한 것은 『바이블 매트릭스』 시리즈의 「하나님들과 하나님들의 과학기술」편과 「예수님의 재림과 새 하늘과 새 땅」편을 참조하라. http://en.wikipedia.org/wiki/Mt_Sinai

시선속도(視線速度, Radial Velocity): 물체가 시선방향(the direction of the line of sight)으로 운동할 때의 속도를 말하며 천문학에서는 천체의 스펙트럼(spectrum)에 나타나는 도플러효과(Doppler effect)에 의해서 구한다. 천체가 멀어지고 있으면 스펙트럼 선(spectral line)은 적색 방향으로 적색편이(Redshift)되고, 가까워지고 있으면 청색방향으로 청색편이(Blueshift)된다. 따라서 시선속도에 의해 항성(별)의 3차원적인 움직임을 측정할 수 있으며 3차원으로 영상화할 수 있다. http://en.wikipedia.org/wiki/Radial_velocity

시편 151장(Psalm 151): 151장은 다윗(David)이 골리앗(Goliath)을 전투에서 싸워 죽이고 물리친 것을 칭송하는 장으로 사실 #를 달지 않는 장이라고 쓰여 있다(This Psalm is ascribed to David and is outside the number. When he slew Goliath in single combat). 총 7절로 구성된 장으로 하나님의 기름을 부어 은혜를 입은 다윗이 골리앗을 물리쳤다는 내용이다.
http://en.wikipedia.org/wiki/Book_of_Psalms, http://www.athanasius.com/psalms/psalms5.html#151, http://bible.org/netbible/index.htm?adp1.htm, http://bible.oremus.org/?passage=psalms+151-151&version=nrsvae

아눈나키(Anunnaki) **고위신**(高位神) 그룹: 수메르(Smuer) 시대의 수메르어(Smuerian)로 쓰여진 고문서에 따르면 이 땅에 내려 오신 고위급 신들(Higher gods) 중 최고 12명으로 구성된 고위신들의 그룹으로 위대한 아눈나키(Great Annunakki, Ahnunnaki, Anunakk, Annunakki, Anunnaku, Ananaki) 라고도 함.

접미사 키(ki)는 지구(earth)라는 뜻으로 히브리 성경 「창세기」 1장 1절의 에레츠(Eretz, 지구). 엔릴(Enlil) 신(神)이 최고 높은(Most High or Great Mountain) 신으로 아눈나키의 수장이 됨. 반면 하늘의 고위신들의 그룹은 아눈나(Anuna or Anunna)라고 함. http://en.wikipedia.org/wiki/Anunnaki, http://en.wikipedia.org/wiki/Enlil, http://www.bibliotecapleyades.net/sumer_anunnaki/anunnaki/1-anunnaki-main.html

아담(Adam): 히브리어로 '지구의 흙(Earth's Clay)'인 아다마(Adama)로 만들어졌기 때문에 지구인(Earthling)이란 뜻. 고대 아시리아 왕 연대기의 아다무(Adamu). 카사이트(Kassite) 족이 바빌로니아를 지배하던 c.BC 14세기의 「아다파의 신화」(The Myth of Adapa)에는 아담의 2세대(Filial 2=F2)인 아다파(Adapa, 모범적 인간)가 등장함(Mark, 2011; Rogers, 1912). 이는 엔키(Enki) 신이 아담의 딸들로부터 나온 똑똑한 인간으로 표현됨. 「창세기」 1장 26절에 나오는 "우리의 형상(our image=영=Spirit)을 따라 우리의 모양대로(our likeness=육신/육체=Flesh) 우리가 사람을 만들고"의 내용처럼, 신들이 처음에 원시적인 인간을 창조했을 때는 불완전한 인간을 창조했지만, 아담을 창조했을 때야 비로소 신들의 형상과 모습이 똑같은 아주 똑똑한 인간을 만들었다는 뜻임. 성경에 등장하는 아담은 검은 머리(Black-headed, black-hair)와 흑인 피부(dark red blood-colored skin)의 흑인(黑人). 자세한 것은 『바이블 매트릭스』 시리즈의 「인간창조와 노아 홍수의 비밀」에서 소개하기로 한다.
http://en.wikipedia.org/wiki/Adam, http://en.wikipedia.org/wiki/Adapa

아수르바니팔(Ashurbanipal, 통치 BC 668~BC 612): 에사르하돈(Esarhaddon)의 아들. 구약의 '오스납발', 영문성경 KJV의 'Asnappar'
http://en.wikipedia.org/wiki/Ashurbanipal

아누(Anu=천왕성=Uranus): 하늘의 존재(he of the heavens), 하늘(sky, heaven).
http://en.wikipedia.org/wiki/Anu

아람어(Aramaic or Arama(e)an language, Aram어, 시리아어): 노아(Noah)의 아들인 셈(Shem)의 막내아들의 이름이 아람(Aram)이다(「창세기」 10:22~23). 아람은 아르메니아(Armenia)의 조상으로 지금의 시리아(아람=시리아=Syria) 지역에 거주하였다. 성경연대기로 c.BC 2400(B)년 전의 일이다. 그 이후로 아람어는 신아시리아 왕조(Neo-Assyrian Empire, c.BC 912~c.BC 626)와 신바빌로니아 왕조(BC 625~ BC 539) 시대의 공용어로 사용되었는데, 이때 유대인들의 아시리아(앗수르) 포로(Assyria Exile/Captivity, BC 723~BC 612)와 바빌론 유수(Babylonian Captivity/Babylon Exile, BC 605~BC 538)가 일어났다. 이러한 장기간의 역사적 사건과 그에 따른 언어적 영향을 받아 이스라엘 민족, 즉 유대 민족은 히브리어를 잊어 버리고 주로 아람어를 일상적인 언어로 사용하였다. 그러다가 마케도니아 왕국(Kingdom of Macedonia, BC 691 or 514~BC 146)의 알렉산드로스(알렉산더) 대왕(Alexander Ⅲ, 통치 BC 336~BC 323)의 동방 지배와 BC 146년부터 이어진 로마제국(Roman Empire, 공화정시대, BC 509~BC 27)과 로마제국[Roman Empire, 제정시대, BC 27~AD 476(서로마제국) & AD 1453(동로마제국/비잔티움제국)]의 지배에 의한 영향으로 그리스어도 일상적인 언어로 사용하였다. 따라서 예수님이 탄생하신 시점[BC 6(B)]부터 AD 1세기 말까지, 이스라엘 민족은 아람어, 그리스어(코이네, Koine), 그리고 히브리어를 혼합해서 사용하던 때라고 볼 수 있다. 예수님도 이 세가지 언어를 사용하셨는데 주로 아람어를 사용하셨다. 특히 예수님이 십자가에 못 박혀 운명하시기 전에 "엘리 엘리 라마 사막다니 하시니 이는 나의 하나님, 나의 하나님, 어찌하여 나를 버리셨나이까 하는 뜻이라 [Eloi(Eli), Eloi(Eli), lama sabachthani?–which means, "My God, my God, why have you forsaken me?"]"라고(NIV, KJV, 「마태복음」 27:46; 「마가복음」 15:34, 「시편」 22:1을 인용) 하신 말씀이 아람어(Aramaic)였다. 예수님을 반박하는 사람들은 이를 두고 인도어라고 생각하여 예수님이 어린 시절 인도에 가서 공부를 했다고 생각한다. 이것은 필자가 보기엔 아주 잘못 알고 있는 것이다. 1948년 이스라엘이 재건되자 아람어는 현대 히브리어(헤브라이어, Hebrew Language)와 함께 공용어로 채택되었다. http://en.wikipedia.org/wiki/Aramaic_language

아르고자리(Argo): 남쪽 하늘에 있는 성좌(Constellation). 그리스 신화의 아르고선으로 용사인 이아손(Jason)이 황금의 양털을 찾아 타고 간 배.
http://en.wikipedia.org/wiki/Argo_Navis

안/아누 신(An/Anu 神): 수메르어 안(An), 아카드어 아누(Anu), An=하늘=Sky =Heaven이라는 뜻, 따라서 Sky-God, the God of Heaven, the Lord of Constellations, King of Gods이라는 뜻. 하늘에 거주하시며 연례적으로 이 땅을 방문하셨던 신. 적자(嫡子)인 엔릴(Enlil) 신과 서자(庶子)인 엔키(Enki) 신(神)의 아버지. http://en.wikipedia.org/wiki/Anu

안샤르(Anshar=토성=Saturn): 하늘에서 가장 중요한 것 혹은 왕자(prince, foremost of the heavens). 안(An)=하늘(Sky)을 의미. http://en.wikipedia.org/wiki/

Anshar

알베르트 아인슈타인(Albert Einstein, 1879~1955): 아인슈타인은 1905년에 4편의 논문을 발표했다. 첫 번째는 빛을 전도성의 금속에 비추면 전자가 방출되는 광전효과(光電效果, Photoelectric Effect)로 이는 후에 양자역학 이론(Quantum theory)의 기초가 된다. 두 번째는 스코틀랜드의 식물학자인 로버트 브라운(Robert Brown, 1773~1858)이 1827년에 발견한 유체(Liquid) 속의 미립자의 불규칙적인 운동인 브라운 운동(Brownian motion or movement), 세 번째는 특수상대성이론(Special relativity=SR or Special theory of relativity=STR), 그리고 네 번째는 우리가 잘 알고 있는 물질과 에너지의 등가(Matter-energy equivalence) 방정식인 $E=mc^2$이다. 그리고 1916년에 일반상대성이론(General relativity or General Theory of Relativity)을 발표한다. 그러나 그 당시에는 특수상대성이론이나 일반상대성이론이 워낙 어려워 전문가들조차 이해하는 것이 불가능했다. 그 결과 상대성이론이 아니라 1921년에 광전효과(光電效果, Photoelectric Effect)로 노벨물리학상을 수상했다. 노벨상위원회는 논쟁의 여지가 많다고 생각해서 상대성이론에 대해서는 한 마디도 하지 않았다. 광전효과의 원리를 응용하는 기술로는 태양전지(Solar cell)에 의한 태양광 발전, 빛 검출기와 카메라 등이 있다.
http://nobelprize.org/nobel_prizes/physics/laureates/1921/index.html
http://www.albert-einstein.org/, http://en.wikipedia.org/wiki/Albert_Einstein, http://en.wikipedia.org/wiki/Special_relativity, http://en.wikipedia.org/wiki/Photoelectric_effect, http://en.wikipedia.org/wiki/Robert_Brown_(botanist)

압수(Apsu=태양=Sun): 처음부터 존재했던 자(one who exists from the beginning), 태고의 물의 신(the god of the primordial waters).
http://en.wikipedia.org/wiki/Apsu

야훼 신(Yahweh 神): 야훼(히브리 성경의 Yahweh=YHWH=JHWH=Jehovah, 영문성경의 'the LORD' 또는 'the LORD God', 한글성경의 '여호와' 또는 '여호와 하나님', 가톨릭 성경의 '주님' 또는 '주 하느님')-이스라엘의 신인 야훼(Yahweh, 히브리어= יהוה)의 실제 이름은 영문성경인 New Living과 가톨릭 성경의 「출애굽기」 3장 15절에 처음 등장한다. 다른 영문성경인 NIV, KJV, 그리고 Good News에는 야훼 신을 'the LORD'라 표현하고 있다. "하나님이 또 모세에게 이르시되 너는 이스라엘 자손에게 이같이 이르기를 나를 너희에게 보내신 이는 너희 조상의 하나님 곧 아브라함의 하나님, 이삭의 하나님, 야곱의 하나님 여호와라 하라 이는 나의 영원한 이름이요 대대로 기억할 나의 표호니라(God also said to Moses, "Say this to the people of Israel: Yahweh(1), the God of your ancestors-the God of Abraham, the God of Isaac, and the God of Jacob-has sent me to you. This is my eternal name, my name to remember for all generations. / (1) Yahweh is a transliteration of the proper name YHWH that is sometimes rendered "Jehovah"; in this translation it is usually rendered "the LORD")(New Living, 「출애굽기」 3:15)." 그리고 영문성경 New Living에는 Yahweh는 'YHWH'의 음역(transliteration)이며, 때때로 'Jehovah'로 간주되기도 하고 'the LORD'로 번역되기도 한다는 각주가 붙어 있다. 이때의 Yahweh는 「출애굽기」 3장 14절에 정의를 명시한 "I AM WHO I AM"(NIV, KJV, Good News) 또는 'I WILL BE WHAT I WILL BE'이다. 또한 「출애굽기」 6장 2절과 3절에도 등장한다. "하나님이 모세에게 말씀하여 가라사대 나는 여호와로라. 내가 아브라함과 이삭과 야곱에게 전능의 하나님으로 나타났으나 나의 이름을 여호와로는 그들에게 알리지 아니하였고(And God said to Moses, "I am Yahweh- 'the LORD.' I appeared to Abraham, to Isaac, and to Jacob as El-Shaddai-'God Almighty'-but I did not reveal my name, Yahweh, to them(New Living, 「출애굽기」 6:2~3)"이다. 이때 KJV에는 'JEHOVAH'라 표현하고 있으며(「출애굽기」 6:3), 대부분의 한글성경은 이를 '여호와'로 번역하고 있고, 가톨릭 한글성경은 '야훼'로 번역하고 있다. 중요한 것은 아브라함과 이삭과 야곱에게는 전능의 하나님(히브리어로 El-Shaddai = God Almighty)으로 나타났으나, 그들에게는 이름이 무엇인지 알리지 않았고, 이제서야 그 이름이 야훼(Yahweh)라고 알렸다는 점이다. 그렇다면 문맥상 야훼(Yahweh, the LORD, Jehovah, 여호와)라는 이름은 「출애굽기」 이후에만 등장해야 한다. 그렇지만 「창세기」 2장 4절부터 'the LORD God' (KJV/NIV 등 대부분의 영문성경) 또는 'Jehovah God'(ASV) 또는 'Yahweh God' (World English)이 등장한다. 이는 무엇을 의미하는가? 성경이 이스라엘의 입장에서 이스라엘의 신인 야훼가 유일신(唯一神)이라는 것을 강조하기 위해 유대교 (Judaism) 입장에서 유대인들(Jews)이 편집했다는 것을 의미한다. 즉 유대인들은 「출애굽기」를 가장 먼저 편집하였으며, 이어서 「창세기」와 다른 토라(Torah)의 내용들을 편집하였다. 따라서 「창세기」 1장과 그 이후에 등장하는 'God' 즉 '엘로힘(Elohim)'을 제외하곤 구약성경 어디를 보나 'the LORD' 또는 'the

LORD God'으로 일관성 있게 정리되었다. 참고로 가톨릭 성경은 '하나님(God)'을 '하느님'으로, '여호와 하나님(the LORD God)'을 '주 하느님'으로, 그리고 '여호와(the LORD)'를 '주님'으로 표현하고 있다.

http://en.wikipedia.org/wiki/Yahweh

에녹서(Books of Enoch)의 에녹1서와 에녹2서: 1947년에서 1956년에 쿰란 동굴(Qumran Cave)에서 발견된 『사해사본』(死海寫本, 사해문서, 死海文書, Dead Sea Scrolls, DSS)에서 고대 에티오피아어(Ethiopic language)와 아람어(Aramaic language)와 슬라브어(Slavonic language)로 쓰여진 「에녹서」가 발견되었다. 이는 히브리어를 번역한 것으로 보이며, 따라서 히브리어 사본이 있을 것으로 추정되고 있으나 아직까지 발견되지 않고 있다. 「에녹서」는 에녹(Enoch, BC 3492(B)~BC 3127(B)이 썼다기보다는 에녹의 4대손인 노아(Noah, BC 3058(B)~BC 2108(B)가 썼다고 보는 학자들이 많다. 그 이유는 「에녹서」 내용의 일부가, 지금은 손실되고 없는 「노아의 계시록」(Apocalypse of Noah)의 일부 파편조각과 같기 때문이다(Charles, 1893, p. 155 & Internet Publishing). 또한 에녹 이후의 편집한 사람들이 대부분의 내용을 변경하거나 삭제했을 가능성이 높은 이유로 위경(僞經, Pseudographia, Pseudepigrapha)으로 간주되었으나, 1~10번째 하늘, 미래의 예언, 노아의 신분 등 중요한 내용을 담고 있다. 「에녹서」의 영문 번역본은 다음 찰스와 로렌스의 인터넷 사이트를 참고하였다(Charles & Laurence, 인터넷 공개).

http://reluctant-messenger.com/1enoch01-60.htm, http://reluctant-messenger.com/2enoch01-68.htm

http://www.johnpratt.com/items/docs/enoch.html, http://www.sacred-texts.com/bib/boe/

에테르(the ether, 하늘을 채우는 정기, 창공), **특수상대성이론과 쌍둥이 역설**: 19세기 말에 과학자들은 우주에 대한 완전한 기술(記述)에 매우 근접했다고 믿었다. 그들은 공간이 '에테르'라고 불리는 연속적인 매질로 가득 차 있다고 상상했다. 소리가 공기 중에서 전파되는 압력파(pressure wave)이듯이 빛과 전파 신호도 에테르 속에서 진행하는 파동이라고 생각했다. 따라서 에테르가 우주공간에 편재(遍在)하고 있다고 생각했다. 그러나 일련의 실험들은 에테르 속을 통과하는 운동에 대해서 어떤 증거도 찾아내지 못했다. 그러다가 1905년, 알베르트 아인슈타인(Albert Einstein, 1879~1955)이 발표한 특수상대성이론(Special relativity=SR or Special theory of relativity=STR)에서, 자신이 우주공간 속에서 움직이고 있는지 여부를 알 수 없다면, 에테르라는 개념은 불필요할 것이라고 지적했다. 아인슈타인은 에테르 대신 자유롭게 움직이고 있는 모든 관찰자들에게는 과학법칙이 동일하게 적용된다는 가설에서 출발했다. 특히 관찰자가 아무리 빨리 움직여도 그들이 빛의 속도를 똑같이 측정하게 될 것이라고 가정했다. 즉 빛의 속도는 관찰자의 운동과 무관하며 모든 방향에서 동일하게 측정된다. 또한 물체가 빠르게 움직이고 느리게 움직이는 시간은 관찰자의 위치에 따라 상대적이다. 즉 모든 관찰자의 시간 척도는 저마다 다 다르다. 그게 바로 쌍둥이 역설이다. 쌍둥이 중 형은 빛에 가까운 속도로 우주여행을 떠나고 동생은 지구에 남는다. 지구에 남아 있는 동생이 볼 때, 빠른 속도로 움직이는 우주선에서는 시간이 더욱 느리게 간다. 따라서 우주여행에서 돌아온 형은 동생이 자신보다 더 나이가 들었음을 발견하게 된다. 이로써 아인슈타인은 19세기 과학의 두 가지 절대성을 폐기 시켰다. 하나는 에테르에 의해 표기되는 절대정지(absolute rest)이고, 다른 하나는 모든 시계가 측정하는 것으로 믿어졌던 절대시간, 즉 보편시간이다. 특수상대성이론에서 중요한 것은 질량과 에너지와의 관계이다. 모든 사람에게 빛의 속도가 똑같이 관찰될 것이라는 가정은 그 어떤 것도 빛보다 빠를 수 없다는 사실을 의미한다. 입자든 우주선이든 간에 어떤 물체를 빛의 속도로 가속하려면, 그 물체의 질량이 증가해서 더 이상 가속하기 힘들고, 여기에 들어가는 에너지가 무한대가 되기 때문이다. 질량과 에너지의 관계는 아인슈타인이 1905년에 발표한 질량과 에너지의 등가(Matter-energy equivalence) 방정식인 $E=mc^2$이기 때문이다. http://en.wikipedia.org/wiki/Ether, http://en.wikipedia.org/wiki/Special_relativity

엔릴 신(Enlil 神): 수메르어 엔릴(Enlil), 아카드어 엘릴(Ellil), 바빌로니아어 (Babylonian) 엘릴(Ellil). En=Lord=Bel 이라는 뜻. Lil=Air or Loft 라는 뜻. 따라서 Lord of the Open 혹은 Lord of the Wind 혹은 Lord of the Air라는 뜻. 이 땅에 내려오신 신들 중 최고 높은(Most High or Great Mountain) 신. 이 땅에 내려오신 신들 중 최고 12명으로 구성된 고위신들의 그룹인 아눈나키 (Great Annunakki, Ahnunnaki, Anunakk, Annunakki, Anunnaku, Ananaki, 접미사 ki=earth라는 뜻. 반면 하늘의 고위신들의 그룹은 Anuna 또는 Anunna라고 함)의 수장. 따라서 Lord of the Command라는 뜻. 그 당시 우주관제센터가 있던 니푸르(Nippur)의 주신(Patron god). 엔릴 신의 지구라트(Ziggurat) 신전은 니푸르

(Nippur)의 에쿠르(Ekur, 높은 집), 하늘에 거처하는 안(An, Anu) 신(神)의 적자 (嫡子) 아들로 하늘에서 태어남. 고고학적으로 발굴된 고대 수메르(Sumer)의 그 림문자에는 엔(En)이란 거대한 안테나가 우뚝 솟은 구조물로 표현되어 있고, 릴 (Lil)이란 신호를 주고 받는 거대한 그물(vast net), 즉 오늘날의 거대한 레이더 신 호들의 연결망으로 표현. http://en.wikipedia.org/wiki/Anunnaki

http://en.wikipedia.org/wiki/Enlil, http://en.wikipedia.org/wiki/Nippur

엔키(Enki) **또는 에아**(Ea): 수메르어로 E-A는 물의 집(the house of water)이라는 뜻. 아카드어로 에아(Ea)는 물의 신(Water of God) 또는 그의 집이 물인 자라는 뜻. 페르시아만 근처의 늪 지대에 위치한 에리두(Eridu)에 건설한 엔키의 지구라 트(Ziggurat) 신전은 압주(Abzu=E-abzu=E-engura)로 아카드어로 압수(Apsu)를 말함. Abzu 또는 Apsu는 때론 엔키 신의 주요관할 지역인 아프리카나 아프리 카의 짐바브웨이(Zimbabwe)를 뜻하기도 함. 태양이라는 압수(Apsu)의 이름이 에아 신의 거처가 되었다는 뜻임.

엔키 신(Enki, Ea 神): 수메르어로 엔키(Enki), En=Lord=Baal=Bel 이라는 뜻. 접미 사 ki 는 지구(Earth)라는 뜻으로 히브리 성경 「창세기」 1장 1절의 에레츠(Eretz= 지구)와 같은 뜻임. 따라서 '지구의 주인'이라는 뜻. 담수물(Freshwater)과 지식 (Knowledge)의 신. 따라서 땅의 주님(Lord of Earth)이라는 뜻으로 지혜의 신 (God of Wisdom). 인간에게 과학과 기술을 전수하여 주신 신. 고대 도시인 에 리두(Eridu)의 주신(Patron of Eridu). 수메르어로 에아(E-A)는 물의 집(the house of water)이라는 뜻. 아카드어로 에아(Ea)는 물의 신(Water of God) 또는 '그의 집이 물인 자'라는 뜻. 따라서 황도대(黃道帶, Zodiac)의 12궁 별자리 중 물병자 리(보병궁, 寶甁宮, Aquarius, 제11궁)의 전형으로 묘사되는 신. 따라서 페르시아만 근처의 늪 지대에 위치한 에리두에 건설한 엔키의 지구라트(Ziggurat) 신전은 압 주(Abzu=E-abzu=E-engura)로 아카드어로 압수(Apsu)를 말함. 압주(Abzu) 또 는 압수(Apsu)는 때론 엔키 신의 주요 관할 지역인 아프리카나 아프리카의 짐 바브웨(Zimbabwe)를 뜻하기도 함. 이집트에서는 프타(Ptah) 신으로 불림. 수메 르어로 이미지 패셔너(Image Fashioner)라는 뜻의 누딤무드(Nudimmud)로 불리 기도 함, 이는 땅을 고르게 펴거나 관개수로로 바꾸거나 유전자를 조작해 인간 을 만든 것에 비유하여 사용함. 물의 신으로 종종 뱀(Serpent)으로 표현됨. 인간 창조는 엔키 신과 아루루(Aruru, 닌후르쌍, Ninhursanga) 여신이 주도함. 엔키 신 은 달(초승달)로 표현하기도 했는데 그 이유는 바다의 조석(潮汐)을 만들어내기 때문임. 하늘에 거처하는 안(An, Anu) 신(神)의 서자(庶子)로 태어난 아들로 하늘에서 태어남. http://en.wikipedia.org/wiki/Enki, http://en.wikipedia.org/wiki/Nudimmud

연주시차(年周視差, Annual Parallax): 지구는 태양 주위를 공전하고 있고, 태양 가까운 곳을 지나는 별빛은, 알베르트 아인슈타인이 1916년에 발표한 일반상대성이론(General relativity or General Theory of Relativity)에 의해 태양의 중력장이 시공을 휘게 하기 때문에, 지구에서 볼 때 별들의 겉보기 위치가 약간 이동하게 된다. 이것을 연주시차(年周視差, Annual Parallax)라 한다. 시차(Parallax, 視差)란 관측자가 서로 다른 두 위치에서 한 물체를 보았을 때 생기는 방향의 차이에 따라 생기는 각(angle)을 말한다. 예를 들어 지구와 태양에서 한 천체를 보았을 때 생기는 각각의 차이가 연주시차가 되며, 공전운동에 의해 생기므로 '연주(年周)'라는 호칭이 붙는다. 이 연주시차로 지구와 별까지의 거리를 관측할 수 있다. http://en.wikipedia.org/wiki/Parallax

예루살렘 성전 또는 여호와 하나님 성전(Temple of Jerusalem or Temple of the Lord): 이스라엘 백성이 야훼(Yahweh, YHWH) 신을 예배하기 위하여 모리야산(성전산, Mount Moriah, Temple Mount, 아브라함이 아들 이삭을 번제물로 바치려 했던 산임) 정상에 세운 신전(神殿)으로 성서시대에 따라 예루살렘에는 같은 장소에 세 곳의 성전이 건축되었다. 제1성전은 솔로몬 왕(통치 BC 970~BC 930)이 세운 성전이다. BC 966년에 건축하기 시작하여(「열왕기상」 6:1, 6:37, 「역대하」 3:1) BC 959년에 완공하였다(「열왕기상」 6:38). 이스라엘 자손이 애굽 땅에서 나온 지 480년이요 솔로몬이 이스라엘 왕국의 왕이 된 지 4년에 건축을 시작하였다 했으니 애굽 땅을 나온 때가 BC 1446년이므로 1446-480=966년이며, 왕이 된 때가 BC 970이므로 970-4=966년이 된다. 또 솔로몬이 성전을 건축한 기간이 7년이었다 했으니 966-7=959년에 완성하였다. 솔로몬 왕이 건축한 제1성전은 신바빌론 왕조의 네브카드네자르 2세(구약의 '느부갓네살', Nebuchadnezzar, 통치 BC 605~BC 562)에 의해 파괴되었다(BC 586년). 제2성전은 70년간의 바빌로니아 포로(유수)에서 돌아온(BC 538년) 유대인들이 스룹바벨(Zerubbabel)의 지휘 아래 소규모의 성전 재건을 시작했는데 BC 516년에 완공되었다(「에스라」 5~6장). 제3성전은 BC 20년경 공화정 및 제정시대의 로마제국(BC 509~BC 27, BC 27~AD 476)이 유대를 간접 지배하기 위해 임명한 유대의 분봉왕(Tetrarch, 分封王)인 헤롯 왕(Herod I, 헤로데, 헤로데스, 통치 BC 47~BC 40 & BC 37~BC 4)

이 유대인의 민심을 얻기 위해 기존의 제2성전을 헐고 대규모의 성전, 부속 건물, 요새 등을 세우며 과거 솔로몬 왕 시절의 웅장함과 아름다움을 재현했는데, 이를 제3성전이라고 부른다. 그 후 예수님 사후[AD 33 또는 AD 27(B)] 로마제국[Roman Empire, 제정시대, BC 27~AD 476(서로마제국), 1453(동로마제국/비잔티움제국)]에서 벗어나고자 유대인들이 총 궐기하여 유대전쟁(유대-로마전쟁, AD 66~73)을 일으킨다. 결과는 유대인의 패배로 AD 70년에 로마제국의 티토(Titus, AD 39~AD 81, 로마 황제로서의 통치 AD 79~AD 81)가 이끄는 로마군은 많은 유대인을 죽이고 예루살렘 성전을 완전히 파괴하였다. 이 성전 파괴는 예수 그리스도에 의해 이미 예언되어 있었다(「마태복음」 24:1~2, 「마가복음」 13:1~2, 「누가복음」 21:5~6). 현재의 통곡(痛哭)의 벽(Wailing Wall)은 제3성전 서쪽 벽의 남은 잔해에 해당한다. 이 같은 비극을 지켜본 이 성벽은 밤이 되면 통탄의 눈물을 흘렸다고 한다. 그래서 붙여진 이름인데, 중세 유대인들은 성전이 파괴된 날이라는 아부월(유대력 5월) 9일에 이 벽 앞에 모여 성전 파괴와 예루살렘 함락을 슬퍼하고 그 회복을 기원하였다. 제2차 세계대전 후 예루살렘이 이스라엘과 요르단으로 분할되면서 동부의 성벽은 요르단측에 속하고 서부의 성벽은 1948년부터 이스라엘령이었으나, 1967년 6월의 제3차 중동전쟁에서 이스라엘이 예루살렘 구시가지를 점령하여 동부의 성벽까지 이스라엘로 넘어왔다. 따라서 중동전쟁 이후로 유대교도, 그리스도교도(기독교도), 이슬람교도가 저마다 성지(聖地)로 받들고 있는 동쪽 지역도 이스라엘의 점령지가 되었다. 기타 내용은 다음을 참조하라. http://en.wikipedia.org/wiki/Temple_of_Jerusalem

예수님의 언어, 예수님의 아람어(Aramaic of Jesus): 예수님은 유다(Judah) 지파가 거주하는 유대(Judea) 지역의 베들레헴(Bethlehem)에서 나시고, 북부 갈릴리(Galilee) 지방의 나사렛(Nazareth)에서 성장하시다가 30살부터 가르침을 시작하셨다(「누가복음」 2:41~52 & 3:21~23). 이곳 나사렛은 아시리아(Assyria, 시리아) 근접 지역으로 아람어(Aramaic language)를 일반 언어로 사용하는 공동 사회였다. 아람어는 신아시리아 왕조와 신바빌로니아 왕조 시대의 공용어로 사용되었는데, 이때 유대인들의 아시리아(앗수르) 포로와 바빌론 유수가 일어났다. 이러한 장기간의 역사적 사건과 그에 따른 언어적 영향을 받아 이스라엘 민족, 즉 유대 민족은 히브리어를 잊어버리고 주로 아람어를 일상적인 언어로 사용하였다. 그러다가 마케도니아 왕국(Kingdom of Macedonia, BC 691 or 514~BC 146)의 알렉산드로스(알렉산더) 대왕(Alexander III, 통치 BC 336~BC 323)의 동방 지배와 BC 146년부터 이어진 로마제국의 지배에 의한 영향으로 그리스어도 일상적인 언어로 사용하였다. 그러므로 예수님이 탄생하신 시점[BC 6(B)]부터 AD 1세기 말까지의 이스라엘 민족은 아람어, 그리스어(코이네, Koine), 그리고 히브리어를 혼합해서 사용하던 때라고 볼 수 있다. 따라서 예수님도 성장하시면서 가르칠 때에 주로(Primarily or mainly) 아람어를 사용하시고 때론 그리스어(코이네, Koine)와 히브리어를 사용하신 것으로 성경 학자들은 보고 있다. 그런데 신약성경을 이루는 4권의 복음서 및 바울(Paul, AD 5~68)과 제자들의 서신은 처음부터 그리스어인 코이네(Koine)로 쓰여졌다. 그 이유는 이들 복음서들은 예수님 사후 대략 c.AD 50~100년에 쓰여졌는데, 이 당시에는 그리스어를 제1의 공용어로 사용하던 로마가 지배하던 시대였기 때문이다. 그러나 성경학자들은 코이네로 쓰여진 신약에 등장하는 예수님의 말씀을 분석한 결과 문맥과 정황상 아람어에 가깝다는 것을 발견하고 예수님이 주로 아람어를 사용하셨다고 결론을 짓기에 이르렀다. 신약성경에 남아 있는 예수님이 사용하신 아람어로는 「마태복음」 5장 22절의 '라가(Raca)=바보, 멍청이, 텅 빈 머리', 「마태복음」 6장 24절과 「누가복음」 16장 13절의 '마몬(Mammon)=재물, 멸망', 「마가복음」 5장 41절의 '달리다굼(Tailitha koumi)=소녀야 내가 네게 말하노니 일어나라', 「마가복음」 7장 34절의 '에바다(Ephphatha)=열리라', 「마가복음」 14장 36절, 「로마서」 8장 15절, 그리고 「갈라디아서」 4장 6절의 '아바(Abba)=아버지', 「요한복음」 20장 16절의 '랍오니(Rabboni)=랍비(Rabbi), 선생', 「고린도전서」 16장 22절의 '마라나다(Maranatha)=오 주여 오소서!(Lord, come! or Our Lord, come!)' 등이다. 특히 예수님이 십자가에 못 박혀 운명하시기 전에 "엘리 엘리 라마 사박다니 하시니 이는 나의 하나님, 나의 하나님, 어찌하여 나를 버리셨나이까 하는 뜻이라[Eloi(Eli), Eloi(Eli), lama sabachthani?–which means, "My God, my God, why have you forsaken me?]"라고(NIV, KJV, 「마태복음」 27:46; 「마가복음」 15:34, 「시편」 22:1을 인용) 하신 말씀이 아람어(Aramaic)였다. 예수님을 반박하는 사람들은 이를 두고 인도어라고 생각하여 예수님이 어린 시절 인도에 가서 공부를 했다고 생각한다. 이것은 필자가 보기엔 아주 잘못 알고 있는 것이다. 기타 신약성경에 등장하는 아람어의 지명이름 및 사람 이름에 대해서는 다음 사이트를 참조하라. http://en.wikipedia.org/wiki/Aramaic_of_Jesus
http://en.wikipedia.org/wiki/Historical_Jesus

예수님 탄생 연도[BC 6(B)년]: 원래 예수 그리스도(Jesus Christ)가 탄생한 시점을 기준으로 A.D.(Anno Domini)로 표기하는 것이 원칙이지만, 후에 성서학자와 역사학자들은 예수님 탄생을 잘못 계산했다는 사실을 발견했다. 마태(오)(Matthew)가 AD 70~80년에 쓴 마태복음에는 로마제국이 유대를 간접 지배하기 위해 임명한 유대의 분봉왕(Tetrarch, 分奉王)인 헤롯 왕(Herod I, Herod the Great, 헤로데, 헤로데스, 통치 BC 37~BC 4)이 유대를 지배할 때 예수님이 나셨다고 적고 있다(「마태복음」 2:1). 그리고 헤롯 왕이 살아 있을 때 두 살 아래 갓난 사내아이들을 다 죽였다라고 적고 있다(「마태복음」 2:16). 예수님은 애굽(이집트)으로 피하셨다가 헤롯왕이 BC 4년에 죽은 후 갈릴리(Galilee)의 나사렛(Nazareth)으로 들어가신다(「마태복음」 2:19~23). 그렇다면 분명 BC 4년 이전에 탄생하셨음이 분명하다. 그러나 이방인 의사 출신인 누가(Luke)가 c.AD 63년에 쓴 누가복음에는 이스라엘을 지배하고 있던 로마 황제 아우구스투스(옥타비아누스, Augustus, AVGVSTVS, Gaius Julius Caesar Octavianus, 신약의 아구스도, 통치 BC 27~AD 14)가 로마제국의 전 지역에 인구조사를 할 것을 명령하는 칙령(Decree)을 내린다. 이에 로마가 임명한 시리아 총독인 구레뇨(Publius Sulpicius Quirinius, BC 51~AD 21)가 첫 번째 구레뇨 인구조사(Census of Quirinius)를 실시할 때 예수님이 나셨다라고 적고 있다(「누가복음」 2:1~7). 그러면 예수님은 분명 AD 1년에 나셨음이 분명해 보인다. 어느 것이 맞을까? 나중에 성서학자들과 역사학자들은 구레뇨의 인구조사는 BC 6년에 실제로 실시되었음을 확인했다. 그래서 예수님 탄생은 AD 1년이 아니라 BC 6년으로 수정되었다. 그러나 이미 예수님 탄생 기준 시점을 AD 1년으로 보고 그 이후 모든 역사가 기록되었으므로 이를 고칠 수는 없어, 성경연대기(Chronology of The Bible)만 예수님 탄생 시점을 BC 6(B)년으로 수정하였다(Good News English Bible, p. 1531). 따라서 이 땅에서 사망과 부활한 연도도 33살에 하셨으니 AD 33년이 아니라 AD 27(B)로 수정하였다. BC는 Before Christ의 약자로 기원전을 말함.
http://en.wikipedia.org/wiki/Census_of_Quirinius

요한(John, AD 6~100): 예수님의 12제자로서 신약성경의 「요한복음」(Gospel of John)과 「요한1서」~「3서」와 「요한계시록」을 썼다. 요한(John)은 끓는 기름가마에 들어갔으나 죽지 않아 밧모섬(Patmos)에 유배 당하였다. 90세가 다 된 나이에 요한은 밧모섬의 동굴에서 18개월이나 살았으며, 이곳에서 하늘의 목소리를 듣고 「요한복음」과 「요한계시록」을 썼으며, 죽지 않고 승천했다는 기록과 함께 터키인 에베소(Ephesus)에서 94세에 사망한 것으로 전하며, 12제자 중 유일하게 자

연사한 것으로 알려진다. http://en.wikipedia.org/wiki/John_the_apostle

우리 은하(銀河, 은하수=銀河水, Milky Way Galaxy): '은하(Galaxy)'라는 말은 고대 그리스어의 '우유'를 뜻하는 단어에서 유래되어 'Milky라는 단어가 붙었다. 이 당시 은하수는 '엎질러진 우유'처럼 보였다고 생각했다. 은하는 항성(별), 성간물질(interstellar matter, 星間物質, 별과 별 사이의 공간, 즉 성간 공간에 존재하는 물질의 총칭), 플라즈마(plasma), 암흑물질(dark matter) 등으로 이루어진 거대한 계이다. 보통 은하에는 중심(Galactic Center) 즉 블랙홀(Black Hole) 주위를 공전하는 1,000만 개에서 1조 개의 항성이 있다. 수십 개의 은하가 모인 것을 은하단(Galaxy Cluster)이라 한다. 우리 우주에는 수천만 개의 은하단이 존재하고, 수천억 개의 은하가 존재하며, 그 중 하나가 우리 은하이다. 우리 은하 내의 별들이 밤에 원반(disk) 모양의 띠(band)로 밝게 빛나는 것을 은하수(Milk Way)라 하고 한국어 토박이 말로는 '미리내'라고 한다. 우리 은하에는 평균 1,000억 개의 항성(별)이 있으며 별은 평균 1.6개의 행성을 가지고 있으므로, 우리 은하에는 1,600억 개의 행성들이 있다. 지구는 그 중 하나이다. 우리 은하는 원반형 구조(a disk-shaped structure)의 은하수에 나선형 팔(spiral shape arm)을 가진 바람개비 모양의 막대나선은하(SBc, barred spiral galaxy)이다. 우리 은하는 전체로서 자전(rotation, 自轉)을 하는데, 나선형으로 자전하는 주기는 5000만 년이고 중앙의 막대(Bar)를 중심으로 자전하는 주기는 1500만~1800만 년이다. 우리 은하에 남아 있는 빅뱅(Big Bang)의 잔여 파장인 우주극초단파배경복사(Cosmic Microwave Background Radiation)를 찾는 우주극초단파(CMB) 우주망원경에서는 상대속도가 초속 552±6km이지만, 태양의 위치에서는 초속 220km의 속도로 자전한다. 우리 은하의 지름은(Diameter) 10만 광년에서 12만 광년 정도되고, 두께(Thickness)는 3,000 광년이다. 태양에서 우리 은하 중심부까지의 거리는 27,200±1,100광년이다. 우리 은하에서 가장 오래된 별은 약 132억 년이며, 우리 은하 주위를 공전하는 구상 성단에서 약 136억 년의 나이로 밝혀진 별이 발견되고 이들 구상성단이 우리 은하와 거의 동시에 탄생하였을 걸로 추정하면 우리 은하의 나이는 현재 우주의 나이인 137억 년에 거의 근접할 것으로 추정되고 있다. http://en.wikipedia.org/wiki/Milky_Way http://ko.wikipedia.org/wiki/%EC%9A%B0%EB%A6%AC_%EC%9D%80%ED%95%98, http://ko.wikipedia.org/wiki/%EC%9D%80%ED%95%98

원자(atom): 원자는 핵과 전자로 구성돼 있는데, 에너지는 양성자와 중성자로 이루어진 핵에 집중돼 있다. 가장 밖의 음전하(-)를 띤 전자와 양전하(+)의 양성자 수는 같다. 따라서 일반적으로 원자는 중성이다. 그러나 인위적이든 자연적이든 어떤 상황에서 다른 원자나 분자의 상호작용을 받아 원래 중성의 원자나 분자 가 전자를 잃거나 얻는 등의 전자이동이 일어나 음전하나 양전하를 띠게 되는 현상을 이온(Ion)이라 한다. 원자의 질량은 양성자 수와 중성자 수의 합이다. 원 자번호는 양성자의 수에 따라 붙여지므로 가장 가벼운 원자가 1번이고 가장 무 거운 원자번호가 118번이다. 1번은 수소원자로 양성자 1개만 있고, 2번은 헬륨 으로 양성자 2개와 중성자 2개로 구성되어 있다. 원자번호는 같지만 중성자 수 가 달라 질량수가 다른 원소를 동위원소(Isotope)라 한다. 예를 들어 양성자 1개 에 중성자 1개가 있으면 이중수소(듀테륨, Deuterium), 양성자 1개에 중성자 2개 가 있으면 삼중수소(티리튬, Tritium)가 되고, 양성자 2개와 중성자 1개로 구성되 면 헬륨의 동위 원소인 헬륨3이 된다. 가장 무거운 원자번호인 118번은 2006년 10월에 미국과 러시아 과학자들이 발견한 운운노시티윰(Ununoctium, Uuo)이다. 다음 원자 주기율표 참조. http://www.webelements.com/

유다서(Jude): 「유다서」의 저자는 예수님의 친동생인 유다(Judas, Jude)이다. 하지 만 유다는 예수님이 이 세상에 계실 때 형인 예수님을 따르지 않았다(「요한복음」 7:5). 예수님의 친동생으로는 야고보(James), 요셉(Joseph), 시몬(Simon)과 유다 (Judas)와 누이들이다(「마태복음」 13:55, 「마가복음」 6:3). 그러나 예수님께서 부활 하신 후 유다와 야고보는 신자가 되어, 유다는 「유다서」를 야고보는 「야고보서」 (James)를 썼다. http://kcm.co.kr/bible/jud/jud.html

유대인(Judean): 유다인(People of Judah) 혹은 유태인(猶太人, Jews)을 말하며, 넓게는 이스라엘인들을 유대인이라고 부르고 히브리인(헤브라이인, Hebrew, Heberites, Hebreians)이라 부른다. 좁게는 이스라엘 12지파 지파 중 유다(Judah) 지파의 족속이 다윗(David, 통치 BC 1010~BC 970) 왕과 솔로몬(Solomon, 통치 BC 970~930) 왕으로 이어지면서 신약의 예수 그리스도(Jesus Christ)를 탄생케 하는데, 이 유다 지파의 족속을 유대인(유다인, Judean)이라 부른다. http://en.wikipedia.org/wiki/Judean, http://en.wikipedia.org/wiki/Jews

이기기 신들(Igigi Gods), **네피림**(Nephilim): 「창세기」 6장 4절에 등장하는 '복수'의 단어인 네피림(Nephilim)을 의미하는데, 하나님의 아들들(sons of God), 즉 '하 늘에서 지구로 내려온 신들'이라는 뜻이다. 특히 계급이 낮은 젊은 신들(Lower Gods)을 지칭하는데, 『아트라하시스 서사시』(Babylonian Epic of Atrahasis or

Atra-Hasis) 〈점토판 1~3〉과 『길가메시 서사시』(Epic of Gilgamesh)의 〈점토판 11〉에는 네피림을 이기기 신들(Igigi-Gods)이라 표현하기도 한다. 이기기란 '돌면서 관측하는 자들(Those Who See and Observe)', 즉 '감시자 또는 주시자(Watchers)'이란 뜻이다. 또한 『창조의 서사시』(Epic of Creation) 〈점토판 3〉의 126줄과 〈점토판 6〉의 21줄과 123줄에도 이기기 신들이 등장한다. 이들은 주로 인간이 창조되기 이전에 신들의 고향 행성인 니비루(Nibiru)에서 이 땅에 내려와 광산에서 금을 캐거나 강을 막아 수로를 만들거나 또는 신들의 고향인 니비루로 금을 실어 나르기 위해 지구궤도 위에 있던 혹은 화성에 베이스를 둔 우주선 모선이나 우주왕복선에 속해 일을 했다. 특히 모선에 속한 300명의 이기기 신들은 인간이 창조된 후에는 인간과 지구의 기후상황을 주시하고 감시하는 감시자들(Watchers)이었다. 문제는 이들 감시자들이었다. 위경인 「희년서」(Book of Jubilees) 4장 22절과 「에녹1서」(The Book of Enoch 1) 7장 7절에는 천사 또는 감시자 또는 주시자로 표현하고 있으며, 이들이 주어진 역할과 위치를 이탈하고 200명 규모로 이 땅에 내려와 인간의 여성들과 결혼하여 거인(Great/Giant Man)을 낳았다고 기록하고 있다. 이는 「창세기」 6장 1~5절의 내용과 일치한다. 자세한 것은 『바이블 매트릭스』 시리즈의 「인간창조와 노아 홍수의 비밀」편을 참고하시라.

http://en.wikipedia.org/wiki/Nephilim, http://en.wikipedia.org/wiki/Igigi

일반상대성이론(General relativity or General Theory of Relativity): 알베르트 아인슈타인(Albert Einstein, 1879~1955)이 1905년 논문으로 발표한 특수상대성이론(Special relativity=SR or Special theory of relativity=STR)은 전기와 자기를 지배하는 법칙과 아주 잘 들어맞았지만, 뉴턴의 중력법칙과는 모순되었다. 뉴턴의 법칙은 공간의 한 영역에서 물질의 배치를 변화시키면 중력장에서 나타나는 변화가 우주의 모든 곳에서 동시에 느껴질 것이라고 예견했다. 이것은 빛보다 빠른 속도로 신호를 전달할 수 있다는 것을 뜻할 뿐 아니라, 특수상대성이론이 말하는 관찰자를 중심으로 부정했던 절대시간, 즉 보편시간의 존재를 필요로 한다. 그래서 나온 것이 1916년에 아인슈타인이 논문으로 발표한 일반상대성이론이다. 아인슈타인은 가속도와 중력장 사이에 밀접한 관계가 있다는 것을 깨달았다. 만약 지구가 편평하다면 뉴턴의 머리 위에 사과가 떨어지는 이유를 중력으로 설명할 수 있고 또는 뉴턴과 지구 표면이 위쪽을 향해서 가속되기 때문이라고 말할 수 있다. 그러나 실제로 중력과 가속도의 등가성은 지구에서는 작용하지 않는다. 아인슈타인은 시공(時空, spacetime)의 기하학이 지금까지 생각되었던 것처럼 편평하지 않고 휘어 있다면, 등가성의 원리가 작동할 수 있을 것이라는 영감을 얻었다. 그것은 질량과 에너지, 즉 중력이 시공을 휘게 만든다. 사과나 행성과 같은 물체들은 시공 속에서 직선방향으로 움직이려고 하지만, 시공 자체가 휘어 있기 때문에 그들의 경로는 중력장에 의해서 휘게 된다. 가속도와 중력은 질량이 큰 천체가 주변의 시공을 휘게 만들어서 인접한 곳을 지나는 물체의 경로를 휘게 하는 경우에만 등가이다. 중력이란 시공이 휘어 있다는 사실의 표현이다. 마침내 아인슈타인은 1915년 정확한 방정식을 찾아낸다. 휜 시공에 대한 이론은 중력을 포함하지 않은 특수상대성이론과 구분하기 위해 일반상대성이론이라고 부른다. 따라서 중력이란 휘어진 시공을 말하며, 휘어진 시공을 지나는 빛도 중력에 의해 휘어져 온다. 태양 가까운 곳을 지나는 별빛은 태양 질량과 에너지가 시공을 휘게 하기 때문에 굴절한다. 따라서 지구에서 볼 때, 별의 겉보기 위치가 약간 이동하게 된다. 이런 형상은 일식이 일어날 때 관찰할 수 있다. 일반상대성이론은 우주의 기원과 운명에 대한 논의를 완전히 바꾸어 놓았다. 그것은 우주가 빅뱅(Big bang)으로 시작되었다는 것을 예견했다. 또한 빅뱅은 블랙홀로부터 생성되었다는 것을 예견했다. 블랙홀은 시간의 끝이고 빅뱅은 시간의 시작이다. 따라서 특이점은 시간의 시작이자 끝이며, 이곳에서 일반상대성이론이 붕괴된다. 그래서 시간의 시작과 끝은 일반상대성이론의 방정식으로는 규정할 수 없는 영역이다. 일반상대성이론이 빅뱅의 순간에 적용될 수 없는 이유는 20세기 초에 이루어진 또 하나의 위대한 개념적 혁명인, 아원자(subatom) 단에서 일어나는 전자-중성자-양성자-쿼크라는 소립자들의 상호작용에 바탕을 둔 양자이론(quantum theory)과 양자역학(quantum mechanics)에 모순되기 때문이다. http://en.wikipedia.org/wiki/General_relativity

정경 또는 정전(正經, 正典, canon), **외경**(外經, Apocrypha), **위경**(僞經, Pseudo-graphia): 유대교, 가톨릭과 개신교 등에서 공식적으로 채용하고 있는 경전을 가리키는 말로, 즉 신약 및 구약성서의 목록을 말하며 이를 경전(經典) 또는 정전(正典)이라고 한다. 정경에 수록되거나 수록되지 못한 성경 목록을 외경(外經, Apocrypha), 즉 제2경전(Deuterocanonici)이라 한다. 위경은 c.BC 250년에 그리스어(헬라어, Hellas)로 번역된 70인 역(셉튜아진타, The Septuagint Version, LXX)의 구약 성경에도 들지 못한 다른 문헌들로 경전으로서의 가치가 없다고 간주되는 문헌이다.

1) 신약 및 구약의 외경 및 위경 영문 보기-http://www.pseudepigrapha.com

2) 구약 외경의 영문 보기-http://www.mizii.com/jesusi/light/apo/
apocrypha.htm

http://reluctant-messenger.com/main.htm, http://bible.org/netbible/
index.htm?adp1.htm, http://jewishchristianlit.com/Texts/otPseud.html,
http://www.sacred-texts.com/bib/apo/index.htm

3) 구약/신약 성경의 정경, 외경, 위경의 히브리어(Hebrew), 라틴 불가타(Latin
Vulgate) 및 각종 영문 번역문 보기-http://www.textexcavation.com/,
http://www.sacred-texts.com/index.htm,
http://www.textexcavation.com/texts.html

중성자별(neutron star): 다량의 중성자로 이루어진 수축된 별. 직경은 대략
15~25km 정도이며, 빠른 속도로 자전하면서 에너지를 불규칙적으로 방출하여
맥동성(pulsar) 별이라 부르기도 함. 중성자별은 초신성(supernova)의 잔해로서,
질량이 태양의 3배가 넘으면 블랙홀로 진화함.

http://en.wikipedia.org/wiki/Neutron_star

지구라트(Ziggurat): 하늘로 이어지는 계단식 피라미드(Step pyramid)의 신전
(Temple)을 말한다. 신들께서 거주하는 고대 7개 도시들인 에리두(Eridu), 라르
사(Larsa), 바드티비라(Bad-tibira), 라가시(Lagash,) 슈루팍(Suruppak), 니푸르
(Nippeur), 라락(Larak/Larag) 등과 기타 도시에는 이와 같은 지구라트를 건설했
는데, 대개 7개 계단의 피라미드였다. 이 지구라트에는 각 도시를 지배한 고대
주신(Patron god)이 이 땅에 거주할 때 머무르곤 했는데, 오로지 제사장(Priest)
만이 이곳을 출입할 수 있었다. 제사장들은 각 층의 방에 접근하여 신을 모시
고, 신의 음식이나 요구에 시중드는 역할을 했다. 따라서 수메르(Sumer) 시대
(c.BC 5000~c.BC 2400)의 수메르 사회에서 제사장의 권력은 엄청나게 컸다. 또
한 각 도시의 인간 왕들은 반드시 신의 허락과 재가를 받아야만 왕권이 주어졌
다. 엔릴(Enlil) 신의 지구라트 신전은 니푸르(Nippur)에 건설한 에쿠르(Ekur)였
으며, 엔키(Enki) 신의 지구라트 신전은 에리두(Eridu)에 건설한 압수(Abzu, 아카
드어로 Apsu)였고, 인안나(Inanna) 여신의 지구라트 신전은 우르크에 세워진 에
안나(Eanna)였다. 그 이후 고대 바빌론 시대(BC 1830~c.BC 1531)에 신권과 왕권
을 찬탈한 마르둑(Marduk) 신의 신전은 에-사길라(E-Sagile)에 세워졌다. 아카
드(Akkad, Agade)와 바빌로니아에서는 지구라트를 주키라투(Zukiratu), 즉 '신

성한 영의 수상기(tube of divine spirit)'라고 불렀으며 수메르인(Sumerian)은 에시(ESH), 즉 '최고의(supreme)' 혹은 '가장 높은(most high)' 혹은 '열을 뿜는 근원(a heat source)'이라고 불렀다. 히브리어(Hebrew)로는 불(fire)이란 뜻이다. 지구라트에는 최소한 계단 세 개 정도의 높이와 맞먹는 두 개의 거대한 통신용인 '고리 안테나들(ring antennas or two horns)'이 세워져 있었다. 따라서 지구라트의 진정한 역할은 하늘에 있는 신들과 인간들의 연결이 아니라, 하늘에 있는 신들과 지구에 있는 신들과의 통신을 하기 위한 것이었다(시친, I, 2009, p. 430). 필자가 보기엔 이 안테나들은 아마도 「요한계시록」에 등장하는 하나님 보좌 앞의 일곱 등불(seven lamps)과 예수님의 일곱 뿔과 일곱 눈(seven horns and seven eyes)인 온 땅에 보내심을 입은 하나님의 일곱 영(the seven spirits of God)과 관계가 있는 것 같다(계1:4, 4:5 & 5:6). 이는 『바이블 매트릭스』 시리즈의 최종편인 「예수님의 재림과 새 하늘과 새 땅의 창조」편에서 자세히 다루기로 한다.

http://en.wikipedia.org/wiki/Ziggurat

초고에너지 우주선의 57EeV(엑사전자볼트, exa-electron volts): 이는 우리 인간이 만든 유럽의 거대하드론(강입자)가속기(LHC)의 에너지보다 100만~1,000만 배나 높은 에너지이다(1~10million times greater than particle accelerators have reached).

초신성(超新星, supernova): 마치 새로운 별이 생겼다가 사라지는 것처럼 보이기 때문에 초신성이라고 한다. 폭발의 규모가 작으면 신성(新星), 대단히 크면 초신성이라고 한다. 항성진화의 마지막 단계에 이른 별이 폭발하면서 생기는 엄청난 에너지를 순간적으로 방출하여 그 밝기가 평소의 수억 배에 이르렀다가 서서히 낮아지는 현상을 말한다. 별의 일생 가운데 갑작스런 죽음의 단계를 일컫는 초신성은 별의 형성, 은하의 형성, 더 나아가 우주형성 과정의 실마리를 제공하는 '탄생의 비밀', '진화의 비밀'을 간직하고 있다.

http://en.wikipedia.org/wiki/Supernova

체루빔(단수=cherub, 복수=cherubim): 히브리어의 라틴어로 「창세기」 3장 24절에 처음 등장하는 '그룹들', 즉 체루빔이다. 하나님이 아담과 이브를 에덴 동산에서 쫓아내시고, 에덴 동산 동편에 그룹들과 두루 도는 화염검(a flaming sword flashing back and forth)을 두어 생명나무(the tree of life)의 길을 지키게 한다. 따라서 육적인 생명체가 아니라 오늘날의 로봇과 같은 그러나 그 이상의 존재이다. 또한 「에스겔」 1장에는 네 생물의 형상(four living creatures)이 등장하는

데 모양이 사람의 형상이요 각각 네 얼굴과 네 날개가 있다고 묘사하고 있다. 그리고 「에스겔」 10장에는 네 생물의 형상이 그룹, 즉 체루빔이라고 기록하고 있다. 이것은 네 명의 하나님들의 반중력 우주복과 방향전환용 소형 원자로를 장비하고, 궁창(expanse)에 있는 거대한 우주선(보좌)으로부터 내려오는 장면이다. 눈이 가득하다(full of eyes)는 뜻은 우주복 또는 우주선에 난 창(window)이나 비행등을 의미하는 것이다. 그러나 세월이 흐른 오늘날에는, 우리가 지금 말하는 로봇이나 우주선이나 우주로봇 기술 이상의 천상(celestial or heavenly)의 과학기술로 발전하였을 것으로 보고 있다. http://en.wikipedia.org/wiki/Cherubim

코이네(Koine, 헬레니즘 그리스어): 알렉산더(Alexander Ⅲ, 통치 BC 336~BC 323) 대왕은 일찍 죽었지만 그의 공헌은 대단히 컸다. 무엇보다도 헬라(Hellas) 문화의 보급과 언어의 보급은 헬라 문명을 동방에 소개함으로써 그리스(헬라) 문화와 오리엔트 문화가 융합되는 헬레니즘(Hellenism) 문화를 형성했다. 그리하여 헬라 문화는 무려 600여 년 동안(BC 300~AD 300) 지중해를 중심으로 한 당시의 세계를 지배하게 되었으며, 그리스어(헬라어)는 당시의 세계어로 발전하게 되었다. 그러므로 신약성경이 이 당시의 세계어인 그리스어 코이네(Koine)로 기록된 것은 결코 우연이 아니다. 본래 코이네란 뜻은 '일반적인(Common)'이란 말이다. 이 언어는 BC 300년에서 AD 500년까지 사용된 말이다. 헬라어에는 고전 헬라어와 일반 헬라어 두 종류가 있었는데 코이네 헬라어는 알렉산더 대왕이 세계를 정복한 후 통용시킨 말이다. 본래 코이네 헬라어는 고전 헬라어에 비해 누구나 읽고 이해하기 쉬운 글로 알렉산더 대왕이 문화의 교류와 정신세계의 통일을 위해 보급했지만 코이네 헬라어가 복음(福音)을 전 세계에 보급하는 데 사용될 줄은 알렉산더 대왕 자신도 몰랐을 것이다.

http://en.wikipedia.org/wiki/Koine_Greek

쿰란 동굴(Qumran Cave): 예수님 당시에 약 4,000명이 동굴에서 엄격한 율법주의적 생활과 은둔생활을 고수하고 있었던 엣세나파(엣세나인, Essenes) 종파가 남긴 것으로 추정됨. http://en.wikipedia.org/wiki/The_Qumran_Caves

클라디우스 프톨레마이오스(Claudius Ptolemaeus or Ptolemy, c. AD 90~c. AD 168): 그리스의 천문학자이자 지리학자이다. 천문학 지식을 모은 그의 저서인 『천문학 집대성』은 아랍어 역본(譯本)인 『알마게스트』(Almagest)로서 더 유명하며, 코페르니쿠스 이전 시대의 최고의 천문학서로 인정되고 있다. 그는 알마케스트에서 1922년 국제천문연맹(IAU, International Astronomical Union)이 인정한 88개의 표준 성좌(88 Standard Constellations) 중 48개의 별자리를 정의하였다. http://en.wikipedia.org/wiki/Ptolemy, http://100.naver.com/100.nhn?docid=183859

키샤르(Kishar=목성=Jupiter): 견고한 땅에서 가장 중요한 것(foremost of the firm lands). 키(Ki)=지구(Earth)라는 의미로 히브리 성경 「창세기」 1장 1절의 에레츠(Eretz=지구)를 말함. http://en.wikipedia.org/wiki/Kishar

터널링 효과(Tunneling effect) 또는 양자 터널링 효과(Quantum tunneling effect): 반도체에서 게이트(Gate), 즉 장벽(barrier)이나 채널(channel) 길이가 5나노미터로 이하로 내려가면 전자들은 전압을 가하지 않아도 마음대로 장벽이나 채널을 통해 지나가는 현상이 발생한다. 게이트 길이가 너무 작아 소스(source)와 드레인(drain)이 아주 극단적으로 밀접해 있기 때문에 전자의 제어가 불가능해 정확한 신호전달이 불가능해진다. 이때부터 하이젠베르크(Werner Heisenberg, 1901~1976)의 불확정성 원리(Uncertainty principle)가 작동하기 때문에 전자의 위치가 정확히 어디에 있는지 예측하기도 불가능해진다. http://en.wikipedia.org/wiki/Tunneling_effect

특수상대성이론(Special relativity=SR or Special theory of relativity=STR): 1905년에 알베르트 아인슈타인(Albert Einstein, 1879~1955)이 발표한 특수상대성이론(Special relativity=SR or Special theory of relativity=STR)은 자유롭게 움직이고 있는 모든 관찰자들에게는 과학법칙이 동일하게 적용된다는 가설에서 출발한다. 특히 관찰자가 아무리 빨리 움직여도 그들이 빛의 속도를 똑같이 측정하게 될 것이라는 것이다. 즉 빛의 속도는 관찰자의 운동과 무관하며 모든 방향에서 동일하게 측정된다. 또한 물체가 빠르게 움직이고 느리게 움직이는 시간은 관찰자의 위치에 따라 상대적이다. 즉 모든 관찰자의 시간 척도는 저마다 다 다르다. 그게 바로 쌍둥이 역설이다. 쌍둥이 중 형은 빛에 가까운 속도로 우주여행을 떠나고 동생은 지구에 남는다. 지구에 남아 있는 동생이 볼 때, 빠른 속도로 움직이는 우주선에서는 시간이 더욱 느리게 간다. 따라서 우주여행에서 돌아온 형은 동생이 자신보다 더 나이가 들었음을 발견하게 된다. 이로써 아인슈타인은 19세기 과학의 두 가지 절대성을 폐기시켰다. 하나는 절대 정지(absolute rest)이고, 다른 하나는 모든 시계가 측정하는 것으로 믿어졌던 절대시간, 즉 보편시간이다. 특수상대성이론에서 매우 중요한 것은 질량과 에너지 사이의 관계이다. 모든 사람에게 빛의 속도가 똑같이 관찰될 것이라는 가정은 그 어떤 것도 빛보다 빠를 수 없다는 사실을 의미한다. 입자든 우주선이든 간에 어떤 물체를 빛의 속도로 가속하려면, 그 물체의 질량이 증가해서 더 이상 가속하기 힘들고, 여기에 들어가는 에너지가 무한대가 되기 때문이다. 질량과 에너지의 관계는 아인슈타인이 1905년에 발표한 질량과 에너지의 등가(Matter-energy equivalence) 방정식인 $E = mc^2$, 즉 에너지와 질량은 등가이기 때문이다. 특수상대성이론은 전기와 자기를 지배하는 법칙과 아주 잘 들어맞았지만, 뉴턴의 중력법칙과는 모순되었다. 뉴턴의 법칙은 공간의 한 영역에서 물질의 배치를 변화시키면 중력장에서 나타나는 변화가 우주의 모든 곳에서 동시에 느껴질 것이라고 예견했기 때문이다. 이것은 빛보다 빠른 속도로 신호를 전달할 수 있다는 것을 뜻할 뿐 아니라, 특수상대성이론이 말하는 관찰자를 중심으로 부정했던 절대시간, 즉 보편시간의 존재를 필요로 한다. 그래서 뉴턴의 중력을 보완해 나온 것이 1916년에 아인슈타인이 논문으로 발표한 일반상대성이론(General relativity or General Theory of Relativity)이다. http://en.wikipedia.org/wiki/Special_relativity

특이점(Singularity): 영국의 수학 물리학자인 로저 펜로즈(Sir Roger Penrose, 1931~)는 1965년에 블랙홀의 중심에서 점으로 이루어진 중력을 발견하고 '특이점'이라고 불렀다. 시간의 끝이나 시작이 되는 특이점은 무한 밀도의 지점이다. 그 후 펜로즈는 스티븐 호킹(Stephen Hawking, 1942~) 박사와 공동연구를 통해 '펜로즈-호킹의 특이점 원리(Penrose-Hawking singularity theorems)'를 발견하고 이를 증명하였다. 즉 이들은 알베르트 아인슈타인이 1916년에 발표한 일반상대성 이론의 수학적 모형 속에서 시간이 바로 빅뱅(Big Bang)이라고 불리는 출발점을 가질 수밖에 없음을 증명하였다. 마찬가지 논리로 항성이나 은하들이 자체 중력으로 붕괴해서 블랙홀을 생성할 때 시간이 끝나게 된다는 것을 입증하였다. 블랙홀은 시간의 끝이고 빅뱅은 시간의 시작이다. 따라서 특이점에서 일반상대성 이론이 붕괴된다. 이들은 시간이 출발점을 가진다는 것을 증명한 논문 덕분에 1968년 중력연구재단(Gravity Research Foundation)으로부터 상을 받았다. http://en.wikipedia.org/wiki/Gravitational_singularity, http://en.wikipedia.org/wiki/Roger_Penrose, http://en.wikipedia.org/wiki/Stephen_Hawking

티아마트(Tiamat): 수메르어(Sumerian)의 'T(티)'=생명(Life), 'Ama(아마)'=어머니(Mother)라는 뜻임. 대양의 여신(the goddess of the ocean), 혼돈의 괴물(Chaos

Monster), 태고의 혼돈(primordial chaos), 생명의 처녀(maiden of life), 소금의 물(salt water), 나중에 마르둑(Marduk) 행성과 충돌해 두 동강나서 윗부분은 지구(Earth)가 되고 아랫부분은 산산조각이 나서, 「창세기」 1장 6~8절에 나오는 태양계(Solar system)의 궁창(expanse/NIV, firmament/KJV, space/New Living, dome/Good News) 즉 하늘(sky/NIV/New Living, Sky/Good News, Heaven/KJV)을 의미하는 소행성대(The Asteroid belt)가 됨. 「창세기」 1장 2절에 나오는 깊음(the deep, abyss)의 뜻인 북서 셈어(Semitic)의 히브리어(Hebrew)인 테홈(Tehom, תהום)도 티아마트에서 파생된 것임. http://en.wikipedia.org/wiki/Tiamat, http://en.wikipedia.org/wiki/Deeps, http://en.wikipedia.org/wiki/Chaos_(cosmogony) http://en.wikipedia.org/wiki/Primordial_chaos, http://en.wikipedia.org/wiki/Tehom

파섹(Parsec): 거리 단위를 나타내는 'a parallax of one second'의 약자로 태양에서 천체(an astronomical object)까지의 거리를 의미하는데, 이때 천체는 1아크초(arcsecond = 1/60아크분)의 시차(視差) 각을 갖는다. 빛으로 3.26광년을 가는 거리를 의미한다. http://en.wikipedia.org/wiki/Parsec, http://en.wikipedia.org/wiki/Arcsecond#Symbols_and_abbreviations

헬라어(Hellas language, 그리스어Greek language): 고대 그리스인들은(c.BC 1100~BC 146) 스스로를 헬라스(Hellas, 헬레네스)라 불렀기 때문에 고대 그리스어를 헬라스어 또는 헬라어(Hellas language)라고 하며, 헬라어의 한자 음역인 희랍어(希臘語)라 불리기도 한다. 헬레네스가 사는 곳을 본토와 식민도시를 통틀어 헬라스(Ελλάς)라고 칭하였다. http://en.wikipedia.org/wiki/Hellas

헬레니즘(Hellenism): 고대 그리스(c.BC 1100~BC 146) 시대의 마지막 왕조인 마케도니아 왕조(Kingdom of Macedonia, BC 691 or 514~BC 146)의 알렉산더 대왕(Alexander III, 통치 BC 336~BC 323)으로 이어지는 그리스 문명을 말하는데, 특히 알렉산더 대왕의 동방원정으로 그리스 문화와 오리엔트 문화가 융합된 새로운 문명을 말한다. 고대 그리스의 종식은 전통적인 시각으로는 알렉산더 대왕이 죽은 BC 323년으로 보는데, 이때부터 헬레니즘 시대(Hellenistic period)가 시작된다. 그러나 로마제국(Roman Empire, 공화정시대, BC 509~BC 27)이 그리스와 마케도니아를 정복한 BC 146년을 고대 그리스 시대가 끝나는 때로 보는 것이 일반적이다. 따라서 헬레니즘 문명은 BC 323년에서 BC 146년 사이에 그리스의 영향력이 절정에 달한 시대를 일컫는다. 혹은 알렉산더 대왕이 이집 트에 세운 프톨레마이오스 왕조(Ptolemies Dynasty, BC 305~BC 30)가 로마의 지배를 받기 시작하는 BC 30년까지로 보는 경우도 있다. 헬레니즘은 이후 로 마가 그리스의 정복지를 모두 지배하게 되면서 로마제국[Roman Empire, 제정시 대, BC 27~AD 476(서로마제국) & AD 1453(동로마제국/비잔티움제국)]으로 넘어간 다. 그러나 로마 제정시대에도 그리스 문화, 예술, 문학은 로마 사회에 스며들어, 로마의 지도층은 라틴어(Latin language)와 마찬가지로 그리스어(헬라어, Hellas language, Greek language)인 코이네(Koine)를 구사했다. 그리하여 헬라 문화는 무려 600여 년 동안(BC 300~AD 300) 지중해를 중심으로 한 당시의 세계를 지 배하게 되었으며, 그리스어인 코이네는 당시의 세계어로 발전하게 되었다. 그러 므로 신약성경(新約聖經)이 당시의 세계어인 헬라어, 즉 코이네(Koine)로 기록된 것은 결코 우연이 아니다. 헬레니즘이라는 말을 처음 사용한 것은 1863년 독일 의 요한 드로이젠(Johann Gustav Droysen, 1808~1884)이 그의 저서 『헬레니즘 사(史), 1836~1843』에서 사용하기 시작하면서 등장했다. 이 말은 그리스 문화 와 그리스 정신을 가리키기도 한다. 이 시대의 특징으로 그리스 문화의 확대 발 전으로 보는 견해도 있고, 반대로 오리엔트 문화를 통한 그리스 문화의 퇴보로 보는 등의 견해도 있으나, 그리스 문화와 오리엔트 문화가 서로 영향을 주고받 아 질적 변화를 일으키면서 새로 태어난 문화로 보는 것이 타당하다.

http://en.wikipedia.org/wiki/Hellenistic_Period

황도(黃道, Ecliptic)**와 황도대**(黃道帶, Zodiac): 지구는 태양 둘레를 1년(365일) 동안 공전하는데, 즉 약 1°씩 365일에 걸쳐 360° 공전한다. 그런데 지구상의 관측자 가 볼 때에는 지구의 공전 대신 천구상(Celestial Sphere)에서 태양이 움직이는 것처럼 보이게 되는데, 이러한 태양의 겉보기 운동을 연주운동(Annual Motion, 年周運動)이라 하고 연주운동의 경로 즉 태양이 천구상의 별자리 사이를 지나 가는 길을 황도(黃道, Ecliptic)라고 한다. 황도면은 천구 적도(Celestial Equator) 와 약 23.5도 기울어져 있는데, 이 것은 지구의 자전축이 수직(Perpendicular to Orbit)에 대해 23.5도 기울어져 있기 때문이다. 이 황도대에는 12개의 궁(宮), 즉 별자리가 보이는데 30도의 간격으로 배치되어 있다. 따라서 지구에서 매일 같 은 시각에 별자리를 관측하면 별자리는 하루에 약 1°씩 동쪽에서 서쪽으로 이 동하여 1년 후에 처음의 위치로 되돌아온다. 별자리 하나인 30도를 도는데 1개 월이 걸려 12별자리의 360도 도는 데 12개월이 걸린다. 결국 지구상에서 관측

하면 매월 별자리가 바뀐다. http://en.wikipedia.org/wiki/Ecliptic
http://en.wikipedia.org/wiki/Zodiac

흑체(黑體, blackbody): 흑체는 온도에 따라 전자기파를 방출하거나 흡수하는 물질 중에서 파장에 따라 선택적으로 흡수 혹은 방출하지 않고, 모든 파장의 전자기 파를 흡수 또는 방출(연속 스펙트럼) 할 수 있는 가상적인 물체이다. 일반적인 물 체는 물체의 구성 성분에 따라 파장을 선택적으로 흡수(흡수 스펙트럼)하거나 방 출(방출 스펙트럼, 혹은 휘선 스펙트럼)한다. 자연계에서는 태양과 같은 별이나 은하 가 바로 모든 파장의 전자기파를 방출하는 흑체이다. 그 반대로 모든 파장을 흡 수하면 검은 흑체가 된다. 그런데 차후에 설명하겠지만 23%의 암흑물질(Dark matter)은 빛을 방출하거나 흡수하지 않는 흑체이다. 그러나 우주의 23%를 구 성하고 있는 가상 흑체이므로 도대체 이게 무엇인지는 아직 밝혀지지 않았으나 많은 과학자들이 연구에 몰두하고 있다.
http://en.wikipedia.org/wiki/Blackbody

히브리어(헤브라이어): BC 2166~BC 2091년에 메소포타미아 남부 도시인 우르(Ur) 를 떠나 아시리아(Assyria) 북쪽 도시인 하란(Haran)을 통해 가나안(Canaan)에 이주한 셈(Shem) 족 후손인 아브라함(Abram, Abraham, BC 2166~BC 1991) 족속 의 집단 언어로 고대 바벨로니아와 고대 아시리아의 공용어인 아람어(Aramaic or Arama(e)an language, 시리아어)와 가나안어와의 혼합 언어이다. 셈의 아 들 중 아르박삿(Arphaxad)은 지금의 페르시아만 지역인 이라크 남단과 사우디 아라비아 반도 지역에 거주하였다. 특히 지금의 이라크 남단 지역을 그 당시에 는 갈대아(Chaldea)라 불렀는데, 아르박삿의 9대손인 아브라함도 갈대아의 우르 (Ur) 출신의 히브리인(헤브라이인, Heberites, Hebreians)이다(「창세기」 11:27~29 & 14:13 & 15:7). 아브라함은 우르를 떠나 가나안으로 가기 전에 셈계(Shem) 아람 (Aram, 지금의 시리아) 족속들이 살던 하란(Haran)에 머물다, 여호와 하나님의 지 시에 따라 75세에 가나안으로 들어간다(「창세기」 12:4~5, BC 2091). 따라서 히브 리어의 조상은 셈족이며 직접 연계 있는 조상은 아브라함이라 말할 수 있다.
http://en.wikipedia.org/wiki/Hebrew_language

히브리인(헤브라이인, Hebrew, Heberites, Hebreians): 「창세기」 10장 21절에는 "셈 은 에벨 온 자손의 조상이요(Shem was the ancestor of all the sons of Eber)" (NIV)라는 구절이 나오는데 이때 에벨(Ever)이란 '건너 온 땅' 또는 '저 건너 쪽 의 땅', 즉 강 건너의 땅이란 뜻으로 유프라테스강(Euphrates, 「창세기」 2장 14절의

'유브라데')과 티그리스강(Tigris, 「창세기」 2장 14절의 '힛데겔')이 흐르는 메소포타미아(Mesopotamia) 지역의 아시리아와 바빌론을 의미한다. 유대인의 조상을 일컬어 히브리 족속이라고 하는데 '히브리'의 어원이 바로 '에벨'이다. 창세기 10장의 셈족에 관한 내용-[c.BC 2450(B)]과 바빌론 유폐/유수/포수(幽囚 또는 捕囚, Babylonian Captivity/Babylon Exile, BC 605~BC 538) 사건과의 연대 차이가 대략 1,000년이란 간격이 있지만, 유대인들이 그들 자신을 히브리인이라 부른 것은 바빌론 유수 이후이다. 즉 강 건너 땅인 바빌론에서 고생 끝에 살아서 가나안(Canaan)으로 건너온 민족이란 뜻이다. 그래서 바빌론 유수기를 거쳐 고향으로 돌아온 이스라엘인 또는 히브리인을 모두 유대인이라 불렀고 이들은 스스로 히브리인 또는 이스라엘인이라고 불렀다. 그런데 바빌론 유수기에 앞서 강을 건너온 히브리인이 있었다. 셈의 아들 중 아르박삿[Arphaxad, BC 2456(B)~BC 2018(B)]은 지금의 페르시아만 지역인 이라크 남단과 사우디 아라비아 반도 지역에 거주하였다. 특히 지금의 이라크 남단 지역을 그 당시에는 갈대아(Chaldea)라 불렀는데, 아르박삿의 9대손인 아브라함(Abram, Abraham, BC 2166~BC 1991)도 갈대아 지역의 우르(Ur)에서 자란 히브리인이다(「창세기」 11:27~29; 「창세기」 15:7). 가나안에 이주하면서 아브라함 족속들은 히브리어(헤브라이어, Hebrew Language)를 사용하게 되었는데 이 히브리어를 말하는 사람들과 그 자손을 일컬어 유대인이라고 부른다. 이처럼 아브라함이 최초로 메소포타미아 남부를 건너온 히브리인이었다. 이런 점에서 유대인의 직접적인 조상은 아브라함이라고 볼 수 있다. 실제로 구약성경에는 히브리인(Hebrew)이라는 단어가 「창세기」 14장 13절(KJV, NIV)에 처음 등장하는데 아브라함을 일컬어 히브리 사람이라고 표현하고 있다. http://en.wikipedia.org/wiki/Hebreians

희년서(Book of Jubilees): 혹은 「소(小)창세기」(the Little Book of Genesis)라고도 한다. 히브리어로 쓰여진 「희년서」가 발견되지 않아 위경으로 간주되었으나 1947년에서 1956년에 쿰란 동굴(Qumran Cave)에서 발견된 『사해사본』(死海寫本, 死海文書, Dead Sea Scrolls)에서 히브리어로 쓰여진 「희년서」가 발견되었다. 원래 희년(The Year of Jubliee)이란 말은 「레위기」(Leviticus) 25장 8~12절에 처음 나온다. "너는 일곱 안식년을 계수할찌니 이는 칠년이 일곱번인 즉 안식년 일곱번 동안 곧 사십 구년이라… 제 오십년을 거룩하게 하여 전국 거민에게 자유를 공포하라 이해는 너희에게 희년이니 너희는 각각 그 기업으로 돌아가며 각각 그 가족에게로 돌아갈찌며 그 오십년은 너희의 희년이니 너희는 파종하지 말며 스스로 난 것을 거두지 말며 다스리지 아니한 포도를 거두지 말라 이는 희년이니 너희에게 거룩함이니라 너희가 밭의 소산을 먹으리라." 즉 희년은 50년을 말한 다. 이 연수에 따라 「희년서」는 「창세기」부터 「출애굽기」 12장까지 기술되어 있 는 사건들의 연대를 7년이 7번, 즉 49년마다 돌아오는 희년들을 가지고 계산 하여 수록했다. 이렇게 희년력이 제정됨으로써 유대인들은 유대인의 종교적 절 기와 성일(聖日)을 제 날짜에 지킬 수 있었고, 유대인들을 다른 이방인들과 구 별해 하느님의 계약공동체라는 구약성서의 이스라엘 상(像)을 강조할 수 있었 다. 창세기의 내용을 쉽게 풀어 쓰고 각색한 것 외에도 「희년서」는 당시의 유대 교 율법과 관습의 기원을 설명하는 이야기들을 수록하고 있다. 이 책은 창세기 의 족장들이 족장시대 이후에 생긴 율법과 절기들을 이미 지켰다고 주장함으 로써 모세 율법과 레위기의 여러 율법의 기원을 더 오랜 과거로 소급시켰다. 따 라서 헬레니즘적 사고에 젖은 유대인들에게는 그것이 더 성스럽게 보였다. 「희년 서」의 최종 형태는 BC 150년경에 씌어진 것으로 보이지만, 그 안에 수록된 신 화적 전승들은 훨씬 전에 형성된 것들이다. 「희년서」에 담긴 종교적 고립주의 정 신과 엄격성 때문에 팔레스타인 쿰란(Qumran)에 있던 유대교 에세네파(은둔 파, Essenes)는 그들의 주요 저작인 『다마스쿠스 문서』(Damascus Document)에 서 「희년서」를 폭넓게 인용했다. 「희년서」는 「창세기」와 유사할 뿐만 아니라 쿰 란 공동체가 애독하던 창세기 외경과 밀접한 관계를 가지고 있다. 쿰란 서고, 즉 『사해사본』에서는 히브리어 원본인 「희년서」의 여러 단편들이 발견되었다. 「희 년서」는 본문 서두에 "그들의 희년들과 칠칠절을 위한 시대 구분에 대한 책(the book of the Divisions of the Times for Their Jubilees and Weeks)"이라고 기록 되어 있다. 이 제목은 나중에 「희년서」(The Jubilees)나 「소(小)창세기」(The Little Genesis)로 짧아졌다. 또한 나중에는 『모세의 증거』(The Testament of Moses)나 『모세의 계시록』(The Apocalypse of Moses)이라는 제목으로 출판되기도 했다. 원어가 히브리어였음에도 불구하고 모든 현존하는 버전들(Latin, Ethiopic)은 그 리스의 헬라어(Hellas Language, Greek Language)로부터 번역된 것이다. 「희년 서」의 영문 번역본은 다음 찰스(Charles, 1917 & 2002, 인터넷 공개)의 것을 참고 하였다.

12지파(12 Tribes of Israel): 아브라함(Abraham, BC 2166~BC 1991)의 아들인 이 삭(Issac, BC 2066~BC 1886)의 아들인 야곱(Jacob, BC 2006~BC 1859), 즉 이스 라엘(Israel, 「창세기」 32:28 & 35:10, 하나님이 야곱을 이스라엘이라 부름)의 아들 12

명을 지칭한다(「창세기」 35:23~26 & 49:3~28). 장자는 루우벤(Reuben), 네 번째는 유다(Judah), 열한 번째는 요셉(Joseph), 막내는 베냐민(Benjamin)이다. 아모리(Amorites) 족속 등 가나안(Canaan) 족속에게서 빼앗은 가나안 땅을 야곱의 아들 12지파에게 분할할 때 요셉(Joseph, BC 1916~BC 1806)은 다른 형제들보다 땅의 한 부분을 더 받는데, 이는 여호와 하나님이 야곱을 통해 요셉의 두 아들인 므낫세(Manasseh)와 에브라임(Ephraim)에게 둘 다 장자와 같은 권위와 축복을 내린 데에서 비롯된다(「창세기」 48:13~20). 따라서 므낫세와 에브라임은 각기 한 지파로 땅을 분배받아 요셉 입장에서 보면 다른 형제들보다 몫을 두 배로 받은 셈이다. 「창세기」 48장 22절에 야곱이 축복하기를 "내가 네게 네 형제보다 일부분을 더 주었나니 이는 내가 내 칼과 활로 아모리 족속의 손에서 빼앗은 것이니라(And to you I give one portion more than to your brothers-the portion of land I took from the Amorites with my sword and my bow.)"(NIV)라고 기록하고 있다. 물론 야곱이 가나안 아모리 족속에게서 직접 땅을 빼앗은 것은 아니지만 차후 그렇게 될 것이라는 여호와 하나님의 말씀을 예언한 구절이라고 볼 수 있다. 단, 야곱이 두 손자에게 축복을 내릴 때 좌우수가 바뀌어(왼손과 오른손이 어긋나게) 동생인 에브라임을 므낫세보다 앞세웠기 때문에, 후일에 이스라엘 지파들이 광야에 집결했을 때 에브라임의 수가 므낫세 수보다 많았으며(「민수기」 1:33 & 35, 「신명기」 33:17), 여호수아도 에브라임 지파 출신이다(「민수기」 13:8 &16, 「역대상」 7:20~27). 더욱이 가나안 땅에 입성한 므낫세 지파는 요르단(Jordan) 강을 중심으로 반은(half-tribe of Manasseh) 동쪽, 반은 서쪽으로 나뉘어져 힘이 없게 되었다(「여호수아」 13:8 & 14: 3~4). 이와 같이 에브라임의 후손들이 므낫세 후손들보다 강대해졌다. 「요한계시록」에는 이스라엘 12지파에서 1만 2,000명씩 총 14만 4,000명의 하나님의 인 맞은 자들이(Sealed) 등장하는데 여기에서는 야곱의 아들 12명 중 단(Dan) 지파가 빠지고 요셉 지파와 므낫세 지파가 기록되어 있다(「요한계시록」 7:4~8). 또한 전체 성경을 통해서 므낫세와 에브라임을 각각 12지파의 한 지파로 표현하기도 하고, 때론 장자인 므낫세 지파를 요셉 지파로, 차자인 에브라임 지파를 요셉 지파로 표현하기도 한다. 12지파 중 레위(Levi, Levites) 지파는 여호와 하나님께 시중드는 제사장(Priests) 직을 맡은 신분의 지파로(「민수기」 3장 & 18장), 가나안 족속과의 전쟁에는 직접 참여하지 않아(「민수기」 1:47~54), 가나안 땅에 들어가서는 나머지 11지파처럼 땅을 배분받지 못하지만(「민수기」 18:20~24, 「민수기」 26:62, 「여호수아」 13:14 & 33), 레위 족속들이 특별히 거주할 수 있는 레위 족속의 성읍(Levitical Towns)을 배분받는다(「레위기」 25:32, 「민수기」 35장, 「여호수아」 21장). http://en.wikipedia.org/wiki/12_tribes_ of_Israel

70인 역(셉튜아진타, The Septuagint Version, LXX): 디아스포라(Diaspora, 이산, 離 散)의 유대인들은 본토 팔레스타인에 머물던 유대인들보다 그리스 문화에 대해 훨씬 개방적이어서 헤브라이어(히브리어, Hebrew Language)와 아람어(Aram, 시 리아어)를 사용하던 극소수를 제외하고는 대부분이 그리스어, 즉 헬라어(Hellas Language)의 코이네(Koine)를 상용(常用)했다. 그 결과 디아스포라 유대인들은 히브리어(Hebrew Language) 구약성서 원문을 헬라어로 번역할 필요가 있었다. 그래서 c.BC 250년 알렉산드리아(Alexandria)에서 탄생한 것이 바로 70인 역으 로 이는 현존하는 가장 오래된 그리스어역의 구약성서이다. 70을 뜻하는 라틴 어의 Septuaginta에서 유래한 70인이라는 명칭은, 유대인 12지파 중에서 헬라 어와 히브리어에 정통한 학자 6명씩 뽑아 총 72명으로 하여금 각각 다른 독방 에 분리해 놓고, 히브리 구약성경을 헬라어로 번역하도록 시켰는데, 이들은 70일 만에 번역을 완성하였고, 나중에 그 것을 모아 보니 그 번역 내용이 다 똑같았 다는 전승에서 유래되었다. 이러한 전승은 '70인 역'도 하나님의 영감으로 된 것 이라는 점을 강조하기 위해서 생겨난 것으로 추정된다. 처음에는 율법서인 모세 5서(경)(Five Books of Moses, 「창세기」, 「출애굽기」, 「레위기」, 「민수기」, 「신명기」)이 번역되었고, 그 이후로 성서 번역 작업은 AD 1세기까지 꾸준히 계속되었다. 그 결과 당시에 성립된 24권의 히브리 원문 성경을 39권으로 재 분류한 가운데, 새 로이 그리스어나, 아람어(시리아어), 혹은 히브리어로 쓰여진 10권의 외경(外經) (유딧, 토비트, 마카베오 상/하, 송시, 지혜서, 집회서, 바룩서, 수산나, 벨과 뱀 등) 문헌들 까지 추가되었다. 그 결과 70인 역은 총 49권으로 구성되었다. 70인 역은 성서 연구에는 물론, 언어학상으로도 중요한 자료인데, 신약성서의 문체와 사상을 연 구하는데 특히 귀중한 자료이다. 자세한 것은 부록의 「구약성경의 역사」를 참조 하라. http://en.wikipedia.org/wiki/Septuaginta, http://www.sacred-texts.com/ bib/sep/index.htm

● 참고문헌

단행본

김정한(연세대 생명공학과 교수), 『과학자와 함께 읽는 창세이야기』, 한국기독
학생회(IVP), 1997.

제원호(서울대 교수, 물리학), "[과학으로 세상보기] 우주의 나이", 중앙일보,
2006.
http://article.joinsmsn.com/news/article/article.asp?total_id=14331

존 그레이, 김경숙 옮김, 『화성에서 온 남자 금성에서 온 여자』, 동녘라이프, 초
판 2006년 06월 30일[Mars and venus starting over/Gray, John]

한홍, 『시간의 마스터』, 비전과리더십, 2006, pp. 24~28.

이동진 편역, 『제2의 성서: 구약시대』, 해누리, 2001년 9월. 사해사본을 편역한
것으로 자세한 내용은 이 책을 참조할 것.

번역본

Collins, Francis, The Language of God: A Scientist Presents Evidence
for Belief, Free Press, July 11, 2006[이창신 옮김, 『신의 언어 : 유전자 지
도에서 발견한 신의 존재』, 김영사, 2009]

Dawkins, Richard, The God Delusion, Houghton Mifflin Harcourt, Sep-
tember 18, 2006[이한음 옮김, 『만들어진 신(THE GOD DELUSION): 신
은 과연 인간을 창조했는가?』, 김영사, 2007. 7]

Dawkins, Richard, The Selfish Gene, Oxford University Press, USA, 2nd Edition, November 23, 1989[홍영남 옮김, 『이기적 유전자』, 을유문화사, 1993]

Hawking, Stephen & Leonard Mlodinow, The Great Design, Bantam, September 7, 2010[전대호 옮김, 『위대한 설계』, 까치, 2010]

Hawking, Stephen, The Universe In a Nutshell, Moonrunner Design Ltd., UK and The Book Laboratory Inc., 2001[김동광 옮김, 『호두껍질 속의 우주』, 까치, 2001년 12월 5일]

Kaku, Michio, Parallel Worlds, [박병철 옮김, 『평행 우주』, 김영사, 2006년 3월]

Sitchin, Zecharia, The 12th Planet (Book I) (The First Book of the Earth Chronicles), Harper, 1976; Bear & Company, May 1, 1991[이근영 옮김, 『수메르, 혹은 신들의 고향』, SK, 2009]
http://www.bibliotecapleyades.net/sitchin/planeta12/12planeteng_index.htm

Tyson, Neil deGrasse and Donald Goldsmith, Origins: Fourteen Billion Years of Cosmic Evolution, W. W. Norton, 2004[곽영직 옮김, 『오리진: 140억 년의 우주 진화』, 지호출판사, 2005]

Wilson, Edward, Consilience: The Unity of Knowledge, Knopf, March 17, 1998[최재천/장대익 옮김, 『통섭: 지식의 대통합』, 사이언스북스, 2005]

외국서적

Barbour, Ian, "Religious responses to the Big Bang," in Clifford N. Mathews and Roy Abraham Varghese(eds), Cosmic Beginnings and Human Ends, Chicago, Open Court, 1995, p. 381.

Budge, W.A. Wallis, The Babylonian Legends of Creation, 1921, at sacred-texts.com
http://www.sacred-texts.com/ane/blc/index.htm

Charles, R.H.(ed. and trans.), The Book of Enoch, Oxford: Clarendon Press, 1893, p. 63 & 65 & 73 & 155.

Charles, R.H.(tr), The Book of Enoch : Chapters 1~105 & 106~108; also referred to as "Ethiopian Enoch" or "1 Enoch", 1917, Internet

Publishing at sacred-texts.com.

http://www.sacred-texts.com/bib/boe/index.htm

Charles, R.H.(tr), The Book of Jubilees Or the Little Book of Genesis, Wipf & Stock Publishers, July 2002. Internet Publication.

http://reluctant-messenger.com/book_jubilees.htm

Charles, R.H.(tr), The Book of Jubilees, Society for Promoting Christian Knowledge, London, 1917. Internet Publication, at sacred-texts.com.

http://www.sacred-texts.com/bib/jub/index.htm

Dalley, Stephanie, Myths From Mesopotamia: Gilgamesh, The Flood, and Others, 1998; Excerpted "Epic of Atra-Hasis, Tablet I-III" at http://www.noahs-ark.tv/

http://www.noahs-ark.tv/noahs-ark-flood-creation-stories-myths-epic-of-atra-hasis-old-babylonian-akkadian-cuneiform-flood-creation-tablet-1635bc.htm

http://www.bibliotecapleyades.net/serpents_dragons/boulay03e_a.htm

King, Leonard William, Enuma Elish : The Seven Tablets of Creation, London 1902, at sacred-texts.com, http://www.sacred-texts.com/ane/enuma.htm, http://www.sacred-texts.com/ane/stc/index.htm (Akkadian)–http://wikisource.org/wiki/Enuma_Elish)

Laurence, Richard(tr), The Book of the Secrets of Enoch : Chapters 1~68 ; also referred to as "Slavonic Enoch" or "2 Enoch", Internet Publishing.

http://reluctant-messenger.com/2enoch01-68.htm

Laurence, Richard(tr), The Book of Enoch : Chapters 1~60 ; also referred to as "Ethiopian Enoch" or "1 Enoch", Internet Publishing.

http://reluctant-messenger.com/1enoch01-60.htm

Laurence, Richard(tr), The Book of Enoch : Chapters 61~105 ; also referred to as "Ethiopian Enoch" or "1 Enoch", Internet Publishing.

http://reluctant-messenger.com/1enoch61-105.htm

Mark, Joshua, The Myth of Adapa, Ancient History Encyclopedia, 2011.

http://www.ancient.eu.com/article/216/

Rogers, Robert W., Adapa and the Food of Life [From "Cuneiform Parallels to the Old Testament"], 1912. http://www.sacred-texts.com/ane/adapa.htm, http://www.ancienttexts.org/library/mesopotamian/adapa.html

Smith, George, The Chaldean Account of Genesis, London, 1876. http://www.sacred-texts.com/ane/caog/index.htm http://wisdomlib.org/mesopotamian/book/the-chaldean-account-of-genesis/index.html

Smith, George, The Chaldean Account of Deluge, London, 3 December 1872. http://www.sacred-texts.com/ane/chad/index.htm

논문

Ackermann, et al.(The Fermi-LAT Collaboration), "Constraining Dark Matter Models from a Combined Analysis of Milky Way Satellites with the Fermi Large Area Telescope", Phys. Rev. Lett., Vol. 107, I. 24, 241302, December 8, 2011. http://prl.aps.org/abstract/PRL/v107/i24/e241302

Adrian Cho, "Universe's Highest-Energy Particles Traced Back to Other Galaxies", Science, Vol. 318. No. 5852, pp. 896~897, 9 November 2007. http://www.sciencemag.org/content/318/5852/896.summary

Adriani et al., "The Discovery of Geomagnetically Trapped Cosmic-Ray Antiprotons", The Astrophysical Journal Letters(ApJ), Vol. 737, No. 2, 20 Aug 2011. Online published Published on 27 July 2011. http://iopscience.iop.org/2041-8205/737/2/L29/

Amelin et al., "Lead isotopic ages of chondrules and calcium-aluminum-rich inclusions", Science, 297 (5587), pp. 1678~1683, 2002. http://adsabs.harvard.edu/abs/2002Sci...297.1678A, http://www.ncbi.nlm.nih.gov/pubmed/12215641, http://www.sciencemag.org/content/297/5587/1678

Anderson et al., "The clustering of galaxies in the SDSS-III Baryon

Oscillation Spectroscopic Survey: Baryon Acoustic Oscillations in the Data Release 9 Spectroscopic Galaxy Sample", arXiv:1203.6594v1 [astro-ph.CO], Submitted on 29 Mar 2012.
http://arxiv.org/abs/1203.6594

Baker et al., "Early planetesimal melting from an age of 4.5662 Gyr for differentiated meteorites", *Nature*, 436 (7054), pp. 1127~1131, 2005.
http://adsabs.harvard.edu/abs/2005Natur.436.1127B, http://www.nature.com/nature/journal/v436/n7054/full/nature03882.html

Bonanno et al., "The age of the Sun and the relativistic corrections in the EOS", *Astronomy and Astrophysics*, 390 (3), pp. 1115~1118, 2002.
http://arxiv.org/abs/astro-ph/0204331,
http://www.aanda.org/index.php?option=com_article&access=doi&doi=10.1051/0004-6361:20020749&Itemid=129,
http://adsabs.harvard.edu/abs/2002A&A...390.1115B

Borg et al., "Chronological evidence that the Moon is either young or did not have a global magma ocean", *Nature*, Vol. 477, No. 7362, pp. 70~72, 01 September 2011
http://www.nature.com/nature/journal/v477/n7362/full/nature10328.html

Bortman, Henry, "Thriving on Arsenic", *Astrobiology Magazine*, 2 Dec 2010.
http://www.astrobio.net/exclusive/3698/thriving-on-arsenic

Cuk and Stewart, "Making the Moon from a Fast-Spinning Earth: A Giant Impact Followed by Resonant Despinning", *Science*, Vol. 338, No. 6110, pp. 1047~1052, Published Online 17 October 2012, Printed 23 November 2012
http://www.sciencemag.org/content/338/6110/1047.abstract

Des Marais et al., "The NASA Astrobiology Roadmap", *ASTROBIOLOGY*, Vol. 8, No. 4, 2008, Mary Ann Liebert, Inc., DOI: 10.1089/ast.2008.8.19.
http://astrobiology.nasa.gov/roadmap/

Evans et al., "A Radio through X-Ray Study of the Jet/Companion-Galaxy Interaction in 3C 321", *The Astrophysical Journal*, Vol. 675, No. 2, 10 Mar 2008.
http://iopscience.iop.org/0004-637X/675/2/1057
http://iopscience.iop.org/0004-637X/675/2/1057/fulltext/72699.text.html

Ghez et al., "Measuring Distance and Properties of the Milky Way's Central Supermassive Black Hole with Stellar Orbits", *The Astrophysical Journal*, Vol. 689, No. 2, pp. 1044~1062, 20 Dec 2008.
http://iopscience.iop.org/0004-637X/689/2/1044

Gillessen et al, "Monitoring Stellar Orbits Around the Massive Black Hole in the Galactic Center", *The Astrophysical Journal*, Vol. 692, No. 2, 20 Feb 2009.
http://iopscience.iop.org/0004-637X/692/2/1075

Kashlinsky et al., "A Measurement of Large-Scale Peculiar Velocities of Clusters of Galaxies: Results and Cosmological Implications", The Astrophysical Journal Letters, Vol. 686, No. 2, pp. L49~L52, 20 October 2008.
http://iopscience.iop.org/1538-4357/686/2/L49

Kleine et al., "Hf-W Chronometry of Lunar Metals and the Age and Early Differentiation of the Moon", *Science*, Vol. 310, No. 5754, pp. 1671~1674, November 24, 2005.
http://www.sciencemag.org/content/310/5754/1671

Markwick-Kemper et al., "Dust in the wind: Crystalline silicates, corundum and periclase in PG 2112+059", *The Astrophysical Journal Letters*, Vol. 668, No. 2, L107-L110, 20 Oct 2007.
http://iopscience.iop.org/1538-4357/668/2/L107,
http://arxiv.org/abs/0710.2225

Masaki et al., "Matter Distribution Around Galaxies", *ApJ(The Astrophysical Journal)*, V746 N1, 10 Feb 2012.
http://iopscience.iop.org/0004-637X/746/1/38

Morandi & Limousin, "Triaxiality, principal axis orientation and non-thermal pressure in Abell 383", *Monthly Notices of the Royal Astronomical Society*, Vol. 421, No. 4, pp. 3147~3158, April 2012, Article first published online: 5 MAR 2012.
http://onlinelibrary.wiley.com/doi/10.1111/j.1365-2966.2012.20537.x/abstract

Newman et al., "THE DARK MATTER DISTRIBUTION IN A383: EVIDENCE FOR A SHALLOW DENSITY CUSP FROM IMPROVED LENSING, STELLAR KINEMATIC, AND X-RAY DATA", *The Astrophysical Journal Letters*, Vol. 728, No. 2, 20 Feb 2011.
http://iopscience.iop.org/2041-8205/728/2/L39

Neumann et al, "Bright and Dark Polar Deposits on Mercury: Evidence for Surface Volatiles", *Science Express*, 29 November 2012, Science DOI: 10.1126/science.1229764.
http://www.sciencemag.org/content/early/2012/11/28/science.1229764

The Pierre Auger Collaboration, "Correlation of the Highest-Energy Cosmic Rays with Nearby Extragalactic Objects", *Science*, Vol. 318. No. 5852, pp. 938~943, 9 November 2007.
http://www.sciencemag.org/content/318/5852/938.abstract

Usui et al., "Origin of water and mantle-crust interactions on Mars inferred from hydrogen isotopes and volatile element abundances of olivine-hosted melt inclusions of primitive shergottites", *Earth and Planetary Science Letters*, Volumes 357~358, pp. 119~129, 01 Dec 2012.
http://www.sciencedirect.com/science/article/pii/S0012821X12005043

Wolfe-Simon et al, "A Bacterium That Can Grow by Using Arsenic Instead of Phosphorus", Science, Vol. 332, No. 6034, pp. 1163~1166, 3 June 2011, Published Online 2 Dec 2010.
http://www.sciencemag.org/content/332/6034/1163.abstract

기타

동아일보-우주탄생 '비밀의 문'을 열다(20 Mar 2008).

   http://www.donga.com/fbin/output?n=200803200131&top20=1

조선일보-초강력 태양폭풍 2012년 습격, 위성 오작동·통신장애 등 수백억 달러 피해 예고(2006년 5월 4일).

   http://www.chosun.com/international/news/200605/200605040012.html

중앙일보-"지구 1만km 상공, 반물질 띠 있다"(09 Aug 2011).

   http://article.joinsmsn.com/news/article/article.asp?total_id=5931814

미국항공우주국(NASA)-Black Hole Caught Red-Handed in a Stellar Homicide(02 May 2012).

   http://www.nasa.gov/mission_pages/galex/galex20120502.html

미국항공우주국(NASA)-Fermi Observations of Dwarf Galaxies Provide New Insights on Dark Matter(2 Apr 2012).

   http://www.nasa.gov/mission_pages/GLAST/news/dark-matter-insights.html

미국항공우주국(NASA)-Cassini to Make Closest Pass Yet over Enceladus South Pole(26 Mar 2012).

   http://www.nasa.gov/mission_pages/cassini/whycassini/cassini20120326.html

미국항공우주국(NASA)-Cassini Sees Saturn Stressing out Enceladus(19 Mar 2012).

   http://www.nasa.gov/mission_pages/cassini/whycassini/cassini20120319.html

미국항공우주국(NASA)-Get Your Biology Textbook...and an Eraser!(2 Dec 2010).

   http://astrobiology.nasa.gov/?pg=27, http://astrobiology.nasa.gov/articles/thriving-on-arsenic/

미국항공우주국(NASA)-Funded Research Discovers Life Built With Toxic Chemical(02 Dec 2010).

   http://www.nasa.gov/topics/universe/features/astrobiology_toxic_

chemical.html

미국항공우주국(NASA)-Five Year Results on the Oldest Light in the Universe(7 March 2008).

http://map.gsfc.nasa.gov/news/5yr_release.html

미국항공우주국(NASA)-'Death Star' Galaxy Black Hole Fires at Neighboring Galaxy(17 Dec 2007).

http://www.nasa.gov/mission_pages/chandra/news/07-139.html

미국항공우주국(NASA)-Astronomers Find Dust in the Wind of Black Holes(09 Oct 2007).

http://www.jpl.nasa.gov/news/news.cfm?release=2007-114

미국항공우주국(NASA)-Three Year Results on the Oldest Light in the Universe(Mar 2006).

http://map.gsfc.nasa.gov/news/3yr_release.html

유럽항공우주국(ESA)-Planck steps closer to the cosmic blueprint(13 February 2012).

http://www.esa.int/SPECIALS/Planck/SEM0FLYXHYG_0.html

유럽항공우주국(ESA)-Water ice in crater at Martian north pole(28 July 2005).

http://www.esa.int/esaMI/Mars_Express/SEMGKA808BE_0.html

클락스빌온라인(clarksvilleonline.com)-NASA's Cassini spacecraft discovers water jets on Saturn's moon Enceladus(29 Mar 2012)

http://www.clarksvilleonline.com/2012/03/29/nasas-cassini-spacecraft-discovers-water-jets-on-saturns-moon-enceladus/

BBC-US sees stronger hints of Higgs(02 Jul 2012).

http://www.bbc.co.uk/news/science-environment-18677808

BBC-Survey gets a grip on dark energy(30 Mar 2012).

http://www.bbc.co.uk/news/science-environment-17559286

BBC-Antimatter belt around Earth discovered by Pamela craft(07 Aug 2011)

http://www.bbc.co.uk/news/science-environment-14405122

BBC-A new kind of life?(10 Dec 2010).

http://www.bbc.co.uk/programmes/p00cnhvb,

http://www.bbc.co.uk/programmes/b00wltbk,

http://www.youtube.com/watch?v=SxEvOCIROGo

BBC-Stephen Hawking: God did not create Universe(2 Sep 2010)

http://www.bbc.co.uk/news/uk-11161493

BBC-Black hole found in the Milky Way(10 Dec 2008)

http://news.bbc.co.uk/today/hi/today/newsid_7774000/7774774.stm

BBC-Black hole confirmed in Milky Way(9 Dec 2008)

http://news.bbc.co.uk/2/hi/science/nature/7774287.stm

BBC-Rapid spin for giant black holes(12 Jan 2008)

http://news.bbc.co.uk/2/hi/science/nature/7184526.stm

BBC-Black hole 'bully' blasts galaxy(17 Dec 2007)

http://news.bbc.co.uk/2/hi/science/nature/7148671.stm

BBC-Clue to cosmic rays discovered(08 Nov 2007)

http://news.bbc.co.uk/2/hi/science/nature/7085442.stm

BBC-Milestone for giant physics lab(28 Feb 2007)

http://news.bbc.co.uk/2/hi/science/nature/6402493.stm

BBC-Mission guide: Stereo(26 Oct 2006)

http://news.bbc.co.uk/2/hi/science/nature/5217080.stm

CERN-CERN experiments observe particle consistent with long-sought Higgs boson(04 Jul 2012).

http://press.web.cern.ch/press-releases/2012/07/cern-experiments-observe-particle-consistent-long-sought-higgs-boson

Chandra-Chandra Data Reveal Rapidly Whirling Black Holes(10 Jan 2008).

http://chandra.harvard.edu/press/08_releases/press_011008.html

Chandra-Spinning Black Holes Survey: Chandra Data Reveal Rapidly Whirling Black Holes(10 Jan 2008).

http://chandra.harvard.edu/photo/2008/bh_spin/

Chandra-More Images of Spinning Black Holes Survey(10 Jan 2008).

http://chandra.harvard.edu/photo/2008/bh_spin/more.html

Chandra-Centaurus A: Jet Power and Black Hole Assortment Revealed in New Chandra Image(09 Jan 2008).

http://chandra.harvard.edu/photo/2008/cena/

Chandra-Black Hole Fires at Neighboring Galaxy(17 Dec 2007)

http://chandra.harvard.edu/photo/2007/3c321/

Cnet-Sagittarius A*(14 Feb 2012)-http://news.cnet.com/2300-11386_3-10011312.html

Guardian-Stephen Hawking says universe not created by God(2 Sep 2010).

http://www.guardian.co.uk/science/2010/sep/02/stephen-hawking-big-bang-creator

Harvard-Smithsonian-The Older We Get, The Less We Know (Cosmologically)(22 May 2012).

http://www.cfa.harvard.edu/news/2012/pr201215.html

IAU(International Astronomical Union)-The IAU draft definition of "planet" and "plutons"(16 Augt 2006, Prague).

http://www.iau.org/public_press/news/detail/iau0601/

http://www.iau.org/administration/resolutions/ga2006/

MBN-신의 입자 '힉스' 발견 한발 더 다가서(14 Dec 2011);

http://mbn.mk.co.kr/pages/news/newsView.php?category=mbn00009&news_seq_no=1135930

MSNBC-Water on moon could fuel future of space exploration. Lunar ice holds energy resources for permanent, reusable transportation system, expert says(30 Mar 2012).

http://www.msnbc.msn.com/id/46905770/ns/technology_and_science-space/

Reuters-God did not create the universe, gravity did, says Stephen Hawking(2 Sep 2010)

http://blogs.reuters.com/faithworld/2010/09/02/god-did-not-create-the-universe-gravity-did-says-stephen-hawking/

http://www.reuters.com/article/2010/09/02/us-britain-hawkingidUSTRE6811FN20100902

Science Daily-Scientists Discover Water Ice On Mercury: Ice and Organic Material May Have Been Carried to the Planet by Passing Comets(29 Nov 2012)

http://www.sciencedaily.com/releases/2012/11/121129151336.htm

Science Daily-Mars Formed from Similar Building Blocks to That of Earth, Reveals Study of Martian Meteorites(19 Nov 2012)

http://www.sciencedaily.com/releases/2012/11/121119163500.htm

Science Daily-Best Time to Study the Cosmos Was More Than 13 Billion Years Ago(22 May 2012).

http://www.sciencedaily.com/releases/2012/05/120522180624.htm

Science Daily-Dwarf Galaxies Provide New Insights On Dark Matter(2 Apr 2012).

http://www.sciencedaily.com/releases/2012/04/120402185355.htm

Science Daily-Getting a Full Picture of an Elusive Subject: Astronomers Map Dark Matter in 3-D in Galaxy Cluster ScienceDaily(14 Mar 2012)

http://www.sciencedaily.com/releases/2012/03/120314125925.htm

Space.com-Mercury May Be Hiding Water Ice, NASA Spacecraft Reveals(26 Mar 2012).

http://www.space.com/15045-mercury-water-ice-messenger-spacecraft.html

Space.com-Elusive Dark Matter Pervades Intergalactic Space(14 Feb 2012)

http://www.space.com/14559-dark-matter-intergalactic-space.html

Space.com-Mining the Moon's Water: Q & A with Shackleton Energy's Bill Stone(13 Jan 2012).

http://www.space.com/10619-mining-moon-water-bill-stone-110114.html

Space.com-Moon Crater Has More Water Than Parts of Earth(21 Oct 2010).

http://www.space.com/9374-moon-crater-water-parts-earth.html

Space.com-It's Official: Water Found on the Moon(23 Sep 2009).

http://www.space.com/7328-official-water-moon.html

Space.com-Mysterious New 'Dark Flow' Discovered in Space(23 Sep 2008).

http://www.space.com/scienceastronomy/080923-dark-flows.html

The Christian Science Monitor-Hubble telescope observes star devouring planet WASP-12b(25 May 2010).

http://www.csmonitor.com/Science/2010/0525/Hubble-telescope-observes-star-devouring-planet-WASP-12b

The Epoch Times-Planet WASP-12b to Be Consumed by Its Star in 10 Million Years(22 May 2010).

http://www.theepochtimes.com/n2/science/planet-wasp-12b-to-be-consumed-by-its-star-in-10-million-years-35935.html

The Washington Post-Stephen Hawking says there's no creator God(02 Sep 2010).

http://onfaith.washingtonpost.com/onfaith/guestvoices/2010/09/stephen_hawking_says_theres_no_creator_god_the_twitterverse_reacts.html

Time-Book Excerpt, Stephen Hawking Asks, What Is Reality?(10 Sep 2010).

http://www.time.com/time/arts/article/0,8599,2017262,00.html

Universe Today-The Milky Way's Black Hole(9 Jan 2009).

http://www.universetoday.com/23152/the-milky-ways-black-hole/

YTN-'별 집어삼키는 블랙홀'…'전 과정' 최초 공개(7 May 2012).

http://www.ytn.co.kr/_pn/0109_201205071601497776

바이블 매트릭스 1 : 우주 창조의 비밀

2013년 8월 10일 초판 1쇄 인쇄
2013년 8월 15일 초판 1쇄 발행

지은이 차원용
펴낸이 권오상
펴낸곳 갈모산방

등록 2012년 3월 28일(제2013-000090호)
주소 경기도 고양시 일산서구 대화동 2232번지 402-1101
전화 031-907-3010
팩스 031-912-3012
이메일 galmobooks@naver.com

ISBN 978-89-969524-5-9 04230
ISBN 978-89-969524-4-2 (세트)

값 20,000원